今だからわかること

I Can See Clearly Now

DR. WAYNE W. DYER

ウエイン・W・ダイアー 著
采尾英理 訳

ナチュラルスピリット

I CAN SEE CLEARLY NOW

Originally published in 2014 by Hay House Inc. USA

Japanese translation rights arranged with Hay House UK Ltd., London
through Tuttle-Mori Agency, Inc., Tokyo

Tune into Hay House broadcasting at:www.hayhouseradio.com

この本に登場する、道の体現者すべてに――
偉大なる師にも反面教師にも
畏敬の念をもって心からの感謝を捧げます

そして優れた師である八人の我が子たちに――
トレイシー、シェーン、ステファニー、スカイ、サマー、セレーナ、サンズ、セージ
あなたたちは私の人生を照らす光です

ほんの少し立ち止まってみれば、私たちの人生に決まったパターンがあることに気づく。私たちの意欲をかきたててきたものが、より明らかになる。人生の始まりと終わり、その両方が同時に紐解かれ、今この瞬間へとつながる。だが、ある程度の気づきに達するまでは、人生をそのような視点で見ることはできない。なぜなら、まだすべてを表面的な原因と結果の連続として見ているからだ。

――ルシャッド・フィールド

本書に記載されている情報は、専門的な医療アドバイスに代わるものではありません。必ず医師にご相談ください。本書の情報のいかなる形での使用も、読者の責任およびリスクのもと行われることになります。著者および出版社は、本書による提案を使用または誤用した結果、あるいは医療アドバイスを受けなかった結果による損失、クレーム、損害に対して、および第三者のウェブサイトに掲載されている内容に対して一切責任を負いません。

本書に記載されている会話などを含む出来事は、著者による記憶を元に再現されたものです。場合によっては、修正、要約、拡大されていることがあります。一部の登場人物の名前や身元が特定できる詳細は、本人のプライバシー保護のため変更されています。

今だからわかること　目次

第一章　幼少期のウエイン・ダイアー……9
第二章　溺れた兄とじんましん……18
第三章　『秘密の花園』に魅せられて……25
第四章　クーパー先生から学んだこと……33
第五章　転校生がやってきた……40
第六章　憧れだったテレビショーへの出演……45
第七章　僕のヒーロー、ソローとの出会い……55
第八章　書くことと生きる目的……68
第九章　父親への思い……73
第十章　軍隊生活での葛藤……84
第十一章　レストランで遭遇した偏見……93
第十二章　奇跡的なシンクロニシティ……99
第十三章　付和雷同への反発心……108

第十四章　もの書きへの転機……114
第十五章　マインドの力で病を治す……122
第十六章　教師になる！　という意図……128
第十七章　学びのレッスン……141
第十八章　大いなる悲しみの日……153
第十九章　初めての登壇……160
第二十章　意識には限界がないと知る……169
第二十一章　人生を変える贈りもの……177
第二十二章　友が与えてくれたガイダンス……189
第二十三章　レドル博士から学んだこと……198
第二十四章　教職に就いて……206
第二十五章　共同執筆での学び……216
第二十六章　ナチス・ドイツについて思うこと……223
第二十七章　父のお墓へ……236
第二十八章　夢が現実になるとき……249
第二十九章　出版のチャンス……257
第三十章　静けさの中で……262

第三十一章　本の出版とその反響……269
第三十二章　ヴィジョンを実現するために……279
第三十三章　大いなる導き……289
第三十四章　とにかく本を売ろう！……297
第三十五章　ハートに従って生きる……306
第三十六章　ダイナ・ショアとの友情……316
第三十七章　カーネギーホールでの奇跡の講演……327
第三十八章　尊敬するフランクル博士と……337
第三十九章　著者としての苦い経験……345
第四十章　『アイキスからの贈りもの』誕生秘話……354
第四十一章　親として何をすべきか……364
第四十二章　信じていれば、それが現実になる……374
第四十三章　ヴァレンタインの魔法……385
第四十四章　アルコール禁止令……395
第四十五章　準備が整った人に、奇跡はやってくる……404
第四十六章　オバラ家との出会い……412
第四十七章　ジャパ瞑想を始める……421

第四十八章　新たなチャレンジ………430
第四十九章　聖フランチェスコの癒し………442
第五十章　別離の悲しみから教わったこと………454
第五十一章　イマキュレーからのメッセージ………463
第五十二章　『老子道徳経』の教え………472
第五十三章　初めての映画製作………483
第五十四章　病と向き合う中で………497
第五十五章　病を通じて得たこと………509
第五十六章　神は私たちの内側にいる………521
第五十七章　聖地・アッシジの再訪………533
第五十八章　愛が私の本質である………543

あとがき　自分の人生をもっとよく見てみること――今！………557

訳者あとがき………577

第一章
幼少期のウエイン・ダイアー

一九四一年、真珠湾攻撃から数週間後のクリスマス。アメリカは戦争一色に染まり、母の兄弟二人もそれぞれヨーロッパ戦線と太平洋戦線で戦っていました。父は、その頃にはもう蒸発していました。女たちと呑んだくれ、ことあるごとに法を犯し、留置所にぶち込まれたことも一度や二度ではなかったそうです。こんな男とは暮らしていけない、と私の母にも愛想を尽かされた父は、親としての責任をあっさり放棄し、消息を絶ってしまいました。五歳にもならない息子たち三人を抱えて一人残された母は、仕事に出ている間、私たちを実家に預けていました。

その日、私と兄二人は母に連れられて、デトロイト東部にあるジェファーソン・アベニューでバスを待っていました。スノースーツ、手袋、耳あてに雨靴という完全装備です。バス停の横には、かき除かれたばかりの雪がまるで巨大な山のように積まれていました。道路には、降り止まぬ雪を溶かすための塩がまかれ、辺りはひどくぬかるんでいます。そこへ一台のトラックが雪泥を盛大にまき散らしながら通り過ぎ、私たち四人は驚いて飛びのきました。怪我はしませんでしたが、巨大な雪山の上に倒れて全身ずぶ濡れです。

母がたまらず泣き出しました。仕事用の服を着ていたのに、塩で溶けた雪で泥まみれになり、もう我慢の限界だったのです。夫がいなくなった母の人生は、どう見てもお手上げ状態でしたが、それでも母は精いっぱいやりくりしていました。世界大戦に加え、終わらぬ世界大恐慌も、母を取り巻く状況を困難なものにしていました。仕事の口は少なく、母は実家からのわずかな援助に頼らざるを得ませんでした。実家も、長引く不況に悩まされていました。ありとあらゆる物資が不足し、戦況も不透明だったので、たとえ最高の環境下にあったとしてもつらい時期でした。

母の涙に、兄たちも動揺していました。五歳のジムは母を慰めようとし、三歳のデイヴィッドは泣きじゃくっています。そして私はというと……はしゃぎまわっていました。みんなで大きな雪のお城に寝っ転がって、まるで愉快なパーティみたいだ。楽しもうよ！　みんな、どうして機嫌が悪いんだろう？

そこで、こんな言葉が私の口から出てきました。

「大丈夫だよ、ママ。泣かないで。今日はここで雪遊びしようよ」

第一章

幼少期のウエイン・ダイアー

私はあまり泣かない子でした。周囲で何が起こっていても、みんなを笑わせて盛り上げようとし、おどけた顔を作って悲しい状況を楽しい状況に変えようとする幼児――それが私でした。肥だめがあれば「どこかこの辺に仔馬がいるんだ！」と思うタイプだったのです。悲しみに包まれるということがよくわかりませんでした。生まれながらに、物事の明るい面を探そうとし、ほかの人ならみじめな気分になるような出来事があっても、そうしたことにはあまり注意を払わない性格だったようです。

母に言わせると、親戚中を探しても、こんなに好奇心旺盛でしっかりした子にはお目にかかったことがないとのことでした。どうやら私は、陽気な気質そのままに誕生したようです。この世に生きているだけで幸せでした。生後十九か月にして、私は十八か月年上の兄デイヴィッドとほとんど同じくらいの体格になっていました。デイヴィッドは小心者で体も弱く、沈みがちでした。私はそんな兄を笑わせて安心させようとしていましたが、彼は微笑むことすら滅多にありませんでした。一方の私は、世界をワクワクするところだと思い、あちこち見てまわって冒険するのが大好きでした。

私は何があっても自分は動揺したり、悩んだりしないだろうと思いながら育ちました。目に入るものすべてに驚きと感動を覚えていました。みんなが幸せになりますように。家族のあらゆる苦難が消えてなくなりますように。私はそう願っていました。父親がろくでもない人間だからといって、残された家族がみじめに過ごす必要などないじゃないか。私は、母が心配事に押しつぶされるのではなく、心から楽しむ姿を見たいと思っていました。そして長男のジムに、母と弟二人のことをそんなに心配しないでほしいと思っていました。もし自分がみんなを幸せにできたら……楽しませることができたら、この心配ごとも悩みごとも全部ふき飛んでいくかもしれない。

みんな、どうしてそんなに苦しんでいるんだろう？　世界にはワクワクすることがたくさんあるのに。私は不思議に思っていました。スプーン一本でも、段ボール箱一つでもあれば、私は何時間でも遊んでいられました。外で遊ぶのも大好きで、花や蝶を眺めたり、いつも庭に遊びに来る野良猫に会ったりするのも楽しみでした。ほとんどいつだって、私は感動したり驚嘆したりと、ある種至福のときを過ごしていたのです。

私はまた、とても芯が強い子でした。「それは子どもには無理だ」などと言われても、「自分の限界は自分で決めるから大丈夫だ」と譲りませんでした。「いけません」と言われても、私はただニッコリ笑って、心の声に従うことにしていました――大人が私の行動に口出ししてきても、私は取り合わなかったのです。

私は自分の世界に没頭していました――それは胸のときめくような無限の可能性に満ちた喜びの世界、自分の力で数々の発見ができる場所でした。他人がどれだけ必死に私の気を滅入らせようとしても、それは徒労に終わりました。なぜなら、私は神の光の世界からこの世にやってきたからです。そして誰が何をしようとも、その光を消すことはできませんでした。私は神の光の一筋。神が愛であることを忘れていない、神のひとかけら――それが私だったのです。

今だからわかること

あのぬかるんだ雪の山の話を、母から何度聞いたことでしょう。それは母のお気に入りの思い出話でした。と言うのは、あの日から間もなくして、母はデイヴィッドと私を里親や孤児院に預けざるを得なくなったからです。長男のジムは、その後の十年間の大半を祖母宅に預けられることになりました。

今生この世にやってきたばかりのあの頃をふり返ってみると、「この宇宙には偶然など存在しない」という古い格言が真理であると心から理解できます。この真理は、私たちの誕生の瞬間、さらにはそれ以前の出来事にも当てはまります。つまり、私たちが創造されたその瞬間から偶然などというものはなく、その創造のはるか前にも偶然など起こっていないということです。無限なる宇宙においては、本当に始まりも終わりもありません。誕生して滅びるのは、私たちの姿かたちだけです。その姿かたちに宿るものこそが不変であり、従ってそれは誕生することもなければ、滅びることもないのです。

私は八人の子持ちですが、それぞれがユニークな個性をもってこの世にやってきたことを確信しています。私たちは皆、無限の可能性に満ちた見えないフィールドから意図されてこの世にやってきました。形も境界もないもの——それこそが、常に変わりゆく肉体に宿った「私」なのです。

私がこれまでに成し遂げてきたことはすべて、母の胎内で九か月を過ごし、この世で最初の呼吸をしたときから形を取り始めました。あの雪だまりに転がっていた生後十九か月のおチビさんをふり返ってみても、その幼い体にあった細胞のどれ一つとして、今この地球上には存在しません。それでいてあの体にいた「私」と、およそ七十年経って過去をふり返っている「私」は、同じ「永遠なる私」なのです。

読み書きができるようになるよりも先に、私はこの世で奏でるために携えてきた音楽にふさわしい個性を必要としていました。私が子どもながらに求めていたのは、「自分は人を励まし、助けることができる」という実感でした。自分はほかの人に手を差し伸べることができる、彼らが自分自身や置かれた状況を楽観視できるよう励ますこともできる——そんなふうに感じたかったのだと、今ならはっきりわかります。小さな頃からすでに、人生においては「考え方（物事への態度）が何よりも大切だ」と心のどこかで知っていたのです。ですから母がよく話していた私の態度——私の幼少期を際立たせていた考え方は、今生で果たそうと決めていたダルマと不思議な形でつながっていたというわけです。

家族で雪だまりの上に倒れこみ、母と兄たちがひどくみじめな思いでいるのを見てとると、私は咄嗟に何とかしなければと思いました。このやりきれない出来事を少しでもマシなものにしよう。みんなを笑わせて、この状況を嘆き悲しむのではなく楽しませることができたら、少しは気分が晴れるかもしれない——そういった考え方は、現在の私がしていること、つまりネガティブ思考の罠から自由になって、全力で人生を楽しむ方法について本を書くことと、スピリチュアルなレベルで通じるものがあります。今でこそ姿かたちは大人になって、大きく老いた肉体を持っていますが、あの頃も今と同じ「永遠なる私」が、真新しい目と耳を通して同じ思いを伝えていたのです。

私は、八人の我が子がそれぞれ独自に目覚めていく様子を見てきました。彼らは皆、それぞれのユニークな性格を、おそらく何度にもおよぶ過去生から持ち越して、この世に生まれてきました――この不思議な可能性は無限にあります。しかし私は、あらゆる創造物の源である一つなる宇宙意志が、この不思議な謎に関与していることを疑いません。同じ両親、同じ環境、同じ文化の元に生まれながら、八人にはそれぞれユニークな個性があり、全員が独自の性格を携えてこの世界にやってきたのです。

カリール・ジブランが、その著書『預言者』（至光社）で子どもについて見事に表現しています。「あなたの子どもは、あなたの所有物ではありません。あなたの子どもは、この世に現れたいと切に望んだ生命から誕生した息子であり、娘です。あなたの子どもは、あなたを通じて世に現れますが、あなたから生まれるわけではありません。あなたの子どもはあなたと共にいますが、あなたに属しているわけではないのです」。

私たちは皆、「どこでもないところ（nowhere）」から「今ここ（now here）」に移行する瞬間、つまりスピリットから肉体を持つ人間にシフトする瞬間、ある種の使命を帯びます。ですから、我が子たちがそれぞれの内なる使命を果たすのを認めてあげることが重要です。私はずっと前からそのことに気づいていました。なぜなら、私自身も生涯にわたって内なる訴えに耳を傾けてきたからです。それは母から聞いた自分の幼少時代の話からも明らかでした。母は私の幼少期を見守っていたので、その後の私の人生の成り行きを見聞きしても、一向に驚きませんでした。私の子どもたちもまた、それぞれが神から与えられた青写真を携えて来ています。私の役目は、彼らを導いてから一歩下がって見守り、それぞれの個性に人生のコースを誘導させることでした。

　私は、自分がある目的を果たすためにこの世へやってきたことを知っています。それは、見えざる世界から形ある世界――すなわちスピリットから肉体へと移る旅へ出発する前に定めた目的です。その目的を研究実践する手始めとして、私はあの情けない状況にいる哀れな三人を相手にしていました。それが、のちに何百万もの人々を手助けする人生を歩むための練習になっていたのです。雪だまりに転がりながら、私は本能的に三人の注意を引こうとしていました。「その場の状況の捉え方は自分で選択できる」ということを、彼らにわかってもらいたかったのです。小さな子どもの体に宿る「私」が、状況は思っているほど悪くはないんだよ、と伝えようとしていました――とり乱すより、笑ったほうが状況は良くなるよ、と。

　世の中には、周りの大人に理解されにくい性格や傾向をもつ子どもたちもいます。そうした子たちに与えうる最高のサポートは、その子が自分のユニークな人間性を表現するのを認めてあげることです。私はありがたいことに、人生の最初の十年の大半を、両親やほかの大人たちからの干渉をほとんど受けずに過ごすことができました。私はいわゆる「大志」を抱いてこの世にやってきました――この地球上のたくさんの人々に、自立自助と前向きで愛情深い生き方を教えるという青写真を描いて生まれてきたのです。ですから、私は自分の幼少時代の環境にとても感謝しています。その環境のおかげで、私は今生の計画通り、人から構われずに成長することができました。

人が子宮内で九か月を過ごす間、体の成長に必要なものはすべて、神の見えざるフォースが取り計らってくれます。同じく、私たちが肉体面以外で必要とするものもすべて、その源が与えてくれるのです。私たちは、完全なウェルビーイング（神の愛）という状態からこの世にやってきます。そして私たちの創造主は、この誕生というプロセスにおいて、いかなる助けも必要としません。この神の具現化の道から外れてしまうのは、私たちがそのすばらしいプログラミングに余計な手出しをするときだけです。

今ならはっきりとわかるのですが、全宇宙には意図があります。幼少期に性格や好みが現れるのは、それが個々のハイエスト・セルフ（もっとも高次の自己）を表しているからです。人は幼い頃、まだ大いなる源と密接につながっています。なぜなら、子どもはまだエゴによって神を押しのけていないからです。そして、エゴという偽りの自分をまだ身につけていないからなのです。

第二章

溺れた兄とじんましん

一九四八年の春。デイヴィッドは九歳で、私は八歳になろうとしていました。私たちは、母の当時のボーイフレンドでのちに夫となるビル・ドゥルーリーがソンブラに所有するコテージに滞在していました。私は、オンタリオ州のソンブラでカナダに入国する車を調べている税関職員たちに向かって、声を限りに叫んでいました。

「お兄ちゃんが！　お兄ちゃんが溺れてる！　早く来て！」

その年は、セントクレア川で水遊びをするのは初めてでした。その前の八月には、税関ドックからおよそ五十メートル離れたところに砂州があり、私たちは何度もそこで泳いでいました。ところが、その冬に砂州が川の急流で流されたため、デイヴィッドは速くなった流れに足をとられてしまったのです。私が恐怖に目を見張っていると、デイヴィッドの頭が沈み、手だけが水面にかろうじて見え隠れしていました。お兄ちゃんが……小さな頃から一緒に里親のところを転々とした、大の仲良しのお兄ちゃんが溺れてしまう……ほんの数秒、私はショックのあまり動けませんでした。

しかし、次の瞬間、私は税関小屋に駆けこんでいました。人の良さそうな顔をした知り合いの税官吏ビル・レインが、私の叫びを聞くや否や、係留していたボートに駆け寄ってエンジンをかけ、私が最後に兄を見た地点に向かってくれました。私が指し示す地点にボートが近づくと、デイヴィッドの小さな手がいま一度水面に現れました。ビルとその部下が兄をボートに引き上げ、ひっくり返して水を吐き出させます。蒼白だった顔色に血の気が戻ってきました――お兄ちゃんはもう大丈夫だ。税関小屋にいた人たちが私のパニック状態の悲鳴をしっかり聞いてくれたことを、私は心の底から感謝しました。信じられないほど素早くボートを出し、兄を救助してくれたのです。

その日の夜、あわやのところで命を落としかけた話を母に報告しているとき、デイヴィッドはまだショック状態にありました。翌日、兄は川に入るのを拒み、その後もずっと水を嫌がるようになりました。

その死にかけた経験によって、兄は不思議な反応を起こすようになります。それは、私が経験してきたことの中でも、もっとも不可解な現象の一つでした。兄は泳ぐことを敬遠するようになっただけではなく、人から水の中に入るよう強いられると、重篤なじんましんに襲われるようになったのです。兄弟でいつも一緒にいたので、兄を注意深く見ていると、突然雨に降られたときでも彼はじんましんを起こしていました。肌に触れた雨粒の一滴一滴が、発疹のあとを残します。溺れかけたトラウマがあまりにも深刻だったため、兄はその後の人生の大半をこの症状に悩まされることになりました。兄が大人になってからも、雨滴は発疹のあとを残し続けました。彼はそれを見るたびに、セントクレア川にいた死神との戯れを思い出すことになったのです。

時は進んでおよそ三十年後、デイヴィッドは入隊して、カンザス州フォートライリーに駐留していました。私は九歳の娘トレイシーを連れて、自著『自分のための人生』（三笠書房）の宣伝で各地を回っていました。セントルイスからカンザスシティへ移動した私たちは、ジャンクション・シティに寄って、何年も会っていなかった兄を訪ねることにしました。それまで海外に駐在していたデイヴィッドは、ベトナム戦争で二回軍務につき、砲火を浴びながら勇敢に戦って奉仕したことで、ブロンズスターを授与されていました。

デイヴィッドは著書『From Darkness to Light（闇から光へ）』（未邦訳）で、私たちが彼を訪ねたときのことを語っています。一九四八年に起こった臨死体験が兄に与えた影響の大きさを、改めて思い知らされます。

一九七六年、私はカンザス州フォートライリーに駐留し、ジャンクション・シティで生活していました。弟のウエインが、ベストセラーとなった著書『自分のための人生』のプロモーションで町に来ていました。ウエインとその娘のトレイシーは、私の住まいからほど近いモーテルに滞在していて、ある日、プールに泳ぎに行こうと誘ってきました。

プールに入りながら、ウエインは「じんましん以外のことなら何でもいいから、それに集中してごらん」と言いました。彼がずっとしゃべりかけてきたので、私はほかのことを考える余裕がありませんでした。しかも彼はささやくように話していたので、私はその声が聞き取れず、どんどん彼に近づいていかなければなりませんでした。

弟はわざと私の注意を彼に向けさせていたのです。気がつくと、私は半時間ほど水の中に入っていました。プールから出て体をふいてみると、じんましんなど一つも出ていませんでした。二十七年間で初めて、泳いでもじんましんが出なかったのです。すぐさま私は水中に戻りました。半時間後、やはりじんましんは出ていません。それ以来、私は泳ぐのを楽しめるようになり、二度とじんましんが起こることはありませんでした。

今だからわかること

急流に流されていく兄を埠頭に立って見ていた私は、何か不思議なプレゼンス（臨在）を感じていました。そのプレゼンスを、今ここでうまく表現する言葉が見つかりません（過去にもうまく言い表せたことがありません）。こうして人生に起こった大事件の一つを書いている今この瞬間も、そのプレゼンスはここにあります。それは「一人ではない」という感覚、人を即行動へと促すフォースです。晩春のあの日は、デイヴィッドが今生を去る日ではありませんでした。そして私は、兄がその運命を続けるために一役買うことを任命されていたのです。

今でもあの場面が鮮やかに蘇ります。細かいところまで、私の心のスクリーンに刻まれています。すぐさま行動に移すよう駆り立てられたあの瞬間、私は自分が人の注意を引くことができるのだと学び、死に打ち勝って生きるパワーが自分の中にあるのだと知りました。もたもたしていれば、大惨事を招いていたでしょう。私には、ただそこに立ちすくんで泣き出すという選択肢はありませんでした。恐怖に飲みこまれるという考えもありませんでした。生命のフォースが、目の前の出来事を見ている私の背中をトンと押し、あの税関小屋へと駆けさせ、ビル・レインに向かって声を限りに叫ぶよう促したのを、私は確かに感じたのです。

私はこの不思議なフォースの正体を説明できませんが、これまでの人生で何度もこのフォースが助けてくれたことを知っています。感じられるけれども見えないフォース。私はこの不思議なフォースについて、繰り返し講演で話したり、これまでに著した四十一冊の本で述べたりしてきました。それは絶大なる叡智、たとえるなら、天からの見えざるガイドのようなものです。兄が死にかけるという経験をしたとき、私は初めてそのフォースの偉大さをはっきりと知りました。そのフォースは、あの埠頭で即行動に出た八歳の少年をはるかに凌ぐ力を持っていたのです。それは心が休まるようなプレゼンスで、今ではますます頻繁に感じられるようになりました。私がそれを無視することは決してありません。

一九四八年に起こったあの出来事と、一九七六年にフォートライリーで起こった出来事を、よりクリアになった視野でふり返ってみると、二つの出来事がつながっていて、私の人生コースとも結びついていることがわかります。しかし当時は、兄が溺死しそうになった出来事と、それによる猛烈なじんましん反応が、その後の私の人生に一つの機会を与えてくれることになるとは思いもしませんでした。それら二つの出来事は、私が本能的に知っていたこと、すなわち体と心がつながっていて、そのつながりは信じられないほど驚異的な癒しの能力を持っているという事実を、具体的に示す機会を与えてくれたのです。一九七六年にデイヴィッドを訪ねたとき、私はまだ心が持つパワーと癒しという奇跡を起こす力を探求し始めたばかりでした。

四半世紀もの間、兄は水の中に入らなくてはならない状況や、水に近づかなければならない状況でさえ、じんましんを起こしていました。ところがたった一つの出来事――事故の恐ろしい記憶ではなく、癒しに注意を向けるという出来事によって、その症状を克服できたのです。よりクリアになった視野でふり返ってみると、私があの埠頭にいたことは、自分のその後の人生にも役立ったのだとわかります。なぜなら、あの場に居合わせたことで、私はのちに心と体の癒しについて教えたり、実践したりするための知識と自信を得ることができたからです。あの子ども時代の経験は、人が持つパワーを探求して理解するよう、私たち二人を導いてくれました。そのパワーは、恐れではなく愛の視点で注意を向けたものすべてを成就させるのだと、私たちは学びました。

私たちの理解を超える形で、すべてはつながっています。兄の水難事故は、その後かなりの時を経て、彼の癒しを手助けする機会を私に与えてくれました。それに加えて、「自分にパワーを与えること」を教えるキャリアへと、私の背中を押してくれたのです。

第三章

『秘密の花園』に魅せられて

一九五〇年、私はデトロイトにあるアーサー小学校の四年生になっていました。再び家族で暮らすようになり、自宅から学校に通うのは初めてでした。

学校では、毎日ちょうど二時四十五分に、担任のエンゲルス先生が『秘密の花園』（新潮社）を読み聞かせてくれることになっていました。ただし、クラス全員が聞き分けよく、無駄なおしゃべりをせずにその日を過ごすことができればです。私はその時間を楽しみにしていて、先生が登場人物をまるで本当に生きているかのように読むので、すっかり夢中になって聞いていました。

教室の決められた席に座って、四年生が毎日することになっている退屈な勉強――かけ算表の暗記やスペリングの復習、地理の授業で習った地図の確認、筆記体の練習といったこと――を一応やっているふりをしながら、私は二時四十五分の『秘密の花園』の時間を心密かに待ちわびていました。席に座って、視線は壁にかけられた時計にくぎづけです（あれから六十二年が経ちましたが、ここにこうして机に向かっている今もなお、あの時計の文字盤に記された会社名〈セス・トーマス〉という文字を、ありありと思い描くことができます）。

毎日、午後に聞かせてもらえる物語に心を奪われているのは、どうやら私だけでした。クラスメートのほとんどは、自分たちの行いが悪ければ、きたるべき読み聞かせの時間がなくなるという事実を気にもとめていなかったようです。当時私は十歳になっていて、自分がほかの子たちと同じような視点で世の中を見ていないことを、すでに自覚していました。自信を持って話せば、人は耳を傾けてくれるということに気づいていました。そして、自分は心の世界に浸っているのが好きだということにも気づいていました。同級生たちが思いつきもしないであろうアイデアを探求しながら、自分の世界に没頭していたのです。

エンゲルス先生率いる四年生の教室で、私は、個人的に大事だと思うことを叶えるパワーを自分がどれだけ持っているのか知ることになります。毎日、私は同級生たちの静め役を買って出て、エンゲルス先生にとても重宝されていました。教室が少しでも騒がしくなろうものなら、私は席を立って、「『秘密の花園』の時間がなくなるじゃないか、ちゃんと静かにしてくれないと困るよ」と騒いでいる子たちをなだめるのです。みんな私の言うことを聞いて静まりましたが、それは『秘密の花園』を聞きたいからではなく、私が有無を言わせない態度を取っていたからでした。

十歳の私にとって、それは驚くべき経験でした。それまでに暮らしていた里親のところでも同じような経験をしましたが、まだ入りたての新しい学校でも、私は人の注意を引くことができたのです。自信を持って穏やかに話しかければ、ちゃんと聞き入れてもらえました。エンゲルス先生の読み聞かせを、いかなる形でも邪魔するような騒がしい生徒がいれば、私はおどしたり意地悪をしたりすることなく、その子を落ち着かせることができました。

ただ目を閉じて、魔法に耳を傾けるあの時間――自分だけの秘密の花園を訪れる魔法の時間を、どれだけ楽しみにしていたことでしょう！

フランシス・ホジソン・バーネットが一九一一年に書いた『秘密の花園』は、十歳の少女メアリー・レノックスを主人公にした物語です。メアリーはコレラの流行によって両親を亡くし、インドからイングランドの親戚宅に引き取られます。イングランドに到着したメアリーは心に傷を抱えた暗い少女で、自分は両親に疎んじられたのだと感じていました。しかし、物語が展開するうちに、メアリーは人生観を変えるまったく新しい世界を見出します。

その物語を聞いている私もまた十歳の少年で、メアリーと同じように自分は必要とされていないと思いながら、人生の大半を過ごしてきました。世界を別の視点で見せてくれる物語――それがこの現実世界であれ、心の中の世界であれ、秘密の場所がどこかに存在するという発想に、私はとても心を惹きつけられました。

メアリーとその病気がちな友人コリンは、赤い胸のコマドリや花々と言葉を交わします。私はそんな彼らのおしゃべりにすっかり魅了されていました。学校から家に帰る道中では、私の周りにもコマドリが飛び交い、さえずったり巣を作ったりしていました。帰り道を歩きながら、私は新しくできた小鳥の友だちとの会話にふけり、自分で描いた架空の秘密の花園で生きていました。そこでは病気や衰えといったものは消えてなくなり、前向きな姿勢をもってすれば、あらゆる苦しみに対処できるのです。

エンゲルス先生が読み聞かせてくれる言葉に、私は強烈なパワーを感じ、自分だけの秘密の花園を創り出して、あらゆることが可能な世界へと逃避しました。私はその世界で動物や植物と会話をし、人生には本物の魔法が存在するのだと感じていたのです。

新しい家での家族との生活は、里親のところで暮らすよりも居心地の悪いものでした。養父のビルは大酒飲みで、しかも酔うと理屈っぽくなり、意地悪でした。しかし、わめき散らす養父に対して、私はどうにか無関心を保っていました。それができた大きな理由は、空想の世界でメアリーの花園と同じような秘密の場所を創り出すことができると知っていたからです。その秘密の場所には、何人たりとも私の許可なしに入ることができません。人生は自分が見聞きしているものに制限されないという考えに、私は胸をときめかせました。この世界で体の中にいながら、肉体としての自分の制限を超えて、自分だけの世界で暮らせることを発見したのです。

『秘密の花園』の深刻な病が治癒するエピソードを聞いて、私は「メアリーにできるのなら、僕にもできる」と密かに考えていました。メアリー、ディコン、コリン、そして秘密の花園の仲間たちが動物や木々と会話できるというのなら、自分にもできるはずです。

私の想像力は膨らみ、心に決めたことは何でも叶えられる魔法使いになった自分を思い描きました。自然界にはガイダンスがあふれています。私は自分の内面に入る方法を学び、心の平穏という至福を乱すものすべてを内面世界から閉め出す方法を知りました。そして私は、養父の屁理屈には絶対屈しないぞと決意しました――彼は自分の妄想の世界にしか存在しない問題をあげつらい、よく長広舌をふるっていたのです。私には自分だけの秘密の花園がありました。考えてみれば、私は里親宅で暮らしていた頃から、よくそこに避難していたのです。

この新しい環境で、知らない人と言っても過言ではない三人（そのうちの一人は、朝から晩までビールを片手に呑んだくれています）と狭すぎる家に住むことになったのは、私にとって貴重な恵みとなりました。その恵みとは、自分だけの秘密の花園を認識したことです。私の心の中にあるその場所には、制限や限界といったものが存在しませんでした。私はそこで、自分を気落ちさせるようなものと無縁でいられる生活を築くことができました。

その後何年も、言葉による暴力とアルコール依存が日常の環境で生活しながら、私は想像の中で大切な避難所を確保して、その秘密を人に話したくてウズウズしていました。

一日の終わりの三十分間、エンゲルス先生が読んでくれる『秘密の花園』は、あの四年生の教室にいたほとんどの生徒たちにとってたいした思い出ではないかもしれません。しかし、私にとってあの時間は心に火をともしてくれた贈りものであり、私は今でもその恵みを心からありがたく思っています。あの頃から私は、周囲の出来事をはるかに凌ぐ何かが自分に内在しているのだと意識し始めました——それはあらゆることが可能な、私だけの秘密の花園だったのです。

今だからわかること

あれから六十年が経った今でもなお、私はあのエンゲルス先生のクラスをふり返っては、神の摂理がいかに自分のために働いてくれたのかを考えています。どういうわけか、私は何かのフォースによって、エンゲルス先生のクラスに導かれました。そのフォースは私の心に火をともし、今となっては百年以上も昔に書かれた小説のことを、時を経て書きたくなるよう企てていたのです。

本書『今だからわかること』を書き始める前に、私はもう一度『秘密の花園』をじっくり読んでみることにしました。幼い頃の自分に、あのような刺激的な興味を抱かせたのが何であったのかを思い出すためです。著者バーネットが十歳の主人公メアリー・レノックスについて書いた次の一節に、私はとても関心を引かれました。

メアリーは心底、魔法を信じていました。そして内心、ディコンは魔法を使えるんだわ、と思っていました。それはもちろんよい魔法で、彼の身近な存在すべてに効き目があるのです。

だからみんな彼のことが好きで、野生の動物たちも彼が友だちだとわかっているのね。

私たち一人ひとりの中に、自分だけの秘密の小部屋がある——この考えが当時の私に与えてくれた高揚感は、成人後の人生にわたって書き続けた一連の作品群の原動力になりました。当時の私はこの考えを探求して生涯を費やすことになるとは思ってもいませんでしたが、突き詰めてみると、この考えは並外れたレベルで人生を生きるパワーを与えてくれます。

神の織りなす、偶然など存在しないこの宇宙で、先見の明があるエンゲルス先生が私の人生に現れたこと——それは明らかに、平凡な枠を超えて生きる情熱を私の中に呼び覚ますためでした。あの経験は、崇高なるものへの憧れや奇跡を起こすことへの情熱に向けて、私の人生を開放しました。そして、私たちの生得権である見えざる世界のパワーに同調すれば、人が成しうることに限界はないのだという強い思いを抱かせてくれたのです。

十歳の少年だった私は二つの知恵を学び、それらは私に運命づけられていた旅路の道しるべとなりました。一つ目の知恵は、自信を持って偏りのない視点で話せば、相手は関係者全員のために応じてくれるということ。二つ目は、私たちの中には奇跡や魔法にあふれた秘密の場所が存在し、その場所はそこを訪れようと決めた人なら誰にでも開放されているということです。

『秘密の花園』を聞いていたあの時間が、実は自分のライフワークの準備になっていたことを、当時の私はもちろん知りませんでした。私にとってあの時間は、ただ純粋に胸の躍る時間だったのです。終業のベルが鳴り、授業を終えて家に向かう道すがら、私は自分だけの秘密の花園を散策していました。あの頃、火をつけられたのは情熱の炎でした。人が自分の最大の可能性を引き出すことを認めたときに、どれだけ壮大なことを経験できるのかしみじみ考えてみると、今でも目のくらむような想いがします。

その後何年も経ってから、私はヴォルテールのもっとも有名な作品『カンディード』（光文社）を読んで、エンゲルス先生のクラスのことを思い出しました。この風刺小説の主人公カンディードは、世界を旅して人類のさまざまな不幸を目の当たりにし、最後の場面で自嘲気味にこう言います。

> 上に立つ人たちの暴力も略奪も、自分のすべきことに集中する人たちの実りある平穏な人生にはかなわない。とにかく、自分の庭の手入れに専念することだ。

この一節を読むたびに、私は十歳の少年だった自分を思い浮かべます。自分だけの秘密の花園に目を向け、そうとは知らずに、人々を元気づけるための人生を歩む準備をしていた少年——平凡な人生から抜け出して、自分だけの花園の手入れに励むよう、人々を応援するための土台作りをしていた少年のことを。

第四章 クーパー先生から学んだこと

五年生になった私は、転校先のマーケット小学校（その五年間で通った五つ目の学校です）で、担任のクーパー先生の説教を聞いていました。先生は私たちが不真面目だといって、ひどく気分を害していました。今までに教えたクラスの中でも一番ひどい、と一人で怒りをつのらせています。

私は教室の最後列に座り、怒りまくる先生を見て、内心おもしろがっていました。どうして先生は、一部の生徒が騒がしいからって不機嫌になるんだろう？　先生がこのクラスのボスなのに……クラスをまとめるはずの先生がみんなのふるまいに苛立って理性を失うなんて。小さな子ども数人を相手に、自分のパワーを手放してしまうなんて信じられない——あの子たちは、授業が退屈でたまらないからふざけているだけなのに。

そんなふうにあれこれ思いを巡らせながら、私はいい歳をした大人が自制心を失う様子を観察していました。先生は私たちに罪悪感を抱かせて、行儀よくさせようとしているのです。私は先生の策略を見抜き、自分がほかの子たちとまったく違う捉え方をしていることに気づきました。

私は、ミシガン州マウント・クレメンスのタウンホール通り231番地にある、里親のスカーフさんの家に思いを馳せました。スカーフさん宅で暮らしていた頃からまだ二年も経っていません。私と兄のデイヴィッドがそこに住んでいる間に、たくさんの子どもたちがやって来ては、去って行きました。その中にマーサという小さな女の子がいたことを思い出していたのです。マーサは二人の大人に置いて行かれて、激しく泣きじゃくっていました。そこでスカーフさんの奥さんが、夫にこう言うのが聞こえました。

「ウエインを探してきて。あの子ならマーサをなだめられるわ」

私はその部屋に行ってマーサの手を取り、ここは素敵なところだよ、ここで暮らすのはすごく楽しいよ、と話して聞かせました。そしてデイヴィッドと二人でマーサを案内し、鶏小屋、桜や桃の木、菜園を見せて周りました。お気に入りの植え込みにも連れていきました。ライラックの花が咲き乱れ、地面にスズランが生い茂っています。私はそれぞれの花をマーサに渡し、匂いをかいで、何か楽しいことを考えてごらん、と言いました。すると私の目の前で、マーサはほがらかな遊び友だちに変身しました。

第四章

クーパー先生から学んだこと

クーパー先生の教室で、私は里親宅で暮らしていた頃のことを考えていました。母を恋しく思っていたこと。兄の面倒を見るのが大変だったこと……兄は重い貧血症を患っていたため、年齢のわりに小柄で、意地悪な子たちによくいじめられていたのです。その頃、私はひたすら思考を転換させて、悲しい出来事があれば、これは恵みだと考えるようにしていました。

ところがクーパー先生ときたら、立派な大人なのに、少しばかりクラスが騒がしいからといって大いに腹を立てているのです。ライラックやスズランのかぐわしい香りを想像するだけで幸せな気分になれるのに、先生はそんなふうに気を楽にする方法がわかっていないようでした。しかも先生は、自分があらゆる瞬間に喜びを見つけられないからといって、私にも罪悪感を持たせようとしていたのです！

私には、内面に「知っている」という感覚がありましたが、ほかの子たちにはその感覚がないように思われました。私にとってはわかりきったことなのですが、誰かが無力感にとらわれているからといって、その人が私に気まずい思いや自責の念を抱かせることなど決してできません。私は、自分が人とは違うことを自覚していました。どんな瞬間でも、自分がどう感じるかは自分で選べるのです。机に頭をもたせながら、私はクーパー先生が選んだ感覚ではなく、心の平穏という感覚を選ぶことができると考えていました。

授業が終わって昼食後の休み時間となり、私たちはみんな校庭に出ました。クラスメートのスーが先生の言ったことをひどく気に病んで、友だちのジャニスとルアンと一緒にしくしく泣いていました。どうやら、クーパー先生の逆鱗に触れた騒動の首謀者の一人として、自分が叱られたと感じているようです。

私は、教室での出来事をありのままに見せてあげたい、自分にはそれができると思い、スーに話しかけました。彼女が出来事を実際とは違うものに想像していたからです。

「どうして泣いているの？　先生は、スーに罪悪感を持たせようとしているだけなんだよ」

「でも先生はこっちを見て、悪い子だって言ったのよ。私が先生を怒らせたんだ、って」

「どうして先生はそう言ったと思う？」

「私たちにお行儀よくさせるためでしょう？」

「先生の機嫌が悪いから、お行儀よくしようと思うの？」

「そうじゃないけど、先生に怒られたり、悪い子だって思われるのは嫌だもの」

「先生にどう思われるかで何が変わるの？」

「怒られたら、嫌な気持ちになるでしょう？」

「でも先生が怒っているのは、先生自身の問題だと思わない？」

私は知りたかったのです。

「私が悪くて怒らせたんだったら、先生自身の問題じゃないわ」

「じゃあたとえば、あなたは樹ですよって先生に言われたら、自分は本当に樹だと思う？　先生に樹だと思われたからって、嫌な気持ちになる？」

「そんなわけないじゃない」

私は休み時間の間ずっと話し続け、クーパー先生はスーの弱い立場につけこんで、彼女を支配しようとしているのだと説明しました。スーが容認しない限り、自分を嫌な気分にさせることなど誰にもできないということを、仲間であるスーに気づいてほしかったのです。

教室に戻る頃になると、スーは少し笑顔になっていましたが、私は心の中でこう思っていました。「人に認められたい」という承認欲求から自由になる方法をスーが学ぶまでには、まだまだ時間がかかるだろうな、と。私の内面には、ほかの子たちが持っていない特別な何かがあり、それは私に自由を与えてくれました。どのような状況でも、それをどう感じるかは自分で選べると、私は知っていたのです。私が許可しない限り、感じ方を選ぶ自由を私から奪うことなど誰にもできません。そして私は、当たり前のことを言って聞かせるだけで、相手の気分を晴らす手助けができることも知っていました。

今だからわかること

あの五年生のときのことを思い返してみて気づいたのですが、私の思考回路は同級生たちのものとは違っていたようです。スー、ジャニス、ルアンと校庭にいた日のことは、ずっと私の心に刻み込まれていました。私には自分の言動を客観視できるような感覚がよくあり、あの日もまたそのような感覚が起こっていました。同い年の子たちはもちろんのこと、大人でもそのように出来事を客観視する人はいませんでしたが、当時の私はそうするのが普通だと思っていました。外面的なことに心を乱されたり、自分の幸福感を損なわれたりしないよう心がけるのは、私にとってごく当たり前のことだったのです。

ふり返ってみると、当時の私はある種の訓練所にいたのだとわかります。それは、高次元のスピリチュアルな原則や常識的道理を教える指導者になるための下準備の場でした。この宇宙にはエネルギーの創造的源があり、そのエネルギーが文字どおり森羅万象の母体である源を支えています。その宇宙意識は、数知れぬ果てしない可能性の中で神秘的な働きを見せながら、私たちの呼びかけに応えるために待機しています。ですから、その宇宙で偶然に起こることなどありません。あのとき、私の心は自分の考えを信頼するよう促し、クラスメートがありきたりの考え方を手放すのを手伝うよう駆り立てていました。その私の思い自体が、宇宙意識による私のための計画の一部だったのです。あの幼い頃の経験の数々は、いまだに私の心の中で鮮やかに残っています。

それは私の学びの場でした。当時の経験は、生涯にわたって自立自助を教えるための第一歩となりました。この地球上に降り立ってから間もない頃のことをふり返ってみると、十歳になるまでの大半を施設や里親の家を転々として過ごしたことは、神が私のために定めた完全なる計画の一部だったのだとわかります。つまり、大人になってからの人生を自立自助について教えることに費やすためには、まず自分が自立について学び、その自立意識を決して曲げないという立場にあることが必要だったのです。自立心と自己充足を必要とした私の幼少時代の環境は、自立自助を教える人生においては、この上ない学びの場だったというわけです。

もちろん当時の私は、自分の幼少期の経験がのちにもたらす影響について見当もついていませんでした。それが過去となった今だから明白にわかるのですが、あらゆる出会い、あらゆる挑戦、あらゆる状況は、私の人生のタペストリーを見事に織り成す糸だったのです。私は今、それらすべてに深く感謝しています。

第五章
転校生がやってきた

マーケット小学校で新年度を迎え、私は七年生（訳註：日本の中学一年生に相当）になりました。新学期初日、クラスメートが次から次へと近寄ってきては、「クラスに転校生が二人やってくることになっているから、仲間はずれにしよう」と言ってきました。「二人はよそ者なんだから、相手にする必要ないよ」と言われ、私は当惑しました。転校生がどんな子かなと思うよりも先に、何をそんなに警戒することがあるのだろうと不思議に思ったのです。

転校生のうち一人はガイという男の子で、"Our Lady Queen of Peace" という地元のカトリック・スクールからの転入でした。カトリック・スクール出身で、何か問題を起こして放校処分になったらしい……この事実だけで、私たち七年生のクラス仲間からガイを締め出す理由としては充分でした。友だちのほとんどが、ガイの悪口を言っていました。出所のわからない噂話以外に、ガイのことを何も知らないのに、です。

私は、自分がクラスメートに大きな影響力を持っていることを自覚していました。物おじせず、率直に話す私の態度が、彼らのお気に召していたからです。もし私が転校生たちを避ければ、ほかの子たちも二人をよそ者扱いするだろうし、もし私が転校生たちを受け入れれば、彼らもこぞって二人を歓迎するでしょう。過去七年間、どこの学校でも、私はこのような影響力を持っていました。

もう一人の転校生はローダという女の子で、私の家から通りを一つ隔てたところに住んでいましたが、私はまだ彼女と話したことはありませんでした。クラスメートたちはひっきりなしに寄ってきて、まるで口外厳禁の忌まわしい秘密を打ち明けるかのように、「ローダとしゃべったら駄目だよ。ユダヤ教徒なんだから」と耳打ちしてきました。

「ユダヤ教徒」という言葉を初めて聞いた私は、「ユダヤ教徒って何？　どういう意味？　何か嫌なところがあるの？」と訊きました。クラスメートの誰一人として、私の疑問に答えることはできませんでした。みんな「ユダヤ教徒」について、どこかで誰かに聞いた話しか知らなかったにもかかわらず、それだけでローダと友だちになってはいけないと思っていたのです。どことなく「よそ者」と感じさせるレッテルが貼られているからという理由で、みんなはこの新しい女の子をのけ者にしようとしていました。

ローダはデトロイトの東側にあるモーロス通りに住んでいて、その家は私の家から半ブロック離れたところにありました。その日の夕方、私はみんなが何をそんなに騒ぎ立てているのか突き止めてみることにしました。ローダの家を訪ねると、彼女の母親が出てきてくれました。私は毎夕、自転車で〈デトロイト・ニュース〉の新聞配達をしていて、彼女の家も配達先の一つだったのです。ローダは私たちとなんら変わったところはなく、ただ異なる宗教を信仰しているだけだということがわかりました。

私は、里親宅を転々として多様な宗教にさらされてきたので、相手がユダヤ教徒であろうが、プロテスタント信者あるいはカトリック信者であろうが、何とも思いませんでした。その頃にはすでに、自分が触れてきたいわゆる宗教的な教えなど、まったく理屈に合わないと考えるようになっていたのです。ですから、私は日曜学校で教わる恐れや判断に関する教訓はあっさり聞き流し、いかなる教えも気にしていませんでした。宗教的教訓など、わけのわからないものは人生に必要ないと考え、もうとっくの昔に宗教とは関わるまいと思うようになっていました。教会に行かされるたびに、気分が滅入っていたからです。私は何よりも機嫌よく過ごしたいと思っていました。

ローダの家族はこの上なく感じのいい人たちでした。私はすぐにその場でローダと仲良くなれると思い、クラスに歓迎しました。私に受け入れられると、ローダとガイは新しい学校にすんなり馴染み、教室でも仲間として扱われました。「ユダヤ教徒」という言葉が軽蔑的な意味合いで用いられることも、あっという間になくなりました。

友だちの多くが、自分では理解すらしていない言葉を両親から聞き、それを判断の材料にして他人を批判しようとすることに、私は戸惑いを覚えました。自分の頭で考えるよりも、彼らは人から言われたとおりに考えるよう頭を使っていたのです。

私は幸運でした。なぜなら、誰それを憎め、受け入れるな、否定しろ、などと言ってくる大人が一人も周りにいなかったからです。

今だからわかること

少年時代をふり返ってみると、ローダとガイにまつわる記憶が際立っています。今になって思えば、当時の私は、大人になってから思いやりや寛容について教える人生を歩むために準備をしていたのです。しかしあの頃は、自分がそのような運命をたどることになるとは気づいていませんでした。自分が特別だとか、ほかの子たちよりも賢明だと感じていたわけではありません。私は三十人あまりの同級生たちと変わらぬ普通の子でしたが、ただ、思いやりや寛容を示すことが当たり前だと思っていました。

少年だった私は、そのように振る舞うよう導かれていたのだと、今になってはっきりとわかります。第一幕が開いたばかりの人生の舞台を、聖なるガイダンスが監督していたのです。人生の早い段階で、私がそのような役割を引き受けることになった理由はわかりませんが、その人格形成の時期に、高次のパワーが働いていたのだろうと推測するしかありません。

口汚い言葉を好んで使う友人や知人がたくさんいましたが、私はそうした言葉遣いにもともと我慢ならないほうで、悪口や憎まれ口を耳にすると苛立っていました。しかし、口汚い言葉を聞きとがめても、騒動を起こすことはありませんでした。なぜなら、兄をいじめた子たちを相手にしたときと同様に、争うのは時間の無駄であり、揉めたところで何にもならないと内心気づいていたからです。私は頭の中で何者かの声を聴いていました――それは内なる宣言で、正しい行動だと知っていることを自分が手本として示すよう求めていたのです。

他者への親切心や思いやりは、私が小さい頃からのテーマでした。もしかすると前世から持ち越した課題かもしれませんし、あるいは幼少期に見捨てられたという思いから生まれたテーマなのかもしれません。幼少期、胸の内に感じていた愛が自分に返ってこなかったため、自分は人に愛を与えたいと思っていたのです。

しかし過去を俯瞰してみると、神意による手が私の肩に触れ、幼い頃から思いやりを持って行動するよう導いていたのだとわかります。すべての人に愛を広げることの重要性について伝えるキャリアを、生涯をかけた使命の一環とするよう導いていたのです。

いかにして当時の私にそのような意欲が湧いたにせよ、今、その意欲のひらめきに心から感謝しています。それは私の人生を計り知れぬほど輝かせてくれただけでなく、世界中の何百万という人々に慰めと癒しを与える源泉となってきました。

第六章
憧れだったテレビジョンショーへの出演

「僕が〈ザ・トゥナイト・ショー〉に出演してスティーブ・アレンと会ったら、昨晩出てた人たちよりも、もっとおもしろいことを話すつもりなんだ」

早朝、それぞれ仕事と学校に行く支度をしている母と兄二人を相手に、私はいつの日かトーク番組〈ザ・トゥナイト・ショー〉に出演する話をしていました。一九五四年、私は十四歳になっていて、ほぼ毎晩のようにテレビで司会者スティーブ・アレンを観ていました。その番組にのめり込んでいた私は、自分がスタジオでスティーブと話し、悪ノリしたゲストたちとおしゃべりに興じる場面を思い描いていました。自分がゲスト出演できたらいいなと考えていたわけではありません。自分がゲスト出演することを知っていたのです。

家には小さな白黒テレビがありました。近所ではまだ一台もテレビのなかった時代です。モーロス通り２０２１７番地にある私たちの小じんまりとしたアパートの屋根には、ＴＶアンテナが設置されていました——受信状態は風の強度によって変わりましたが。それでも、私にとってテレビは贅沢品の極みとも言えるもので、家中が寝静まってから観る深夜番組に、私はやみつきになっていました。この新奇な文明の利器の真ん前に座り、音量をできるだけ下げて、朝五時に目覚まし時計をセットしている母を起こさないよう気を遣っていたものです……と言うより、私がぐっすり眠っているものと思っている母に、しっかり起きていることを気づかれたくなかったのです。

夜な夜な〈ザ・トゥナイト・ショー〉のスティーブ・アレンを観ることは、私にとって楽しみという言葉では表しきれないほど胸が躍るものでした。想像の中で、私は自分を番組に登場させていました。どういうわけか、居間に座ってテレビを観ている少年の自分だけではなく、大人になった自分が出演しているところも見えました。将来テレビ出演している自分があまりにも現実的に感じられたため、小さな画面を見つめながら、大人の自分がスタジオでスティーブと話しているところまで見えていたのです。

何をどうしても、そのイメージが頭から離れませんでした。その話はごく少数の人にしかしませんでしたが、私はなんとなく現在の自分と将来の自分を重ね合わせることができ、その心のイメージを自分の世界で現実のものとしていました。何を馬鹿げたことを、とたいていの人は思うかもしれませんが、私にとってはこの上なく現実的なイメージでした。自分の住む町や国だけではなく、世界中の人々に訴え、教えを伝える手段として、この小さなテレビ画面を活用する自分自身を思い描いていたのです。

それを家族や友人に話すと、無邪気なものだと一笑に付されたため、自分がテレビ出演しているイメージは心の中だけに留めておくようになりました。もう人には話すまい。しかし、そのイメージがいつか現実になるという確信は決して揺るがず、私は毎晩〈ザ・トゥナイト・ショー〉を観続けていました。

今だからわかること

時は進んで一九七六年。私は、一般書としては処女作となる『自分のための人生』（三笠書房）を出版しました。ほぼ自費で全国ツアーに乗り出した私は、自力で取りつけられる限りのインタビューを受けながら、都市から都市を巡っていました。無名のもの書きだったため、テレビの全国ネットで宣伝させて欲しいと打診するも、ことごとく断られました。そこで私は、テレビが駄目なら、直接アメリカの人々に宣伝するしかないと思い立ったのです。

私は自著を車に積み上げ、九歳の娘トレイシーを連れて、何か月にもおよぶ遠征に出かけました。友人であり広報係でもあるドナ・グールドが取りつけてくれたインタビューもすべてこなしました。

そして八月にとうとう、〈ザ・トゥナイト・ショー・スターリング・ジョニー・カーソン〉のコーディネーターから連絡を受けました。彼はハワード・パプーシュと名乗り、ちょうど『自分のための人生』を読み終えたとのことで、〈ザ・トゥナイト・ショー〉の出演者を決める事前インタビューを受けてみないかと訊いてきたのです。もちろん私は二つ返事で了承し、カリフォルニア州バーバンクにあるNBCスタジオに行きました。そこでハワードと私は数時間も話しこみ、しまいには親しい友人になりました。

数日後、ハワードから電話があり、次の月曜夜の〈ザ・トゥナイト・ショー〉に出演が決まったと言われました。ラスベガス・ストリップでよくパフォーマンスをしていたコメディアンのシェッキー・グリーンが、ゲスト司会者として番組進行するそうです。それは私にとって、アメリカ国民に向けて話す初めてのチャンスでした。とうとう『自分のための人生』で世界中に広めたかったメッセージを伝えることができるのです。私は有頂天になりました――今でも言葉で書き表せないほどの舞い上がりようです。私は、九十分番組の最後の十五分に設けられた「注目の作家」コーナーに出演予定で、それは深夜十二時四十五分から放映されるとのことでした。

番組収録の日。控室に案内されている途中で公衆電話の横を通りかかり、ちょうど電話をかけ終えた男性に気づきました。それはなんと、あのスティーブ・アレンでした！　彼は番組最初のゲストとして出演予定とのことで、私は自己紹介をし、茫然自失の体で楽屋に向かいました。十四歳の頃から崇拝していたスティーブ・アレンと一緒に、自分が全国放送の番組に出演するなんて！

第六章

憧れだったテレビショーへの出演

シェッキー・グリーンとのコーナーもすこぶる順調に進み、収録は夕方六時頃に終わりました。シェッキーは愛嬌のあるおもしろい人で、私をリラックスさせて、うまく話を引き出してくれました。

私は夢心地でロサンゼルス空港に向かいました。ちょうど搭乗しようというときに、呼び出し放送で自分の名前が呼ばれました。緊急の連絡が入ったとのことです。それはハワードからで、悪い知らせでした。〈ザ・トゥナイト・ショー〉の歴史上初めて、放送予定の回が取りやめになったというのです。当時の副大統領候補だったボブ・ドイルが、カンザスシティで行われた共和党全国大会で演説時間をオーバーし、NBCはそれをカットせず放映、そのせいで私のまたとない全国放送の出演機会が消えてなくなったということでした。天国から地獄へ突き落とされた気分です！

翌日の火曜日、デトロイトにいた私にハワードから連絡がありました。ジョニー・カーソンが、明日の水曜夜に私を番組に招待したいと言っているそうです。その日の朝の打ち合わせで、前夜に収録した回の話題になり、番組は放映されなかったものの、新顔ゲストがとても良かったと聞いたジョニーが、「じゃあもう一度彼を呼ぼう」と言ってくれたとのことでした。

私はロサンゼルスに戻る航空券を受け取り、水曜夜にジョニーとテレビ出演することになりました。ところが、ほかのゲストであるオーソン・ウェルズとロバート・ブレイクの話が長引いたため、私に残された時間がとても短くなってしまいました。そこでジョニーは放送中に「今日は時間が押してしまって申し訳ない。滞在を延ばして、金曜にまた出てくれますか？　今晩予定していたよりも長く時間をとりますよ」と言ってくれました。私は了承し、金曜夜に再びジョニーと番組に出演しました。さらに次の月曜夜、なんと先週収録して取りやめになった、シェッキー・グリーンとの回まで放映されました！

全国放送のテレビ出演などしたことのなかった私が、五日間で三度も〈ザ・トゥナイト・ショー〉に出演したのです！　これがきっかけとなり、私はその二年間で三十七回も同番組に出演しただけでなく、別のトーク番組〈ザ・マーブ・グリフィン・ショー〉、〈ザ・フィル・ドナヒュー・ショー〉、ダイナ・ショアの〈ダイナ！〉、〈ザ・ジョン・デイヴィッドソン・ショー〉、情報番組〈トゥデイ〉、〈グッド・モーニング・アメリカ〉などにレギュラー出演するようになりました。

公衆電話の横で、自分がスティーブ・アレンと一緒に〈ザ・トゥナイト・ショー〉に出演するのだと知ったとき、私は十四歳の頃にそれを強く確信していたから、自分でこの未来を創ったのだという抑えがたい興奮を覚えました。というのも、私たちは心身の感覚をもって時間というものを捉えていますが、実のところ時間は知覚できるものというよりは、むしろ幻想なのだと私は確信しているからです。

もしかすると一九五四年に抱いたあの確信は、私が今「過去」として考えているその時点では、未来の出来事の一つの可能性だったのかもしれません。しかし、時間というものが実は幻想で、私たちの経験を真に決定しているのがワンネスであるならば、過去や未来という観念もまた、幻想であるはずです。

この考え方が妙な発想で理解しがたいと思う方は（私自身もよく混乱します）、夢を見ているときの状態を考えてください。夢の中で、あなたは空を飛べたり、ずっと前に亡くなった祖父母に会ったり、幼い子どもの頃に戻ったり、年老いたりもします。もし特定の年齢に注意を向ければ、その望んだ年齢になることもあるでしょう。私たちは人生の三分の一の時間を、時を超越した次元で過ごし、そこではすべてが可能なのだということを、じっくり考えてみてください。自分が夢を見ていたのかどうかを知るためには、目覚めて、その夢をふり返るしかないのです。

より目覚めた現在の視点で、内なる確信を抱いていた十四歳の自分をふり返ってみました。あのときの内なる確信は、万物の源であり全知全能である大いなる意志と結びつく意図となって、私が意識を向けていたものを実現させたのです。それはちょうど、夢を見ているときに夢を操るのと同じことです。これは、私たちの思考や意図が人生を通してどれほど強力に働くかを示しているのではないでしょうか。

現在のよりクリアになった視点で見てみると、私たちが存在するあらゆる瞬間が、無限の可能性を持っているのだとわかります。これから自分が何をし、どうなるのかについて、もっとも強く確信していることがその瞬間その場で実現しています。たとえ今はそれを経験していなくても、実現しているのです。何度も浮かんでくる考えは、大いなる意志と同調している考えであり、私たちが未来と呼ぶ時間軸に現実となりますが、実のところその繰り返し起こる考えは、他ならぬワンネスの一部なのです。それは隔てなき唯一の経験で、今この瞬間のことなのです。

思い出してください――過去あなたに起こったことはすべて今この瞬間に起こったことであり、将来に起こることでもあります。あなたがこれから経験することはすべて、現在にも起こります。そう、実際には今この瞬間しか存在せず、私が一九五四年に〈ザ・トゥナイト・ショー〉でスティーブ・アレンと共演している自分の姿を見ていたとき、その経験は、実現するのを待ち構えている今この瞬間の経験だったというわけです。そう考えるしかありません。なぜなら、当時の私は本当に番組出演を確信していたため、それが実現しないという可能性はなかったのです。

過去を俯瞰してみるとわかるのですが、「これは実現する」と強く確信しているときは、必ずアセンデットマスターによるガイダンスを感じます。彼らは私と共に働き、私が今生に転生した瞬間から定められていた個人としての運命《ダルマ》に向かう方へ、人生の舵を取っています。そのことに気づいてから、私は次のことを確信しました。すなわち、私は最初からアセンデットマスターによる一種の研修を受けていたということ、そして少年の頃に抱いていた説得力ある確信の数々は、実のところその研修の一環として生じていたということです。たとえ私たちの認識している時間ありきの次元ではそうは思えなくても、時を超越した次元では、過去・現在・未来がすべて同時に起こっているのです。

今日《こんにち》では、神のような生き方を実践して伝える道に向かうよう、スピリチュアルなガイダンスに導かれていることがわかります。この天からのガイダンスと同じものが、将来の自分を見ていた一九五四年の私にも働きかけていたことは疑いようもありません。

第六章

憧れだったテレビショーへの出演

生涯にわたって私を導いてきた究極の真理が、一九七六年にも示されていたように思います。『自分のための人生』を自分で宣伝して回っていたときのことを思い返してみると、あの頃の私は、全国ネットのテレビに出演できないからといって焦ったことは一度もありませんでした。私はただ、できるだけ多くの都市を訪れて、どれだけ地方のメディアでも、チャンスを得られる限りのインタビューを受け、あとは自分の努力を方向づける高次のパワーに任せることにしていました。

自分のしていることを楽しみながら内なる衝動に従っていると、その意識が実を結んで、もっとも有名なテレビ番組に五日間で三度も出演することになり、しかもその後のキャリアに活かされる全国的な知名度へとつながりました。私は成功を追っていたわけではありません——成功ではなく、自分の内なるヴィジョンを追っていたのです。

こうした経緯をうまく言い表している一節があります。それは私がこれまでに何度も引用してきたもので、私の人生の道を美しくしてくれた、もっとも影響力あるスピリチュアル・マスターの一人、ヘンリー・デイヴィッド・ソローが十九世紀に残した言葉です。彼の言葉は、いつも私の意識の中で大きく鳴り響いています。

> 自分の夢に向かって確信を持って進み、自分が描いた人生に挑戦するならば、いつしか思いもよらぬ成功を収めるだろう。

このソローの英知が示す現象が、私の生涯にわたって起こっていたのだと、今ならはっきりとわかります。私の成功は本当に予期せぬもので、考えてもみなかった規模で訪れました。私は自分の夢に向かって確信を持って進み、自分で思い描いた人生を送っていました――そして、毎分毎秒を楽しみながら生きていたのです。私は成功が追いかけてくるのに任せていますが、それは実際にいつも後からついてきています。一つ私が確信を持って言えるのは、自分が何を想像するかは、自分でコントロールできるということです。私がこれまでに収めた成功は、ただ単に後からついてくるのに任せた結果でした。

五日間で三度も〈ザ・トゥナイト・ショー〉に出演することになったとき、私はすでに一流大学での正規教授としての職を辞していました。自分の力で全国を回り、耳を傾けてくれる人たちにメッセージを伝えたかったからです。夢に向かって進みながら、細かいことは宇宙に任せていたとき、ソローの言葉が私の心の中で本当に響いていました。

第七章

僕のヒーロー、ソローとの出会い

私は自転車で近所をグルグル回りながら、不穏な空気が漂う我が家に足を踏み入れるのを躊躇していました。私は十五歳になっていて、家庭は混乱の極み、しかも日に日に状態は悪化していました。

クライスラーで秘書をしていた母は、三人の息子の養育費を稼ぐのに四苦八苦していました。夫のビル・ドゥルーリーが、酒を呑んで大暴れする以外になんの興味も示さなかったからです。母はとうとう見切りをつけ、離婚届にサインしました——長らく望んでいた平穏と安全を家庭にもたらし、苗字を息子と同じダイアーに戻すことに決めたのです。

養父ビルの酒癖は手に負えなくなり、酔っ払いによくある言葉の暴力を浴びせてくるようになっていました――攻撃的にわめきたて、早口で怒りを爆発させるのです。私に対して気に入らないことがあれば、どんな些細なことでも絡んできました。私はそんな養父を避けたくて、彼が愛車の黒いシボレーに乗って酒場に向かうまで、自転車を乗り回しながら時間をつぶしていました。ペダルを踏む私の頭の中で、高校の指導教員に言われた言葉が鳴り響いていました。

「お母さんに来てもらって、校長と面談をしてもらいます。それまでは停学です」

カッター先生は、私が個人調査票にきちんと記入しようとしなかったという理由で、私を罰しました。記入しなかったのは、両親の氏名を記入する欄にどう書けばいいのかわからなかったからです。養父の名前を書けばいいのだろうか、それとも会ったこともない実父の名前でいいのだろうか？　それに母の苗字はまだダイアーに戻っていないし、それをどう説明すればいいのかわからない。私はプライバシーを侵害されたような気がしました。母の立場を変に思われるようなことは書きたくないし、家族について個人情報を求められることが嫌だったのです。そこで私は大きな字でこう書きました。「個人的なことは書きません」――その結果、カッター先生は私を停学処分とし、母は一日仕事を休んで、アーウィン・ウルフ校長との面談のために三つもバスを乗り継いで来校することになりました。

私は三日間、校内活動に参加できず、校長室の長いすに座らされていました。せめてもの救いだったのは、そこにおもしろそうな本があったことです。そこに座らされることになった反抗的な不適合者たちを反省させようと思って置いたのでしょう。

母は面談で、私が母をかばおうとしたのだということを校長とカッター先生に説明し、調査票には素直に記入させて、毎学期の登録手続きは誠意を持って行わせることを約束しました。そうして私の停学処分は解けましたが、なぜ私がルールに対して怒ったかについては、誰も何も触れませんでした。私の心の奥底にあったのは、アルコール依存症という姿をとったうるさい男と暮らさなければならない苦痛、すぐにまた家族が離散するかもしれないという心配、そして施設に送り返されて母と日常的に会えなくなるという不安でした。

数か月後、生物担当の先生から、近隣でさまざまな樹の葉を採集してスクラップブックにまとめ、学期末までに提出するように言われました。提出しなければ合格点はもらえず、再履修になるとのことです。

私は十五歳で、あまり真剣に学校のことを考えていませんでした。当時の私にとって一番大切だったのは、ほぼフルタイムで就いていた仕事でした。私は、地元住民を対象にした個人経営の小さなスーパーで、サブマネージャー、レジ係、製造マネージャー、精肉係、その他必要な業務をすべて担当していました。稼ぎの一部を母に渡していましたが、それは兄たちも同様で、二人はそれぞれの職場で必死に働いていたので、学校ではなかなか優等生というわけにもいかず、苦労していました。

生物のクラスで一緒だったメアリー・ジョー・メルクリオが、代わりにスクラップブックを作ってあげようかと申し出てくれました。納得できる理由もなしに不合格にされて、不名誉な思いをする必要はないでしょう、と。でも私は断りました。それは私にとって、倫理的な問題だったからです。私はあらゆる意味において問題児ではありませんでしたが、くだらない上に時間だけかかる課題をこなすことに強く反発し、頭に血がのぼりそうでした。全員が従っているから自分も従うという考えや、誰も権威に対して疑問を抱いていないから自分も追従するという考えには納得できなかったのです。

私は、生物教師の融通がきかない態度に苛立っていました。彼は、全員がやってきたことなのだから、どうしても葉っぱを集めてスクラップブックに貼りなさいと譲りません。私は懇願しましたが、無駄でした。彼は「採集しなければ、不合格。君が学業ですばらしい成績を収め、オークの樹とニレの樹と常緑樹の葉の違いを理解していることは承知しているが、スクラップブックは必修です」という態度を崩しませんでした。

私は不満のあまり理性を失い、強い口調でこう言いました。

「こんなの馬鹿げています。フルタイムの仕事を抱えているので、くだらない課題をやっている時間がないんです。やるつもりはありません」

こうして私はまたもや校長室に送り返され、不良たちの指定席に座らされることになりました。また母に仕事を休んでもらって、ウルフ校長との二度目の面談をしてもらわなければいけません。

母は、息子の横柄な態度が許されないという話を拝聴することになるでしょう。

私は校長室の長いすに座り、数か月前に目に止まった本を見やりました。ヘンリー・デイヴィッド・ソローの『森の生活　ウォールデン』（小学館）です。前回はパラパラと見ただけでしたが、今回は最初から読んでみようと思いました。付和雷同しなかったという理由で罰を受けた私には、面談の日まで時間があります。

読んでみると、私はソローの文章に惚れ込んでしまいました！　野外で暮らし、自然に耳を傾け、その中で満ち足りた生活を送ることを学びながら、自分の暮らしについて意識が流れるままに綴るソロー。私はそんな彼の書き方に心を魅了されました。協調性を示すために従順になることは愚かなる服従だと思っていた私は、『森の生活　ウォールデン』を読んで、服従への反発心をさらに強くしました。正直に言うと、私は自分の取っている態度に対してほんの少し迷っていました。なぜなら、この態度を貫けば、夏期講習で生物を再履修するはめになるからです。

私は毎日学校に行って、校長室のニスを塗った長いすに座り、ソローがマサチューセッツの森の中で過ごしたときの話を読み続けました。自分もくだらない規則に縛られずに、自然の中で平穏に暮らせたらどんなにいいだろう……私はソローの言葉に没頭し、彼が自然の力から学んだことに心を奪われました。およそ百年前にこの作品を書いたソローこそ、私のヒーローだと思いました。

ソローの時代、政府は奴隷制を容認し、メキシコ・アメリカ戦争に加担していました。ソローはそんな政府に税金を払うくらいなら、投獄されることを選んだそうです。彼は、愚かな法律と他者への不道徳な行為に強く反対する反逆者だったのです。

誰がこの宝物のような作品を校長室に置いてくれたのかわかりませんが、私はその人にありがとうと伝えたい気持ちになりました。そして、ソロー本人からあふれ出すあらゆる知恵にも心から感謝しました。ソローと私は考え方が同じでした――そんな人には出会ったことすらありませんでした。

『森の生活　ウォールデン』を読み終えると、巻末に「市民的不服従」というエッセイが載っていました。校長室であと一日過ごすことになっていた私は、そのエッセイを真剣に読みました。そして衝撃を受け、信じられないくらい興奮しました。このソローという人の言葉は、私の胸に直接訴えてくるのです！　エッセイの主旨は、「誰にでも自分の良心に従う権利と義務がある――政府当局に厄介でくだらない規則を強いられているときは、特に良心に従うべきだ」というものでした。

まるで文学でつながったソウルメイトに出会った気分でした――心底、尊敬できる人を見つけたのです。ソローは自分の考えを貫き、故郷の町コンコードで人頭税を払うくらいなら、投獄されることさえ厭いませんでした。私はいつかコンコードを訪れて、彼のような革新的な考え方をする人々を輩出する世界に浸ってみようと心に決めました。

処罰が決まるまでの宙ぶらりんな時間をつぶすためにソローの本を用意してくれた指導員は、ここに書かれている主義を実践しなさいと伝えたかったんだ――そう解釈した私は、翌日の三者面談でウルフ校長にソローの考えを伝えるのが待ちきれない思いでした。私がここに二度も座らされることになったのは、己の信念を貫いた罪で罰を受けたからですが、そんな自分をそれほど変わり者だとは思いませんでした。自分の良心に従って、市民的不服従を実践することが大事だというソローのアドバイスが嬉しかったからです。

またもや休みを取って来校するはめになり、どう見てもうんざりしている母が学校にやって来ました。一緒に暮らすようになって五年が経っていたので、母も息子のウエインの性質を理解し、くだらない規則に従うことやあれこれ指図されることに対して、私がほかの子たちとは違う反応をすることも心得ていました。母は、私が自分のことは自分で決められると信頼していましたが、その信頼の根拠は、私がほんの小さい頃からそういう子だったという事実が大きかったのでしょう。

二度目の面談で、私はウルフ校長にこの一週間で読み終えたソローの作品について語りました。

市民は、たとえ一瞬、ほんの少しでも、自分の良心を国家・政府に譲らなければならないのだろうか？　それでは、良心を持つ意味がないではないか。私たちはまず人間であって、その次に国民であるべきだと思う――私の唯一の義務は、いつでも自分が正しいと思うことを行うことだ。

母は私の言い分を支持し（母に祝福あれ）、ちょうど数か月前、私が母の立場を擁護したくて調査票にあれこれ記入するのを拒んだときと同じように後ろ盾となってくれました。

夏期講習に出ることにはなりましたが、心は折れませんでした。停学処分になっていた数日間、私の人生でもっとも影響力ある人の一人となったソローの言葉に出会えたので、感謝の思いでいっぱいだったのです。数週間後に生物を再履修するのも楽しみなくらいでした。

今だからわかること

この章でお話しした経験は、四年間の高校生活で起こったもっとも大きな出来事の二つです。調査票に記入することで、人には言いたくない家庭の不和を知られてしまう――そのときに感じた内心の怒りを今ふり返ってみると、その経験が大きな恵みであったことがわかります。なぜなら、私の八人の子どもたちの誰かが学校の規則に反したときに、親としてどう振る舞うべきかを、その経験から学んでいたからです。自分にとって納得がいかない校則や決まりごとに直面したときのことを思い出し、我が子がどれだけ悔しい思いをしているか、共感できるようになりました。それが規則だからという理由だけで、何の疑問も抱かずに従うことは、自分の人生の舵を取れなくなることなのだと、私は幼い少年の頃から理解していました。

今だからわかるのは、思春期の私の前に現れ、規則に従うよう求めた人たちは、出会うべくして出会った人たちだということです。あの人たちに出会ったのは、私が将来、高次元の意識について書いたり話したりするためでした。

その後何十年も経ってから、私は老子が紀元前五世紀に書いた『老子道徳経』（慶應義塾大学出版会）の智恵を実践するようになりました。『老子道徳経』が明らかにしている高次元の意識を知ったからです。この哲学書は、次のように明言しています。「タオ（神）の偉大さを前にすると、人は自らの心に従って行動を起こす。タオの偉大さを前にしていないとき、人は規則に従って行動する――それは道徳に欠けていることの現れなのだ」

私は人生の早い段階で、一連の規則に従って行動しなければならない状況に巻き込まれました（しかも、それらの規則のほとんどが不要に思われました）。しかしその経験のおかげで、自分を頼ることがいかに重要なのか、のちになって伝えられるようになったのです。もし私が単純に規則に従い、目上の人の言うことを素直にきいて、そもそも規則はなぜあるのかなどと考えもしない若者だったら、今の私はまったくちがう仕事をしていたでしょう。

私の内面には我在り（ＩＡＭ）という意識があります。それは存在の源とのつながりです。それをタオと呼ぶ人もいれば、大いなる意志、神、アラー、クリシュナ、キリスト意識などと呼ぶ人もいますが、呼称は何でも構いません。この我在りという意識は、私にとどろくような声で語りかけ、静まることがありません。この内なる訴えは、私を踏んだり蹴ったりな逆境のように思える状況に直面させることもありますが、その声に失望させられることは決してありません。なぜならそういった状況は、私がこの世に転生して学ぼうと決めてきた貴重なレッスンだからです。

私の内面にある我在りという意識はものすごく説得力があり、その力は私が少年の頃から衰えたことがありません。私は集団の中の一人になるのが耐えられず、「みんながしているから自分も」という行動を見ると、現在よりもずっとエゴが強い視点でその行動を非難していました。昔は声高に主張しすぎていたのだと思います――そのせいでいらぬ注目まで集めてしまっていました。高校生の頃に内心感じていた怒りは、「集団思考の精神にわざわざ巻き込まれないよう気をつけよ」と人々に教えるための初期の啓示だったのだと、今になってはっきりと気づきました。

　生物を再履修した夏は、高校生活の中でも特に印象深い時間となりました。次に生物担当となったオリーブ・フレッチャー先生は三十代の女性で、私が出会った教師の中でも最高の教師の一人でした――学生時代に限らず、人生で出会った数々の師の中でもです。フレッチャー先生は時間をかけて私と向き合い、あらゆる可能性を持ちながらも、混乱と心痛で息が詰まりそうになっていた若者の私を理解しようとしてくれました。先生はボーリングにも連れて行ってくれました――まさしく連続ストライクを取られた気分です！　先生は私のことを気にかけ、私に話を聞かせるのではなく、私の話を聞こうとしてくれました。

　先生は、内面を見つめてそこに見つかったものを大切にしなさいと教えてくれました。もし私が前任の生物教師の言うことを聞いて、おとなしく葉っぱのスクラップブックを作っていたら、この優しく思いやり深いフレッチャー先生に出会う機会はなかったかもしれません。フレッチャー先生は、私自身が教師となったときに見習うべき指導の仕方を、お手本として見せてくれていたのです。

　この話には皮肉な展開がありました。十六年後、私は博士号を取得して、教育大学で客員教授となり、教育実習中の大学院生向けのコースを指導することになりました。対象者は、学校管理の仕事を希望する院生たちです。その登録者名簿に見覚えのある名前がありました。なんと、私に生物の落第点を与えた人が、そのコースに登録していたのです！　この世に偶然はありません。私は、彼にオーストラリアで葉っぱのスクラップブックを作ってきなさい、必修ですから、と告げる場面を想像して一人でおもしろがっていました。もちろん、実際にはあの高校時代の出来事を持ち出したりはしていません。彼もきっと覚えていないでしょう。

いかなる宇宙の介入が起こったのかはわかりませんが、私がまだ十五歳のときに、ソローの『森の生活　ウォールデン』を校長室に置くように意図が働いたことに、とても感謝しています。まだ高校に入って間もない頃の私の胸に、どうして彼の言葉がそこまで響いたのかは説明できません。しかしその出会いが、人生で二冊しか本を出さなかった、この十九世紀のアメリカの哲学者との親しい付き合いの始まりとなり、それは今も続いています。

長い年月に、私はマサチューセッツ州のコンコードにあるラルフ・ワルド・エマーソンとヘンリー・デイヴィッド・ソローのそれぞれの家を何度も訪れました。しかも私は、ソロー記念館であまりにも感極まり、記念館のスタッフに懇願して、かつてソローの書斎であり自宅でもあった場所で彼のベッドに横たわり、彼が「市民的不服従」を書いたデスク――十代の私を感動させたあのエッセイを書いた場所に座らせてもらいました。

現在の視点で考えてみると、エマーソンとソローは、私が大人になってからの大半のときを天から見守ってくれていたのだということがはっきりとわかります。二人の言葉は、この不透明な世に差す希望の光のようでした。変容と高次の気づきに関する二人のメッセージを初めて意識したのは、私が校長室に座っていた少年の時でしたが、そのとき私は何か不思議な案内係が人生に送り込まれてきたことを悟りました。

母と校長と面談室に入ったとき、私は武者震いしていました。なぜなら、指導員からのお墨付きの協力者ソローがいたからです！　そうでなければ一体なぜ、ソローの作品があのように目立つところに置かれていたというのでしょう？　私がある種の市民的不服従を切に必要としていたときに、それが目につくように置かれていたのですから、私に読めと言っていたに違いありません。あのとき私は、ソローの存在を身近に感じていました。自分の思春期に彼らのような超越論者がどれだけ強烈な存在だったかを書いている今この瞬間も、ソローの存在を身近に感じています――その強力なパワーは、今でも変わりません。

思春期の私が「自分を頼る」という考えを確立しようとしていたときに、この独立独歩の考え方をする偉人がそばにいてくれたのは明らかだと思えるのです。ソロー記念館を訪れ、彼のベッドに横たわったりデスクの前に座ったりして、そのプライベートな空間で一人静かな時間を過ごしたときも、ソローの存在を感じました。彼の故郷でPBS放送局の特番を収録したときもソローはいました。これを書いている今もソローはそばにいて、私たちは決して一人ではないのだと言っています。そして、かつて地球上で生きた指導者の霊的実体を呼び寄せられること、その指導者が誰であっても、私たちはその実体の助けを借りて、自らの運命を遂げられることを教えてくれているのです。

十代の頃の私の反骨精神は、内からとめどなく湧き出るエネルギーの源となりました。理不尽なことに反抗したのは、自立自助や高次の目覚めについて世界中で教える使命に対する私なりの「イエス（引き受けた）」という返答でもあったのです。偉大なるタオ（神）は不思議なやり方で働きます。ソロー本人が思春期の私の前に現れ、私が今も歩み続けている旅路へそっと押し出してくれた……そのような考えを、誰が否定できるでしょうか……。

第八章

書くことと生きる目的

私は夏期講習で生物担当だったオリーブ・フレッチャー先生に、その年の目標を話していました（ちなみに、その前の生物教師と私はお互いに譲らぬ盾と矛のようにやり合い、私が折れて生物は不合格となりましたが、フレッチャー先生はその同じコースで評価Aをくれました）。

「今年は小説を書くつもりなんです。書くのは得意だし、もう構想も練ってあります」

私は、特殊な意識状態というものに興味をもっていました。私の考えでは、それは瞬時の具現化やテレパシーによる意思疎通、自己治癒、天使とのコミュニケーションなどを可能にするレベルの覚醒状態を指していました。

私の小説には、そうした異次元の能力を持つ主人公が登場します。彼は神のような聖なる生き方を習得し、遺跡の発掘現場で古生物学者として仕事をしています。タイトルは『異色の同胞』。毎晩のように私はこっそり静かな場所に行って、空想の赴くままに書いていました。手書きの原稿はどんどんページ数を増し、私はそれを大きな茶色の紙袋に入れて、家の狭い屋根裏に隠していました。自分が創り出した登場人物たちの元へ逃避する静かな時間——私は、誰にも干渉されないその瞬間をとても大切にしていました。

読書が大好きだった私は、いつも何かしら新しい本を読んでいました。友人たちの多くは読書を嫌い、職業としてものを書くことなど検討すらしませんでした。はっきり言うと、ものを書くなんてオタクのすることだと彼らは考えていたのです。

国語の時間では、各自がマニラ紙のフォルダを用意して、学期中に読んだ本の感想文をまとめることになっていました。フォルダに挟んでいる感想文が多ければ多いほど、その生徒は努力家だとみなされます。私は手持ちのお金が少なくなると、自分の書いた感想文を25セントで売って小遣い稼ぎをしていました。もし私が書いた感想文の評価がB以下だったときは、25セントは受け取りません。そうして私は執筆家としての仕事を始め、自分には文才があると自負するようになりました。損益の出る実生活で、文章力を試していたのです！

私はどんなテーマでも書きましたが、しばしば自分の書き方は自動書記のようだと思うことがありました。ノートの上でペンを動かしているのは自分の手なのですが、私自身が書いているようには思えないのです。それは、私の中の見えない自分とつながっている感覚でした。その見えない自分が現れるのは、紫のペンを手にして座り、自分の手の下で文字が綴られていくのに任せているときです。論文などの課題があると、私はくつろいで取り組んでいました。多少脇道にそれようが、自分の文章力で軌道修正できるとわかっていたので、エッセイの試験も得意でした。

　私にとって、書くことは親友といつも一緒にいるようなものでした。毎日静かな場所に逃避して、自分が生んだ登場人物に息を吹き込むのが楽しくて仕方ありませんでした。もっとも、ストーリー自体はあまり重要ではなくなっていました――私を見つめ返してくる、何も書かれていない紙を携えて、神聖な場所に座っていられる時間そのものを大切にしていたのです。小説を書いているとき、私はいつもこう思っていました。「書くことは、作業ではなく、私自身なのだ」。私は書いているときの感覚、自分が書いているという感覚が好きだったのです。自分がこの地球にやって来たもともとの目的と同調している感覚は、最大の達成感を与えてくれました。そう、私にとって書くことは、生きる目的そのものだったのです。

今だからわかること

　私は今もよく仕事部屋にこもります。もう四十五年以上の習慣になりますが、私が神聖な書斎と

第八章

書くことと生きる目的

呼ぶそのスペースで、お気に入りの写真や記念品に囲まれているとき、私は安心感を覚え、存在の源と一番近づいているような気がします。

私は十代の頃から、書くことが自分の人生で重要な役割を果たすだろうと気づいていました。高校生の頃、ソローやエマーソンを読んでいるときの私は生き生きとし、小説を書いているときは心から満たされ、自分がこの世に送られてきた目的を果たしているという感覚がありました。それはさまざまなテーマで個人的なエッセイを書いているときも同様で、「集団思考から逃れる」「すべてが可能」「神を本当の意味で知り、永遠に生きる」など、好きなテーマでエッセイを書いているときも満足感を覚えていました。若者だった私は、フルタイムの仕事と高校のカリキュラムをこなしながら、読書や執筆といった趣味を、忙しい毎日に喜々として加えていたのです。

私は小遣い稼ぎに読書感想文を代理で書きながら、これは何か特別なことにつながっていると気づいていました。頭から離れようとしないテーマについてエッセイを書いたときは、いつも「もの書きの道に進むことを考えるべきだ」といった反応が返ってきました。筋道を立てて文章をまとめるのが上手だとよく言われたものです。

高校卒業後、海軍入隊、大学進学と歩みを進める中で、何よりも嬉しかったのは、ものを書くことによってある種の確信を得られたことでした。それは、生計を立てるために自分以外のものは何も必要ないという確信です。いつか完全に自立するために必要となるものはなんでも自分に備わっている——それがわかっているのは、気分がいいものでした。私は通勤する必要のない毎日を求めていました。「あれをしなさい」「これに従いなさい」と言われる必要のない生活を望んでいました。そして自分の内なる声に耳を傾け、自分の考えを独自のやり方で書くのが願いでした。雇用者について来る厄介な条件に縛られることなく、自分の力で生計を立てられると承知していたかったのです。

雇われの身だった頃、私は週に四十時間以上も働く日々を繰り返し、何一つ自由を感じていませんでした。しかし、何かを書いて報酬を得たとき、あるいは本の一章を書き終えたとき、自分が書いたもので収入を得られると気づいたとき、私はまるで神のひざに座るよう招かれ、「何でも好きなことを書いたらボーナスとして収入を得られますよ」と言われたような気分でした。上司や雇用主のいない人生、ルールや判断に縛られず、自分の内なる衝動だけに従う人生を、私は運命づけられていたのだと、今ならはっきりとわかります。

ものを書き始めた頃のことや、私がやがて知るであろう自由について大声で語りかけてきた内なる意識のことを思い出します。ペンを握って、自分は執筆家だと宣言すると、いつも幸福感が湧き上がってきました。私は直感を信じ、そうした幸福感に従うことで魂の呼びかけに応えていたのです。たとえ周りが皆、私の宣言に首を傾げていたとしても、自分でそう宣言するだけで充分でした。自分の情熱の対象、つまり書くことのプロだと自分自身で宣言すれば、あとは他者の支持など不要だったのです。

第九章

父親への思い

「父さんなんて大嫌いだ！　自分の子どもを置き去りにして電話の一つもよこさないなんて、一体どういうつもりだったんだ？　殴ってやりたいくらい、父さんが憎い！」

夜になると、私は夢の中で父に向かって叫び、怒りと胸の痛みを爆発させていました。そうして父と対峙したときは、いつも冷や汗をかきながら目覚めていました。私は夢の中で激しく憤り、父に詰め寄ります。しかし、私が一度も会ったことのないその男は、冷たく他人行儀で、いくら私が責め立てても関心を示しませんでした。

私には父の記憶がなく、彼が母や祖父母にどれだけひどい仕打ちをしたのか聞いてはいましたが、どうして父はずっと無関心でいられるのだろうと理解に苦しんでいました。十五年前に置き去りにした三人の息子たちのことが、少しも気にならないのだろうか。

父について聞かされたことといえば、祖母の宝石を盗んだり、窃盗で服役したり、家族を養うのを拒んだりとろくな話がなく、おまけに女遊び、酒浸り、性的暴力が絶えなかったそうです。一番ひどいのは、私たちの前からさっさと姿を消し、電話で三人の子どもたちの様子を訊くでもなく、支払うべきわずかな養育費さえも支払わなかったことです。そう、メルヴィン・ライル・ダイアーはあっさりと立ち去り、ふり返ることすらしませんでした。

養父のビル・ドゥルーリーがやっと家から出ていった今、私は母と兄二人と暮らしていました。ジムもデイヴィッドも父を探して対面することには興味を示しませんでしたが、私は父に関心がありました。毎晩のように見る夢が、父親に捨てられて深く傷ついている若者を映し出していました。

父がどんな人だったのか母から聞き出そうとしましたが、話してもらえませんでした。ただ、ろくでもない男で、口だけは達者な詐欺師だった、どこに行っても金を盗んでばかりで、父親としての責任を放棄したのだと聞かされました。母が一つ思い出した父の仕事は、目の不自由な人たちの代理でほうきやモップを訪問販売する仕事でしたが、集金したお金をちょろまかし、首になったそうです。

父については何一ついい話がありませんでしたが、私は父のことをもっと知りたいと思っていました。憤慨し、怒りに燃えていたので、父に会って、言い分があるのなら聞かせてもらおうじゃないかと思っていたのです。毎日父のことを考え、彼とばったり出くわす場面を想像したりしていました。私は想像の中で、一体なぜ父は美しい女性と五歳にもならない息子たちを置き去りにしたのか、じっくりと話を聞きました。父は私のことを知っていたのだろうか。今や大人になりつつある息子に対して、ほんのわずかでも愛情はあったのだろうか。私はそれを知りたかったのです。

どうしても父と話がしたくて、私は彼の居所を探そうとしました。父の親戚に何度か電話をし、その行方について手がかりを得ましたが（アメリカ南部にいるらしいと聞きました）、連絡はとれませんでした。私は、自分の人生から謎の失踪を遂げた父と再会を果たし、置き去りにされた心の傷を解消する場面を一人で思い描いていました。

私がしつこく父のことを聞きたがるので、母は不安を感じていました。二人の兄は何も訊かず、父のことは一切知りたくないという態度でした。ひょっとすると、長男のジムは父が私たちにした虐待をうっすら覚えていて、それゆえに無関心を決めこんでいたのかもしれません。もう父のことは過去のことにしたかったのでしょう。

母は父に対してあからさまな憎しみを抱いていたので、私の質問にはいつも「お父さんはろくでなしだった。知らないほうが幸せなのよ」と返してきました。やがて母から聞き出そうとするのはやめましたが、私は父のことを知りたい、父と話して、何か言い訳や言い分があるのなら聞いてみたいと心の底から願っていました。父は離れていったけれど、もしかすると少しは私への愛情があったのかもしれない。ひょっとすると、自分の存在が息子にとってよからぬ影響を与えるから、息子のためを思って健気にも身を引いたのかもしれない。だから父が姿を消したのは自分勝手な理由からではなく、無償の愛からだったのだ……そんなふうに考えることもありました。

失踪の理由がなんであれ、父の不在は十代の私にとって大問題でした。父のことが知りたい。どうしても、父を探し当てたい……そうした父に対する悲痛な思いがやがて激しい怒りとなり、ついには眠りの中で父に向かって怒号するという暴力的な夢となっていたのです。

いくら家族全員が父のことは忘れた方がいいと考え、あの負け犬のような男が人生から消えてくれたことを感謝すべきだと感じていたとしても、私は父を探し当てて、聞きたかったことをいつか面と向かって答えてもらおうと心に誓っていました。周りの人たちは「もう忘れなさい」と繰り返していましたが、それでは納得できなかったのです。父に会いたい。父から直接話を聞きたい。私は自分が存在していることを父に知ってほしかったし、何よりも父からの愛情を求めていました。

一九五六年、バレンタインの日のことです。共同電話に加入していた私の家に、呼び出しがありました。会ったこともない、いや、その存在すら知らなかった叔母からの電話でした。オードリーと名乗るその叔母は、父と半分血のつながった妹だそうです。その朝、私の祖母ノラ・メイベル・ウィルヘルムが亡くなったとのことで、叔母は、私と兄二人で棺を担ぐ役を引き受けてくれないかと頼んできました。父の母、つまり自分の祖母が生きていたことも知らず、その名前を聞いたことすらなかったのですが、私は「行きます」と即答しました。

一度も会ったこともない祖母を哀悼したくて引き受けたのではありません。ついに父と会えるかもしれない――私はそう思い、心臓が高鳴りました。自分の母親の葬儀なのだから、父もきっと現れるだろう。もう私から逃げも隠れもできないはずです。

私は数週間後に十六歳になろうとしていて、仮免許を持っていたので、年上の免許保有者がついていれば運転をしてもいいことになっていました。同じく棺の担ぎ役に指名されていたジムが自分の車を運転させてくれることになったので、私たちはデトロイトの西側にある、見知らぬ人ばかりが集まる家に向かいました。

私は一つの目的があってそこに行きました――目的は一つしかありませんでした。私の父だという男に会うためです。でも、父はいませんでした。教会で葬儀が行われましたが、メルヴィン・ライル・ダイアーは現れません。教会を後にして、一同はすぐ近くの墓地に向かい、私は祖母の棺を担ぎました。私にとっては他人同然でしたが、彼女は父の母親なのです。墓地にも、メルヴィン・ライル・ダイアーは現れませんでした。

親戚一同は亡き祖母の家に戻り、私は興奮ではちきれそうになっていました。長らく姿を消していた父がついに現れるだろう。葬儀後の会食のために家に入ると、一台のトラックが家の前で停まり、メモを添えたちっぽけな花を届けてきました。私たちは、メルヴィンがアラバマだかミシシッピだかにいて、母との最後のお別れに顔を出せないということを知らされました。

私は落胆しました。またもや、父が行方知らずになったのです。その日まで自分の親戚だとは知らなかった従兄弟や叔母たちが、メルヴィンの不在を弁解してきました。「きっと、きまりが悪くて来られなかったんだわ――もしかすると裁判所が決めた養育費の支払いを十年以上も怠っているから、あなたたちのお母さんにつかまって、また刑務所に入れられると思ったのかも」

私はここで何をしているんだろう。その追悼式にいる理由がわからなくなった私は、兄を促して帰ることにしました。やっとその場から逃れようとしたとき、ドロシーという従姉妹が話しかけてきました。父には母を置き去りにしてから何人か妻がいたらしく、そのうちの一人はウェストバージニア州ブルーミングローズという所でヒッチハイクをしていた若い女の子だそうです。その前の妻はジュアニータという女性で、今はオハイオ州サンダスキーで看護婦をしていると聞きました。私はメモを取り、見知らぬ親戚たちに別れを告げて、それまでに何度も気づいていたことを改めて思い知りました――父は私や兄のことを知ろうとも思っていないのだ。彼自身の母親の葬儀でさえも、私の人生に父を引き寄せる理由にはならなかった……。

私は絶対に父と一対一で対面してやると決意を新たにし、父がどこに住んでいるのか大まかな予想はついたと思いました。私や兄と関わろうとすら思っていないその男を、なぜそこまで執拗に探し出そうと思うのか自分でもよくわかりませんでしたが、私の決意は固いものでした。

十六歳になると、私は貯金していた二百ドルで一九五〇年型のプリムスを買いました。そして、ウェストバージニア州ブーン郡に行って、父とその妻だという若いヒッチハイカーを驚かせてやろうと計画しました。ところが夏休みに入ると、勤務して三年になるスタール・マーケットで、夏の間はアシスタント・マネージャーとしてフルタイム勤務してくれないかと上司に頼まれました。レ

第九章

父親への思い

ジ閉めをして、その日の売上計算も任せたいというのです。車を買って保険に入るための出費がかさんでいたので、この申し出はありがたく、しかも当時つき合い始めたガールフレンドと一緒に過ごしたいという思いもあり、私は父を訪ねる計画を先延ばしにしました。その代わり、オハイオ州サンダスキーにいるジュアニータという名の、父の別れた妻を探すことにしました。

サンダスキーまで三時間車を走らせ、私は父の元妻に会いました。地元の病院で働いていた彼女は、ためらわず単刀直入に言いました。

「あなたのお父さんはひどい男よ。あなたのお母さんが言ったことは全部本当だし、それより悪い人だった。あの人は働くのを嫌がったし、私たちの結婚生活も支えてくれなかった。いつも法を破っていたしね。善悪の区別がつかない人だったのよ。大酒飲みで、意地が悪くて、酔っ払うと残酷だったわ。しかも、しょっちゅう酔っ払っていた。お父さんに会いたいだなんて望みは捨てた方がいいわよ。あんなインチキ野郎、人生から消えてくれた方が幸せだと思いなさい」

けんもほろろな口調でした。

ジュアニータ・ダイアーは私のために一日を割いてくれましたが、一番がっかりしたのは、私が「父さんは置き去りにした三人の息子たちについて、何か言っていましたか？　末っ子のウエインという子のことを話したりしていませんでしたか？」と訊いたときの彼女の返答です。病院で看護婦をしていて、日夜を問わず悲劇を目の当たりにしているだろうジュアニータは、同情するように私を見てこう言いました。「いいえ。彼に子どもがいたことすら知らなかった。何年も一緒にいたのにね」

胸を突き刺されたような気分でした。では父は、妻に自分の子どものことを話題にすらしなかったのか……一体どういう男だったのだろう？　誰も愛さない人なのだろうか？　私と血がつながっているというのに、どうして父はこうも私とちがうのだろう？　私は……私の心は身近な人たちへの愛であふれかえっていました。母、兄、友人、特に弱い立場の人々――そして父のことですら愛していたのに……。もう父メルヴィン・ライル・ダイアーへの思いは殺してしまおう、父のことを理解しようだなんて思っても無駄だ。私はそう心に決めて、サンダスキーをあとにしました。

デトロイトに戻った私は、マーケットのアシスタント・マネージャーとして一心に働きました。そして充分な稼ぎを手にして、家計を助けました。ほんの少し腰を落ち着けては人を傷つけて立ち去る男、逃げてばかりのその男を探そうとして、私はいくつもの壁にぶつかりましたが、それでも父のことを知りたいという思慕の念は消えませんでした。例の悪い夢は何年も続きました。

私がやっと、父が最高の師だと気づくことができたのは、それから二十年経ってからのことでした。

今だからわかること

自分の幼かった頃に父に会いに来てほしかった、愛情を示してほしかったと思いますが、その一方で、父の不在は私が受け取った贈りものの中でももっとも価値ある恵みの一つだったと、今ではありがたく思っています。父の気まぐれによって捨てられたことは、自立自助を教えるためにこの世にやってきた私の計画の一部だったのです。自立自助は私の人生の大きなテーマであり、私は、幼い頃からまさしく自分を頼ることを人に教えてきました。そして、それが生涯のライフワークになりました。

この宇宙には過ちなどないことは明らかです。星々は、ピタリと定位置に散らばっています。太陽は、地球からミリ単位まで正確な距離を保ち、生命を生んで育んでいます。この宇宙は望遠鏡で見ても顕微鏡で調べても、頭では理解しようがないほど精密です。それはもう粒子から天体に至るまで、すべてが完璧にできています。もちろん、その精密さは人生で出会う物事すべてにも言えることですが、なぜそれほどまでに精密にできているのかは、ほとんどの場合定かではありません。

私が自分の目的を果たして、自立自助を教えるスピリチュアルな教師になるという運命《ダルマ》を歩むためには、まず自分を頼らざるをえない状況が必要でした。施設や里親のところで過ごした年月は、この自立自助を身をもって学ぶ絶好のチャンスを与えてくれたのです。私は自分を頼るしかありませんでした。誰も面倒など見てくれなかったからです。

父との関係は、私の人生でもっとも大切な関係となりました。狂おしいほど父が必要だと思っていたときに、自分の都合で父に帰ってきてほしいと思っていたのは、私自身のエゴが働いていたからです。すべては完璧なタイミングで現れることになっています。私たちは、自分自身を遥かに超える大きなフォースがよしとするタイミングで、必要なものを手にします。この見えざるフォースは、独自のやり方、独自のタイミングで物事を動かし、時空間を寸分の隙なく定める完全な精度で調和を図るのです。

そんなわけないだろうと思う方もいるかもしれませんが、私は父という頼るべき存在がいなかった自分の人生が、あらゆる意味で完璧だったと信じています。過去を俯瞰してみると、私の著作や講演、映像音声などはすべて父がいなかったから生み出せたのだということがわかります。私のエゴは父を求めていましたが、私のスピリットは遥かに大きな目的があることを知っていたのです。

どうして父はそうも冷淡で、無神経で、心ない人なんだろう、どうすればそんなに無関心でいられるんだろうと思い悩んだ年月は、私にただ一つの選択肢しかもたらしませんでした。それは、自分の内面を見つめて、自分で問題解決するしかないということです。私には新しい種類の愛、偉大なスピリチュアル・マスターや神自身のみが示す、赦しにあふれた聖なる愛に目を向けるという選択肢しか残されていませんでした。人生のコースを歩むために必要なものはすべて与えられていました。子どもだった私はそのことに気づいていませんでしたが、あらゆるものが与えられていたのです。

今、人生をふり返ってみると、すべてがこの上なく完璧だったことがわかります。私は知らず知らずに、最初からある種の訓練を受けていたのです。父は霊界からこの世に来るときに、ある生き方に同意してきたのだろうと思います。その生き方とは、末の息子がまだよちよち歩きの頃から青年になるまで、自立自助を学ばざるを得ない状況を作ることです。

父の自分本位で頑固な行動を許し、彼に愛を送るチャンスが与えられたことは、私にとって訓練の一環でした。その訓練のおかげで、私は大勢の人たちの手助けができました。彼らが神の視点と同調したヴィジョンを持って人生を変容させられるよう、手を貸すことができたのです。私はしょっちゅう父の存在を感じます。そして父を身近に感じるときは、彼に対する私の思いをかつて象徴していた憤りや苦悩の嵐に襲われるのではなく、無限の愛にふんわり包まれているような気がするのです。

確かに、父は私にとって偉大な師でした。神は不思議なやり方でことを運ぶのだと私は確信しています。でもそのやり方は、偶然ではありません。まったくのところ、物事はあらゆる意味で完璧に動きます。これまでもずっとそうでした。私はそのことにとても感謝しています。

第十章

軍隊生活での葛藤

一九五八年。私が想像しうる限りもっともおぞましい状況の一つは、陸軍に招集されて、歩兵として任務に就くことでした。高校卒業後、私の周りの十八歳になる者の多くは、デトロイトに数多くある自動車会社で工員として働いていましたが、それも私にとっては魅力的ではありませんでした。そこで私は、二年前に長男のジムが海軍に入隊していたため、自分も海軍に志願することにしました。二週間後、私はイリノイ州のグレートレイクス海軍訓練センターで吐き気をもよおしながら、「なんてことをしてしまったんだろう」と自問していました。

早朝、私は二段ベッドに横たわって、自分の新しい生活を観察していました。昨晩は、衣類やベッドや眠っている男たちの上をはい回るゴキブリの数をかぞえていました。しようと思えば、無限にかぞえていられたでしょう。部屋はこの害虫どもであふれかえっていました。明るいときは割れ目やすき間に隠れているのですが、明かりが消えると奴らは大群で現れ、人の食べ残しで宴会を始めて、夜行性の本領を発揮するのです。顔の上をはい回られたらと思うと息が詰まりそうになりましたが、ゴキブリは大した問題ではありませんでした。

私はそれまでにさまざまなところで生活し、人生の早い段階で、身の回りの環境をあれこれ批判しないことを学んでいました。私にはアレルギーも食べものの好き嫌いもなく、潔癖な面もありません。海軍訓練センター417中隊の窮屈な兵舎では、何百人という男たちがひしめくように寝起きを共にしていましたが、そんな生活になかなか適応できなかったわけでもありません。ゴキブリの大群も、トイレの悪臭も、フルタイムの現役兵士としての自分に求められることに比べたら他愛もないものでした――ここ軍隊では、規則がすべてだったのです。

軍隊には、「自分で考えてはならない」という規則がありました。上官からの命令にはどんなものでも従い、決して逆らってはいけません。服従しなければ、監禁などの厳しい結果が待っています。そこでは四六時中、命令が下され、私は下級兵士の中でももっとも下っ端の役割を受け入れなければならず、やれと言われたことは何でもやり、ほかの者がやれと言われたことも同じくやっていました。返事は〝Yes, sir!（承知しました）〟のみ。あとは従うだけです。

何時に寝て起きて、いつ何を食べて、何を着るか（全員同じものを着ています）など、すべてが決められていました。頭は丸刈り、靴はピカピカに、髭はきれいに剃る――それを日に何度も上官に点検され、「このひ弱な小僧が！」と面と向かって吠えられます。もちろん私は、〝Yes, sir!（仰る通りです）〟と答えるしかありません。そうしなければ相手は激怒して見せて、私は割に合わない処罰を受けることになったでしょう。

これを書いている今はそうは思わないのですが、当時の私は、自立自助を教えるためにこの世に転生してきた者にとって、軍隊はふさわしい場所であるはずがないと頭のどこかで考えていました。

軍隊の考え方や風習から逃れるすべはありませんでした。ここでは自分はないと思え、物事の判断が必要になれば、上官と規則にお伺いを立てろと教わりました。今後四年間はずっと同じ軍服を着用することになっていました。規則に従うか、無断で姿をくらますか……後者の場合は、長期間、営倉に拘禁されたり、不名誉な除隊という処罰が下されたりします。私は自分が肉体だけの存在ではないことを知っていたので、軍隊に所属するという悲運を受け入れることにしました。他人が私の肉体に何をしようとも、私には内なる平和の中にいるという選択肢がある――規則を我慢すればいいのだ。

私は服従することを選び、戦争行為に従事する組織においては、規則などの取り決めが必要であると認めることさえできました。敵を倒すことが全体の目標であるならば、言われたことに疑問をはさまず従うことが不可欠です。私は表面上は規則に従いながら、内面ではそれに同意しないと決めました。四年間、立派に役目を果たそうと思いましたが、誰かを自分の敵と見なすつもりはありませんでした。私は以前と変わらず、個々の人格を大切にして尊重する平和主義者であるという信念を持っていたのです。

私は厳格に管理されたこの新生活において心の平安を保ちつつ、軍事組織に身を置いていても、自分を頼りながら対応していけるという自信がありました。馬鹿げた規則や点検を忌み嫌いながらも、誰にも気づかれずにそれらを避けて通る方法を見つけてみせよう、自分にはそれができるのだと思っていたのです。私の内なる世界は安全で、ここでの生活の常軌を逸した風習をうまく回避するゲームを楽しもうと考えました。

私は、仲間の若い隊員たちの言動にいつも当惑していました。彼らはほんの少しでも自由時間が与えられると、もう大人だというのに『スーパーマン』『キャプテン・マーベル』『バットマン&ロビン』といった漫画をいかにも楽しそうに読みあさっているのです。彼らのほとんどは、私とは読書傾向や読解レベルがかなり異なりました。私が朝から晩まで共に暮らしていたのは、自分とはまったくタイプの異なる人たちだったのです。

初めての休暇の日、私たちは週末をシカゴで過ごすチャンスを与えられました。門限は日曜の夜十時です。私は軍服のままで電車に乗って町へ出かけ、辺りをぶらつきました。商人たちと会話を交わしましたが、彼らは二か月ぶりに自由を与えられて浮かれている若者たちを相手に、虎視眈々と一儲けを狙っていました。

町は入れ墨の店や飲み屋、売春婦、安物の土産品などでにぎわい、慣れない自由を手に入れた同僚の隊員たちは、大はしゃぎで店に群がっていました。私は早めに基地へ戻り、数百人の異常に舞い上がった隊員たちも徐々に帰ってきました。彼らの四人に三人は、一生消えない入れ墨を体に彫っていました。全員が、泥酔して吐き散らしながら、人種差別的な言葉で悪態をついています。私はつい考えてしまいました。ここでは誰も本を読まないのだろうか？　この人たちと本当に仲良くなって、今後四年間、苦楽を共にするのだろうか？

自分の体にアメリカ海軍のシンボル……いや、それが何のシンボルであっても、そのように体を傷つけることなど私には考えられませんでした。昔から酔っ払いの行動を嫌悪していたのに、今やどこを見ても酔っ払いばかりです。自作の小説を書いていた私が、漫画本や口汚い言葉、偏見にあふれた世界に閉じ込められていました。あらゆる種類の暴力を忌み嫌っていたのに、自分が殺戮要員となるべく訓練を受け、警護のために銃を身につけ、敵と見なされた相手を絶滅させることに誇りを持つよう教えられているのです。私はますます内にこもり、孤独に陥りました。

「一体全体、ここで私は何をしているのだろう？」。私は何度も自問しました。「こんなことをするために自分はこの世にやってきたんじゃない」。もちろん私は軍隊の存在意義を理解していましたが、それを自分の役割だとは思いませんでした。「私がここにいるのは場違いだ。私は銃や戦艦、憎しみ、敵のいない世界を創り出すために働く人間になりたいのに」。

自ら進んで入隊することを選んだので、私は思い乱れていました。高校を卒業したときは、この選択こそが正しいと思っていたのです。この軍隊式のライフスタイルが、まさかあらゆる面で自立的思考を抑え込むものだとは夢にも思っていませんでした。
私は、集団思考という精神構造を執拗に押しつけてきたお偉方たちと対立してきたときのことを、一つひとつ思い返していました。そして、高校の国語の授業で暗記した、E・E・カミングスの詩のことを考えていました。

あなたを平凡な型にはめようと　日夜を問わず苦心する世の中で
他の誰でもない　自分自身でいることは
およそ人が挑みうる闘いの中でも
もっとも過酷な闘いである
それでも　決して闘いをやめるべきではない

この詩を思い出しながら、私は自ら足を踏み入れた組織の中で進退きわまっていました。この個々を画一化する主義を掲げた組織に囚われてしまっていたのです。

今だからわかること

軍隊生活の厳しい規則に慣れるまでの間、私は四年の軍隊勤務にサインしたのは人生最大の過ちだったと感じていました。しかし、あの頃から遠く離れた今現在の視点で見てみると、すべてが明らかになってきました。

十八歳で軍に入隊しようと決めたとき、私はどこか謎めいたやり方で見えざる手に導かれている気がしたのを覚えています。厳格に管理された生活が自分にとって受け入れがたいものであることは、事前に承知していました。私はあれこれ命令されずに自分で決める権利をずっと大切にしていたので、規則の厳しい生活が自分に合わないことは理解していたのです。

そんな私がなぜかデトロイトの町で海軍新兵募集係の面接を受け、数週間後に入隊する同意書にサインしていました。私にとって軍の生活が激しい葛藤になることはわかっていたのに、まるでこの無謀な衝動に任せるしかないようでした。

何かを頭で理解するためには、それを学び、分析し、熟考して、それに関する他者の意見を検討し、その公式なり理論なりを再考察し、最終的に結論に達したら、その試験を受けなければいけません――脳内での作業をすべて終えて、ようやく合格点をとるというわけです。しかし、何かをスピリチュアルなレベルで理解するためには、それを実際に経験しなければいけません――経験なしに理解することはできないのです。

たとえばアボカドがどんな味なのか、ほかの食べものと比較するなどして延々と説明することはできます。しまいには論文でも書いて、読んでもらうこともできるでしょう。しかし、アボカドを食べたときの感覚を知るには、実際にそれを食べるしかありません。それを食べているとき、人はそれと一体になり、言葉を尽くして説明されるよりも遥かに深くそれを知ることができます。

私は、自分が生き方を指南されるのを好まないと知っていました。あれこれ指図してくる権威者に反抗心を燃やすことも知っていました。しかし、そうした生活をスピリチュアルなレベルで知るためには、実際に経験するしかなかったのです——それをスピリチュアルなレベルで理解することによって、私は大きな衝撃を受け、今生の使命として自立自助や自己実現を教える方向へと導かれることになっていました。

よく言うのですが、人生で起こる混乱や苦難、どん底のような状態は、ありがたい出来事なのです。兄デイヴィッドは、五十年以上にわたってアルコール中毒と強迫性ニコチン中毒に苦しみ、情けないほど小心で自信もありませんでした。そして、神などいるものかと思って生きていました。ところが六十八歳のときにパーキンソン病と診断され、この病気は治らないし、病人としての生活を余儀なくされると言われて、すべてが好転しました。

デイヴィッドは飲酒も煙草もやめようと決意し、毎日何かを書きとめるようになり、気の弱い性格もどこかへ消えてしまいました。そして大勢の観衆の前で講演するほどになったのです。デイヴィッドは神を見つけ、自分よりも不幸な人たちに手を差し伸べるようになり、本まで出版しました。彼は、このような人生の劇的な変化のすべてはパーキンソン病という診断のおかげだと考えています——病気が何よりも偉大な師だったのです。

今生に転生するとき、私は歩むべき道を決めてきました。しかし、その道に迷わず進むためには、自分の嫌だと思うことを経験し、それを芯から理解する必要があったのだと今ならはっきりわかります。軍隊で過ごした数年間、私はその生活に適応するよう求められ、みんなと同じように振る舞うよう教わりました。その年月は、自分が頑なに嫌っていたことを経験する機会を与えてくれました。そして、その厳しく管理された生活を終えてから自分が何をすべきかを探求するよう促し、その視点で生きることを考えさせてくれたのです。今はあの頃の経験を本当にありがたく思っています。

あらゆる権威、権力というものに対する強い反感が原動力となって、私は自分の好きなことや信じていることに従って生き、それを教えることに情熱を燃やすようになりました。そういった意味では、当時は耐えがたかった出来事を含むすべての経験に対して感謝の気持ちを示さなければなりません。規則に縛られた生活に押しやられたのには理由があり、私は毎日そのことに感謝していきます。今現在、私は白血病と診断されていますが、この病気を歓迎し、この病気がより高次の域へ連れて行ってくれることを確信しています——五十年以上前に、軍隊生活が私を向上させてくれたように。

第十一章 レストランで遭遇した偏見

ブートキャンプをあとにした私は、メリーランド州のベインブリッジ訓練所で半年間の通信・暗号解読の講座を受けていました。訓練所での生活は、早朝から夕方遅くまで授業がぎっしり詰まっていて、夜も勉強が欠かせない毎日でした。午前中は長点と短点を文字に変換するモールス信号を学び、一日おきに試験があります。通信手段、電子技術、物理学の授業もあり、最新機器の扱い方から記号化と解読、タイピングなども教わりました。私の潜在意識は、ヘッドフォンから聞こえてくる音に自動的に応答する方法を学んでいました。

私は、この半年間の知的体験コースで優秀な成績を収めようと燃えていました。何かに専念しようと思えば、自分はどのようなジャンルでも文字通り極められるのだと気づきました。高校でも、好きな教科は必ず評価Aを取っていましたが、興味のない教科からはあっさり身を引き、合格しようが不合格になろうがお構いなしでした。そしてこの通信訓練所でも、私はやる気みなぎる隊員となって、コースを合格するだけではなく、見事な成績を収めてやろうと決意していました。コース修了時、私はクラスで一番を取りました。

ベインブリッジ訓練所では、シカゴ出身のレイ・ダドリーという十九歳の青年と親しくなりました。私たちは並んで授業を受け、まるで兄弟のような絆で結ばれ、切っても切れない親友となりました。週末、基地から離れてバルチモアやワシントンD.C.を訪れるときも、よく一緒に出かけました。

日曜日の夜十時、レイと私は週末をワシントンD.C.で過ごし、ベインブリッジの基地へ戻るところでした。門限は午前零時です。一日中何も食べていなかったので、ハバディグレイスの小さな町で焼き飯を食べてから帰ることにしました。腹をすかせた兵士二人が帰営前にとる食事としては慎ましいものです。基地までは十マイル、タクシーに乗る前のささやかな食事になるはずでした。

「ごめんなさいね、当店では席にご案内できなくて」。そう言われて私は驚きました。レストランは真夜中まで営業していて、基地に戻る隊員たちでごった返していたからです。どうして私たちだけ断られるのか、ウエイトレスに理由を訊くと、彼女はばつが悪そうに肩をすくめ、私の親友を指差しました。米海軍の隊員として国のために尽くしているレイのことをです。私は一瞬何のことかわかりませんでしたが、まるで強烈なパンチをお見舞いされたかのようにハッと気づきました――

第十一章

レストランで遭遇した偏見

レイは、アフリカ系アメリカ人でした。メリーランドのこの小さな町では、肌の白くない者は入店お断りだったのです。

私は責任者と話がしたいと言いましたが、権限を持つ人は誰も出てきませんでした。ウエイトレスはもめごとを嫌がっていましたが、私は怒りに震え、レイのことを思うと居たたまれなくなりました。レイは、生まれてからずっとこのような偏見と共に暮らしていたのです。彼は、事を荒立てて厄介なことになるよりも、黙ってこの場を去ろうと私を促しました。

こうした不快な人種差別を目の当たりにするのは初めてでした。私は動揺し、悲しみがこみ上げ、レイのことを思うと胸が痛みました。しかし何よりも、自国の軍服を着た同胞に対して、食事をさせたくないという異常な扱いをすることに腸が煮えくり返っていました。この国の人たち——このレストランのオーナーやウエイトレスを含む全国民が自由に生きていける状況を守るために、戦争に行って死んでも構わないと思っている人間に対して、よくもそんな対応ができたものです。

ベインブリッジの兵舎に戻る道中、私はレイに詫びました。そして、自分は決して人を外見で判断しないと心に誓いました。私は体の芯から震えていました。もう昨日までの自分ではありません。このような馬鹿げた考え方を世間からなくすために人生を捧げよう。あのような愚かな行動を根絶させるために、一人の人間として何ができるだろう……私はそう思い詰めながら、ベインブリッジでの残された日々を過ごしました。これは私の使命だ——私は、誰に対しても判断批判しない人になろうと決意しました。

今だからわかること

もう五十年以上も昔のことですが、あの日曜の夜にハバディグレイスで起こったことは、私の人生にもっとも大きな影響を与えた出来事の一つとして忘れがたいものになりました。親友レイと目を合わせ、偏見が起こしうる悲しみをその瞳の中に認めたとき、私は自分自身の在り方から先入観を排除しようと決め、全人類への愛をライフワークの土台として実現させようと誓いました。

あの夜以来、私は外的要因に基づいて人にレッテルを貼る自分の癖をしっかり意識し始め、出会う人すべての中にスピリットの現れを認められる生き方について深く考えるようになりました。十九歳の時のあの経験は、多くの点で天が采配してくれたことでした。あのような人種差別的な行動のおぞましさを身をもって知るためには、あの場でそれを目撃し、嫌でもその当事者になる必要があったのです。

あの不運なウエイトレスがあのような反応をしたのは、自分の育った文化的な環境から受けた条件付けがあったからにすぎません。肌の黒い人たちへの間違った扱いを見て育ち、自分もそうすべきだと信じていたのでしょう。それに彼女は一従業員で、「言われたことをしているだけ。それが仕事だから」と考えていたのだと思います。そうした考え方は、何世紀にもわたって続いてきた忌むべき行為を推進してきました。

そうした習慣を偏見ではなく思いやりに満ちた行動に変えていくためには、自分の潜在意識がどのようにプログラムされているかを調べ、自分の癖になっている在り方を修正していかなければいけません。

一九五九年の頃に、私はその自己修正を始めました。私が子ども時代を送った一九四〇年から一九五〇年代にかけては、人種差別的な言葉をよく耳にしていました。私自身は生涯で一度もそうした言葉を使った記憶がありませんが、当時はそうした言葉を日常的に見聞きしても、怒りの感情が湧くことはありませんでした。ところがレイ・ダドリーと共に味わった経験が、私を大きく変えました。そうした人種差別的な言葉に対する軽蔑の思いを、騒ぎ立てることなく表明するという形で、徐々に変化していったのです。そして偏見や憎悪をテーマにした本を読むようになり、人種差別が確立されている海軍のポリシーを非難しました。

私の作品と成長過程におけるもっとも重大なテーマの二つをふり返ってみると、その両方がメリーランドでのあの哀しい夜を思い起こさせます。その一つ目のテーマは、自分の考えを持つ方法を人々に教えることでした――人から信じるように言われたことを自分の考えにするのではなく、自分の頭で考える方法です。私たちの敬愛するスピリチュアルマスターたちは、神の愛が大切だと説きます。私は人から何かを教わっても、それが間違っていると知っている場合や、それが神の愛と調和していない場合は、自分の頭で考えて、それを愛の視点で見直します。たとえば「神は愛だ」と教わったのなら、毎週の礼拝でそれを口先だけで唱えるのではなく、それを実践して生きなければなりません。

二つ目のテーマは、大人になってからの習慣が深く染み込んでいる潜在意識に関係しています。モールス信号を学んだ訓練所時代のことを書きましたが、私はその信号を意識的に扱うレベルから無意識にこなせるレベルになるまで、練習に練習を重ねました。もう半世紀以上、モールス信号には触れていませんが、私の中にはプログラミングされた信号が何一つ欠けることなく記憶されています。もう何十年も前に私の中に組み込まれた長点と短点を使って、頭の中でそれを瞬時に文字化し、文章化することができます。

それと同じように、私たちは自らの行動を駆り立てるミームと呼ばれる情報を内に備えています。たとえそれが役に立たないものでも、その情報は私たちの中で影響力を及ぼし、まるで私がモールス信号を使って無意識にタッピングするように、プログラミングされた行動を引き起こすのです。

ハバディグレイスのレストランのウエイトレスも、この二つのテーマを行動で示していました。彼女は言われた通りにしていましたが、そのボディ・ランゲージはこう言っていました。「本当は差別したいわけじゃないの……でも仕事だからしかたないでしょう」と。しかも彼女は、多数のミームに駆り立てられて行動していました。それらを修正し、潜在意識から消去する機会をとらえたことがなかったのでしょう。

この原稿を書きながら、私は今でもあのウエイトレスとアフリカ系アメリカ人の親友レイ・ダドリーを思い描くことができます。あの夜、あの二人は私の人生に送られてきたのだと信じています。二人は光を見せてくれただけではなく、より啓発的な視点で教える道を示してくれました。

第十二章
奇跡的なシンクロニシティ

一九五九年の真冬、メリーランド州レキシントン・パーク付近にある米海軍基地パタクセント・リバーに短期派遣されていたときのことです。私は母とガールフレンドのリンダに会うために、軍服を着てヒッチハイクでデトロイトの実家に帰省することにしました。リンダはアナーバーのミシガン大学に入学することになっていたので、特に会っておきたかったのです。実家までの距離はおよそ五九〇マイルで、いつも十二時間から十四時間かかります。軍服を着ていると、どこで立ち往生していても誰かしら車を停めて乗せてくれました。

それまでにも何度か同じ道中をヒッチハイクで帰省していたので、今回も土曜の朝までには家に着くだろうと思っていました。そうすると一日半は家で過ごすことができ、またヒッチハイクで日曜の真夜中までに帰営できるでしょう。長距離で時間もかかりますが、家から長く離れていることにようやく慣れてきたばかりの、愛に飢えたホームシックの海兵隊員にとっては、それだけの苦労をしても帰る値打ちがあるというものです。

そうして週末の小旅行に出発した私は、はるかワシントンD.C.まで一台の車に乗せてもらい、何度か車を乗り換えた後、高速道路ペンシルベニア・ターンパイクの入り口となるブリーズウッドに着きました。もう真夜中近くになっていて、気温はぐんと下がっていました。厳寒の中、私はなんとか西へ向かう車をつかまえましたが、その人はペンシルベニアのバトラーまでしか行かないとのことです。彼は、深夜に私を出口で降ろすわけにはいかないと言いました。なぜならもう気温は氷点下になっていて、凍死する危険性があるからです。おまけに突風まで吹き荒れていました。

私は海軍指定のダークブルーのピーコートを着ていたので、暗闇の中で立っていても、ターンパイクを西へ向かう車のドライバーたちからは見えません。車を拾えなければ悲惨なことになるでしょう。そこでこの親切なドライバーは、自分が向かう出口の数マイル手前にあるサービスエリアのレストランで降ろしてあげるから、ぜひそうしなさいと言ってくれました。私は同意しました。

午前三時頃、サービスエリアに着きました。私はレストランに入ってココアを飲み、西へ向かう車をつかまえる幸運に恵まれないかと思って外へ出ました――深夜、どこか不思議な場所へ迷い込んだ気分で、経験したこともないような極寒の中に赴きます。ひどく凍える暗闇の中、高速道路の出入り口に向かって歩いていると、逆にレストランへ向かう海軍隊員とすれ違いました。彼も運悪く車をつかまえられなかったそうで、こう言いました。

「凍えるぞ。あんまり長く出てると凍傷になるから、気をつけろよ」

私は礼を言って、彼の無事を祈り、ターンパイクに向かいました。そこで十五分から二十分ほど立っていたでしょうか。車は通りません。凍えそうになった私は、また体を温めようとレストランに向かいました。レストランに入ると、店内にはたった一人しか客はいませんでした。先ほど話した海兵隊員で、凍えるから気をつけろと注意してくれた男です。彼に気づいたときの私の驚きを想像していただけるでしょうか。なんとその男は、私の兄だったのです！

兄のジムは、ヴァージニア州ノーフォークに駐屯していました。そして彼も、母とフィアンセのマリリンに会おうと、ヒッチハイクで週末の帰省をする途中だったのです。しかも私と同じ場所で降ろしてもらったとのことでした。ジムの所属する艦隊が入港中だとは夢にも思いませんでした。ジムの居所は軍事機密に分類されていたため、私は兄と数か月連絡を取っていなかったのです。実の兄が話しかけてきて、弟とは知らずに「凍えるから気をつけろ」と注意してくれた――このような出来事を現実に起こらせるために、何か不思議な力が働いていました。私たちはその力に呆然とする思いで立ち尽くしていました。

ジムと私は給油のために停まったセミトレーラーに乗せてもらうことになり、つい先ほど起こった信じられない「めぐり合わせ」をドライバーに話して聞かせました。考えられない状況下、こんな辺ぴな場所で私たち兄弟を引き合わせた共時的な出来事にびっくりしたドライバーは、わざわざ回り道をして、デトロイトのモーロス通りにある私たちの実家の正面玄関まで土曜の早朝に送り届けてくれました。

今だからわかること

この五十年あまりの年月で、ジムと私は何度あの出会いについて話したかわからないほどですが、いつも締めくくりは同じで、あれは奇妙なめぐり合わせだ、合理的な説明のできない出来事だったという結論に至ります。あの出来事は、十九歳だった私にとって何とも深遠なものに思えました。それは私に共時性や量子物理学という世界を紹介してくれ、神の叡智が司るこの世に単なる偶然はないという考えを教えてくれたのです。

兄と私があの深夜に出会うためには、数々の出来事が完璧な方法とタイミングで起こる必要があったわけですが、それら一つ一つをふり返ってみても、今はもう不思議だとは思いません。私の人生は、あのような出来事であふれかえっているからです。しかし、私の関心を引き、物事を見る目を永遠に変えた最初の大きな出来事は、あの思いがけない出会いでした。

あらゆる物事は神が整えた秩序のもと、聖なるタイミングで進みうる――私にはその実現性に対する疑いをすべて手放す必要があったのだと、今ならはっきりわかります。私の作品と講演の内容は、この共時性という壮大な考えに占められてきました。

共時性（シンクロニシティ）とは、カール・ユングがいわゆる「意味のある偶然の一致」を説明するために作った言葉です。最初にユングの関心を引いた共時的な出来事は、あるクライアントが自分の見た夢について説明しているときに起こりました。そのクライアントが夢に出てきたカナブンの意味するところについて考え込んでいると、二人は物音を耳にしました。それは、二人の注意を引くかのように窓にぶつかり音を立てていたカナブンだったのです。

兄と私に起こった共時的な出来事は、論理的思考をはるかに超えていて、偶然起こるにしては低すぎる可能性をひっくり返すほどのものでした。しかし、「あらゆる事象はつながっていて、意図的に起こっているのかもしれない」という考えを私に学ばせるためには、あの共時的な出来事が必然だったのだと、今ならはっきりわかります。人生のあの時期に、私自身が度を超えた合理主義から解放される必要があったというわけです。

将来、スピリットの世界について話したり書いたりするためには、十九歳という若さで、この宇宙には偶然だとか奇遇だとかいうものは存在しないということを理解する必要がありました。そう、合理的な説明のできない見えざる力が創造して導いているこの宇宙では、「たまたま起こる」ことなど存在しない——私はそのことを早くから知る必要があったのです。

どんなものでも、それがこの物理的世界で創り出される仕組みを私たちはわかっていません。しかし、あらゆるものがスピリットと呼ばれるものをルーツにしています。そして誰にも——もっとも聡明な科学的マインドを持つ人でも――このスピリットを定義付けたり、なんとか説明してみることすらできないのです。

生命の根底には叡智が存在すると信じるのは当然のことです。ノーベル物理学賞を受賞した偉大な科学者マックス・プランクもこう述べています。

「すべての物質は、ある種のフォースによってのみ創造され、存在できる。そのフォースは一つの原子粒子に振動をもたらし、もっとも微小な原子太陽系を支えている。このフォースの背後には、意識と知性を併せ持つマインドが存在している。このマインドこそが、あらゆる物質の母体である」

これが真理なら、その知性のすべてはそれ自身が創り出した一つひとつの創造物に備わっているということです。すなわちその知性は万物に宿り、この世の出来事すべてを導いているということなのです。

この知性は途方もなく謎に満ちていて、もっとも偏見のない想像力を持った人でも呆然とするほど巨大な世界や銀河系を創り出します。全宇宙を完璧なバランスで保ち、何もないところから薔薇を育てることもできる、万物に宿る知性――この知性を、イエスは「生命を与えるスピリット」と呼んでいました。

この見えざる知性は毎日あらゆる瞬間に奇跡を起こすことができ、実際に起こしています。無から命を生み出し、全宇宙を構成するために無数の自然物体を集合させることに比べたら、ペンシルベニア・ターンパイクで二人の兄弟を引き合わすことなど、ものの数にも入らないことなのでしょう。私は時計職人がいなければ時計を考え出すことすらできません。ですから、すべての物質の母体、すなわち創造主という知性が存在しなければ、この宇宙が存在することすら信じられないというわけです。

一九五九年に起こったあの共時的な出来事をふり返ってみると、それがある可能性に気づかせてくれたのだとわかります。それは、聖なる計画によって私たちの運命にヒントが与えられているのではないかという可能性です。当時私は、ジムも私も運命に協力していたのではないかと感じ、私自身の役割を意識的に考えるようになりました。この不思議な見えざるエネルギーと同調して生きたいと思ったのです。

私は、自分は単なる肉体以上の存在、つまりスピリットそのものであると意識して考えるようになりました。自分の内にある生命は真に神聖なるものだという見方を選ぶようになったのです。そして、自分がすばらしい存在であることを微塵も疑わず、この崇高な見えざるスピリットとつながっていると固く信じて、一歩引いたところから物事を観察しはじめました。すると、自分自身が共同創造者となって、共時的な出来事をどんどん創り出すようになりました。

覚えている限り、私はあの深夜の出来事で初めて、人生は現実に起こっている事象だけで成り立っているわけではないのだと驚きの思いで理解しました。あのような出来事は、たまたま偶然起こるものではないと今も確信しています。あの日以来、私は物事を新しい視点で見るようになりました。当時はその新しく目覚めた意識のことは誰にも話しませんでしたが、私は日々の活動を淡々とこなすこと以上に大掛かりな何かが自分に託され、それに深く関わることになったことを理解していました。

私は静寂に耳を傾けるようになりました。その静寂は、私の内面世界について穏やかに囁き、奇跡のように思われる事象について、優しく語りかけてくるようでした。あらゆる人々、あらゆる事象が共時的に結びついている――生命すべてが互いに関係しているのは、私にとって明らかなことに思われました。私は、ジムと私をあのターンパイクで降ろしたそれぞれのドライバーのことを考えてみました。そして、その二人が私の人生という劇場の登場人物であり、私も彼らの劇場の登場人物であるのだと理解し始めたのです。この理解が、私たちの人生をめぐる神聖なフォースを意識するきっかけになりました。

あの出来事を何年も経てからふり返ってみると、当時の私は、それまでずっと教え込まれてきた「時系列に沿った原因と結果という考え方」から自由になり始めていたのだとわかります。そして、あらゆる事象を本当の意味で受け入れ、いかなるものにも執着しないマインドを育て始めていました。十九歳の青年だった私が、やがて自身のライフワークとなるテーマの発見を受け入れたのだと思います――そのテーマとは、ゆだねて、すべてはなるようになるのだと理解することです。

アルベルト・アインシュタインは正しかったのです。「生き方には二通りしかない。一つは奇跡など存在しないという生き方。もう一つはすべては奇跡だとする生き方である」。そしてブッダも言いました。「一輪の花の中にはっきりと奇跡を見出すことができれば、人生がすべて一変するであろう」。

あの奇跡的な出来事によって、私は視野を広げて見ることができるようになり、人生を共創するはじめの一歩を踏むことができました。また、ほかの人たちにも、人生を共同で創り出す方法を指導できるようになったのです。あの驚くべき目覚めを私にもたらすために、共同で取り組んでくれた人たちすべてに、感謝の気持ちを伝えたいと思います。

第十三章

付和雷同への反発心

一九六〇年の夏、私は通信スペシャリストとして世界一巨大な航空母艦レンジャーに乗っていました。私たちは日本や香港、フィリピン、ハワイなどを含む西太平洋の海軍基地や紛争地域での半年におよぶ軍務期間を終えて、米国本土に戻り、カリフォルニア州アラメダを母港にしていました。

突然、船上の拡声器からアナウンスが響きわたりました。「全員、飛行甲板に集合。並んで〝Hi Ike（こんにちは、アイク）〟と人文字を作るように。アイゼンハワー大統領が本船上空をヘリコプターで通過するとのこと」

私は、二千人もの乗組員を集めて、そんな馬鹿らしい見世物に参加させようとする指令に憤りを感じました。一人の男に見物させるために、白い帽子をかぶった船員たちで人文字メッセージを作らせようなんて、呆れてものが言えません。追われて動くガチョウの群れじゃあるまいし、そんな集団に加わるなんてまっぴらごめんです。私には、そのような行動に対して納得できる理由が見つかりませんでした。

　私はそうした集団的な考え方をひどく嫌っていました。そのような無意味な活動は侮蔑的で、私の品位を損なうものだと思っていました。私は米海軍の下士官であり、重要な責任を担う訓練を受けたプロです。炎天下に集合させられて、『・i』の字を担当する気などさらさらありません。この選挙の年に、共和党に媚びる政治的メッセージを作れと言われても、知ったことかと思いました。

　私が所属しているのは、「個」としての考えを一つ残らず抑えつけるためなら何でもするという組織でした。その組織内で適応しながら、それでいて自分の個性を失わずにやっていく――それは私にとって常に葛藤でした。私が葛藤するこのゲームの名前は、「集団思考」です。ルールは言われた通りに従って、疑問をはさまないこと。自尊心、エゴ、自分の頭で考えたいという願望を忘れること。そして指令にはすべて従い、侮蔑的な指令に対して異議を唱えるという考えもすべて抑えることです。

　兵役期間はあと二年を切っていて、それが終わればこうした集団思考から解放されることはわかっていました。立派に除隊するのは自分の望みでもありました。私は、大学に進んで教師になりたいと思っていました。自分のプライドをめぐる対立は避けて、揉めずに残りの期間をやり過ごしたい――でも（この「でも」は太文字で書きたいくらいです）、この猿芝居に参加するなんて自分が許せません。

それまでの二年間、私は自分の魂に不快感を与えるような軍の権力行使のほとんどを要領よく避けてきました。忌々しい検査が入れば、ルールに違反することなくその場から抜け出すことを学び、そのことを誰にも話しませんでした。波風を立てず、注目を浴びず――私はそれを静かなる実働と呼んでいました。私は何が自分の魂を苛立たせるのかわかっていましたし、それについて大げさに騒ぎ立てるつもりもありませんでした。検査というものが大嫌いだったので、検査の予定を調べて、その間はなにかしら仕事が割り当てられるように細工していたのです。

たとえば、銃を携行して警備に当たるように言われたときは、許可書を得て、別の任務を割り当ててもらいました。私は銃も殺人道具も嫌悪していました。それについて自分の意見を主張したいわけではありません。ただ、どんなときでも汚らわしい殺人道具を身に着けたくなかったのです。私は組織に身を置きながら、個人的な道徳規範を破るような組織内での役割をうまく避ける方法を見つけ、そんな自分に満足していました。

二千人の下士官兵が、言われた通り〝Hi Ike〟の人文字を作るために飛行甲板に集まる中、私は反対方向へ向かい、下甲板にもぐりこみました。そこでなら、この騒ぎが収まるまでひっそりと座っていられます。人が多すぎるので、私がいないことに誰も気づかないでしょう。この茶番劇がどれほど私に屈辱感を与えるかも、誰も気づかないでしょう。

この呆れた指令に私と同じくらい反発している者たちが、どうして言われた通りに従い、いいように使われて平気でいられるのか理解できませんでしたが、その反面、もし全員が私と同じような行動を取ろうとすれば、私がそうできなくなるので、皆が指令に従ってくれてよかったと思っていました。皆のおかげで私は人目を避けて姿を消し、指令に従うことにした者たちに言い訳をせずに、わずかな品位を保つことができるのです。

私は下甲板で静かに瞑想し、当時ベストセラーになっていた小説『アラバマ物語』（暮しの手帖社）を読みました。体制に挑み、偏見と闘うアティカス・フィンチの話に私は没頭しました。ハーパー・リーによるこの小説は数か月前に発行されたばかりでしたが、私が読むのは三度目でした。一度読んでそれで終わり、というタイプの本ではなかったのです。

清廉潔白な人物アティカス・フィンチは、正義のために立ち向かうアラバマの勇敢な弁護士です。私が特に心を奪われたのは、彼が娘のスカウトにこう告げる場面です。「この弁護を引き受けなければ、私は我が子たちに二度と顔向けできない」。彼は、誰もがこの弁護を引き受けるのは間違っていると考えていても、引き受けるべきなのだと説明します。私は下甲板でこの本を再読しながら、飛行甲板にいる水兵たちの仲間入りをしなかった自分に一人満足していました。「人のものまねをする必要はない。自分のやり方があるのだから」と、内なる声が静かに囁いていました。私はその声に耳を傾けることにした自分に、自信を持てた気がしました。

今だからわかること

飛行甲板から九階層下にあるボイラー室で、一人座ってハーパー・リーの作品を読んでいた自分を今でも思い浮かべることができます。そこには、架空の人物に胸を打たれている二十歳の私がいました。その架空の人物は、皆に同調すべきだというプレッシャーに抗い、「ハートに従って、運命が定めた人間になりなさい」と容赦なく訴えてくる心の声に耳を傾けました。

〝Hi Ike〟のエピソードにおけるテーマは、この四十年で私の人生に起こったさまざまな出来事に織り込まれていました。「付和雷同するな」と執拗に訴えるあの内なる呼びかけは、私の人生の目的を示すために天が意図したものだと感じています。どんな相手でも、小一時間も話してみれば、「自分には天から託された使命がある」と感じているのがわかります。私自身、これまでの人生にわたって自分の使命を強く感じていました。ハーパー・リーのピューリッツァー賞受賞作『アラバマ物語』を読んだこと、そして船上での一幕から逃れなさいという内なる訴えを聞いたことは、私の人生でも特筆すべき瞬間でした。あれから五十年あまり経った今でも、船員たちがあの馬鹿げた任務から解放され、自分も後から寝床に向かったときと同じくらい鮮やかに、あの瞬間が蘇ります。

私は使徒パウロの言葉をよく思い出します。「あなたがたはこの世に倣ってはなりません。むしろ、心を新たにして自分を変えてください」（ローマの信徒への手紙：十二章二節）。そして偉大なるスーフィも次のように説いています。「世間に属すのではなく、世間に在りなさい」。

第十三章

付和雷同への反発心

これまでにも何度か書いてきましたが、私たちは肉体だけの存在ではありません。むしろ日々のあらゆる瞬間に、新しい肉体を使っている永遠の存在なのです。軍が私の肉体に課す無意味な要求から逃れながら、私は「自分もまた、この世では肉体的な存在でありながら、この有形の世界に属しているわけではない」と頭のどこかで理解していました。私は形を超え、船上で勤務しながら生まれ変わっていたのです。

静かなる実働状態にあろう、自分にとって不合理に思われる活動を避けようという強い衝動は、私に自己充足を教えるための初期訓練の一環だったのだとわかります。『アラバマ物語』があのタイミングで私の前に現れたこと、そして上層部があの催しを決定したことを今では深く感謝しています。私の心はあの一連の出来事を必要としていました。なぜなら私はそれらの出来事から刺激を受け、のちに出版されることになったエッセイの数々を書き始めたからです。そうして出版されたいくつもの作品は、内なる呼びかけに耳を傾けるよう世界中の人々を力づけることができました。

およそ十年前、私は息子が十三歳になったときに手紙を書きました。その年齢になることが何を意味するのか、そして男になるとはどういうことなのか、多くのスピリチュアルな伝統が教えていることを息子に伝えたかったのです。手紙の最後に、賢人の知恵を引用しました。「群れについて回れば、糞を踏むことになる」。「糞を踏む」とは、正しいと思うことや真実だと思うことを無視した自分、そして群れから離れるのを怖がり、あなたにも皆と同じように振る舞うよう求める他人のくだらない指令に従った自分の良心と向き合うことを意味するのです。

第十四章
もの書きへの転機

兵役期間の最後の一年半、私は南太平洋のグアム島にある駐屯地に配属されました。階級が一つ上がり、アガナ（現ハガニア）近くにある海軍通信センターで主任も務めていました。

私はその日、〈グアム・デイリーニュース〉に載っていた、海軍基地における差別的政策に関する社説を読んでいました。海軍施設内の直販店で働く一般市民の従業員は同店で買いものができ、現役の軍関係者に適用される大幅な値引きに便乗できるが、一般市民でもグアム島先住民の従業員は対象外とするという内容です。つまり肌が浅黒いグアム島人は、従業員でも同店で買いものはできないということです。またしても、こうした差別が私の人生に顔を出してきました。しかも今度は、自分の勤める米海軍が認可した差別です。
土曜の朝、私は同紙の最後に掲載されていた広告に気がつきました。

あなたの意見をお聞かせください。海軍施設内の直販店で一般従業員として働くグアム島先住民に対する、米海軍による買いもの禁止政策について、投書を募集しています。最優秀作品には賞金75ドル。

第十四章

もの書きへの転機

このコンテストに参加すれば、最優秀賞をとれると思いました。私はその数年間、毎日何かを書いていました。最優秀賞を受賞できれば、自分が書いたもので初めて収入を得ることができるわけです。それまでにも、さまざまなジャンルを主題にした膨大な量のエッセイを書き溜めていました。私にとってエッセイを書くことは趣味にとどまらず、情熱の対象になっていました。主題はどこにでも転がっています。自分なら決してとらないだろう行動を見かけると、注意を引かれるものです――たとえば政党大会に変な帽子をかぶって参加し、候補者の名前を唱えながら、拍手のタイミングでジャンプする人たちの記事を読むと、「ふつうの人なのに、ほかの人たちにならって自分も愚かな行動をとってしまう衝動」というテーマでエッセイを書きたくなります。

私は自分の個性を信頼することを重視していました。そして自分は平凡だという視点ではなく、比類なき存在だという視点で生きることが大切だと感じていました。それまでに書いたエッセイは数百に及びましたが、それをどうこうしようという考えはなく、自分でもなぜ書いたのかさえわかりませんでした。もうそれは情熱としか言いようがなく、まもなくこの島での軍務を終えるという今も、内なる呼びかけは絶え間なく続いていました。

まさしくその日の夜に、私はコンテストにエントリーしました。二週間後、新聞社から電話があり、最優秀作品に決まったと言われました。当然、私のエッセイはグアム島の先住民たちに味方する立場で、出身と肌の色を理由にして一部の人たちを特権から締め出す海軍の政策を非難するものでした。私は賞金の75ドルを受け取り、軍服を着て賞金を持った私の写真が〈グアム・デイリーニュース〉の一面を飾りました。それが大騒動の始まりでした。

私は何十もの抗議の電話を受け、一度など殺しの脅迫までありました。怒りの主のほとんどは現役の軍関係者の親戚や扶養家族で、彼らは自分たちが享受している特権を、地元のグアム島先住民にも与えてはどうかという発想に立腹しているようでした。未開人と非アメリカ国民に味方する私に向けられた悪口雑言によって、人種的偏見の存在が明らかになったのです。

私はショックで呆然としました。私のエッセイは憲法が保証する平等の権利を擁護したもので、単に公正を求めているだけです。誕生の地が異なるという理由で特権を得られない人がいる一方で、どうして自分だけはその特権を享受すべきだと考えるのでしょう？　一般市民で特権を得られる人がいるのであれば、すべての一般市民がそれを得るべきです。私にとってそれは明白かつ単純なことでした。

私は米海軍マリアナ諸島支部の司令官に呼び出され、軍事司法統一法典に違反したことを告げられました。それによると、私は個人の意見を公表する前に上官の承認を得るべきだったとのことです。しかし私が自己判断で軍の政策への反対意見を公表し、その意見を述べたことで賞金を受け取っているところを軍服姿で写真に撮られたため、軍法会議にかけられる可能性があるというのです。しかも降格されて、不名誉にも軍から除隊されるかもしれないと言われました。それもこれも、自分にとってはわかりきったことを意見として投稿したためにです。

海軍司令官が最終判断を下すまでに二、三週間やきもきする時間が与えられたので、私はすばやく行動に出ました。十歳の時に一軒一軒配達して回った新聞紙〈デトロイト・ニュース〉と〈デトロイト・フリープレス〉の編集長宛ての手紙を書き、ここグアムで何が行われているかを詳しく述べました。さらに、ジョン・F・ケネディ米大統領宛ての長い手紙を書き、ここグアムで実施されている差別的政策について詳しく説明しました。そして大統領が一年前に就任演説で雄弁に述べた、自分の意見を表明することを実行した結果、脅しを受けている旨を書きました。手紙は複写して、投函せずに持っていました。

私は、ここマリアナ諸島の海軍司令官である海軍大将のアシスタントを務める若い少尉に呼び出されました。彼は今後起こりうることについて説教し始め、私が重大な違反を犯したこと、懲戒処分や懲罰の対象になるかもしれないことをほのめかしました。

私は礼儀正しく、しかし毅然とした態度で聞きました。私は、軍の政策は不適切であり、軍が差別を行っていると考えていました――ほかでもない司令長官本人が、この国から撲滅すべきだと明言していた差別をです。この国から撲滅すべきということはつまり、軍からも撲滅すべきではないでしょうか。私は脅されても屈しないことを少尉に伝えました。除隊日が近づいていたので、滞りなくその日を迎えたいとは思っていました。それに、このような偏見が不適切である上に違法でさえある理由を述べてコンテストで最優秀賞を取ったからといって、軍法会議にかけられるのは私の望むところではありませんでした。しかし、引き下がるわけにはいきません。

私は複写しておいた手紙を少尉に見せ、これは海軍司令官のみならず、米海軍全体にとっても厄介なことになるだろうと穏やかに、でも決然たる調子で伝えました――米海軍はつい一年ほど前まで、海上および海外基地での分離政策を実施していたのです。私は兵役期間中にこの理不尽な政策を目撃していました。もし軍法会議にかけられるというのなら、手続きが開始されると同時に、この手紙を各所へ送るつもりだと言い添えました。

このやり取りは、とても礼儀正しく友好的に行われました。私は、上官たちが本当にこの件を軍法会議にかけるつもりはないと踏んでいました。昔に確立された軍の政策に対して、向こう見ずにも異論を唱えた下士官に苦情が殺到したものだから、私を苛めるつもりだったのでしょう。

オフィスから解放された私は、二度とこの件について取り沙汰されることはありませんでした。引き続き、脅迫の電話や手紙が私の元に送られてはきましたが……。

今だからわかること

当時はまだ二十代前半でしたが、私は変化を起こせる人間になるよう導かれ、恐れずに自分の信ずるところに従って、権威に立ち向かえる人間になるべく歩んでいました。少数の人たちが不当な扱いを受けていたことに、ひどく憤ったことが思い出されます。差別問題に介入した結果、私は次のことを学びました。それは、権力に怯むまいとする一人の人間が良心に従って行動すれば、本当に変化を起こせるということです。その変化は、私の除隊後に訪れました。デトロイトに戻って大学の新入生になった私に、友人から一通の手紙が届きました。それは、グアム島先住民に対する差別的政策が無効になり、彼らもほかの一般従業員と同じように特権を認められたという知らせだったのです。

このことは、私自身の成長過程においても記念すべき経験となりました。五十年経った今でも、あの出来事は私が学ぶことになっていた重要なレッスンの一つとして際立っています。なんと言っても、あの経験こそが私のその後の執筆家としてのキャリア、講演家としての活動を形作ってくれたからです。

どういうわけか、宇宙は私が兵役最後の一年半をグアム島に配置されるよう計画しました。まさしくあの島で、私は自分が執筆家になれるだけではなく、それで生計を立てることができるのだという胸が躍るような確信を得ました。〈グアム・デイリーニュース〉にエントリーしたとき、私は自分が賞金を得られることを一ミリたりとも疑っていませんでした。少数の人たちを不当に扱う海軍の誤った政策に関して、自分がどう考えているかを書きながら、眼には見えないエネルギーの源がそばにいるのを感じていたからです。受賞の連絡を受けたとき、私はこう思いました。「ペンの力で、何でもできるのだ。ものを書くことで政策を変えられるだけでなく、人々の生活に影響を与えることもできる」。あの遠く離れた島で行われた小規模なコンテストが、大規模な形でものを書くことの基軸となりました。

ものを書いたり人前で話したりというキャリアを通して、私は読み手、聞き手にこう伝えてきました。何よりも自分を信頼してください、自分が真実だと感じることから引き離そうとする外部の力に決して負けないでください、と。あの司令長官のオフィスに立たされ、若い少尉に自分の意見を表明するという行為は、私が果たさねばならなかった重要な役割でした。まるで存在の源が語りかけてきているようでした。「ここが分かれ道です。人生をどちらの方向に進めたいですか?」。あのとき私は持論を通そうとしていたわけではなく、転機を迎えていたのです。引き下がって、恐れに負けてしまうという選択肢はありませんでした。

あの経験が、ものを書くというキャリアに進むきっかけとなりました。あの少尉が私の人生に登場したのは、将来私が引き受けることになっていた運命に導くためだったのだと思います。軍の厳しい基準で処罰が下されようとしている話を聞いても、私がまったく恐れていないのを見て、少尉はにっこり微笑んでいました。この人は味方だ。そう思った私は、彼が私の要求を受け入れて、この馬鹿げた騒ぎをうやむやにしてくれるだろうと確信しました。

任務期間の終わりに差しかかった時期に、私は新聞紙に投稿して賞金を得るというチャンスを与えられ、自分の決意を試す機会を得たのでした。また、恐れぬこと、自分の価値観を譲らぬことが持つパワーを実感し、不道徳な政策を覆す一手段となる経験もできました。

私はいつも、自分の長年にわたる仕事のきっかけを与えてくれた人たち、それを引き起こすために現れてくれた人たちすべてに感謝の気持ちを捧げています。〈グアム・デイリーニュース〉のコンテストを企画した人、私をあの孤島に配置するよう決定した部隊、私に脅迫電話をかけてきて、結果、私の決意を固めてくれた人たち、若い少尉……挙げ出したらきりがないほどたくさんの人々が導いてくれました。

このように考えてみれば、私が土曜の朝にグアム島であの新聞を開き、コンテストに挑戦してみようと思ったのは運命だったのだとわかります。あの経験のあらゆる瞬間をありがたく思います。あの一連の出来事は、次のことを教えてくれました。決してあきらめてはならない。自分を信じて、自分には世界をより良い方向へ変えることができると知るべきだ。恐れることなく、困っている人たちに手を差し伸べよう。自分の内奥で感じていることを、誰にも制限させてはならない。特に相手が自分を威圧しようとしてくるときは、決して屈するべきではない、と。

第十五章

マインドの力で病を治す

熱帯地域特有の湿度にやられながら、通信機器に向かって長時間座って作業をしていると、背骨の付け根が猛烈に痛み始め、腫れまで出てきました。診断は毛巣囊胞で、若い男性によく見られる病気だそうです（事実、この診断が高頻度で下されるのは二十四歳以下の男性です）。グアム島の軍医によると、この病気を患う青年たちを収容するための病棟が一棟あるそうです。

私はアガナの病院に出勤しました。私自身、そこで簡単な外科手術を控えていましたが、その前の三日間、病院での仕事を割り当てられたからです。私の任務は、手術を終えた若者たちの治療アシスタントとして傷口を洗浄したり、包帯を交換したり、体の不自由な兵士が腰

第十五章

マインドの力で病を治す

湯を使うのを補助したりすることでした。

初日の朝、私はちょうど前日に手術を終えたばかりの若い兵士の手当をすることになりました。彼が私の前に立ち、ガウンを脱ぐと、二度と忘れられない光景を眼にしました。臀部の両脇が切開され、背骨の付け根のところの肉が見えていたのです。彼が腰湯を使うのを補助してから、傷口を洗浄して乾かし、生々しいむき出しの肉に軟膏を塗って、包帯を巻くまでが仕事です。この数日間で同じ手術を受けた男たちが少なくとも十人以上いました。その中でも治りかけの患者は、動けない患者やかなりの痛みを抱えている患者の補助をしていました。

私は彼らの傷口を眼にし、どれだけの肉が切除され、体に損傷が残ったのかを見て取ると、縮み上がってしまいました。私にあるのは痛みと腫れだけだというのに、自分もその根治的外科手術に直面していたのです。私にはそれが手術の流れ作業に思われました。このままでは、二日後に自分も一生消えない傷を残されてしまいます。私はその場で、こんな手術は受けるまいと決意しました。メスを振り回す若い医師に大事な尻を切られてなるものか。

私は毛巣嚢胞患者の病棟を出て、婦長に予約を入れ、腫れが引いて痛みもなくなったので手術の必要はなくなった、今後も大丈夫だと伝えました。そして医師にも予約を入れ、同じことを伝えました。彼は、私の奇跡的な治癒が一時的なものでないか確かめるために、検査をしてあと一日病院にいなさいと言いました。私はその晩を病院で過ごし、夜中ずっと治癒した自分を視覚化していました。あんなにザックリ切られることを考えると、おちおちしていられません。私は初めての自己治癒という体験をしてやろうと、意欲をかき立てられました。

翌朝、私は看護師と医療チームに、もう治ったから大丈夫だ、症状のかけらもないと伝えました。「もうこれ以上の検査は不要です」と頑なに診察を拒み、手術同意書へのサインを迫る彼らをはねのけました。釈放された私はバスに乗せられ、任務に戻るために海軍通信ステーションに送り返されました。バスに揺られながら、道中ずっと尻に痛みはありましたが、そもそも私をあの混乱の場に送り込んだ症状がかなりやわらいできていることに気づきました。

その後の数週間、私は兵舎で腰湯を使っていました。ある日、図書館で借りた本に載っていた視覚化のテクニックを実践してみました。本のタイトルは『自分を動かす――あなたを成功型人間に変える』（知道出版）で、マクスウェル・マルツという医師が書いたものです。彼は、心と体のつながりが順調な自己治癒の核となることを前提にしていました。そして、形成外科手術を受けた患者に、集中して視覚化することで良好な経過を求めるよう促し、自分の態度を修正すれば奇跡的な治癒を起こせるのだと強調していました。

私はマルツ医師が本の中で詳細に述べている理論を熱心に実践し続けました。すると四日もしないうちに毛巣嚢胞が消えてなくなり、何の症状も感じなくなりました。もう本当に、医療手当の必要がなくなったのです。

今だからわかること

一九六一年に私の尾骨に出現した毛巣嚢胞と、グアム海軍病院での任務中に私が手当をした臀部の持ち主三人に、どれだけ感謝したかわからないほどです。あの経験がきっかけで、私はあらゆる種類の医療診断において、心のパワーがどれほど治癒に影響を及ぼすかを知りました。私が危機に見舞われていたとき、マルツ医師の本がバイブルとなりました。

私は、集中して視覚化することで、文字通り自分を癒しました。その経験がどんなふうに起こったかを思い返してみると、あの一連の出来事を通して出会った人たちは皆、私にとって大切な師だったということがわかります。ピンチを乗り越えてからの私は、心を活用して健康で病気知らずの自分を視覚化しようと決意し、本当に緊迫した状況でない限り医療界の考え方からは距離を置こうと決めました。

私たちの意識には、驚異的で不思議なパワーが本来備わっています。しかし、私がそのパワーを発見するためには、あの病院で恐怖に震え上がるという経験が必要だったのだと、今ならはっきりとわかります。数多くの仲間が手術室に向かうのを目にしながら、私は自分がマルツ医師から学んだことを彼らに伝えました。「自己イメージを変えてごらん。自分で治せるから！　冗談で言っているんじゃない、私自身がすでに治っている自分をイメージして治したんだ。やってごらんよ」。でもほとんどが耳を貸しませんでした。なぜなら、彼らは自分の治癒力など未熟で使いものにならないという自己イメージを抱いていたからです。

やがて私は心身医学のパワーを教えるようになるのですが、その将来を実現させるためには、まず二十一歳だった私があの病院での経験をする必要がありました。視覚化による自己治癒テクニックを自分のものにして以来、私はそれを活用しながらその後の五十年間の大半を過ごしてきました。私は多くの人たちに、自己概念を変えて、奇跡的で神聖な存在としての本当の自分を見てみるよう勧めてきました。明らかに、私は神と共にいれば、すべてが可能であるということを信じるよう定められ、それを人に伝える運命にあったのです。

私は医療訓練を受けた数多くの優秀な医師たちと、世界各国で共同講演をしてきました。心と体のつながりについて一緒に話をしてもらうためです。心身医学の分野も徐々に定着し、薬や手術やほかの侵襲的治療法を試してみる前に、自分の治癒力を信頼するという考えを受け入れる人も増えてきました。私の場合は、この興味深い研究分野への探求が始まった場所がグアムでした。術後の若い兵士の血まみれの臀部を凝視しているときに、天から降ってきたような啓示を受け、「ほかにも方法があるはずだ」と考えたのです。

私はあの啓示に感謝し、絶妙なタイミングで名書『自分を動かす――あなたを成功型人間に変える』を書いてくれたマクスウェル・マルツ医師にもお礼を述べたいと思います。あれから五十年以上経ち、私は白血病と診断されましたが、グアムで学んだテクニックをいまだに活用しています。そして私は、神さながらの調和をもって想像したものすべてを癒してしまうマインドのパワーを信じて、それを人々に教えています。このことを、私は八人の子たちを育てる過程でも強調してきました。

ふり返ってみると、私が当時あの恐ろしい経験をしなければならなかった理由がはっきりとわかりました。そして今、あの経験によって次のことが真実であると再確認しました。すなわち、私たちの人生に現れる物事はすべて、理由があって現れるということです。あとから思い返してみて初めてそう理解できることもありますが、確かにあらゆる物事は起こるべくして起こっているのです。

第十六章
教師になる！という意図

一九六一年の春、私は太平洋を横断する軍のプロペラ機に乗り込もうとしていました。二週間の休暇を終えたところで、その間世話になった叔父のビル・ヴォリックとその家族が見送りに来てくれていました。叔父は、カリフォルニア州ヘイワードで学校教師をしていました。

叔父のところで過ごした二週間（ちなみに叔父は第二次世界大戦という忌まわしい時期に、通信員として太平洋で駆逐艦に乗っていました）、私は彼のそばでその教え方を観察し、休暇を大いに満喫しました。叔父の授業は活気があり、彼は学校で一番人気でした。私は叔父が教えている姿を見るのが楽しく、学生たちが彼を慕うのを見て心温まる思いでした。叔父のことを心から尊敬しました。彼はおもしろく、

第十六章

教師になる！ という意図

頭脳明晰で、自分の仕事に打ち込み、生徒たち全員に寄り添っていました。

夜は、さまざまな主題についてお互いにクイズを出し合い、軽口を叩きながら愉快な時を過ごしました。私は自分で考えた問題を出して、叔父と奥さんのバーバラを降参させようとしました。毎晩のお決まりとなった、哲学的で頭を使うやり取りは楽しく、いい刺激を与えてくれる博学な人たちと交流できる雰囲気はとても貴重なものでした。それに私は叔父のことが大好きでした。私の人生で誰よりも大きな影響を与えてくれた人です。私にとって叔父はロールモデルであり、言わば擬似的な父親のような存在でした。

プロペラ機に乗り込む前に、私は声に出して自分と約束しました。「これからグアムで過ごす一年半、大学へ行く準備をして、教師になろう」。

私は期待と興奮で胸を膨らませていました。私は教師になりたい。いや、必ず教師になる。大学に行って、この夢を実現させるために必要な資格を取ろう。迷いはありませんでした。私は内なる呼びかけに気づき、叔父のビルからインスピレーションを受けたのです。

一九六二年九月四日の除隊日を迎えるまでに、あと一年半ありました。大学に入学を認めてもらう方法を考えるのに一年半――それは簡単なことではありませんでした。なぜなら、私の高校の成績証明書は大学への入学許可書を得るのに充分ではなかったからです。授業料や教科書代を捻出する方法も考えなければいけませんでした。高校の成績は大目に見てもらって、なんとか正規学生で受け入れてもらえるよう、大学側を説得する必要もありました。

グアムに着いた初日、私は除隊までの期間に受け取る給料の九割を貯金して、残りの一割で生活しようと心に決めました。食費は軍持ちでしたし、家賃も衣服代も必要なく、酒も煙草もやりません。大学で勉強する四年間の授業料と、除隊日に中古車を買えるだけの資金を貯めよう。大学に入学したら、アルバイトもできるだろう。

最初の給料を受け取ると、私はシャトルバスに乗ってアガナの町に出かけ、預金口座を開いて、給料の九割を貯金しました。私は舞い上がるような思いでした――大学への一歩を踏み出したのです！　私は大学生になった自分を思い浮かべ、この決意を翻すことは決してないと確信しました。

その後の十六か月、私は毎月この儀式を決然として続け、預金残高が増えていくのを見ながら、海軍下士官の微々たる給料からでも富を蓄えていける自分の能力を確かめて、満足していました。私は、仲間の兵士の多くが無駄遣いをして酒に酔っ払い、収入以上の暮らしをしている姿を不思議な思いで見ていました。あんなふうには暮らせない――私は自分だけの世界に生きていました。海軍通信センターの同僚たちが住んでいる世界と私が住んでいる世界は、まったく異なる世界だったのです。私は自分で描いたヴィジョンの中に生きていました。

基地内にある小さな図書館には借りられる本がたくさんあり、自由時間には読書ができました。私は熱心に本を読み、知らない単語があればメモを取りました。夜になると、ベッドに入る前に、わからなかった単語を調べて語彙帳にすべて書き入れます。私はこれを粘り強く続け、語彙帳はどんどん厚みを増していきました。そして単語の定義がぎっしり詰まったこの語彙帳を熟読しながら、多くの夜を過ごしました。こうして新しく覚えた単語が、私のエッセイや家への手紙に顔を出すようになり、学のある人のような口調がだんだんと身についてきました。

私は図書館で膨大な時間を過ごし、グアムにいる間に最低でも五百冊は本を読もう、そして読んだ本の記録を取ろうと決めました——記録はみるみるうちに増えました。私は図書館が所蔵する本を貪るように読みあさり、兵舎の私のベッドは読みかけの本の山であっという間に埋め尽くされました。

自分の目標のことは友人の誰にも話しませんでした。彼らは私のことを本の虫で、引っ込み思案の勉強家だと思っていました。でも私は大学の準備をするために、自分の内なるヴィジョンに従って行動していただけです。私は教師になった自分、大学教授になった自分を思い描き、毎日その内なるヴィジョンに従って暮らしていました。

私は考えられる限りのジャンルの本を読み、実家があるデトロイトのウエイン州立大学——偶然にも私と同じ名前の大学の入学試験の準備をしていました。特に好きだった本のジャンルは、平凡な枠を超えて自分の道を歩んだ人たちの伝記です。偉大な作家や詩人、哲学者、科学者、発明家、音楽家、アスリート……分野を問わず尊敬に値する人の本を好んで読みました。非凡な生き方、「普通」ではない生き方にもっとも惹かれたのです。

私は自由時間のほとんどをエッセイを書いて過ごし、さまざまな主題で書いたものがどんどん溜まっていきました。それはまるで、何者かが私を通して書いているかのようでした。ペンがさらさらとページを埋め尽くしていくのを感じ、自分は執筆家になるのだと考えると高揚感が胸の内で湧き上がってきました。書いたエッセイやどんどん厚くなる語彙帳は、誰にも見せませんでした――これは私だけの心躍る体験だったからです。どうやら私は、現在から抜け出す方法を探り当てたようでした。心の中でありありと描いている人生を、実際に生きているような感覚です。その人生の中で、私は執筆家でした。そして教育のある人間で、教師になっていました。

やがて、私が毎日何を読んだり書いたりしているのか、関心を示す友人が出てきました。そこで私は胸の内に湧き上がってくる思いを打ち明け、ウィリアム・ブレイク、エミリー・ディキンスン、プラトー、フリードリヒ・ニーチェ、ヘンリー・デイヴィッド・ソロー、ラルフ・ワルド・エマーソン、トーマス・ウルフなどの話をしてみました。そしてそれらの偉大な思想家たちの人生、彼らが書き残したメッセージについて語り、実存主義や超越主義など、なんとか「主義」という耳慣れない言葉を何人かの友人に聞かせました。友人たちは私をそういった分野の専門家と見なすようになり、私は私で、彼らの私に対する信頼を打ち消すようなことはしませんでした。確かに、私は専門家でした。有名な専門家たちへの熱い思いを語りたがる専門家だったからです！

友人たちの要望に応えて、私はミニ講義をすることになりました。五、六人の男たちが集まり、ちょうどその頃に亡くなったフランスの作家で哲学者でもあるアルベール・カミュについて、私がまとめ役をしながら議論を繰り広げました。私たちは『シーシュポスの神話』（新潮社）について語り、彼の「偉大な行動や思想は、馬鹿げたきっかけで生まれる。名作は、街角やレストランの回転ドアから生まれるのだ」という名言を論じ合いました。そして、自分たちの内に眠る偉大さについても語りました。

驚いたことに、友人たちはこのような機会をもっと設けてほしいと求めました。翌週は十二人が集まり、その中には、下士官と親しく付き合ってはいけないはずの少尉まで混ざっていました。今や私は、海軍基地専属の哲学者でした。私はただ、恐れずに自分の生き方を追求し、基地内の図書館にある、誰でも利用できる作品の数々に没頭していただけなのに、知恵者と思われるようになったのです。私は、自分の偉大さに目覚めさせてくれる思想について語り合えるこの夕べの勉強会が大好きでした。

除隊日が近づいてきた頃、私は海軍通信センターの教育係の将校と親しくなりました。彼はウエイン州立大学の入試事務局に手紙を書き、私がここグアムで入学試験を受けられるよう許可を求め、彼が試験の実施と試験官を引き受けるという方法はどうかと問い合わせてくれました。

数か月におよぶ国際電話での口論の末（当時は携帯電話もパソコンもありませんでした！）、準備が整い、私は丸一日かかる入学試験を受けることになりました。試験を終えると、自分でも上出来だったと自信を持ちました。語彙力の問題はほぼすべて、私の膨大な語彙帳に書き入れていたものでした。

一か月後、ウエイン州立大学の入試担当者から電話がありました。ほぼ半年にわたって、さんざん話をし、やり取りを交わした相手です。私の試験結果はとても優秀でしたが、高校の成績証明書が大学レベルに充分に達していないとのことです。結果、まずは地域の短期大学に通い、そこで二年のカリキュラムを終えてから、大学へ編入するようにと言われました。それは私が望んでいた対応ではありませんでした。

私は教育係の将校に相談しました。彼は私がどれだけ勉強家であるかを詳細に述べた、熱心な推薦状を入試事務局に送ってくれました。そして、私がまとめ役として教えている勉強会についても触れ、いかに私が高等教育を受けたくて苦心しているかも書き添えました。私からもまた国際電話をかけて、私の出願を担当しているあの入試係に懇願しました。膨大な議論と交渉を重ね、私は特例が認められたという電報を受け取りました。認められたのは、私がうるさく騒ぎ立てる軍人で、もう相手をするのが面倒になったからでしょう。大学は条件付きで私の入学を認め、初年度の九か月を終えてから、私の状況を再評価することになりました。

とうとう入学が認められたのです——天にも昇る心地でした！

今だからわかること

ふり返ってみると、正規学生として大学に入学する直前にグアムで一年半を過ごしたことは、その後の私を待ち受けていたライフワークにおいて非常に有益なことだったと、今ならはっきりとわかります。

第十六章

教師になる！ という意図

私の人生を操っている何者かが存在していて、私を北カリフォルニアに送り込みました。そこで私は、叔父のビル・ヴォリックと叔母のバーバラ・ヴォリックの家で、多くの週末や休暇を過ごすことができました。母の一番下の弟である叔父と過ごせた時間は、天からの贈りものでした――今、私はそう確信しています。一連の流れは、意図の持つパワーを学ぶための入門レッスンでした。そもそも私は叔父の教える姿を見るまで、教師になりたいなどとは思っていませんでした。ところがグアムに向かったあの日以来、私は当たり前のように「私は教師だ」と宣言し、胸の内に定めたその考えに基づいて毎日を送ることができるようになったのです。

　私は、叔父のビルから刺激を受けて教師になろうと意図を定めました。自分のその意図こそが、グアムに着いた私を前進させ、「私は教師だ」と宣言させてくれたのです。私にとって、その意図は現実でした。それは私に大学への入学を出願するよう促し、さらに基地内で実際に教えることを強く求めてきました。その意図が、高校の卒業証書しか持たない二十歳の兵士にすぎなかった私に原動力を与え、私は自分の意識に植えつけた考えにそって人生を進めることができたのです。私はこれまでに四十一冊の本を著し、その中で取り上げたあらゆるテーマについて、講演で何千回と話してきましたが、一九六一年に心の中に刻み込んだあの意図、「私は教師だ」という五文字の言葉が、いまだに目の前に浮かんできます。

　宇宙意志は、私にその意図が植えつけられるべきだと知っていたようです。そして私は今もなお、自分に内在するその宇宙意志の不思議な力に畏敬の念を覚えるのです。「実現してほしいと思うあなたの願いが、すでに叶っているかのように行動しなさい」――このように人々に教えることが、私のライフワークの大きなテーマになっています。想像の中で教師になった自分の姿を描いたとき、私はその意図に従って行動するしかありませんでした。

人生の重大な局面を迎えていたときに、私と叔父のビルを引き合わせてくれたパワーに深く感謝しています。私と叔父は生涯の友人となる運命にありました。太平洋に浮かぶ島に向かおうとしている若い兵士だった自分に、この立派な叔父が意識せず与えてくれたものに対して恩返しできたことにも感謝しています。私はその島で壮大な変容を遂げ、人生の方向転換ができました。

私はグアムにいる間、「私は教師だ」という内なる宣言に従って粘り強く決然と行動しました。給料の九割を貯金するために月に二回銀行へ向かうという行動は、その内なる宣言から生じたものです。海軍を去る頃には、大学へ通うために必要な資金をしっかり蓄えていました。おまけにスチュードベーカー社の中古車ラークまで購入する余裕もあり、その車は私が修士号を取得するまで走ってくれました。

しかし何よりも、私はお金と貯金に関する方針を確立し、それが生涯にわたって経済的に自立できる道へと導いてくれました。どういうわけか、宇宙は私が借金を背負うはめに自ら陥ることなく、自分のダルマを生き、それを果たす方法を教えてくれていたのです。このレッスンは、借金を返済するために奔走することなく、人生の目的に集中させてくれました。もし借金を抱えていたら、今生ここで課せられた使命どころではなくなっていたでしょう。

第十六章

教師になる！　という意図

私はグアムで宇宙意志に優しく導かれ、見識というものは個人に秘められた偉大さとは無関係なのだと知りました。専門家になるということは、自ら専門家だと宣言することを恐れず、その内なる宣言に従って行動することなのです。実存主義などを論じ合ったあの頃の勉強会は、進んで人前に立ち、常識にのっとって話すというキャリアの序章のようなものでした。常識にのっとって話すのは、それが真実であると心の奥底で知っているからです。

一九六一年、私は見えざるフォースに導かれながら、自分の内なる宣言「私は教師だ」に従って生きるという意図を揺るぎない思いで追求していました。「合格おめでとうございます！　あなたは本学の入学試験に合格されました」という通知以外は受け取るまいと心に決めていたのです。

あきらめることを自分に許さなかった、あの内なる輝きをなんと説明していいのかわかりませんが、それは神の輝きの一部なのだと確信しています。周囲の人や環境が「ウエイン、あきらめなさい」と言う中で、心を折られることを許さなかったスピリチュアルな鬼軍曹のような存在――それが輝きを放っていたのです。その内なる鬼軍曹は、生涯にわたって私を後押ししてくれましたが、それは私が特別な人間だからではなく、私の心に描く意図から指示を受け取っていたからです。私たちがすでに現実だと信じていること、つまり私たちの意図に従って、この鬼軍曹は行動します。ですから、全うされる運命、全うされるべき運命をあきらめるわけにはいかないのです。

一九六二年九月、新入生として登録するために大学に着いた私は、入試事務局に行って、あの入試係の担当者を探しました。私が正規学生として入学できるよう、親切にも規則を曲げてくれた人です。特例を認めて自分を入学させてくれるなんて、思い切ったことをしてくれたものだと私はよく考えていたのですが、彼は直感に従っただけだと言いました。それは目に見えぬサインだったのでしょう――すなわち、グアムにいた私の背中を「あきらめるな」と押してくれた見えざるエネルギーとまったく同じエネルギーが、「規則には目をつぶれ」と彼の背中を押していたわけです。初年度の三か月を終えると、私の条件付きの入学は撤回され、もう私の名前の横に「条件付き」のマークが添えられることもなくなりました。

時は流れて一九七〇年五月四日――オハイオ州のケント州立大学で、大失態となったベトナム戦争に抗議する若い学生たちをめがけて、州兵が銃弾を発射し、四人の死者と九人の負傷者を出しました。その恐ろしい惨劇が起こった同じ日に、私は卒業試験に合格し、母校にて非常勤の教員ウェイン・ダイアー博士となりました。八年かけて、新入生から大学教員となったのです。

四十年後、私はすべての出来事に感謝を込めて、「規定に満たない」学生たちが大学に入学するための奨学基金に百万ドルを寄付しました。私のために同じことをしてくれたあの入試係の担当者への思いを形にしたかったのです。私にわかっているのは、スピリットがすべての意思決定の実権を握るこの無限の宇宙では、偶然の出来事は存在しないということです。

航空母艦レンジャーに乗務してまだ一年ほどしか経っていなかったのに、私は通信センターへの異動を命じられました。それほど短い期間で異動になるという話は聞いたこともなく、特に私のようにあと一年半で除隊予定の者にとっては異例のことでした。明らかに、運命の見えざる手が糸を引いていました。私は、あの最後の一年半をグアムで過ごす運命にあったのでしょう――まさしくあの島で、私は自分の将来ときちんと向き合うことになりました。その将来は、どこか不思議な方法ですでに決められていたのです。私がすべきことはただ耳を傾けて、運命の邪魔をせず、それに追いつくことでした。

あらゆることが同時に起こっている宇宙では、過去も未来もなく、すべてが同時に存在しています。当時はそのことを知りませんでしたが、私は老子が完結に表現したことを実践していました。「あなたは何もしていない。あなたはさせられているだけなのだ」。たとえて言うならば、大きな手が私をレンジャーから降ろし、グアムに置いたのです。私はその島で、自分が契約していたダルマを叶えるために必要なあらゆる物事と出会い、同調することができました。そのダルマは、私が一九四〇年にこの地球上に降り立つずっと前に取り決めていたものでした。もしレンジャーから降りていなければ、また別のダルマをたどることになり、あなたも今この本を読むことはなかったでしょう。

私は過去、現在、未来において、すべてが完璧だということを疑う余地なく知っています。ルーミーは「利口さなど手放し、不思議をつかみなさい」と言いました。私はこれまで独立独歩を教え、自分もそうあろうとしてきましたが、その独立独歩とは正反対のことを象徴する軍隊で、青年期の四年を過ごすことになったのは完璧な流れでした。私はその運命の見事さに驚き、畏敬の念さえ覚えます。天の見事な計らいにより、私は太平洋に浮かぶ島にドサリと降ろされました。そのおかげで、私は新しい在り方を整える準備ができたのです。

よりクリアになった視野で見てみると、どこに行くにしても間違った道などないということが理解できるようになりました。私はすべてが完璧に進んだことを、今後も畏敬の念と驚きを持ってふり返るでしょう。

第十七章 学びのレッスン

二十二歳の兵役経験者となった私は、初めて大学の授業に出席し、人生最高の幸せを味わっていました。生まれ育った故郷の中心で、並び立つ建物に目をやりながら教室から教室へとキャンパスを移動するのは楽しく、軍艦や軍事施設の兵舎で四年間を過ごした後に、こうして大学内を歩き回ることに誇らしさを感じました。有頂天を通り越すほどの喜びです。講義を受けるのも楽しく、どんな授業でもサボりたいという気持ちがさっぱりわかりませんでした。毎朝早めに着いて、巨大な図書館でたっぷり時間を過ごします——駐車場の空きを探すためにもたっぷり時間が必要でしたが、何の不満もありませんでした。

何よりも、私は誇らしさで胸がいっぱいでした。高等教育を受けるという発想を家族から植えつけられたことはありませんでした――高等教育を受けるなど、期待すらされていなかったのです。人生のその時期に大学に進むという道は私自身の選択でした。

私はスーパーマーケットチェーンのクローガーで、ほぼフルタイムでレジ係の仕事をしていました。夕方は働き、夜遅くに勉強して、日中は大学に行くという機会に恵まれたことをありがたく思いました。授業料は全額支払い済みでしたし、卒業するまでに必要となる学費のための貯金も充分にありました。

ウエイン州立大学で二学期を迎えました。私の大学では各学期がたったの十一週間しかないので、その短い期間に学ぶことが詰め込まれています。私は一学期に四つのコースを修了し、すべて平均以上の成績を収めました。その内の一つは〝English 101〟というアメリカ文学を学ぶコースで、セオドア・ドライサー、ウィリアム・フォークナー、アーネスト・ヘミングウェイ、マーク・トゥエイン、F・スコット・フィッツジェラルドなどを知り、とても気に入りました。二学期は〝English 102〟という論文のコースです。どんなものでも書くのはお任せあれという気分でした――何と言っても私は執筆家なのです！　十代の初め頃から書いていましたし、小説を仕上げたこともありますす。それに、書き溜めたエッセイでファイルはいっぱいになっていました。

一流大学で教授をしている人に自分の書いたものを正式に評価してもらえるのだと思うと、期待で胸がはち切れそうになりましたが、私のその期待はすっかりしぼんでしまいました。このコースを担当することになったヨアヒム・リース氏という若い院生がこう言い放ったからです。「提出物はすべて米国心理学会が定めたAPAスタイルで書くように。矛盾していること、辻褄の合わないことを書くと減点します。論文中に〝interesting（興味深い）〟という言葉を使った場合は不合格になります」。そのコースでは毎週エッセイを提出することになっていて、それには脚注をつけ、誰かがすでに書いた論拠となるものを補記しなければいけませんでした。

この院生は、自分が担当するクラスの学生たちがなにを考え、どんなことを書くのか関心がないのだろうか？　全員に似たり寄ったりなものを書かせるマニュアルに、学生は従うべきなのだろうか？　独創性も意見も不要なのか？　――私は信じられない思いでしたが、リース氏は米国心理学会による論文作成マニュアルにこだわっているようでした。提出物はすべて、このマニュアルが定める項目通りにしなければいけないとのこと。文法、句読点、文献一覧……何から何まで所定のフォーマットを忠実に守り、学生が意見を述べる必要はないと言うのです。

私が最初に書いたのはある詩の解釈を述べたものでしたが、落第点を取りました。論文のそこかしこに入れられた赤いバツ印が、リース氏の考える間違いを指し示していました。不適切な注釈、句読点、脚注……しかも私は大胆にもその詩の意味を読み取り、リース氏はそれも間違いだと見なしました。

私はかんかんに腹を立てました。自分の書いたものが本筋とは関係のないことで批判され、否定されたと考えるだけで頭にきたのです。私はその詩の著者（ウィスコンシン州の小規模な大学で教授をしている人でした）に自分の書いた論文の写しを添えて手紙を書き、彼がその詩で伝えたかったことについて、自分の解釈を詳細に述べました。私も詩人です。グアムでの数年間でいくつもの詩を書きました。それに二人のスーフィーの詩人、ルーミーとハーフェズに傾倒し、二人が紡ぐ言葉の数々に魂まで恍惚とするような思いを抱いていました。

その詩を書いた教授から親切な返事が届き、私の解釈がすばらしいと書いてありました。彼は私の論文を褒め、私がその詩から受けたものに感動していました。そして私に返事を書けて光栄だと言ってくれました――どうやら詩人というのは、あまり手紙を受け取ることがないようです。

私は、詩人からの返事をリース氏に見せました。彼は見るからに気分を害したようで、右も左もわからぬ新入生の私があろうことか彼に異議を唱え、採点を疑問に思っているのが気に入らないようでした。私は自分の指導員に取り入ろうとしなかったので、彼は私を生意気な学生だとみなし、採点し直すことを考えようともしませんでした。

数週間が経ち、最終試験として学期末の論文を書くことになりました。提出期限は学期最後の週です。私は一九五六年に起きたハンガリー革命をテーマにして、共産主義の同調者カーダール・ヤーノシュがその動乱で果たした役割について論じました。私はこの問題について特別な関心を寄せていました。革命が起こったとき私は十六歳の高校生で、この事件の成り行きをずっと追っていたからです。私は自分の論文を誇りに思い、上出来だと考えました――ＡＰＡスタイルにもちゃんと従っていました。

リース氏は、私が最初の論文の採点見直しを求めたことをまだ根に持っていました。彼は大学院生助手で、自分の担当する新入生の一人が採点の仕方に異議を唱えたことに立腹していたのです。今度は私のハンガリー革命に関する五十七ページの論文を、自分で書いていないだろうと言ってきました。違反した証拠すらないというのに、私が盗作したと言うのです。彼は私の論文にDの評価をつけました。そして一週間後、そのコース自体の成績が届き、それもまたD評価でした。一応及第点ではありますが、もちろん満足のいく結果ではありません。

怒りを通り越すとはこのことでした。私は盗作などしていませんし、もう六年以上も論文や小説を書いてきた経験があります。自分の満足いく論文を書いた結果、それが上出来だという理由で罰せられるのでしょうか。

次の学期になり、私は何度かリース氏に会おうとしましたが拒絶されました。学部長に相談すると、彼は真剣に話を聞いてくれました。私は自分の論文を見せ、盗作だと咎められたことを伝えましたが、学部長はどうすることもできないと言いました。スタッフが出した評価を覆す立場にはないと言うのです。そして同じコースを再履修して、新たな評価を得れば、前学期のD評価を無効にすることもできると言いました。

私は葉っぱの採集で揉めたときのことを思い返し、生物を再履修しなければならなかったこと、自分のプライドのせいでどれだけ苦労したかということを思い出しました。自分が正しいと証明するために、しなくていい苦労をしたのです。今回は引き下がることにしました。そのD評価は、新入生になってから博士号を取得するまでの八年間で、唯一満足のいかない評価となりました。

今だからわかること

学生の日々、特に最初の頃の日々は私にとって非常に意義深いレッスンとなり、生涯を通して私の著作や講演に深く浸透することになりました。私はいつも比喩として、ボートの航跡の話をします。航跡は、後方にたなびく軌跡でしかなく、今この瞬間には何の力も持ちません。航跡がボートを動かすわけではなく、動かそうにも動かせません。それはボートに対して何の影響も与えぬ軌跡でしかないのです。

大学の授業に出て好成績を収めることは、自分が学んだ数々の学科以上のことを教えてくれました。キャンパスを歩き回りながら、私は自分の過去が将来を決定づけるのではないと悟りました。大学という場所で私が感じていた意気込み、そして収めていた成果は、過去からは考えられないものでした。ボートを人生の象徴として例えてみると、ボートの航跡が人生の原動力となっていたわけではありません。もう個人史は必要ありませんでした。私の過去はただの過去でしかなく、現時点での事実ではなくなっていたのです。高校の成績や、私の育った環境がどんなものであれ、大学では順調でした。このことを、私は実体験を通して知る必要があり、どうにかしてそう気づくように導かれていました。

初めてキャンパスに着いたその日以来、私は決して過去をふり返りませんでした。そして、自分が注意を向けるものなら何にでもなれると知りました。自分が思い描けるものなら、何でも実現可能だと理解したのです。しかし、この真実を人に教えられるようになる前に、自分がそれを身をもって経験する必要がありました。想像できることなら実現できる——これは私が保証します。毎日、感動をかみしめてキャンパスを歩き回りながら、私はそれまでに歩んできた道のりが本当に後ろに残る軌跡でしかないことに気づいていました。私は今、自分で人生の方向性を決めている——そう気づいていたのです。

あの〝English 102〟を教えていたリース氏とのやり取りは、「面目を失うような、腹の立つ出来事」という形で現れてくれた、ためになる体験の一つだったのだとわかります。しかし、当時はまるで軍隊に戻ったようだと感じている自分がいました。自分の頭で考えるなと言われ、指令に従いなさい、マニュアル通りに書きなさいと言われているような気がしていたのです。

学生にとってのＡＰＡスタイルは、言わば軍事司法統一法典のようなものでした。「米国心理学会が定めた規則通りに書くこと。独創性は不要。既存の枠内を超えて考えないように。これまでに大学教員に提出されたすべての論文と同じような体裁で書くこと」。こうした指示に従って書いたものが、読んでもらえない本や論文になります。参考文献や脚注を細かにつけたものは、確かにデータに忠実で、調べ上げられてはいるかもしれませんが、読み手にとっては退屈で無味乾燥なものです。そうしたスタイルで書かれた本はたいてい研究者が読むもので、図書館の棚でほこりをかぶる、誰も読まない本の在庫を増やすだけです。

私は読み手がワクワクするようなものを書きたいと思っていました——人を鼓舞したかったので

す。「もっと読みたい」と思ってほしい。「なかなか読み終わらないな」などと感じてほしくない。

独創性を殺したスタイルで、従来の体裁にならって書くよう強要されたことは、私にとって貴重な体験となりました。なぜなら、自分がどういったことを嫌だと思うかを教えてくれたからです——自分は絶対そうはなりたくない、と思うものを経験させてもらいました。私は多くの読者に伝えたいのだということ、そして杓子定規で学者ぶった研究者たちのために書こうとは思っていないことをヨアヒム・リース氏の〝English 102〟という授業で気づかされました。

所定の書式に従うために、自分の独創性を殺さなければいけないのは苦痛でした。確かに私は服従して規則に従いましたが、その一方で、自分のハートが訴えるやり方で書いていこうと意欲を高めていました。一応は従うふりをしながら、頭の固い院生が強要する書き方とはまったく逆の方法で書きたいという欲望に、いつも想像力をかき立てられていたのです。私の指導員は、組織の決めごとを鵜呑みにすることを選び、上辺だけの仕事に意識を奪われていたのだと思います。

今ふり返って見てみると、あのウィスコンシン州立大学の教授をしていた詩人とのやり取りは、当時の私がエゴにまかせて生きていた結果だということがわかります。私は自分が正しいことを証明してみせようと必死でした。それを証明するために払った努力が、ことごとく自分を苦しめていたにもかかわらず、むきになっていたのです。理解を示し、愛をもって接するのではなく、自分の指導員が間違っていることを示そうと躍起になっていました。それはまさしく、エゴに支配された愚か者の行為でした！　交通違反で警官に止められたときに、反抗的な態度で口答えするのと同じことです。自分が違反したと感じるかどうかは関係ありません。ところが私は自分の詩の解釈が間違っていると思われて激怒し、指導員に食ってかかり、自分が正しいことを証明してみせることで彼に恥をかかせてやろうとしたのです。

私は人生にわたってそうした不運を立て続けに経験する必要があったのだと、今になってはっきりとわかりました。私のライフワークにおける主題をやっと理解したのです――それは、「自分の正しさを主張することと、親切にすること、どちらかを選ばなければいけないときは、必ず親切にすることを選びなさい」というものでした。自分の中のもっとも高次のスピリチュアルな感覚にまかせて生きることが、自己実現の本質なのです。

私はヨアヒム・リース氏を打ち負かすべき敵と見なしていました。その結果が割に合わない勝利にしかならないとしても、彼を争う相手だと考えていたのです。私は海軍で「静かなる実働」を学び、それはいつも好結果を生んでいました。ところが大学での私は、組織を相手にした負け戦にいそしんでいました。今わかっているのは、たとえ相手の振る舞いを気に入らなくても、人には愛と親切心をもって接するべきだということです。私には、もっとも高次の自己に人生の主導権を握らせる方法を学ぶ必要がありました。それを学ぶ唯一の方法が、エゴを手なずけることだったのです。

正直に言うと、私は論文の件に関して自分が正しかったことを証明し、それをリース氏にもわからせることができて、得意になっていました。しかし、自分が正しいと証明することよりも、親切であること、そしてあの論文の授業における自分の本当の目的に集中することを優先すべきでした。

その本当の目的とは、よい成績を収めて、本当の自分、すなわち私がいつも宣言していた「私は教師だ」を実現するというより大きな目的に向かって、障害を一つひとつ乗り越えていくことでした。これらの挫折があったからこそ、私は自分のエゴにまかせることがどれだけ不条理で、どれだけ不運をもたらすかを人に教えるための訓練ができたわけです。

あのD評価は、私の大学の優秀な評価が並ぶ成績表の中でわずかな汚点のように見えますが、今だからこそ、あの評価を公平な目で判断できます。私はあの満足のいかない評価を受けて当然でした。あの評価は自分が生み出したものであり、その責任はすべて自分にあります。私があの指導員をけしかけたのです。彼を競争者と見なし、私のいっぱしの執筆家としての自己イメージを脅かす存在として考えていました。私の傲慢な態度になにがなんでも対抗してやろうという立場に、私自身が彼を追い込んだのです。

そう、私は自分であのD評価を生み出しました。あれから半世紀も経っていますが、私の成績表に記されたあのD評価の存在感は、「いつでも親切心と愛から行動することを選びなさい」と永遠に思い出させてくれることになりました。

今の七十代のウエイン・ダイアーが、二十代のウエイン・ダイアーに話すことができるなら、これまでのキャリアを通して教えてきた偉大な真実について語るでしょう。その真実とは、「結果にとらわれずに生きなさい。何かをするときは、それがもっとも高次の自己と共鳴し、内から訴えかけてくる声と響き合うから、するのです。それがもたらすかもしれない報酬を目的としてするのではありません」ということです。

成績表にあのD評価があるからといって、その人が有能な人間ではないという意味にはなりません。今の私なら、二十二歳の自分にこうアドバイスするでしょう。「自分がすばらしい論文を書いたとわかっているのなら、それで満足すればいいじゃないか。書くことの喜びを、そして自分を表現することの喜びを経験できたのだから、それを味わいなさい」――これは、私が身をもって学ばなければならないレッスンでした。

私たちは、外的要素で成功の度合が決まるという異様なプレッシャーのかかる世界で生きています。私が何十年と身を置いてきた業界でも、多くの人がエゴの視点で見た成功を追いかけています。エゴはこう考えます。「どれだけ儲けられるだろう?」「私の本は、ベストセラーリストの何位に入っているだろう?　その順位をどのくらい維持できたかな?」「印税を上げてもらえただろうか?」「あの仕事をさせてもらえるかな?」「読者は私の本をどう評価しただろう?　あの本は何部売れたかな?」――こうしたエゴに突き動かされた思考の数々は、外見上の成功の印にこだわる著述家によく見られるものです。私は五十年以上この業界にどっぷり浸かってきて、そのようなエゴの視点を手放す方法を学んできました。

ふり返ってみると、あの成績表のD評価に気を取られるという経験は、私にとって大きな学びとなりました。エゴは自分の成し遂げたことや所有しているもの、人からの評判に基づいて自身を評価します。そのエゴを手なずけることが、私の人生におけるもっとも重要なレッスンの一つでした。

二十二歳の新入生だった私があの論文の授業で経験したことは、自分の中でもひときわ印象深い記憶として残っています。それが意味するのは、エゴの欲求を抑えようとしたことが私の人生でいかに重要だったかということです。

五十年の歴史ある展望台に登って見おろしてみると、あのD評価の重要性などちっぽけなものだということが、はっきりとわかります。一篇の詩を、その作者が意図したとおりに解釈して理解することができたという事実、そしてエネルギーと熱意を込めて一心不乱に学術論文を書き上げ、あまりにもよく書けていたがために盗作だと疑われるほどだったという事実こそ、成績表に記された取るに足りない評価——私という人間とは何の関係もない、そして私が今生で成し遂げてきたこととは無縁のあの評価を凌駕するものでした。

私はあのレッスンをじっくり学ばなければなりませんでした。結果にとらわれないことが私の最終目標であり、その目標をはっきり認識するためには、若いときにあの経験をすることが必要でした。その経験をすることで、やがて自己実現を教える教師になることができたからです。

第十八章

大いなる悲しみの日

大学で一日講義を受けてから、愛車のラークに乗って家に向かっていたときのことです。私は夏期クラスを終えて、二回生の終盤に差しかかっていました。教師になるという野望をかなえるために一日でも早く卒業したかったので、毎学期、追加でコースを受講し、一年を通して終日講義を詰め込み、夢を現実にしようと突き進んでいました。

一九六三年十一月二十二日、金曜日の午後。車はクレーン・ストリートを走り、エドセル・フォード・エクスプレスウェイ（州間高速道路94号線）に近づいていました。ちょうど高速道路に入ろうとしたとき、あの衝撃的なニュースがラジオで流れてきました。「番組の途中ですが、緊急ニュースです。ケネディ大統領が先ほどダラスで銃撃を受け、致命傷を負った模様です」。

私は車を路肩に寄せ、呆然として座っていました。涙がとめどなくあふれ、頬をつたいます。自分が銃弾にやられ、運転できないほど打ち砕かれたような気分でした。うまく息ができません。ラジオで何度も鳴り響くニュースを、まるで家族のことのように聞いていました。

私は大統領のことをとても慕わしく思っていました。彼は、不正を正したいといつも雄弁に語り、私が軍に勤めていた四年間でとても衝撃を受けた人種分離という忌まわしい差別を撤廃しようと立ち向かっていました。よりよい世界への希望を胸に、相も変わらぬ人種差別や憎しみを続けようとする勢力と闘うことを厭わない人でした。彼が行政的かつ良心的なリーダーシップをとることを選挙戦で公約し、人種差別や学校での分離問題と闘うことを表明したとき、私はその勇気に感嘆しました。

わずか数か月前、二人の黒人学生がアラバマ大学の建物に入って登録するのを保護する目的で、アラバマ州国家警備隊がケネディ大統領の指示により動員され、私はそれを誇らしい思いで見ていました。アラバマ州知事ジョージ・ウォレスが引き下がり、平等の時代という新しい幕が開いたのです。

一九六三年六月十一日、私はケネディ大統領が次のスピーチを行うのをテレビで見ていました。

問題の核心は、すべてのアメリカ人が平等の権利と機会を得られるか否かということ、そして我々が、自分がこう扱ってほしいと望むやり方で、同胞であるアメリカ人を扱うか否かという点にあります。皮膚の色が黒いからという理由で、一人のアメリカ人が一般大衆向けのレストランで食事できないとしたら、我が子を最良の公立学校に通わせることができないとしたら、自分を代表することになる公人に投票できないとしたら――つまり、私たちが求めている自由で満たされた生活を送ることができないとしたら、自分の肌の色が変わって彼と同じ立場になっても満足できるという人がいるでしょうか？

あのスピーチは我が国の転機点となりました――のちに一九六四年の公民憲法となる流れへの原動力に火がつけられたのです。

私は高速道路の入り口に車を停めて、あの二人のアフリカ系アメリカ人が、授業の登録をするために歩いて行く姿を見たときのことを思い出していました。そしてたった数年前、友人のレイ・ダドリーが米海軍の軍服を着ているのにレストランで入店を断られたことを思い出していました。大統領が話していた希望が失われたことを思うと、悲しみがこみ上げてきました。

私はロバート・ドノヴァン著『ＰＴ　１０９　太平洋戦争とケネディ中尉』（絶版）に書かれた第二次世界大戦中のケネディ中尉の武勇伝を読み、彼の指揮するＰＴ　１０９が日本の駆逐艦によって真っ二つに引き裂かれたとき、彼の行動がどのように乗組員の命を救ったかを知りました。ケネディ氏本人が書いた『勇気ある人々』（英治出版）も貪るように読みました。同書は、憲法制定というプレッシャーの中で勇気ある決断をした八人の連邦議会議員のキャリアに焦点を当てています。私は、彼らが示したような勇気が、この深刻なまでに分断した我が国の社会問題に向けられることを強く願っていました。キューバ危機のときにこの国を襲った恐怖が思い起こされます。私は、あの若き勇気ある大統領がソビエトの最高指導者ニキータ・フルシチョフに立ち向かい、核災害を回避させたことを思い出していました。

私はケネディ大統領という人を信頼し、とても身近な存在に感じていました。グアムであの差別問題に直面し、偏見の卑俗さがその醜い顔を現したとき、私は大統領に手紙を書きました。あのひどい状況を耳にすれば、ケネディ大統領こそ事を正してくれるだろうと思ったからです。

やがて私はゆっくりとスピードを上げながら高速道路に入り、母と暮らしていた家に向かって、車を東へ走らせました。私は翌年に結婚を控えていたのですが、それまでは実家に暮らしていたのです。

その日、私はクローガーで十六時から二十一時まで勤務する夜のシフトに入りました。レジに並ぶ誰もがショックを受けていました――ほとんどが言葉を発することもできません。ある女性客に釣り銭をわたしながらその目を見ると、目が合った途端、私たちは泣き出してしまいました。沈黙がすべてに広がっていました。泣かずに話すことができる人などいませんでした。私はかつて経験したことがないような衝撃をこの悲劇から受けていました。その日の出来事で、人生が大きなシフトを迎えるような気がしました。

今だからわかること

本書にケネディ大統領の歴史的事件を書いたのは、あの事件が私の人生の方向性に私的な面でもキャリアの面でも影響を与えたからです。一九六三年十一月のあの日は、私にとって多くの面で大きなシフトのきっかけとなりました。それまでは、自分の将来に影響を与える出来事はほとんどすべて個人的な事柄でした。施設や里親のところでの暮らし、高校生活、海軍での体験など、すべては「ウエイン・ダイアー」が個人としての人生において新しい方向性、新しい意識に目覚める「瞬間」の集まりでした。ケネディ大統領の暗殺事件は、私の敬愛する一人の男が殺された事件というだけではなく、自分の中でなにかが殺された事件でもあったのです。

あの瞬間あの場所で、私は世界規模で歴史的な影響を持つ人生プランについて考え始めました。近い将来の教師としてのキャリアだけではなく、その先を見すえたプランです。私は、世界中の人々の意識に影響を与えるには、どうすればいいのかと考えるようになりました。あの日以来、私はより高次の幸福を目指して思いやりある言葉で話す人間として、自分を見るようになったのです。

私は、世界的な影響力を持つためにどうすればいいのか、いや、それ以前に自分の役割はいかなるものなのかもわかりませんでしたが、良心ある一人の人間が世界に変化を起こすことができるのを知っていました。私はその一人だ――そう考えていけない理由があるでしょうか？　私はケネディ大統領を知るずっと前から、彼と同じように考えていました。昔から考えていたことを実際に声に出して訴えること、そしてその考えを世界中に伝えることを思うと、ゾクゾクするような興奮を覚えました。私は自分を世界的な指導者として考え始めていました――政治的指導者ではなく、誰に対しても思いやり深く、誰もが喜んで耳を傾けてくれる指導者を思い描いていたのです。

あれから五十年経った今、ケネディ大統領の暗殺事件をふり返り、私は彼が自身のダルマを果たすために人生をあきらめる運命にあったのだと理解しました。公民憲法は、一九六三年の時点では可決への方向に進んでいませんでした。ケネディ大統領は、特定の人種への不寛容と投票者の権利に対して妥協を許さず、南部はそんな大統領の視点に反発していたため、彼が再選する見込みは下がっていたのです。南部の上院議員が議事妨害することはほぼ確実でした。ところが、ケネディ大統領が亡くなり、国中があの偉大な人を哀悼する中で、国全体のムードが変化し始めたのです。一九六四年に大勝利を収めた新大統領のもと、変化の風がより強く吹き始めました。「分離政策よ、永遠に」と唱えていた政治家たちも、目を覚まして悟り始めた人々からのプレッシャーを感じて意見を変え始め、平等の権利を謳って、偉大な社会に賛成するほどになりました。

スピリチュアルな存在が物事を定めているこの宇宙では、偶然の出来事などないと私は信じています。あの日起こった大統領の死は、延長を余儀なくされていた公民権、投票者の権利、高齢者医療の拡充、教育改善の扉を開けました。そして、平等の権利が単なる言葉上の概念ではなく、私たち全員が示すべき行動だという意識を目覚めさせたのです。私たちの国の意識が転換するには、大統領の死が唯一の方法でした。

私もまた、この新たな目覚めに引き込まれていました。満潮がボートを押し上げるように、この悲劇が私を比喩的な意味で上昇させたのです。ほかの多くの人々と同様に、私も公民権を求めて行進し、ベトナムに迫りくる戦争に抗議しました。デトロイトの一教師として、のちにはハンガー・プロジェクトを通して世界の飢餓を終わらせるためのスポークスマンとして、私は自分たちの身勝手で無意味な考え方を改める方法を模索しました。

執筆家、講演家としての私の人生は、人々の意識レベルを上昇させることに重きを置いてきました。自分を平凡で制約のある存在として考えている人々を押し上げて、彼らが新しい意識を信頼できるよう導くことに焦点を当ててきたのです。その新しい意識とは、「注意を向けたものなら何でも実現できる限界のない存在」が自分に内在しているという気づきです。

自分が何かを獲得して受け取るよりも、与えて仕えたいと思う市民が多数を占める国家――大統領のそうしたヴィジョンは、私自身のヴィジョンでもありました。より思いやり深い新たな方向へ国全体を向かわせるために、大統領が命を犠牲にせざるを得なかったことは、私たちの宇宙の完全性の一環でした。この考えは永遠に論じられるかもしれませんが、それが事実なのです。

彼は実際に亡くなり、その結果として、私たち全員がより善い心を持つようになりました。私自身もより善い人になるための旅路を歩み始め、人々に仕えること、愛と思いやりを持つことをテーマにしたキャリアを進むことになりました。あの日のダラスでの出来事が起こっていなければ、私の人生の関心事や方向性も違ったものになっていたかもしれません。

第十九章
初めての登壇

私は四回生になりました。その四年間でおよそ百の講義を受講し、一度たりとも欠席しませんでした。正規学生としてのプログラムに全力で取り組み、もうそこにいるだけで嬉しく、誇らしく、幸運に思っていたので、一コマでも講義を受けそこなうなど考えることすらできませんでした。

人口過多の大きな市街地のちょうど中心に立地するこの大学の雰囲気を、私はとても気に入っていましたが、教授陣のまるで無関心に見受けられる態度には唖然とする思いでした。自分の教えるコースに心から情熱をもつ教授や、学生たちに刺激を与えようとする教授はほとんどいませんでした。私の受講する講義のあちこちで無関心が目につきます。ある思いが、私の意識の中を繰り返し流れていました。「ここの教授たちは皆、自分の勤めだけ果たせばいいと思っているようだ。あまりに退屈しきっていて、自分の教えていることになんの喜びも感じていないらしい」。

私は、教師になりたいというインスピレーションを与えてくれた叔父のビル・ヴォリックのことを思い返していました。叔父の教えるクラスは、彼が引き起こした笑いと興奮で愉快そのものでした。叔父は自分の生徒たちをかわいがり、自分の教える教科のことも愛していました。彼は自分のダルマを叶え、誰もが楽しんでいました。ここで鍵となるのは「愛」です。私はこう思いました。

そうだ、ここの講義に欠けているのは「愛」なんだ。誰もがお決まりの仕事を形式上こなすだけで、そこに愛を感じていない。学生たちは、試験に出そうなことだけを聞いたままにノートに取っている。そうでなくても「高等教育」と謳われるこの営みに、どう見ても飽き飽きしているじゃないか。教授たちも教えているのではない――ただ教材を示しながら、教えるふりをしているのだ。たいていは教室に姿を現すけれども、よく休講にするし、決められた仕事をしているだけなんだ。それに、教室全体に漂う倦怠感にも気づいていないらしい。

試合が繰り広げられる会場のような教室で、その参加者のほぼ全員に熱意が欠けていることに私は気づきました。教室を観察していると、こんな疑問が浮かんできます。教授たちは、自分の教えていることに誰も関心を払っていないことがわからないのだろうか？　彼らの前にいるのは囚われの身の聴衆だ――学生たちは講義が終わるまでここにいなければならないし、席を立つこともできない。どうして講義をおもしろくして、盛り上げようとしないのだろう？

私は、もし自分がこの囚われの身の聴衆を前にして授業をするという明らかな特権に恵まれたら、どんなふうに授業を行うだろうと想像しました。活気のない学習環境に浸りきった学生たちで満員の教室に座り、一人で毎日のように空想にふけっていたのです。空想の中の私は授業に活気をもたらし、教材を片手に聴衆をぐいぐい引き込んでいました。学生たちにやる気を与え、励まし、カリキュラムを教え、たとえ教材がおもしろくなさそうだと思われていたとしても、それを熱心に教える自分を想像したのです。

私は、高校時代の先生たちを見ていたときのように、半ば軽蔑の思いで教授たちを見ていました。毎日、毎年、変わり映えのしない勤めをこなしながら、まるで身動きできなくなっているかのような教授たちに、同情さえ湧いてきます。高校では、定年までただ漫然と過ごしながらキャリアを終えようとしている先生たちもいました。そしてこの大学でも同じような光景を目にしていたのです。教授たちにプライドはないのだろうか？　教壇に立ちながら、学生たちの興味を引こうとも思わないなんて……この教科を学ぶのが楽しいと思わせないなんて一体どういう了見なんだろう？

私は、あんなふうにはなるまいと自分に誓いました。私は人を笑わせるのが大好きでしたし、自分が感銘を受けた先生は皆、ユーモアを交えて教えるというすばらしい能力を備えていました。私は自分に約束しました。それがどんな集団でも、聴衆の前で話すときは「ここに来てよかった」と思われるように話そう。ただ形式として仕事をこなし、給料を受け取るためだけに働くようなことはしたくないと思ったのです。私は自分の教えることへの愛を、そして生徒たちへの愛情を絶やさないでしょう。しかし、それよりも重要なのは、自分への愛を絶やさないことです。私は、私自身であることに誇りを持とう、「無関心」というつまらない茶番のような舞台で教える教師にはなるまいと決意しました。もし自分がそのような屈辱にさらされたら、その情けない光景を私は嫌悪するでしょう。

教室から教室へと移動しながら、私はどのようにして自分の授業に活気をもたらそうかと、毎日あれこれ夢中になって想像していました。学びの場に高揚感と楽しみとユーモアをもたらしたいという抑えがたい願望に胸を高鳴らせていたのです。

やがて私は、デトロイトの公立高校パーシング・ハイスクールで教育実習をすることになりました。担当は経済学の上級クラスで、三十五名の三年生を教えることになりました。私のスーパーバイザーは、ジグマンド・ボイター氏です。私は本当に幸運でした。ジグマンド・ボイター氏は熟練の教師で、私がこうありたいと思う資質をすべて備えた人でした。生徒から愛され、校長からももっとも優秀な教師だと信頼されていました。

最初の二週間が経ち、ジグは私に自由に教えてみなさいと言ってくれました。その学期の残りの日々を、自分だけで教えることになったのです。経済学はゾッとするほど退屈な教科になることもありますし、実際、私が学部生のときに選択した二つのコースも退屈そのものでした。しかし私は今、無数の単調な講義を受けながら過ごした四年間で何度も繰り返し想像したことを実践する機会に恵まれたのです！　天にも昇るような気分でした。

それまでの人生で、その学期ほど楽しんだ時間はありません。私は授業が楽しく、生徒たちが愛おしく、しかも経済学まで大好きになっていました！　生徒たちが革のブリーフケースときれいなカードをプレゼントしてくれたときは、本当に泣きそうになりました。カードには、私の授業と私への温かい気持ちが寄せられていました。「教師」としての私への親しみを込めた言葉がならんでいたのです！　私は深く、深く感動しました。もうほかのことは考えられません。私は教師になったのです。それと同時に、講演家になる道を歩み始めていました。

今だからわかること

教授側からも学生側からも倦怠感が漂う教室を次から次へと渡り歩きながら、私はそれが講演家になるための初期訓練の場になっていることに気づいていませんでした。教室に座って、皆のつまらなさそうな様子を信じがたい思いで見ている自分を、鮮やかに思い浮かべることができます。私には、そのような退屈は不要に思えました。どうして、指導する側が講義をおもしろいものにしようと思わないのだろう？　教室にいる全員が飽き飽きしているのに、気がつかないのだろうか？

第十九章

初めての登壇

当時から長い時間が経った今、私にはあのもどかしい思いをする必要があったのだと理解しました。あのもどかしさが、私の中で何かを目覚めさせ、それを静めることも無視することもできなくなったのです。私は、人生で講演家という役割を果たす運命にありました。

講演家になるためには準備をする必要があり、そのための一番確実な方法は、自分にとって不愉快な何かに参加せざるをえない状況を経験することでした。くどいようですが、自分が心の底から望むものを知るためには、自分が嫌だと思う経験をするしかないという、あの昔からのテーマがまたもや現れていたのです。あの退屈しきった講義を受けるという経験も、私の人生に起こったほかの数々の経験と同じく、姿を変えた恩寵とも言うべき恵みでした。内面でこだまし、湧き出てくるもどかしい思いは、私への警鐘だったのです。

そのもどかしい思いをクラスメートに話しても、彼らは「何を言ってるんだ」という当惑した表情を浮かべていました。彼らにとって、それが大学というものだったのです。退屈な講義は、大学という組織の一部でした。私の内側からこみ上げてくる激情は、宇宙からの声でした——宇宙が私に「この状況をよく観察し、苦痛を感じなさい。今感じていることを忘れず、そこから学びを得て、すばらしい講演家になるのです。人を楽しませ、その心に訴える講演家になりなさい」と呼びかけていたのです。しかし、当時の私はそのことに気づいていませんでした。

私が講演をするようになってから四十年が経とうとしています。苦労をして稼いだお金を払って来てくれる聴衆を前にしていると、あの内なる声を引き起こしてくれた高校や大学の授業を受ける機会に恵まれたことに感謝の思いが湧いてきます。その内なる声はこう言っていました。

「目の前のことに注意を払い、あなたが伝えたい言葉に息吹を与えることを、自分に約束しなさい。熱意をもって話し、聴衆が興味深そうに聴いているか、楽しんでいるか、ちゃんと観察するのです。聴衆が興味を持っていなければ、その場で臨機応変に対応しなさい」

長年にわたって、私は自分の仕事や引き受けたことに情熱をもつことの大切さを語り、本にも書いてきました。何の感動も覚えないということは、自分の源とのつながりを失ったことを意味するのだと思います。自分の話していること、行っていることに情熱をもたずに聴衆の前に立つということは、自分のスピリットと隔たりがあるということです。つまり、自分の内なる神とのつながりを失っているのです。「熱意」という言葉は、根源的に「内なる神」を意味します。

大勢の人たちを前に話をするようになって数十年が経ちますが、私はその経験から次のことを学びました。それは、神聖なる源にゆだね、それに導かれることを自分に許したとき、すべてが正しい場所に収まるということです。講演者として紹介され、マイクの前に立つとき、私はいつも『奇跡のコース』（ナチュラルスピリット）の次の一節を心の中で繰り返します。「あなたが選んだ道を歩んでいたとき、その横にずっと誰がいたのかを知っていたら、二度と恐れや疑念を抱くことはないだろう」。

この一節は、自分が宇宙の創造的な源と同調している様子をイメージしながら、情熱をもって話すことを思い出させてくれます。あの情熱が失われた教室で、私は自分のスピリットから促されていたのです。「畏敬の念を失わず、あなたがあなたであることへの感謝を忘れないようにしなさい」と。そうすることで、私は人々から求められる講演家になることができました。

学部生のとき、私は自分が引き受けたことなら、それが何であっても抜きん出たい、特にそれが書くことや話すことなら優れた結果を出したいと考えていました。執筆家というものは普通、話すことがあまり得意ではないし、反対に演説の得意な人は、書いて自分を表現するのがあまり得意ではないと聞いたことがあります。しかし私は、長い年月をかけて次のことを学びました。それは、自分がどういう人間でどんな能力があるかは自分で勝手に思いこんでいるだけで、その思いこみに応じて何を得意とするかが決まるということです。私は、自分の選んだことなら何でも優れた結果を出せる能力があると信じています。

たとえば調査の専門家は、人前で話す能力が欠けているはずだなどと決めてかかる必要はありません。私は三十一歳のときにテニスを始めましたが、初めての日、なんておもしろいスポーツだ、これは時間をかけて練習すればすごく上達できると思いました。そして実際に三十五年以上かけて、かなりの腕前になりました。同じく学部生のときも、私は自分の名を成す能力は計り知れないのだと知っていました。私は自分のすることを愛し、情熱をもって生きてきました。自分で限界があると信じない限り、何も私を制止することなどできないのです。

あの頃、教室で周囲の単調さを観察していた自分をふり返ってみると、一つ明らかに見えてきたことがあります。それは、人生で経験することはすべて、そのとき自分がそれにどう対応するかに関係なく、自分にとって非常に貴重なレッスンになるということです。あらゆる瞬間に学びがあり、おもしろくないこと、平凡な瞬間などこの世には存在しないということを今になってはっきりと理解しました。存在するのは、関心を失った人間だけです。私は何十年も前にその実例を目にし、無関心な人間にはなるまいと思いました。退屈するということは、自分の高次の自己に対して失礼なことではないでしょうか。高次の自己とは、本質的に「内なる神」を意味しているのです。

第二十章 意識には限界がないと知る

一九六八年、私は結婚して、トレイシーという一歳になる娘の父親になっていました。トレイシーは、デトロイト市の大部分を破壊したあの暴動の最中に生まれました。私は二年前に修士号を取得し、ウエイン州立大学で博士課程に在籍していました。

私は学士号と修士号をウエイン州立大学で取得したので、総合的な教育訓練において見聞を広めるために、ミシガン大学でいくつかの学期を修了することが博士号の取得条件の一つとして求められていました。その大学で私が受講していたのは、「認知心理学」と呼ばれる夏期コースでした。認知心理学は、知覚機能の損傷を治療する上で、催眠療法を活用することの利点を非常に重視します。私は学部生の頃からの喫煙習慣をやめるために一種の自己催眠を試していたので、催眠治療の指導を受けて実習を行うのがとても楽しみでした。

そのコースの教授は精力的でとても優秀な研究者で、前日、私たちにグループ催眠をかけました。私は恍惚状態になりました――心が高揚し、平穏を感じました。周囲で何が起こっているかは完全に把握していて、我を忘れるという感覚もありませんでしたが、それでいて教授の言葉に喜んで従い、やってみろと言われたことは疑問も抱かずやってしまうのです。言われるがままにする必要はないのに、とりあえずやってみた、といった感覚です。

その日は、マインドと体をコントロールする実験を観察することになっていました。四十代前半の女性が教授の催眠実験の被験者となることに同意し、教室に現れました。教授は壇上の椅子に女性を座らせ、催眠によるトランス状態にしました。そこで教授は、人体というものは極度の高温と極度の低温のはっきりした区別がつかないと説明しました。被験者の女性はなんら変わった様子もなく、催眠にかかっているようにも見えませんでした。教授は、私たちと被験者に説明を続けました。目隠しをされた人が、極度に冷却した器具と極度に熱した器具を当てられても、通常はどちらの器具を当てられたかわからないとのことです。極度の高温も極度の低温も同じように感じるというのです。

私たちは皆、教授が認知心理学について説明し、神経系は単純に反応すると語るのを傾聴していました。高温も低温も、器具を当てられる人間の組成物によって左右される知覚の差にすぎないそうです。

教授は被験者の女性に目隠しをし、冷却した金属製の器具を当て、次に火を消してまだ熱いマッチを当てました。最初に冷たいもの、次に熱いものです。続いて、熱いものと冷たいものを無作為に当ててみました。その度に被験者の女性は「熱い」「冷たい」と推量し、75％の確率で言い当てていました。教授は目隠しを外し、実験の結果について論じました。

女性はまだ催眠状態にありました。教授は、今からどんな器具を当てるか見せるので、次の実験では「熱い」「冷たい」を即答してくださいと女性に指示を出し、凍らせた器具と熱したピンを順番に見せてから、それぞれを内腕に当てたときにどう感じるかを声に出して教えてくださいねと言いました。

教授はまた女性に目隠しをし、凍らせた器具を持って穏やかに言いました。「これは冷たい方ですよ。どう感じますか？」。彼女は「冷たい」と答え、少し驚いた様子でした。次に教授は熱したピンを持ち、彼女の顔に近づけました。どれだけ熱いか感じてもらうためです。「これを内腕に軽く当てますからね、どう感じるか即答してください」。ピンが顔に近づけられたので、彼女は熱い方を当てられるのだと思っていました。ところが教授は、そのピンをガラス製の灰皿に置き、代わりに着ていたシャツのポケットから鉛筆を取り出し、その先についている消しゴムを彼女の内腕に当てました。女性は驚き、腕にかすかな火ぶくれができました――室温の消しゴムが当てられただけなのに、熱いものを当てられた反応を起こしたのです。

クラスメートの一人が驚いて言いました。「今の見た？　信じられないよ。彼女の心があんな反応を起こしたんだ、わけがわからないな」。

私は目を見開き、口もポカンと開いていました。心が肉体に与える驚くべきパワーを目の当たりにしたからです。彼女は自分の思いこみだけで、腕に火ぶくれを作ってしまったのです！

教授の説明によると、私たちの知覚活動の大部分は自らの信念や思いこみによってコントロールされているそうです。彼は続けてプラシーボ効果について言及しました。関節炎に悩む人たちが、関節炎の薬だと聞かされて砂糖玉を服用し、痛みが軽減してしまうという実験です。

ちょうど私が海軍にいたときに毛巣嚢胞を治癒させた経験と同じように、信念が治癒の鍵となりうる道をまたもや見せられていました。そのことにも驚きでしたが、私は人間の強力な心を前にすると、外部からの影響や文化的に刷り込まれた概念はあまり意味を持たないのかもしれないと考えていました。ひょっとすると私たちは、何でも実現させる能力が自分にあることを自ら言い聞かせることができるのかもしれない——私はそんなことを一人で思い巡らせていたのです。

今だからわかること

一九六八年のあの夏の日は、私にとって転機となりました。二十八年間ずっと信じていた一つの現実から突き飛ばされ、それまで考えもしなかった可能性という場所に着地させられたようなものです。

それはまだ新しい調査分野でしたが、私はそれまでにも心と体のつながり――特に医学的見地における心と体のつながりについて、かなりの書物に目を通していました。しかし、私が探求してきた知識をもってしても、あの日ミシガン大学の教室で目撃したことをすんなり受け入れられるほどの心の準備はできていませんでした。今になってはっきりとわかるのは、私の潜在意識と顕在意識の両方にその新しい気づきをしっかりと植えつけるためには、あの日あの場にいる必要があったということです。何かを読むのと実際に経験するのとでは、雲泥の差があります。

あの日、私は教室でこう考えていました。「今見たことが本当なら、ほとんどの人が不可能だと信じていることで、ほかにどんなことが心にはできるのだろう？」。私はその数年後に「限界のない生き方」というテーマを指導するようになりますが、あの夏の日に目撃した一つの出来事こそが、そのテーマの誕生のきっかけでした。人の心には想像したものを現実化する無限のパワーがあるため、私たちは限界なき存在です。私はのちにそれを無我夢中で教えるようになりますが、自分がそうした指導者になったことよりも、あの火ぶくれを目撃したことが私個人に与えた影響のほうが、はるかに重要なことでした。

私は、自分が何かを想像して本心から念じ続ければ、それが何であっても創造できるのだと強く確信しました。風邪を引いたり、疲れを感じたり、経済的に困窮したりする必要もないのだと決意し、何よりも自分が想像したものなら大抵のものは実現できると思いました。

被験者の女性が自らの強い思いこみによって火ぶくれを作ったことを知ったときの驚いた表情を見て、私は自分の中で何かがひらめいたような気がしました。彼女が自分の思いこみによって火ぶくれを作ったときのように、同じくらい強くなにかを思えば、それも創り出せるに違いない。ということはつまり、あらゆる種類の偉業を成しとげられると信じてみるよう自分の心を訓練してみればいいじゃないか——そのような訓練を始めていけない理由などないと私は納得しました。

たった一回の催眠実験がきっかけとなり、私はその後、心のもつパワーを自分の講演に織り込むようになりました。「自分には限界がある」という条件づけされた思いこみは、覆すことができます。そのことを信じる力を育てていきましょう、と私は人々を励ますようになりました。

私はいつも、運命の大きな手が私をあの教室に置いたような気がしていました。これを書いている現在は、あの実験を目撃した日から四十年以上が経っていますが、いまだにあの日起こったことすべてを、つい今朝がた起こったかのようにまざまざと思い浮かべることができます。あの出来事は、私にとって人生を変えるほど大きな意味をもっていました。なぜなら、自分の心で火ぶくれを作った被験者は私であったかもしれないからです。あの日、教室に入ったときの私は、その後の人生に個人的にも職業的にも影響を与える場面を自分が目にすることになるとは思ってもいませんでした。

その場面が与えた強い影響力は私だけにとどまらず、あらゆる可能性に心を開くよう育てられた我が子たちや、世界中で四十七か国語に翻訳された私の本の読者や教え子たちにも及びました。何

第二十章

意識には限界がないと知る

でもない日常の一コマが無限に拡大し、自分を信頼して、何でも実現可能な心のパワーを信じるよう、大勢の人たちを感化したのです。

私は当時、一定数の人たちが無制限の思考という可能性にアクセスすれば、人類の行動が全般的によい方向へ転換するのではないかと考えました。そう考えるのはおかしいでしょうか？　私たちの見えない心は、この物理的な宇宙ですべてに影響を与えています。ですから、夢を見るなら大きく、そして私たちの多くが無限の可能性を信じて、そのように行動していけばいいではないかと思ったのです。壮大な夢のように聞こえるかもしれませんが、あの日私はそんなことを考えながら、まるで生まれ変わったかのような、理想に燃える学生として教室をあとにしました。

そう、今だから疑う余地なくわかるのですが、体は心に仕えています。私はそれまでにも体が心に仕えるということを耳にしたり、本で読んだりしていましたが、自分の目で見るまではあまり注意を払っていませんでした。日常で起こる平凡な出来事でさえも、注意を払って驚きの心をもって見る気さえあれば、自分やほかの人たちの人生に影響を与えるものです。消しゴムで火ぶくれができたあの出来事も、大きな意味をもつ経験となって、私がその後に創り出すことすべてに影響を与えました。あの日以来、私は自分の思考を遥かに注意深く扱うようになりました。

思考のパワーが物理的な実現化を起こすのを目の当たりにしたため、自分のもつ思考はすべて、変化への大きな可能性をもつという考えを頭から振り払うことができなくなりました。あの日、私は教室から出て車に向かいながら、このテーマでいつか本を書こうと考えていました。でもそのときは、自分の目撃した実験がきっかけとなって、心がもつ驚くべきパワーについて本棚の数段を占めるほど多くの本を書くことになるとは思ってもいませんでした。あの教室にいた被験者の姿が今でも目に浮かぶようです。およそ半世紀も経つというのに、その姿は私の心のスクリーンに今もまばゆく輝いています。

第二十一章

人生を変える贈りもの

私は博士課程に取り組みながら、ミシガン州ファーミントンのマーシー高校で、進路指導教員の仕事を得ました。それはすばらしい学校で、およそ千人の女子学生が、宗教機関のシスターズ・オブ・マーシーが提供する大学準備のカリキュラムを受講していました。進路指導の仕事は、九年生から十二年生までの約三百名の学生を対象としたカウンセリングとガイダンスを行うもので、私はその職務をとても気に入っていました。

一九六八年、レイバー・デイ後の水曜日のことです。前日の夜に父母会があり、私はその学年度の方針について講堂で説明をしました。スピーチを行って聴衆を楽しませる機会は私の心を強くとらえ、一夜明けてもいまだ興奮冷めやらぬという状態でした。

そこへ私の担当する学生の一人、ナンシー・アームストロングが話しかけてきました。「ママが昨晩の先生のスピーチを聞いて、お礼にこの本を差し上げたいと言っていました。先生のスピーチがすごくよかったと褒めていましたよ」。ナンシーの母親はブッククラブの会員だそうで、特定数の本を購入した特典としてその分厚い本を受け取ったとのことです。アームストロング夫人は、こんな分厚い本を自分が読むことはないだろうし、昨晩の父母会のスピーチ内容から、私がこの本を気に入るだろうと思ったようです。

それはG. B. レビタス編集『The World of Psychology（心理学の世界）第二巻』（未邦訳）という本で、一九六三年にジョージ・ブラジラー社が発行したものでした。プラトー、ウィリアム・バトラー・イエーツ、フリードリヒ・ニーチェ、オルダス・ハクスリー、マーガレット・ミード、カール・ユングなど、さまざまな著名人による四十一のエッセイを収めています。詩人から心理学者、文学界の大御所、哲学者まで、胸躍るような取り合わせで、私の好みにぴったり合うものでした。詩やエッセイ、評論などを読むのは大好きです。私は素人ながら、そういったジャンルを子どもの頃から書き散らしていました。

私はアームストロング夫人に電話をして、親切な贈りものへの礼を言いました。電話を切ると、ウエイン大学のキャンパスに向かうまでに四時間ほど余裕があることに気づきました。その日は私の博士課程のアドバイザーであるミルドレッド・ミリー・ピーター博士に会って、博士課程修了までの残りの二年半の研究プランを相談する予定になっていました。方向性は決まっていましたが、研究プランに対する博士の了承が必要だったのです。その研究プランでは、今後受講を予定しているコース、必修の実習科目、インターンシップの必要条件、博士論文のテーマをまとめていました。私はカール・ロジャーズの来談者中心療法とB.F.スキナーの行動主義に関する研究に関心があり、両者の療法に焦点を当てた研究分野を探求することに決めていました。

私はその朝ナンシーに渡された本を手に取り、ぱらぱらとページをめくって、第七章「一人前の人間」で手を止めました。ジョン・スチュワート・ミル、ラルフ・ワルド・エマーソン、ロバート・ブラウニング、C.E.モンタギューなどによるエッセイを集めた章です。その中で特に私の目を引いたのが、エイブラハム・マズローによる「自己実現する人たち」というエッセイでした。なぜか私はそれに引き寄せられました。二十八ページに及ぶエッセイで、読み終わるまでに数時間はかかりそうです。私はピーター博士との面談がある十九時までにこれを読み終えようと決意し、電話をオフにしました。読みながら、「これは私の人生を根本的に変えてしまいそうだ」というかつて経験したことのない感覚にとらわれました。

そのエッセイは、マズロー博士の言う「自己実現する人々」について書かれています。その数少ないユニークな人たちのことを、博士は次のように述べていました。

人は成れるように成るべきです。この欲求を、私たちは自己実現と呼びます。～略～それは自己達成への欲求であり、すなわち人が潜在的にもっているものを具現化しようとする傾向のことを指しているのです。

マズローは、自己実現する人々の「自分が成りうるもの、成しうることすべてを実現したい」という内なる衝動、天からの呼びかけについて述べ、彼らにとってその衝動を鎮圧させるのがどれだけ難しいか、不可能であるかを説明しています。そして、いわゆる普通の人々とは多くの点で異なる、この自己実現する人々の明らかな特徴を詳細に述べています。マズローによると、自己実現する人々はよく「自己中心的」「型破り」などのレッテルを貼られます。私には、マズローがこう考えているように思えました。すなわち、自己実現する人々の行動や考え方を押さえつけるのではなく、褒め称えるべきなのだと。

マズローはまた、自己実現する人はプライバシーへの欲求が強いことにも言及しています。彼らはどこかに所属することに強く抵抗する一方で、いつも新しい目で物事を評価することができ、心の底から人類を助けたいという願望をもっています。それでいて、「いざとなると、彼らはどこか知らない国に迷い込んだような疎外感を覚えるのです。世間は彼らを好ましく思うかもしれませんが、彼らを本当に理解する人は少ないでしょう」と述べていました。

私は、ほぼ全文にハイライトを入れるほど感嘆しました。まるで自分のことを読んでいるようだ——いつも自分の奥底に感じていた資質、しょっちゅう人から批判されてきた資質が述べられているではないか。私はそのエッセイに心を奪われ、まるで果てしない不思議な冒険のさなかにいるような感じがしました。これだ。これこそ、私が探求していきたい方向性だ。

私は最後のパラグラフを読みながら、私自身も成りうる最高の自分になるべきだと確信していました。そして、アドバイザーと相談して研究プランをまとめる直前に、この贈りものを受け取った偶然に驚きました。しかし、ナンシーが母親からこの本を預かってきたのは、私がまさしく今日このエッセイを読む必要があったのだろうとも思いました。私は、マズローの結論を繰り返し読みました。つい先ほどまで納得していた研究プランに対して、もう関心を失っていることも自分でわかっていました。今なにを研究したいのか、はっきりと確信したのです。

私は最後のパラグラフを書き写して、ピーター博士との面談に備えました。

> この点に関しても、ほかの点と同様に、健全な人は一般の人と比べて大きく異なるだけではなく、その性質においても隔たりがあるため、二通りの心理状態が発生します。心身の面で不自由な人、未発達な人の研究をしても、なにかが欠けている心理状態や価値観しか生まれません。自己実現する人々の研究こそが、より普遍的な心理学の基礎となるべきなのです。

胸が高鳴っていました。人生の次の段階に入ろうとしているのを感じたからです。私は、タイプしてあとはピーター博士のサインをもらうだけになっていた研究プランを本人に見せてから、先ほど読んだばかりのエッセイについて話し始めました。自らの本分を最大限に発揮する人々に焦点を当てるという発想に夢中になっていたのです。人がどれだけ向上できるかということを、普通の人を基準にして考えるのではなく、最高レベルで自己実現する人々に着眼してまとめるという考えに心を奪われていました。

私は、先ほど理解したばかりのことについて書きたいと思いました。マズローの言う「自己実現する人々」の一般的ではない性格、特性、傾向の多くが、自分に当てはまります。私は思い出せる限りずっと、他人からの評価を気にせず、自分がよしとする方向に進み、規制の枠組みにとらわれず考えてきました。社会や文化様式の決まりごとに基づいた水準ではなく、私自身が可能だと感じることに基づいた高水準の見方をするという発想を、私はとても気に入りました。

私は、自分がこれまでに知り合う幸運に恵まれた人々の中でも、もっとも自己実現を叶えた人の一人であるピーター博士（彼女は、女性がそのような高い地位に就くことさえ考えられなかった時代に博士号を取得した人で、私にも、制度など気にせず自分の直感に従いなさいといつも力づけてくれました）に、今ここで研究プランを書き換えて、自己実現という分野を探求することにしてもいいかと尋ねました。彼女は躊躇することなく、もちろんと答えてくれました。私たちはタイプしてあった研究プランを破り、私は人生の新たな局面を迎えることになりました。

今だからわかること

一九六八年の九月のあの日は、運命請負人が時間外労働をしてくれていたようです。私が講堂で父母会の話をすることになったのは、校長が体調を崩し、直前になって私に代わりを頼んだからでした。もし校長が体調を崩していなければ、あれからおよそ五十年経った今、この人生の展望台に立って見る景色も違うものになっていたかもしれません。

偉大なスピリチュアル・マスターたちの教えを集めた作品をナンシーから手渡されたとき、私は理屈では説明できないほど心を惹かれました。授業が終わった十四時頃、私は自分のデスクを前にして、これから大学の図書館に行こうか、オフィスで博士課程の研究プランをもう一度見直そうかと考えていました。デスクに置いたあの黒表紙の本が、まるで私を促すかのようにエネルギーを放っていました。「さぁ手に取って読んでごらんなさい。あなたに特別に伝えたい大切なメッセージがあります」。そしてマズロー博士の自己実現する人々に関するエッセイで手が止まったときもまた、その声が聞こえてくるようでした。「読んでごらんなさい、今すぐに」。

あのように切に訴えかける呼びかけは、私自身よりも遥かに大きな存在、それでいて強く結びつきを感じる存在からのものだと、今ならはっきりとわかります。私はあのようなメッセージや運命との共時的な連携を信頼するようになりました。

一連の出来事が起こっていた当時、私はあまり深く考えずに誘導されるがままに動いていました。

ナンシー・アームストロング、彼女の母親、校長、ブッククラブの特典を考えた人、そのほか多くの人たちが、私の理解力を超える不思議な形で道を示してくれることになっていたのだと、今では確信しています。私はそうした導きを信じ、信頼しています。経験を積んだ今では、そうした導きに以前よりも楽に従うことができるようになりました。何年もかかって「あぁ、あの出来事はそういうことだったのか」と理解するのではなく、すべての物事、すべての人々が互いに結びついていること、さらに万物の起源であり帰るところでもある普遍のマインド（タオ）とも結びついていることを、今この瞬間に理解できるようになったのです。

私の美しいアドバイザー、ピーター博士とのあの運命を決する面談を終えてから、彼女はなんと私の熱い思いを叶えるための新しいカリキュラムを作り、博士課程のプログラムに組み込んでくれました。その新しいプログラムは、これから博士課程に入る学生たちのために考案したもので、少なくとも十二名の学生がそれに参加することになりました。私は博士課程のインターン生となり、小さなグループカウンセリング療法のセッションに携わることになりました。そのセッションは、マズローの画期的な「自己実現に関する研究」の教義を取り入れたい人たちを訓練するためのものです。もう博士号を修了するための条件を満たしていくだけの日々は終わり、私を熱中させてくれる対象が見つかりました。

エイブラハム・マズローは、私の人生において非常に大きな存在になりました。彼は、心理学に対する私の視点を百八十度変えるようなインスピレーションを与えてくれたのです。クライアントの悩みや限界を研究したり、その病気を克服するという観点から評価したりする代わりに、私は自己実現という高い質に関心を向けるようになりました。そして、個々に本来備わっている偉大さを見つけて、それを目指すことをクライアントに（そして後には読者や観衆にも）勧めるようになりました。

私は、この世に自己実現する人が少しでもいるのなら、自分も、そしてそれを可能だと知る人なら誰でも同じように自己実現できるのではないかと考えました。この考えは私のキャリアにおいて大きなテーマとなり、私はその考えを羅針盤にして、マズローがそのエッセイで詳細に述べていた原則に従うことにしました。

マズロー博士はその生涯を費やして、何がポジティブな精神的健康を構成するのか研究しました。私がマズローの書いたものに出会うまでに調査していた心理学の多くは、何らかの異常や疾病に着眼するものでした。しかし彼に出会ってからの私は、自分の研究や作品ほぼすべてにおいて、自己実現という考えや人間性心理学をメインテーマにするようになりました。一人ひとりが自分の偉大さを伸ばす能力がある——私はこの考えを広める運命にあったのです。

私は生涯にわたって、自分にはユニークなところがあると感じていました。そしてマズローのエッセイを読んだとき、彼の考えを自分の研究の焦点とし、その後もそれを探求し続けるべきだと知りました。私は、彼が自己実現する人々の特徴として挙げたものに心当たりがあると感じたことを覚えています。彼はその講義や著作を通して、私に訴えかけてきました。我が師のその訴えからインスピレーションを得た考えを、私はのちになって、『〝弱気な自分〟を打ち破れ！――本当の自信、有能な自分をひきだす本』（三笠書房）という作品で詳細に述べました。さらに、自己実現する我が子を人道主義的な大人に育てたいと願う親のためのガイド本として、『わが息子、娘のために父親は何ができるか』（三笠書房）という作品を書きました。すべてマズローの教えを参考にしています。

マズロー博士は、一九七〇年六月八日に心臓発作で亡くなりました。ちょうど同じ日に私は博士号を取得し、ウエイン・ダイアー博士として知られるようになりました。まるでマズロー博士からバトンを受け取り、「私は学界にこの自己実現という考えを説明した。さぁ、これからは君がバトンを受け取って、大衆にこの考えを広めるのだ」と言われたような気がしました。

その後、私は多くの作品を著し、何千という講演を行いましたが、今でもあの『The World of Psychology（心理学の世界）第二巻』という本をナンシー・アームストロングの母親から受け取った自分、私たちの人生すべてに絶えず働きかけている不思議なフォースに導かれるがままに歩んだ自分を思い浮かべることができます。この本はいつまでも私の大切な宝物であり、四十五年経った今でも、これを書いているデスクの近くに置いてあります。

私が心から崇拝する学者たちの深遠な教えの数々を収めたこのエッセイ集――これがインスピレーションとなって、私は一九九〇年代に『静かな人ほど成功する』（幸福の科学出版）という同系統の作品を著しました。その中には、過去およそ二十五世紀の間に生きた六十名の著名な学者たち

第二十一章

人生を変える贈りもの

が遺したものを下敷きにして、六十のエッセイを収めています。彼らの教えが、今日《こんにち》の読者にどのような形で影響を与えうるかについて述べています。

私がその本の中で取り上げた博識な学者たちの多くが、昔もらったそのエッセイ集にも登場しています。『静かな人ほど成功する』は、PBS放送局の特番にもなり、長年にわたってゴールデンタイムに全国放送され、大勢の人々が番組を視聴しました。すべては一九六八年に私のオフィスで起こった一連の出来事がきっかけです。

あらゆる出来事、あらゆる人々――すべてが人知を超えた形でつながっています。時間というものは存在しません。私たちの体とマインドは、一九六八年と二〇一八年を五十年離れた時間として見ますが、両者は一つなのです。私たちは皆、この宇宙に住まう全員と、そして万物とつながっています。私の言動はあらゆる人に影響を与え、私の思考や行いもすべて、偉大なるタオにはお見通しで、しかも時間という枠内を超えて万物に影響を及ぼすのです。

本章で述べた出来事がどのように、またなぜ起こったのかを時間という軸に沿って説明することはできません。しかし、この人生の展望台からはっきり見えるのは、私があの九月の午後にマズローのエッセイを読んだことが自分の人生の旅路だけではなく、大勢の人々の人生に影響を与えたということです。

こんにちでは、何かを猛烈にしたいと急き立てられるように思うときは、必ず注意を払うことにしています。そして、その思いが魂からの呼びかけであると気づいたときは、その何かを自分がすべきなのだと確信するようになりました。それは、神からの独特で不思議な呼びかけなのです。この作品を書くよう毎日背中を押してくるのも、まさしくその神からの呼びかけです。

親愛なる読者の皆さん、私はあなたとつながっていますす。物理的なつながりはないかもしれませんが、私とあなたの間にはエネルギーが流れているのです。このつながりがどのような精神的変化を起こすのか、またどれほど遠くまでその影響が及ぶのか私たちにはわかりません。それでも私は、ますますはっきりとそのつながりを見ているため、それが錯覚でないことを確信しています。

第二十二章
友が与えてくれたガイダンス

博士課程の最後の年になりました。私は博士課程に入ったばかりの学生たちのグループカウンセリングをインターンシップの実習科目として指導するかたわら、博士論文の発表準備をしていました。

私の指導員の一人にジョン・ブライエン博士がいました。ウエイン州立大学で教職についてまだ間もない彼は、ニューヨーク大学で博士号を取得していました。そこではアルバート・エリスが指導する理性感情療法（RET）と呼ばれるカウンセリングとセラピーの手法を研究していたそうです。アルバート・エリスは数多くの本を著し、ニューヨーク市のイースト65番通りにあるアルバート・エリス研究所にて、ワークショップなどを指導していました。

ある日、ジョンが私に一冊の本を手渡しながら言いました。「これを、時間をかけてじっくり読んでほしいんだ。人を援助する方法について新しい視野が広がって、とても勉強になると思う」。それは、エリス博士が公表した七十五冊の書籍のうちの一つ『論理療法――自己説得のサイコセラピイ』（絶版）というものでした。

その小ぶりの本を読みながら、私は心に訴えてくるものを感じました。これまでに受けたトレーニング、コースワーク、個人的に読んできた本など、どれをとっても「クライアントがもっとも高次の自己を実現するのを助ける」という観点では、その本ほど私を引き込むものはありませんでした。エリスの言う「自己」は、マズローがいつも確信をもって書いていた「自己」とまったく同じものを指していました。私の関心を引いたのは、マズローの言う「自己実現に向けた欲求段階説」の頂点に到達する方法を教えるための具体例をエリス博士が挙げている点でした。

ＲＥＴの要点は、非現実的で不合理な信念や思いこみが感情的問題の大半を生み出すという見解を基本にしています。セラピストの役割は、クライアントが自分の不合理な信念を変えて、自滅的な考え方を克服するのを手助けし、その心の声を合理的なものにするよう促すことです。私たちの多くが、感情的不安の原因となる中核的かつ非現実的な信念を、子どもから大人へ成長する過程で抱え込みます。そうした非現実的な信念には、次のようなものがあります。

（１）私の人生において大切な人に認めてもらうためには、何事もうまくこなさなければならない。

（2）私は公平に扱われるべきだ。公平に扱ってもらえないのは最悪だ、絶対に耐えられない。

（3）私の状況は自分の思い通りになるべきだ。思い通りにならないと頭にくるし、ストレスになる。きっと耐えられない。

私は彼の本を貪《むさぼ》るように読み、その中心となるテーマを咀嚼しました。人は自分の感じ方に責任があり、人生で起こる出来事の捉え方を変える能力を内面にもっているのだ。エリス博士は地に足の着いたシンプルな言葉で治療に効果的な手法を示し、感情的な不安や動揺は不要であることを、クライアントとセラピストの両方に証明していました。「私はすべてを上手くこなすべきだ。皆、私を丁寧に扱うべきだ。世界は、私の思い通りになるべきだ」――こうした考え方は、神経症的なものだとエリス博士は繰り返し強調し、この「must（するべき、あるべき）」という考え方を〝musterbation（マスターベーション）〟だと一括していました。

私はエリス博士の単純明快かつ論理的な教えにすっかり意表を突かれ、彼のセラピーセッションを録画したテープを何度も見ました。さまざまな種類の感情的不安を抱えるクライアントたちを対象に行ったセッションです。私自身も、大学や高校で自分のクライアントにエリス博士の手法を試したところ、その結果は目を見張るものがありました。

それまでの私は自分が主に聞き手となる精神分析的アプローチを取り入れたクライアント中心セラピーを行っていましたが、クライアントに対して（そして自分に対しても）挫折感を味わっていました。ところがクライアントとの対話形式を取り入れ、代替案を示してみると、すぐに好ましい変化が起こり始めました。

私は嬉しくなり、自分自身もそれまでに繰り返していた不毛な思考パターンのいくつかを止められるようになりました。どこに行くにも博士の本を持ち歩き、繰り返し読んでその理論を研究しました。情緒的、感情的な不安のほとんどは一連の不合理な信念が原因であり、それらの信念を変えると不安は消えるということが理解できました。エリス博士がその教えに取り入れていたのは、マズロー博士の自己実現に関する研究や、ブッダや老子といった東洋の思想家の教え、古代ローマ時代のエピクテトスやマルクス・アウレリウスの教えなど多岐にわたり、私はそれらを見事に織り込んでいる博士の手腕に魅せられました。この小ぶりの本は私がそれまでに読み込んだ本の中でも、もっともパワフルな影響力をもっていました。

この本を紹介してくれたブライエン博士は私の指導員で、私の専門分野の研究チームの一員でもあったのですが、私たちはそれ以上に親密な友人になりつつありました。彼は私にガイダンスを与えてくれただけではなく、私がクライアントと気さくに論じ合う承諾を与えてくれたため、私はクライアントの悩みの本質について彼らと忌憚なく話し合い、その情緒不安の根本的な原因は本人の考え方にあるということを誤解を恐れず伝えることができました。

私は彼らにこう伝えました。

「考え方を変えてみるのです。あなたがずっと嫌だと思っていることを裏付ける理屈に取り組んでください。つまり持論を変えてみるのです。人生のすべてが好転しますよ。人生には不意に起こる出来事というものがあるでしょう、それへの対応方法を変えてごらんなさい。そうすれば心の不安に苛まれず、幸福で充実した人生を送れますよ」

私はこの新しい援助方法、特に自分自身に対する手助けの方法をノートにとりました。そしてこの新しいアプローチ法を自分の指導、カウンセリング、大学でのインターン生としてのトレーニングセッションに導入しました。まさに、根っこから吸い取るくらいの勢いでこのアプローチ法を取り入れたのです。そしていつの日か書いてみたいと思う本についてもメモをとりました。その本は自己実現、理性感情療法、そして私が研究し始めてからもう十年以上になる東洋・西洋の古代の哲学者たちに関するものです。私は、ジョン・ブライエンに毎日感謝していました。彼がこのすばらしい本を紹介してくれて、時間をかけて読むように言ってくれたことを、本当にありがたく思いました。

これからどのようにカウンセリングを行い、指導し、ものを書いていきたいのか、自分の方針が明確になりました。しかし何よりも、自分の人生に役立つ新しい手法を見つけたことに希望を抱きました。自分が感情的な不安に陥ったからといって、今後はそれを他人のせいにはするまい。私の人生から非難するという行為がなくなりました。どのような出来事が起こっても、それへの向き合い方を変えるだけで、すぐに立ち直ることができると確信したのです——しかも私には、出来事の捉え方を修正する能力が幼い頃から備わっていました。

今だからわかること

『論理療法——自己説得のサイコセラピイ』は、私のよき師にして同僚であり、その後に親しい友人となった人によって私の手元に運ばれてきました。彼は、まさしく最適なタイミングで私の人生に送られてきたのです。ジョンは何年も経ってから、「理性感情療法の考えを、ウエインが博士課程にいる間にどうしても紹介しておきたいという説明のつかない思いに駆られた」と話していました。彼はヴィジョンを見たそうです。それは、私がウエイン州立大学という慣れ親しんだ場所から旅立って、内なる呼びかけに従ってキャリアを始めるときに書くであろう本に、エリス博士の理論が影響を与えるだろうというヴィジョンでした。

アルバート・エリスにはマルクス・アウレリウスの言葉でお気に入りの一節があり、私はそれを書き写して何年も財布に入れて持ち運び、もう何十年もその考えを講演や本で引用してきました。

あなたが何らかの外的要因に苦しんでいるのだとしたら、その苦しみはその要因自体がもたらしているのではなく、あなたがその要因をどう評価しているかが原因なのだ。しかしあなたには、いつでもその評価を取り消すパワーがある

この考えは、行動・精神分析学派の教えからかなり進んだものでした。行動・精神分析学派は、

心の不安が生じるのは社会的要因や家族間の要因が原因だと教え、大抵の場合、そうした外的影響は自分の力ではどうしようもないため、初期のトラウマに関しては適応して対処する方法を学ぶしかないと論じていたからです。

私はエリスの考え方――どのような外的事象が起こったとしても、それにどう対応するかは本人次第だという発想にとても惹かれました。それは、私が小学生の頃から本能的に思っていたことでした。「大人は子どもを感情的に操ろうとするけれども、それに惑わされてはいけないよ」と友人たちに注意していたあの頃から、直感的に理解していた考えだったのです。ここにきて私は、人々が自分の偉大さを選択する手助けをするための相互的な方法論にたどり着いたというわけです。

今や私の内面に、三つの驚嘆すべきアイデアが浸透していました。東洋・西洋の偉大な古代哲学の教え。自己実現して、壮大なレベルで生き、奇跡を生み出しうるという考え。そして、それらの教えや考えを実践的に解釈し、自分の望む変化を起こし、自分の障害となっている根深い信念をすべて乗り越えるための手法です。

私はそれら三つのアイデアを織り込みながらも、一般人に読んでもらいやすい本を書きたいと考え始めました。そのような本を書ければ、ノーマン・ヴィンセント・ピールの『積極的考え方の力』（ダイヤモンド社）を超えられるだろうと思ったのです。自滅的な態度を改めて、自分の偉大さを発揮して生きるための常識的な考え方――そう望む人なら誰でも活用できるその考え方を、一冊の本にまとめる力が自分にはあると感じました。自分の考え方を変えたいという意欲さえあれば、そして「私は自分の偉大さを発揮できる」という自己概念を持つ意欲さえあれば、誰にでも自己実現は可能なのです。

私の考えを形作るきっかけになってくれた人々や出来事をふり返ってみると、特に忘れがたい人が二人います。一人はエイブラハム・マズロー。彼とその革新的な考え――すなわち、この世には気づきの崇高な状態に到達して、周囲の世界と人々に影響を与える胸躍るような生き方をする人たちがいるという考えはずば抜けていました。マズローの本を読んだとき、私は彼が「自己実現する人」と呼ぶ、尊敬すべき人間の仲間入りをしたいと思いました。しかし、マズローはその研究の結果、彼が提唱した階層ピラミッド「欲求の段階」の頂点という高みに昇る人は非常に限られていると信じていました。そこに現れたのがアルバート・エリスです。彼の理性感情療法は、自己実現できる人に関する私の思いとマズローの見解の間にあるギャップを埋めてくれたのです。

『論理療法――自己説得のサイコセラピイ』を読んでからというもの、私はこの壮大な呼びかけはすべての人に訴えかけているのだと確信しました。私たちはただ、自分のやり方から抜け出して、「自分の人生はこんなものだろう」という慣れ親しんだ条件づけを乗り越えるだけでいいのです。それができれば、自己概念を作り直して、新しい視点で生きることができるでしょう。誤った考え方をなくしてみると、自分の偉大さ、つまり持ち前の魅力を発揮するのが楽しくなってきます。私は、エリス博士の研究から学んだことに対して、大きな感謝と尊敬の念を抱きながら、執筆と講演の世界へと乗り出しました。

第二十二章

友が与えてくれたガイダンス

エリス博士の治療スタイルは厳しく、ときに露骨な面もあり、私にはとても真似できないものでしたが、彼の理論と、感情的な障害物を乗り越えて自己実現を叶えるという教えには大きな影響を受けたと胸を張って言えます。四十五年前、私は守護天使がジョン・ブライエンの耳にこうささやいたのだと感じています。「人生を変えるようなこの本をウエインに渡しなさい」と。あのとき以来、私は自分の前に現れる本はどんなものでも気軽に読めなくなりました――特に、本から何か特別なエネルギーが放たれているように感じるときは、それを重々しく受け止めます。

神は不思議なやり方で私たちに働きかけます。本をプレゼントするという何気ない行為の結果、些細な偶然のように思えることが重大なシフトを起こしうるのです。今、人生の展望台に立ってみると、ジョンからの贈りものが、人生を一変させる魔法のような瞬間だったということがわかります。

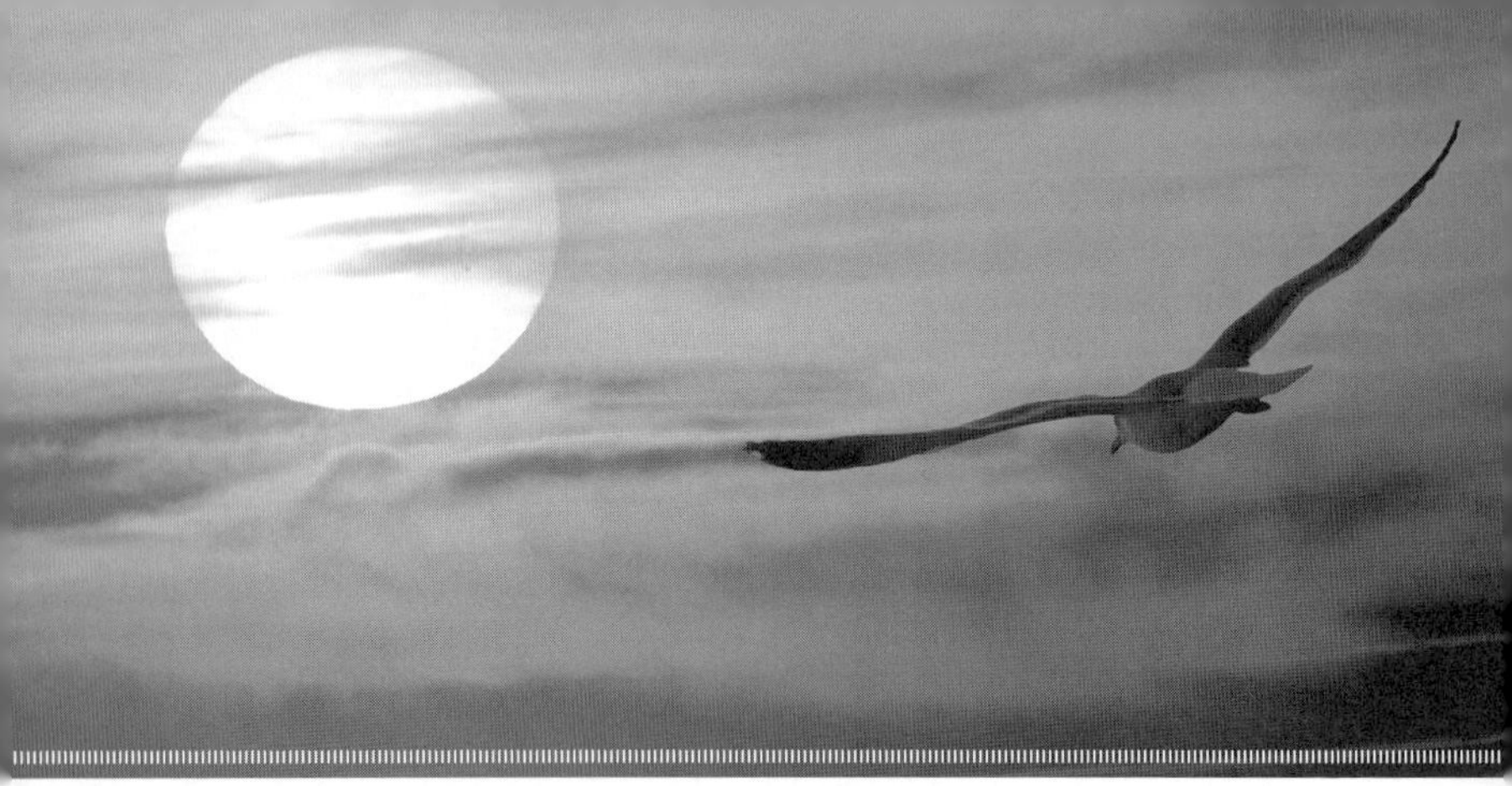

第二十三章
レドル博士から学んだこと

博士課程も残すところあと三か月となりました。時は一九七〇年、私は予定通り博士課程のさまざまな必修コースを終えようとしていました。博士論文も完成間近で、口頭試問をおよそ九十日後の五月に控えていました。

私は「ケーススタディ：診断と検討」という上級セミナーを受講していました。これも博士課程の必修コースです。このセミナーの受講者は六名で、毎週木曜日の夜七時から十時まで集まることになっていました。このセミナーを指導するのは学内でもっとも有名な教授で、彼の元で学べるのは非常に名誉なことでした。彼の指導するコースをそれまでにも二回受講していた私は、彼のことを大学で過ごした八年

第二十三章

レドル博士から学んだこと

間でもっとも印象深い教授だと思っていました。

そのセミナーを受講できることになったのは本当に幸運でした。学内でもっとも人気のあるコースだったからです。受講希望者は数百名におよび、チャンスは年に一度だけだったので、受講者は抽選で決めることになっていました。私のアドバイザーであるミルドレッド・ピーター博士はそのセミナーの教授と親しかったので、私が抽選に当選したのはピーター博士が口利きしてくれたのではないかと思っています。

毎週、私たちはセミナーの教室の大きなテーブルを囲んで、それぞれのケーススタディを提示します。学生がそれについて意見や診断評価を述べ、教授がコメントするという流れです。教授が話すと、私たち学生はとにかく熱心にノートを取ります。その博識と熟練した診断能力で世界的にも有名な教授に、私たちはただただ畏怖を感じていました。

その教授はフリッツ・レドル博士という研究家で、「近代心理教育の父」として知られていました。彼には多数の著作があり、『Children Who Hate（憎しみを抱く子どもたち）』（未邦訳）と『Controls from Within（内側からの支配）』（未邦訳）がもっとも有名です。

レドル博士は一九〇二年にオーストリアのクラウスに生まれ、ウイーン大学でアンナ・フロイトとアウグスト・アイヒホルンに師事して博士号を取得しました。ナチスによる占領と彼らの学者に対する扱いを理由に、博士は一九三〇年代後半にオーストリアを去ります。博士は非行少年に関する研究でも有名で、治療関係においては愛情と慈しみが絶対条件だと指導していました。そのような指導方針の一環として、博士は私たちをパイオニア・ハウスにも連れていきました。それは博士がデトロイトに設立した、心理社会的に見放された少年たちの治療を行う居住型の療養施設です。

博士に対する私の親愛の情は、いろいろな意味でどんどん深まっていきました。彼は思いやり深く、いつも笑いとユーモアを忘れませんでした。私は博士の著作を読みあさり、彼とは特別な関係を築いていると感じていました。博士はまるで保護者のように私の後ろ盾となり、よく個人的に会ってくれたり、私がセミナーで提示しているケーススタディについて意見をくれたりしました。

真の天才とも言えるその人に毎週木曜日にセミナーで会えるのです。私は、学生が提示するケーススタディの一つひとつに、並外れた洞察を与えてくれるこの偉大な師と過ごす時間をとても大切に思っていました。博士はエイブラハム・マズローの研究について敬意をもって語り、あらゆる人を自己実現できる神聖な存在として考えなさい、たとえ相手が思いやりには値しない人物であっても、愛情と慈しみをもって扱えば、誰でも自己実現は可能だと言いました。セミナーの間ずっと、レドル博士は「思いやりに値しない人でも」と繰り返し強調していました。

レドル博士は予測不可能な人で、稀に見るユーモアの持ち主として知られていました。博士の授業やセミナーはいつも楽しく活気があり、それでいて治療関係に欠かせない二つの要素、愛情と慈しみへの信念に溢れていました。

学年度の半ば頃、黒板に次のような指示が書かれていました。

第二十三章

レドル博士から学んだこと

これは中間試験です。記述の制限時間は三十分。この上級セミナーを引き続き受講できるかどうかは、回答次第。

博士は、私たち六人の学生が青いノートを開いて、三十分の記述時間に備えて律儀に座っているのを見回すと、次のような文章を手渡しました。

「自己実現した男性がディナーパーティに現れました。集まった人たちは皆、予想以上にフォーマルな装いで、イブニングドレス、スーツ、ネクタイなどを身に着けています。一方の男性はジーンズにスニーカー、Tシャツ、野球帽という装いです。彼はどうするでしょう？」

レドル博士は私たちを見て、三十分後に戻ると告げると、ふいに教室を出て行きました。

私たち六人は互いを窺うような視線を交わし、当惑した表情で記述を始めました。ちょうど三十分後、博士が戻ってきて、一人ずつ書いたものを発表するように言いました。私たちは皆、似たようなことを書きながらも、精一杯、高尚に聞こえるよう努め、自己実現について学んだことを反復しました。それはこのような具合です。

「その男性は服装のことなど話題にせず、言い訳もせず、何も気にしていないように自然体でいるでしょう。会話に熱心に加わり、ほかの人たちと同じような服装をしていなくても、自分らしく振る舞うはずです。自分の置かれた状況をあれこれ判断せず、居心地悪いとも感じません。なぜなら、彼は外見で他人を（そして自分を）判断しないからです。自分が目立っていることを気にしたりせず、また、弁解も言い訳もしないでしょう」

私たちの青いノートには、大体このような回答が書いてありました。

一人ひとりの発表を聞くと、レドル博士はブリーフケースをつかみ、もうやってられないという表情を作ってそれをテーブルに叩きつけ、私たちの回答に腹を立てている様子でした。「みんな失格。何も学んでいないじゃないか。回答は十文字ですむ話なのに」。そう言うと、博士はチョークを手にして黒板に向かい、大きな文字でこう書きました。**彼は気づかないだろう。**博士は五分間教室を離れ、その間、私たちは気まずい笑みを交わしながら座っていました。

レドル博士が戻ってきて腰かけ、実はこのセミナーに中間試験などないと発表しました。私たちは残りの数時間、「普通の人」として分類される人たちと「自己実現した人」として分類される人たちの間に存在する大きな差について論じ合いました。

今だからわかること

あのセミナーを受講してから四十年以上が経ちますが、あのときレドル博士が黒板に書いた十文字の回答を決して忘れることはありませんでした。**彼は気づかないだろう**。その回答は二度と私の頭から離れず、いろいろな場面で私に力を与えてくれました。あの十文字の言葉は私の中に浸透し、私の著作、指導、そして魂にまで根づいています。

自己実現する人は、出会う人間一人ひとりの中に神の現れを目にします。姿かたちを超越しているからです。彼らは相手の身分や教育の程度、政治的信条、人種、信仰している宗教などに関係なく誰とでも仲良くなれます。マズローが指摘していたように、「実際のところ、彼らは大抵の場合、そういった違いに気づいてさえいないようです。いわゆる普通の人たちにとって明らかな相違点、気にかかる差異などに意識が向いていない」のが自己実現する人なのです。

その日の夜、家に向かって車を走らせながら、私は先ほど学んだことを自分の生き方にしようと誓いました。外見に基づいた判断を一掃するために、できることは何でもしよう。レドル博士は治療関係においても、日常の人間関係においても、すべての人に対する愛、受容、慈しみの大切さを常に強調し、いつもこう言っていました。「治療はよい方にも悪い方にも転ぶ。援助するはずの私たちがクライアントより精神レベルが低いと、クライアントを援助するどころか、カウンセリング前よりその症状を悪化させてしまうだろう」。

あの「なんちゃって中間試験」を経験してから、私はあのささやかな演習がそれまでに読んだどんな書物や研究よりも多くを教えてくれたことに気づきました。あれは私にとって決定的な瞬間でした――レドル博士なら「至高体験」と言うでしょう。

私は勤務していた高校でも、どんな生徒に対しても判断批判せずに接し、中立的な教員であることを誇りにしていました。オタク、問題児、生意気な生徒……どんな生徒でもバラ色のオーラをまとった輝く星のような生徒と同じように扱い、オフィスに歓迎しました。実際に私は、彼らの違いに気づかなくなっていたのです。生徒との関係だけではなく、ほかの人たちと接するときにも同じことが言えました。私はいつも断定的な判断を避け、偏見をもたない自分を誇りにしていましたが、実は自分が違いをとても気にしていたことに気づきました。

大学に籍を置いている間ずっと、私は教員や仲間である学生たちの形式的な行動をあちこちで目にし、自分はあんなふうになるまいと思っていたのです――ある意味、自分はあの人たちより立派な人間だと考えていたのかもしれません。そこへ現れたのが、レドル博士でした――このオーストリアからやって来た全国的に有名な精神世界のスーパースターとの出会いは、私にとって別の意味で至高体験となりました。私は、博士の正真正銘のカリスマ性に熱を上げていたのです。

私は博士の講義に夢中になるあまり、自分が登録していない授業にまで顔を出していました。彼のそばにいるだけで学びを得ていたからです。博士の強烈なエネルギーは伝染します。彼を見ていると、自分も有能なセラピスト、優れた教師になりたいと思い、何よりもっと善い人間になりたいと思いました。博士は思いやりがあり、特に弱い立場の人たちを気にかけていました。恵まれない人々や不良とレッテルを貼られた人たちのために、自分の時間の多くを割いていました。

第二十三章

レドル博士から学んだこと

私が博士から学んだことは、私の著作すべてに現れています（私はその翌年の一九七一年に初のテキストを出版し、そこから私の執筆家人生が始まりました）。博士は大教室で千人の学生を前にしているときも、小さな教室で六人の博士課程の学生を前にしているときも、あるいは自分のオフィスで個人的な会話を交わしているときでさえも、決して手を抜かない名人でした。彼は自分の仕事を愛し、不利な状況にある人たちを心から大切に思っていました。誰の中にも偉大なところが隠れていることを見抜き、外見に惑わされることなく、スピリットが存在するあの精神的空間をじっと見ていたのです。

博士は極めて偉大な人間で、私がいろいろな意味で真似をしたいと思う人でした。私が人生で学んだもっとも大切な教訓の一つを、彼は教えてくれました。それは「すべての人の中に神の現れを見ること。そして外見的な違いに関してはそれに気づくことすらない、心の目で人を見る教師になること」です。

私の人生に彼が現れてくれたことを本当に感謝しています。彼のおかげで、私は視野が広がり、物事の内側を見ることができるようになりました。愛する師の冥福を祈ります。

第二十四章 教職に就いて

一九七一年。高校でカウンセラーとして働き始めてから四年が経ちました。とてもよい学校で、たまに校長の役割を頼まれることもありました。給料も申し分ない上に、夜と週末に安全運転教育プログラムの指揮を取っていたので、副収入もありました。

博士課程の必修コースもすべて修了し、前途洋々なキャリアを手にしていた私は、そのままデトロイトにいるのも悪くないと思っていました。ここにいればいずれはカウンセリング科の責任者になれるでしょうし、副業でフルタイムの仕事以上の収入も得られます。それに、ウエイン州立大学で非常勤講師としてパートタイムで働くという喜びも加わります。私はすでに週に一度、大学院課程を教えていて、ダイ

第二十四章

教職に就いて

ア一教授と呼ばれることに気を良くしていました。四万五千人を超える学生を抱えた大学で、ややこしい登録手続きにまごつきながら、キャンパスをうろつく新入生だった頃からまだ少ししか経っていません。それなのに今や教授という肩書を認められて、その高い地位（だと私は感じていました）に払われる尊敬まで獲得していました。

ウエイン州立大学でパートタイムで働き始めてから四学期が経ち、所属学部長との関係もすこぶる良好でした。評価もよかったので常勤職にも申し込んだのですが、そのときは空きがないとのことでした。しかし、ウイスコンシン州の大きな大学から教職の申し出があり、検討中でした。

時を同じくして、その春に面接をしてもらったボブ・ドイルという男性から電話があり、「セントジョーンズ大学でフルタイムの助教の仕事を引き受けてもらいたいのですが、ニューヨーク市に越していただけますか？」と言われました。大学レベルで指導する仕事は願ってもないことでしたが、それを受けるのはチャンスであると同時に、人生の大きな選択でもありました。ドイル氏はセントジョーンズ大学の教育相談学部研究科長で、彼からの申し出を引き受けることは私にとってかなりの葛藤を意味していました。

海軍で世界中を巡った四年間を除けば、私はデトロイトしか知りませんでした。デトロイトこそ、私が故郷と呼べる唯一の場所でした。私には四歳の娘と妻がいて、二人の兄と母もこのデトロイトに住んでいます。妻は実家から離れて遠い町に引っ越すという話にいい顔をしませんでした。彼女は歯科助手として働いていて収入も良く、しかも三十一年間の人生で故郷と呼べるのは私と同じくデトロイトだけでした。

私は、この学問の道を選んでからずっと目指していた人生の新しい段階に呼ばれているのがわかりました。しかし心のどこかで、現状のままでいたい、慣れ親しんだ職場で働きたいと思っている自分がいたのです。私は毎日このジレンマと闘いました。知り合いが一人もいない土地に引っ越すこと、それも今より収入がかなり減る仕事に転職すること、誰もが愚かな選択だと感じるような夢を追うこと――いろいろ考えているとなかなか決心がつかないというのに、数日以内に返事をしなければ申し出が無効になるとのことでした。

当時の雇用状況は厳しいものでした。国中、どこの大学でも教授職の空きはあまりなかったのです。そのような状況だというのに、私は二つの大きな大学で面接をしただけで申し出を受けるという幸運に恵まれていました。私はありがたいと思いながらも、毎日、大混乱に陥り、自らの優柔不断と不信のせいで困りきっていました。もっとも楽な道は自分にこう言い聞かせることでした。

「職場を変えるなんて考えるな。ストレスになるだけだし、デトロイトですべてを手にしているじゃないか。それなのに、どうして実現困難な夢を追うためにわざわざ家族を引き連れて故郷を離れるんだ？　失敗したいのか」

もう一つのジレンマは、百歩譲って家族をデトロイトから引き離し、自分の悩みの種となっている仕事に就くにしても、どちらの大学を選ぶかという問題が残っていることでした。中西部にはまだなじみがありましたし、ニューヨーク市に比べると、ウイスコンシンの方が遥かに実家寄りでした。

私は、勤め先の高校の校長に自分のジレンマを話しました。すると彼女は今の仕事を続けてくれるのなら大幅に昇給すると言って、さらに事態をややこしくしてくれました――大学の教授職を取るなら、どちらの大学にするかという選択をしなければいけない。もうこんな馬鹿げた悩みにケリをつけて、高校での昇給を取り、きっぱりとデトロイトに定住してしまうべきだろうか……決断すべきときは迫っていました。明日、決めなくてはいけません。

私は大学で過ごした年月、ほぼ毎日使用していた大学図書館の半個室に行きました。そこで私は静かに自分の内面に入り、一時間ほど瞑想することができました。ハッと我に返って通常の感覚に戻ると、ミルドレッド・ピータ博士のところに行って相談しなさいという内なる声が聞こえました。ミリーは私の博士課程をいつも見守り、四年前はカリキュラムを作り直してくれました。私にとって、親でありガイドのような存在です。

私はミリーのところに行って、話を聞いてもらいました。彼女はいつもの温かく親身な態度で耳を傾け、私のジレンマをその場ですべて解決するような質問を二つしました。「一番大変な仕事を引き受けなかったら、自分らしく生きられると思う？　あなたはいつももっとも大きな困難を選んできたでしょう？　これはあなたの天命なのに、どうして高次の自己と闘っているの？」

私は、自分が困り果てている唯一の理由は、自分の内面世界に恐れを招き入れてしまったからだと気づきました。内心では、自分が教師であることを知っていましたし、いつもそう宣言していました。私は教授という仕事が好きでした。その春、アメリカ職員ガイダンス協会（ＡＰＧＡ）の全国協議会にて、ボブ・ドイルとの初回面接に向かったときから、私はその仕事が自分の運命だと知っていました。面接をする前から自分が職を得られるだろうと知っていましたし、もし一抹の不安があったとしても、それは最初の面接で消え去っていました。

どうすべきかはもう決まっていたのです――ところが私は、なじみのある場所を去ってしまった結果、「失敗するのではないか」と、自分の心に最悪な結果を描き始めていました。私は以前「未知への恐怖」というエッセイを書いたことがありましたが、今まさに、その恐怖を現実のものにしていたのです。ニューヨークで助教を務める自分を思い描いたときに感じる素敵な気分を信頼せず、恐怖に惑わされていました。

私は挑戦することが好きでした。そのことをミリーが思い出させてくれたとき、私はニューヨークこそ挑戦だと気づきました。フランク・シナトラの名曲〈ニューヨークニューヨーク〉の歌詞が聞こえてくるようでした。

ここでやっていけるなら
どこでだってやっていけるだろう

意気が上がってきました――ニューヨークこそ私が立ち向かいうる最大の挑戦です。ニューヨーク。あの大都市で、成功してみせよう！

私はミリーの電話を借りて妻にかけ、自分と一緒に挑戦してくれるかと訊きました。妻は渋々ながら承知してくれました。ニューヨークに行くことが、私のすべきことだと理解していたからです。

二か月後、私たち一家はニューヨークに住んでいました。この国で一番の大都市にやってきたのです。私は夏期講習の間、進路ガイダンスとカウンセリングの部門で修士課程の学生たちの指導をしていました。自分のオフィス、授業で詰まったスケジュール、そしてなんと専用の駐車場まで与えられ、私は有頂天でした。慣れ親しんだ暮らししか知らなかった私が、その安定した生活から離れるのは大きな挑戦でした。私は未知なる世界に入り、とうとうなじみある場所を立ち去る勇気をもてたことに舞い上がるような思いでした。

私は祖父がその生涯ずっと同じ場所に住んで、同じ工場に勤めていたことを思い出しました。祖父が内心では満たされない思いを抱えていたことに、私は勘づいていました。私はまた、自分がデトロイトの学校で臨時職員として働いていたときに、「あと十三年この学校に勤めれば、金時計と退職手当がもらえるんだ」と話していた友人のことを思い出しました。安心して退職するために、十三年間も同じことをするのだと考えてみて、嫌な気分になったことも覚えています。

私は人生の大きなシフトを起こしたことに満足していました。交通量、人々の習慣や言葉のアクセント、そして大群の人、人、人！――すべてが目新しく、圧倒的でしたが、私の心は平穏で、絶対ここで成功できると確信していました。

今だからわかること

慣れ親しんだ場所を離れて未知なる世界に旅立つ決心ができずに、心の中がずっと緊張していたあの頃をふり返ってみると、簡単に無視などできない強烈な何かが私の内面に働きかけていたのだと、今になってはっきりとわかります。私は自分の音楽を奏でるためにこの地球へやって来ました。この世での人生を終え、その音楽がまだ鳴り響いているのに死を迎えることを考えると、死んでも死にきれないと思います。私はこの内なる感覚を信頼し、その感覚は一種の神聖なガイダンスと関係しているのだと信じています。本章のエピソードでは、その内なる感覚が私をミリーのところへ向かわせました。

あのときミリーは、私がまさしく聞くべき言葉を与えてくれました。こうして本章を書いている今も、彼女はそばで導いてくれています。ミリーはもう何年も前にこの物質世界を去りましたが、私は彼女が微笑みながら近くにいるのを毎日のように感じています。私には実現すべき大きなダルマがあることを、彼女は知っていました。実際に彼女はいつも、私の内面には優れた何かがあり、世界を変容させるための発言力を持つことになるだろうと言っていました。彼女は今、本当の天使になりました。何か大きな決断を迫られたとき、私が話しかけるのは彼女です。あの一九六〇年代、私が博士課程の学生だった頃も、彼女は地上に現れた天使だったと信じています。

今だからはっきりとわかるのですが、私たちが危機を迎えたときに現れる守護天使という存在がいます。この人生の展望台に立って過去をふり返ってみると、当時は気づいていませんでしたが、ミルドレッド・ピーター博士は神聖なフォースによって私の元に送られてきたのだとわかります。それは、私が人生の大きな決断をするために導きの光が必要であることを知っていた神聖なフォースによる取り計らいでした。私が自分の高い理想をあきらめようかと考える度に、ミリーは私の前に現れ、私の運命が促す正しい方向へと誘導してくれました。

一九七一年のあの日、私はどちらに向かえばいいのか、何をどうすればいいのか、心の中で路頭に迷っていました。ピーター博士という女性は将来を見通せると私は思っているのですが、彼女は本当にあの見透かすような瞳で私の迷いを振り払い、私を正しい方向へ向けてくれました。あのときの決断の結果が、今日《こんにち》では四十一冊の著作、テレビの十個の特番、千回を超える講演、何百もの音声プログラムという形で実を結び、それらは何百万の人たちが人生を好転させる手助けにもなってきました。今この瞬間、私に微笑みかけているミリーのヴィジョンを見ながら、すべてが明らかになりました。私は幸運にも、極めて有能なアドバイザーに恵まれていただけでなく、人生の最後まで寄り添ってくれる人と出会っていたのです。

四十年前は気づいていませんでしたが、今だから理解していることがあります。それは『奇跡のコース』(ナチュラルスピリット)から得た学びです。同書は、自分自身に訊いてから決断を下しなさいと教えています。「自分は不安だからこれをしているのだろうか、それとも愛があるからこれをしているのだろうか?」。私たちは不安を感じているとき、愛の入る余地をなくしています。

そして愛を感じているとき、そこに不安の入る余地はありません。私が自分の内面から不安を取りのぞいたとき、平穏という深い感覚が訪れました。言い換えると、愛から行動できるようになったのです。不安をなくすと、ニューヨーク市を恐れる対象としてではなく、楽しい冒険として見ることができるようになりました。

恐れや不安は心のエクササイズです。それは、幼少時代に潜在意識に染みついた習慣的な反応で、未知なるものを予測したときに湧き上がってきます。現在の私の視野で眺めてみると、不安を手放せば愛こそがそこに残るということがわかります。私は生涯にわたって、大きな決断を下すときは必ず、『奇跡のコース』から学んだこの知恵を活用してきました。迷いや不安が頭をもたげる状況が訪れたら、心配事は感情的な反応であり、それは愛もしくは不安からやってきているのだと自分に言い聞かせます。そして愛は心労（ストレス）とは無縁なので、その感情的反応を引き起こしているのは不安なのだとわかります。それがわかれば、私はただ内面の平安なる場所に入ります。すると、迷いが消えます。自分を落ち着かせ、悩んでいることについて瞑想してみると、愛に満ちたガイダンスが訪れます。私の場合、その愛あるガイダンスはよく人間の姿、つまり愛すべき誰かを通してやって来ます。

あの頃から遠く離れて視野がクリアになった今、はっきりとわかったのは、自分がニューヨーク市に行く必要があったということです。もしウイスコンシンを選んでいたら――あるいは、デトロイトに留まることにしていたら、私の人生も、ひょっとするとあなたの人生も今のものとは異なっていたかもしれません。頭の中で障害が現れたあのとき、夢を追うことを自分に許可できたのは、不安に打ち勝ったからでした。

今、私は心から理解できるようになった古代の格言を指針にしています。

不安がドアをノックした
愛が応じた
そこには誰もいなかった

私の偉大な師の一人、ラルフ・ワルド・エマーソンの言葉にこのようなものがあります。「乗り越えられると信じる者は、乗り越えられる」「毎日、不安に打ち勝つことのない者は、まだ人生の教訓を学んでいないのだ」。私はあの日、人生の大きな教訓の一つを学んだのでした。

第二十五章 共同執筆での学び

私は、セントジョーンズ大学で修士課程の学生を指導するフルタイムの教授になっていました。二年目になり、まだ学問の世界にいるのを楽しんでいました。自分のコースの指導法は自由に決めてよく、スクールカウンセラー志望の学校教師を主に教えていました。また、五、六名の博士課程の学生のアドバイザーとして、彼らの博士論文に必要なリサーチの指導もしていました。さらに、個人でカウンセリング業も行っていました。それでも自分の時間の大半は、専門誌のための論文の執筆に割いていました。

私の所属する学部の研究科長ボブ・ドイル博士にこう言われたことがあります。「昇進して終身の地位を得たければ、専門誌に論文を発

第二十五章

共同執筆での学び

表したりテキストを出版したりするなどして、学問的な能力を行動で示さないといけない」。一九七三年当時は、「発表するか消えるか」という体制の中で働いていたのです。発表実績がなければ、職を失うことになりました。しかも当時は専門職の口など非常に限られていました。

大学一回生のとき、私は院生の指導員を納得させるためにAPAスタイルで書いていました。その書き方をあれほど忌み嫌っていたというのに、私はまたもや型通りの論文作成を繰り返すはめになっていたのです。

本当は大衆のために書きたい――私は自己実現する生き方というテーマで自著を出版したいと思っていました。どういった本が読者を獲得し、ベストセラーになるかについて、頭の中でいろいろなアイデアが飛び交っていたのです。特に書きたかったのは、読者を励ます手引書のようなものでした。自分を平凡だと考えている人たちに、新しい自分のヴィジョンを描くよう勧める内容です。並外れた意識レベルで生きられる可能性を、読者に発見してもらいたかったのです。マズロー博士は、およそ十年前に出版された『完全なる人間――魂のめざすもの』（誠信書房）という本でその可能性について述べ、私はいつもその本を持ち歩いていました。しかしそうは言っても、私は律儀にさまざまな専門誌に論文を送り、専門家として発表したものが並ぶ立派な経歴をせっせと積み上げていました。

私は大学での最初の一年を終えて、准教授への昇進を志願しました。それは却下されましたが、同じ調子で志願を続けるよう委員会から勧められました。日常でこういった活動をするのは苦痛でした。教師としての責任を果たすことは楽しく、生徒からも人気があり、私は教育者としての仕事に多大な愛と努力を注ぎ、壇上で教えることも気に入っていました。大学生時代、代わり映えしない講義を聞きながら座っていた十年前、自分に誓ったことを実行していました。教室に活気をもたらすために創意工夫して、ユーモアやおもしろい逸話を織り交ぜ、自分の生徒に実践してほしいと思うカウンセリングの手法を実演していました。著名なセラピストを録画したテープを見せるなどして、教室に来るのが楽しくなるような雰囲気作りもしていました。私の授業には大体三十名の院生が登録していましたが、六十名ほどの学生が集まることも珍しくありませんでした。登録している院生が、ほかの学生たちを呼んでくるからです。

私は自分の講義を録音するようになりました。自分の教えている題材や取り入れている手法は、カウンセリングの分野で専門家になりたいと望んでいる学校教師だけではなく、一般の人たちにも受けるのではないかという考えが頭の片隅にあったからです。評判のいい講義を録音しておけば、おもしろみのない刊行物以外のものに書く準備ができたときにきっと役立つだろうという思いがありました――近い将来にそういったチャンスがあるかもしれません。

大学に勤め始めて二学年が終わり、今度は委員会が准教授への昇進を認めてくれました。デトロイトにいるジョン・ブライエン博士と共同で執筆した著作も仕上がりました。私たち二人とほかの専門家たちで書いたそのテキストは、『Counseling Effectively in Groups（効果的なグループカウンセリング）』というタイトルです。とうとう私は出版物のある執筆家になり、この実績のおかげで、めでたく「カウンセリング心理学の准教授」と呼ばれるようになりました。

翌年、私はまたジョンと次のテキストを出版しました。出版社の“The American Personnel and Guidance Association”はこの分野の学者や研究者のための職能団体で、学界ではとても有名でした。二冊目のテキスト『Counseling Techniques that Work（うまくいくカウンセリング技術）』は国内の大学院の授業で必修教材として使われることになり、好評を得られるだろうと思いました。

ジョンと三冊目のテキストを書くことに同意した私は、その執筆に忙しくなりました。手があけば猛烈な勢いで執筆に励み、各章が仕上がるごとに編集担当のジョンに原稿を送りましたが、なかなか返事がありません。ジョンは日に日にアルコールに溺れるようになっていたのです。原稿について話し合おうと電話をかけると、酔いつぶれた口調で返事をされることが多くなり、私は何年も前に養父と暮らしていた頃のことをまざまざと思い出しました。

私はそのテキスト『Group Counseling for Personal Mastery（自分を極めるためのグループカウンセリング）』を書き上げましたが、共著者となるはずだったジョンの協力を得られそうにありませんでした。私にとっては無理のないスケジュールに思えたのですが、予定通りにいきません。本を完成させるために誰かを頼らざるを得ない状況なんて、もうこりごりだ。そう考えた私は、単独行動の方が性に合う、もう誰とも組むまいと決めました。

今回のテキストはさしあたり出版を見合わせることにして、私は自分の書きたかった本に心のエネルギーをすべて注ぎました。学界に向けた本ではなく、一般の人に読んでもらう本です。私はデール・カーネギーやナポレオン・ヒル、ノーマン・ヴィンセント・ピールの本を読み、彼らが与えるインスピレーションやアドバイスを超えるような本を書けそうな気がしていました。もちろん私は彼らのことを尊敬し、彼らの作品に惚れこんでいました——彼らは私が仲間入りしたいと思っている同好会の先駆者とも言える人たちでした。

私は三冊のテキストを著し、最後の一冊はまだ出版に至っていないものの、いつの日かそれも日の目を見るとわかっていました。私が書いたおよそ二十五の論文は専門誌に掲載され、共同作成した十二巻のカセットテープ“Counseling for Personal Mastery”も完成しました。私はもうこの道程は終わったと感じ、ヴィジョンが変わりつつありました。

学界は刺激に満ち、報酬も与えてくれましたが、私には物足りないという思いが募ってきました。授業のことも学生たちのことも愛していましたが、大学内の駆け引きには興味が持てません。委員会の会合、オフィスでの権力争い、終身地位を得るためのプレッシャー、重要に思えない事務上の手続き、書類受けに山のように入っている書類や通知書……それらはすべて私の創造力を押しつぶしていました。読む人が限られている論文を書くのはうんざりで、達成感よりも地位や昇進を追い求めるのに疲れ切っていたのです。人生の多方面で窒息しそうな気がしていた私は、少しこの環境から離れる必要があることに気づきました。

私の仕事は誰もが羨むものだとわかっていましたが、私は人生の次の段階に進むよう促されているような気がしました。その兆候には気づいていましたし、そのサインを無視すれば、高い代償を払うことになるのもわかっていました。以前に読んだある一節が、私の良心に囁きかけていました。「あなたは七十五年生きたのですか？　それとも同じ一年を七十五回繰り返したのですか？」

私は転換期の真っ只中にいて、そのことを無視するわけにはいかず、そうするつもりもありませんでした。履歴書を上書きしていくような、繰り返しの業務をしたくはなかったのです。私は拡大し、成長する必要がありました。自分らしく生きる必要がありました。大学教授として雇われているが故の特権を得るために、義務づけられていること――そうした新鮮味もおもしろみもない決まりごとから逃れる必要があったのです。

今だからわかること

大学で勤めていた頃のことをふり返ってみると、外的要因を基準にして成功や幸福のレベルを測る危険性を避けることが、いかに重要であるか、今だからこそわかります。

三十代の前半から半ばにかけての私の人生は、すべてが思い通りにいっていました。そのまま勤めていれば終身地位を得られるはずの仕事があり、そうなれば一生安泰です。しかも安定した職などめったに望めない専門分野でのキャリアです。大学の学生たちもスーパーバイザーたちも、私の仕事ぶりを高く評価してくれていました。私の存在は大学の知名度を上げていたので、君は貴重な人材だ、感謝していると学部長からもよく言われました。人から羨まれるような出版経歴もあり、出版予定のテキストの契約書がデスクの上で私のサインを待っていました。そして、人が望みうる最高の職場環境に身を置いていました。キャンパスには週に二回通うだけでよく、同僚との人間関係も良好、カウンセリング業も絶好調でした。

確かに恵まれた条件でしたが、私の内面では何かが炎を放ち、私の注意を促していました。外面は申し分ないように思えたのに、私の内面——私の内的生活を送る場所は不完全で、どこか落ち着きを失っていたのです。

私はレフ・トルストイ著『イワン・イリイチの死』（光文社）の主人公、イワン・イリイチのことを思い出しました。彼は死の間際、妻の目をじっと見つめました。妻は彼に何の相談もせず、彼の気持ちを尋ねることもなく、夫の人生を勝手に決めてきた人です。そんな憎らしい妻の目を見て、彼はこう訊きました。「私の人生は間違っていたのだろうか？」。

その場面を思い起こすとゾッとしました。一生、大学のために書き続け、心ここにあらずの人と共同執筆に取り組み、毎日同じ教室で指導し、代わり映えしない大学カリキュラムの会議に出席する……そんな生活は想像できませんでした。そんな生活を続ければ、イワンが死の床で恐れたように、「私の人生は間違っていた」ことになるでしょう。当時は気づいていませんでしたが、恐れずに生きることを促していたのは、私のハイエストセルフだったのです。

第二十六章
ナチス・ドイツについて思うこと

ウェイン州立大学は、ドイツに住む有資格の軍関係者とその家族に現地でカウンセリング心理学の大学院課程プログラムを提供していました。学生を大学に呼ぶのではなく、大学から学生のところに出向くというわけです。この海外プログラムを二学期分、指導してほしいという申し出があり、私は承諾しました。一九七四年春のことです。私はセントジョーンズ大学から休暇を取り、まだ分断されていたベルリンに行きました。

ヨーロッパは初めてで、私はニューヨークの教授職についてまわる気が滅入るような義務から逃れて大いに羽根を伸ばしました。ベルリンでも授業はたくさんありましたが、その仕事は楽しく、新しい地での生活を満喫できました。

私はいつもドイツに関心がありました。母の兄弟二人は第二次世界大戦で戦い、叔父のスチュアート（私は八歳の頃、彼の家で四人の従兄弟たちと一緒に暮らしたことがあります）は、二年間ナチスの捕虜になりました。そして、私に大学へ行って教師になろうと思わせてくれた叔父のビルは、太平洋で駆逐艦に乗っていました。大虐殺の恐ろしい話は何度も聞いていましたし、死の収容所に関する映画を何本も観ていましたが、私はいつも、その悪魔の仕業のような惨事が起こり得たということ、しかも自分が生まれてからの出来事だったということを理解しがたく思っていました。たとえばこれが古代の話だったら、そんなことがあったのかと思っていたかもしれません。しかし、私が養護施設にいた小さな子どもの頃に、人々を皆殺しにするための収容所が建てられたということ、それも宗教的・文化的な違いを排除するだけの目的だったということが信じがたかったのです。

私は、これほど文明の進んだ人たちの国なのに、どうしてあれほどの悪意が蔓延《はびこ》るままにしたのだろうと悩みました。どこに行ってもドイツ人に話しかけ、「あれはまだ最近のことですよね——なぜ起こったのだと思いますか？」と訊いてみました。誰もそのことについては話したがりませんでした。あの時代を切り抜けた人たちは皆、集合的な恥意識に苛まれているのが明らかでした。

私はあの大虐殺についてもっと学ぼうと思いました。なぜ、あのように不埒な振る舞いが全国民に影響を及ぼしていたのか、どうしても理解に苦しみ、そのことで頭がいっぱいだったのです。「皆、何を考えていたのだろう？　なぜあのような狂気があれほどのスケールで広まる前に止めることができなかったのだろう?」。あの事態こそ、私が忌み嫌い、個人的なスケールでずっと闘ってきた「集団思考の構造」の証しであり、集団思考がどれほどおぞましい方向に進みうるかを立証していました。

私はウィリアム・シャイラーが書いたナチス・ドイツの歴史書『第三帝国の興亡』(東京創元社)を購入しました。一九六〇年に初版が発行されたものです。その本を数日で読み終えた私は、さらに悩み苦しむことになりました。何も疑わずにルールに従うことがドイツ人精神の最大の美徳だと考えるよう、人類の歴史の流れが仕向けたようでした。そのことがあちこちで窺えました。全員が言われるがままに行動し、支配者とされる人に疑問を呈さなかったようです。ルールがあれば何も考えずに従う——私はこの自動的な服従を至るところで目にしました。この国の誰も、疑問を発しなかったように思いました。

私の授業スケジュールは余裕があったので、よく妻と一緒に週末を利用して、列車で行ける範囲の小旅行に出かけ、バイエルン、デンマーク、スウェーデン、ノルウェー、オーストリア、フランス、オランダ、スイスを訪れました。ドイツの東西の違いははっきりしていて、私はどうしても大虐殺のイメージを頭から振り払うことができませんでした。個人個人を押さえつけ、人としての証しを踏みつけているとそれはやがて民族浄化という狂気に発展し、大量殺戮も認められてしまうのです。私は激しく思いつめていました。自分の目でその歴史を見なければならない——私は列車でミュンヘンに行き、ダッハウ強制収容所を訪れることにしました。

現地に着くと、私と妻はタクシーの運転手に死の収容所を訪ねたいと伝えました。収容所は、たった二十九年前に起こったあの惨事を世界が忘れないよう、保存されていました。運転手は五十代半ばくらいの男性でしたが、収容所に行くのは断ると言いました。彼は二十代の頃に、あの恐ろしい事態に何らかの形で関わっていたようでした。それを恥じる気持ちがあり、あの場所を訪れるくらいなら稼ぎを失った方がましだと思ったのでしょう。

私たちは別のタクシーをつかまえ、ダッハウに向かいました。ドイツで最初の強制収容所です。それは一九三三年に政治犯を収容するために建てられたものでしたが、のちになってナチス党員の邪悪なヴィジョンを叶えるために、遺体焼却炉、大量殺戮施設として使われるようになりました。ドイツ人は自分の頭で考えるよりも、言われるがままに行動しました。それも何百万もの人々が、頭のおかしな男とその取り巻きたちの邪悪な指令を実行してしまうほどのスケールで服従してしまったのです。

ダッハウの地を歩きながら、私は悲しみと絶望で圧倒されていました。ちょうどここ――そう、このガス室で人間が何年にもわたって毎日のように殺されていました。にぎやかな町からほんの数キロしか離れていないこの場所で、すべてが執り行われていたのです。私はそこに渦巻いていた憎しみから生じる苦痛を感じました。これこそ、考え方や信仰や行動が多数派と異なる者を弾圧すべきだと洗脳された人たちの行き着いた結果でした。

呼吸をするのがどんどん苦しくなってきて、吐きそうでした。当時の恐怖や絶望がまだ施設にもシャワー室にも焼却炉にも漂っていて、歩道にさえもその気配が残っていました。私は自分がここに来たのは何か理由があると感じました。

私の内面は、そのような惨事に対する正常な反応を超えるほど混乱していました。自分が永遠に変わったことを知りました。私はこの戦争が始まった日――ヒットラーがポーランドを侵略した一九三九年九月一日に、母の胎内に宿りました。そして、その九か月後の一九四〇年五月十日に生まれました。私は、何か不思議な縁で自分がここに来たのだと感じ、その考えが頭から離れませんでした。今ではホロコースト記念館として知られるこの荒れ果てた場所に呼ばれ、自分の中に消えない印象を残されたのです。

一週間後、列車でアムステルダムに向かい、アンネ・フランクが離れに隠れて日記を書いていた隠れ家を訪ねました。アンネの日記は、大戦という異常事態が終わったときに世界的な現象として知れ渡りました。階段を上ると、手すりや床、建物全体から依然として漂ってくる苦しみをまた感じました。まるで、その屈辱的なエネルギーがまだ消え去っていないかのようです。そのエネルギーはまだこの家に残っていました。家は、今ではオットーとエーディト・フランク一家ならびに虐殺された数多くの人たちを追悼するための博物館になっていました。その人たちが虐殺されていた頃、私は小さな少年で、海を越えた養護施設で安全に暮らしていたのです。

私はただ写真や遺品を見たり読んだりするだけではなく、ちょうどここで暮らしていた人たちの恐怖を味わいました。また空気が密になり、息苦しくなった私は、外に出て新鮮な空気を求めました。どういうわけか一連の出来事と私はつながっていました。すべて、私が生まれてから起こったことなのです。

当時のことをすべて知りたいという思いが、なぜこれほど激しく湧き上がってくるのかわかりませんでした。単なる好奇心を超えています。そうして惨劇の場に来た私は、残虐行為が行われた恐ろしい場所の数々をほかにも訪れてみたい衝動にかられていました。それらの残虐な行為が行われたのは、邪心と憎しみを吐き出す一人の強引な指導者が国民を洗脳し、極悪非道な行為を彼らの義務だと思い込ませて協力させたからです。そのような悪意が彼らの本質ではないにも関わらず、なぜか人々は従いました。つまり彼らは、仲間である人間への愛という内面の感覚を自ら破棄したのです。どうして、そのようなことが起こり得たのでしょうか？　一連の出来事が、私の生きている間に起こったということが想像できませんでした。私は心を揺さぶられていました。このことについて意見を述べるべきだという呼びかけを感じました――あのようなことが二度と起こってはならないと、訴えるべきだと思ったのです。

私はドイツを去ってから、今度はカラミュルセルで指導することになっていました。カラミュルセルはマルマラ海のイズミット湾沿いにある、トルコ北西部の都市です。私はヨーロッパ各地で見てきた映像を振り払うことができず、世界と戦ってまだ三十年も経っていないドイツでの暮らしから深い衝撃を受けていました。

長距離バスに乗ってイスタンブールからカラミュルセルまで移動している間、私は聖書の時代に

第二十六章

ナチス・ドイツについて思うこと

タイムスリップしたような感覚を覚えていました。村々の中央市場では動物が屠殺され、あらゆる種類の荷馬車、手押し車が荷物を運び、地元の人たちは古いアメリカ車や自転車に乗っていました。ドイツとは大違いです。

私は空軍基地で十週間の学期を教えることになっていて、海外で任務中の軍人たちの元に大学が出向くという発想に胸をふくらませていました。学生たちからは感謝され、私は大学教員の一員として、この人里離れた場所に派遣されたことを誇りに思いました。十週間はあっという間に過ぎました。

私と妻は七月にトルコを離れてアメリカに戻る予定でした。アメリカに戻ると、昇進して新たに得た地位、准教授としてセントジョーンズ大学で教えることになっていました。まだフルタイムで勤務し続けるべきかどうか決めかねていましたが、九月に始まる秋学期は大学に留まることを承諾していたのです。

イスラム教国で暮らすという経験は、いろいろな意味で勉強になりました。私は土地の人々が大好きになり、自然に触れ、毎日マルマラ海で泳ぐのを楽しみました。ベルリンからギリシャのグリファダに移動し、そこで短期間過ごしてからトルコに移動という旅路でしたが、それは視野を広げる経験になりました。しかし、家に戻るのも楽しみでした。

私たちがイスタンブール空港に着くと、見慣れぬ光景が繰り広げられていました。戦車、ライフルを持って武装した兵士たち、さまざまな類の武器が、空港までの道のり、そして空港自体でも目につきました。それは一九七四年七月十八日のことで、戦争や空港閉鎖の話が聞こえてきました。空港は、この国を出ようとする人でいっぱいでした。

予約していたフライトにチェックインしようとすると、しばらくの間、民間の飛行機はイスタンブールに出入りする予定はないと言われました。いつになればここから動けるのかは不明だと言うのです。人々はパニックを起こし、空港は怒りや恐怖で混乱した人たちでいっぱいでした。どこを向いても、戦争の話題で持ちきりです――トルコがキプロス北部を侵攻する準備をしていて、一方のギリシャも軍事的な報復に身構えていました。

私は、周囲にいた人たちとは異なるヴィジョンを描きながら空港を歩いていました。程度の差はあれ、全員が恐怖やパニックに陥っているようです。しかし私は、この朝この空港から飛び立つ自分を思い描いていました。それは、私の想像力に強力な接着剤で固定されたかのような意図でした――空港から去る自分のイメージは決して消えませんでした。

ふと見ると、何人かのアメリカ人が並んでいるのに気づきました。ドイツのラムシュタイン空軍基地に向かう軍用輸送機の搭乗待ちで、どうやらトルコ人男性が搭乗手続きを受け持っているようです。てんやわんやの騒ぎの中、彼は人々に近寄ってはなにか質問していました。彼が話しかけた人たちは皆、首を振ってその場を後にしました。

私がその男性に近づくと、彼は行き先はどこかと訊いてきました。私はロンドンに飛ぶ予定だったのに、そのフライトがキャンセルになったのだと伝えました。そして、かなり高位の一般勤務者に発行される軍専用チケットを持っていると説明しました。カラミュルセルの空軍基地で教えていたからです。彼はそのチケットはもう無効だが、もしトルコから出たいのなら、ドイツに向かうこのフライトに乗せてあげるから、ドイツからは自分で何とかしろと言いました。その軍用輸送機の残席はあと二つ、費用は二千ドルとのこと。私と妻を乗せて、今にも戦争に突入しそうなこの国から出してやるというのです。

私は今日絶対に帰るのだという意図を叶えるために、このトルコ人男性が天使として私の元へ送られてきたのだと思い、持ち合わせていた現金すべてを彼に渡しました。それはカラミュルセルで勤務して稼いだお金でしたが、二百ドルほど足りませんでした。しかし彼はそれでいいと言い、私と妻はイスタンブールを出る最後の便に乗ることができました。妻は口をぽかんと開けて私を見つめていました。ほんの少し前まで、戦争に突入しそうなこの国でいつまでも足止めを食うことになりそうだとパニックを起こしていたのに、今や米軍専用フライトに乗ってドイツに向かうことになったのです。この混乱の最中で、夫が地元のトルコ人に袖の下を使ってなんとか搭乗できることになったのですから、言葉を失うのも無理もありません。

ラムシュタインに着いた私たちは、一般旅客機に乗ってフランクフルトを発ち、一九七四年七月二〇日にはアメリカに無事到着していました。その日ちょうど、ギリシャの軍事政権に反応したトルコ軍がキプロスに侵攻しました。私は、人が意図を定めてそれをしっかり握っているときに奇跡を起こすパワーを賛美する思いでした。

今だからわかること

海外で教えた時間は、私がその後の四十年間で創造することになっていた物事すべてに役立つ人生経験を与えてくれました。私は物心ついた頃から、「人と同じように考え行動しろ」と権威を振りかざす人や組織に反抗することに多大な時間を費やしていました。集団思考という精神構造に真っ向から異議を唱える資質のようなものを持って生まれてきたのかもしれません。ドイツで暮らすという経験は、そのような集団思考がどれほど危険になりうるかということを教えてくれ、その集団思考が落ちるところまで落ちると大虐殺という恥ずべき域にまで達してしまうということを実際に見せてくれました。

私は毎日、世界大戦という陰惨な時期を切り抜けた人たちに聞きづらい質問をしていました。元軍人、主婦、その頃子どもだった人たち――いろいろな人から直接話を聞く必要があったのです。「何が起こっていたのか知っていましたか？　どう思っていたのですか？　忌むべき指令に逆らうことを考えたことがありますか？」。返事はほとんどいつも同じでした。「知りませんでした……逆らうことができないくらい怯えきっていたのです……どうしようもなかったのです……言われた通りに従ってしまったのです」。私は内心では、およそすべての人たちが何らかの形で関与せざるを得なかったのだとわかっていました。なぜなら、あのおぞましい行為は全国に広まり、何百万という人々を巻き込んでいたからです。

第二十六章

ナチス・ドイツについて思うこと

ドイツを後にしたとき、私は自分が永遠に変わったことを知りました。あの惨事を自分の意識に刻みつけるために、あのときあの場所に行かなければならなかったのです。自己信頼の重要性や本来の自己について伝えていくべきだと思いました——自己と言っても、単なる人としての自分ではなく、ハイアーセルフとしての自己です。高校時代にソローから教わった市民的不服従の必要性を、今後私の書くものすべてに染み込ませていかなければなりません。あの忌むべき行為の数々は、思考の誤った領域から発生したものであり、その誤りは正されるべきです。私はこれまでにもそうした考えを伝えてきましたが、さらに熱意を込めて伝えていけるだろうと思いました。

ふり返ってみると、すべてが完璧な形で決まっていたことがわかります。私はあの恐ろしい大戦が始まったその日に転生しました。私はまるで憑かれたように、自分が施設で暮らしていた頃にナチスが達成したことの真実を知りたいと思いつめていました。集団を頼ることよりも、自己を頼ることについて教えよう——そう私は自分に誓いました。一連の影響力ある出来事はすべて、私の運命、つまりダルマの一部でした。私は個々に備わっている本質を信頼することを人々に教えようと決意して、ドイツを去りました。いつ、どのようにしてその決意を遂げるのかはまだ漠然としていましたが、愛と寛容、優しさ、そして何よりも他者に仕えるという資質で成り立っている人間の本質を信頼することについて教えたいと強く思っていたのです。

アムステルダムでもダッハウでも、エネルギーは永遠だということを身をもって知りました。私はあの二つの修復された現場——私たちが忘れないよう一般に公開されている二つの場所で、虐待された人たちが感じていた苦痛、悲しみ、恐怖をまざまざと感じました。そのことに疑いはありません。あのとき私は、アムステルダムやダッハウ、そのほかに訪れた土地で、実際の恐怖フェロモンを吸い込んでいたのです。

動物は、ほかの動物たちが恐怖を感じながら殺された屠殺場に連れて行かれると、その恐怖と同じように反応します。それは動物たちがエネルギーを感じとり、放出された恐怖フェロモンを察知するからです。すべてはエネルギーなのです。私は何年も前に、屠殺された動物を食べるのを止めました。屠殺された動物の肉を食べると、その恐怖も一緒に食べていることになるからです。

私は恐れではなく愛で自分を包み込むために、個人的にできることは何でもしてみることにしました。私はその頃から、恐れを克服すること、エネルギーが本質的に永遠であると認識すること、そしてエネルギーが私たちに大きな影響を与えることに焦点を当てて書くようになりました。さらに、私たちは皆、スピリットという次元ではつながっているという考えを教えるようになりました。スピリットこそ、私たちの宇宙の本質なのです。

ドイツ滞在とドイツの人たちと交わした会話は、私を深く揺さぶりました。あの忌まわしい現場を歩き回っているとき、私はあの気の毒な人たちの魂とつながっている感覚を本当に腹部と胸のあたりで覚えました。ヨーロッパを旅して回りながら、私はこの世のものならぬ存在に操られていたような気がします。私があの地へ送られたのは、自分の魂を目覚めさせ、間違った思考パターンを克服する方法を人々に教えるために、自分を鼓舞する目的があったのだと確信しています。

第二十六章

ナチス・ドイツについて思うこと

キプロス問題をめぐる戦争が勃発するタイミングでトルコに居合わせたことをふり返ってみると、あの日がどれだけ自分にとって重要な日になったかということに気づきます。私は、「絶対に今日トルコから脱出する」というイメージを頭に描いていました――そのイメージはあまりにも現実味があったため、私はそれが現実であるかのように行動しました。それは「こうなればいいな」という願いではなく、「こうなる」という意図だったのです。そして「うまくいかない」という考えを根こそぎ排除する勢いで想像力を働かせた結果、私は我が身をもって意図がもつパワーを発見しました。私はのちに意図のパワーについて本を書きましたが、意図に関する私の実体験はそれを書く何年も前に起こっていたというわけです。

頭に描くイメージがどれだけ強力になりうるか、これまでに私はもう何百回と語ってきました。イメージはそれがすでに現実になっているかのように描くと、特に強力に働きます。イスタンブールの空港で、この状況にはお手上げだと自分に言い聞かせるのではなく、私は内なるイメージに従って行動しました。またもや私は、その後の自分の人生と作品のモットーとなる知恵を突きつけられたのです。その知恵とは、「時期到来した考えほど強力なものはない」というものです。

一九七四年七月のあの日にトルコを去ることは、私の心の中ですでに時期到来していた考えでした。その考えだけに従って行動しようという決意から、あのパワーが生じました。この意図のもつパワーは、私の書くものすべての主題になっています。この知恵を自分の意識の奥底にしっかり植えつけるためには、それをどうしても実際に経験する必要があったのだと思います。

第二十七章
父のお墓へ

一九七四年八月、私はニューヨークに戻ってセントジョーンズ大学で夏期セッションを教えていました。日数の少ない学期だったので、週に二回授業を行うことで通常の学期と帳尻を合わせていました。

その日私は、同僚のシャーリー・グリッグス博士と話していました。彼女は、南部の単科大学および総合大学が一九六四年制定の公民憲法に準拠しているかどうかを決定する、連邦補助金の管理責任者をしていました。彼女によると、ミシシッピ州コロンバスのミシシッピ女子大学で二日間授業を傍聴し、学生と教員にインタビューを行ってレポートをまとめると、臨時収入を稼げるとのことです。私はヨーロッパから戻ったばかりでしたが、トルコから帰郷するための賄賂に千八百

第二十七章

父のお墓へ

ドル失っていたため、臨時収入はありがたいということでその話を受けました。

その四年前、私は父方の従姉妹だというドロシー・フィリップから連絡を受けていました。

「ウエイン、あなた、お父さんを必死で探そうとしているって聞いたんだけど、お父さんは一九六四年にニューオーリンズで亡くなったそうよ。遺体は埋葬のためにミシシッピのビロクシーに運ばれたらしいわ。これだけしかわからないけれど」

父が亡くなっていたことを知り、私は彼を探すことをやめましたが、繰り返し見ていた父に会う夢、そしてその悪夢の中で感じる憤りはまだ消えていませんでした。そこへ仕事でミシシッピに行くチャンスが訪れたため、私は興奮しました。父の墓が見つかるかもしれない。もしかすると、その死亡証明書に自分の名が記載されているかどうかを確かめられるかもしれない……。父とは会ったこともなく、彼が末っ子の私を含む三人の息子の父親であることを認識していたかどうかも知らなかったので、その死亡証明書を確認したかったのです。

シャーリーからの任務を引き受け、いよいよ父の墓を訪ねることになったと思うと、その日が待ちきれませんでした。もうこれでこの問題にケリをつけられるかもしれない。父のことは、小さな頃からずっと疑問でいっぱいだったのです。

夏期セッションが八月二十八日の水曜日に終わりました。私は木曜日にミシシッピ州コロンバスに飛行機で行き、その日の夕方と翌朝に女子大学を訪問してインタビューを行いました。任務を終えると、キャンパス内にある唯一のレンタカー屋に行き、一九七四年製のダッジコロネットを借りました。ビロクシーまではおよそ二百マイル。そこで一日か二日過ごし、ニューオーリンズ空港で車を返却すれば日曜の夜には家に帰れます。

ダッジコロネットは新車独特の匂いがしたので、私の前に借りた人はいないのだなと思いました。走行距離は000・000・8マイルと表示されています——まさに今日、大学に搬入された新車だったのです。運転席に座り、シートベルトに手を伸ばそうとしましたが、ベルトが見当たりません。車を降りてベンチシートを外すと、シートベルトが車の床にテープで留めてあり、バックルはビニールに包まれてゴムバンドで巻かれていました。テープとビニールを剥がすと、バックルの内側に名刺がはさまれていました。それは宿の名刺で、〈キャンドルライト・イン　ミシシッピ州ビロクシー〉とあり、宿への道のりを示す矢印がいくつか書いてありました。新車なのに変だな。しかも、これからビロクシーに向かうというときに、偶然だろうか。私はちょっと首を傾げましたが、名刺をシャツのポケットにしまって発車しました。

八月三十日の金曜日、午後四時五十分に、ビロクシーのはずれに到着しました。私は最初に目についたガソリンスタンドに車を入れ、公衆電話ボックスにチェーンでぶら下げてあった電話帳を調べ、町に三箇所ある共同墓地に電話をかけました。最初の番号は話し中で、二つ目の番号は返答がなく、三つ目の番号は南部アクセントの年配男性の声で応答がありました。私は、十年前の一九六四年に亡くなったメルヴィン・ライル・ダイアーがそこに埋葬されていないか尋ねました。男性はたっぷり十分間は電話から離れ、私がもう切ってしまおうかとあきらめかけたところに戻ってきて、

第二十七章

父のお墓へ

「もしもし、確かにお父さまはこちらに埋葬されています」と言いました。

早鐘をつくように胸が高鳴りました。思い描いていた理想的な状況ではありませんでしたが、まるで本当に父親に会いに行くような気がしました。墓地の場所を尋ねると、男性はこう言いました。「ここはちゃんとした墓地ではなく、貧困者用の埋葬場なんですよ……キャンドルライト・インの敷地内にあります」。私は驚きのあまり声も出ず、シャツポケットから名刺を出しました――ここからキャンドルライト・インまでは三ブロックほどで、簡単な地図まで書いてあります！

私は震えながら墓地の管理小屋に向かいました。電話の男性が現れ、父の死亡証明書を見せてくれました。それは十年もの間、コカ・コーラと書かれたぼろぼろのダンボール箱にしまい込まれていました。証明書はかび臭く、染みもありましたが、そこには私と兄二人の名前が息子として記載されてあり、私はほのかな満足感を覚えました。じゃあ、やっぱり父さんはウエインという名の息子がいることを知っていたのか。誰がこの名前を入れてくれたんだろう。父さんは、私と兄たちのことをどんなふうに話したんだろう。

管理人の男性が、鎖を張った私道の奥にある草深い小山を指し示し、好きなだけいていいから、帰りに鎖だけ元に戻しておくようにと言いました。私は駐車して、地面に埋められた墓標に向かいました。そこには、こう書いてありました。

メルヴィン・ライル・ダイアー（1914―1964）

これだけです。これが、私たち親子の出会いでした。
私はそこに立ちつくしました。涙がぼろぼろ頬をつたいます。私はまだ激しい怒りに震えながら、こう考えていました。ここに小便でも引っかけて帰ってやろう。しかし、そうはしませんでした。自分に父親がいると知ったときからずっと、私はこの男を探してきたのです。七歳か八歳頃まで、私は「父親」というものが一体なにを指しているのかすらわかっていませんでした。さまざまな疑問が頭の中を駆け巡り、感情に押しつぶされそうになりながら、私はその地面に埋められた墓標のそばに立っていました。

それから二時間半、私は父と会話を交わしていました。辺りをはばからず、声を上げて泣きました。そして、墓に答えを求めるように声に出して話しかけました。時間が経つにつれ、私はどこか深い安堵感を覚え、黙り込みました。たとえようのない静寂。私は、父がすぐそばにいるに違いないと思いました。もう墓標に話しかけてはいませんでしたが、私には説明のできない何かの存在が共にいるようでした。

ようやく私は涙を拭き、父に別れを告げました。レンタカーに戻り、鎖を手にして私道を塞ごうとしたときです。なぜか私は言葉にできないフォースに突き動かされ、急いで墓地に戻りました。どうしても戻るよう駆り立てられたような気がしました。

私はまた父に話しかけていました。ただ、先ほどとは違う言葉が出てきました。「今日はここに送り込まれてきたような気がするんだ。これには父さんも絡んでるんだろう？　父さんの役割が何

第二十七章

父のお墓へ

だったのかは知らないし、そもそも役割があったのかもわからないけれど、もうこの怒りと憎しみを手放すときがきたのだと思う。もう長い間ずっと、この嫌な感情を抱えてきて苦しかったんだ。父さんに知ってほしい。もう今この瞬間、怒りも憎しみも消えてしまった。父さんを許すよ」。

「一体なにに駆り立てられて、父さんがあんな生き方をしたのかは、わからない。決して会うことのない息子が三人いることを考えて、侘しい思いをしたときもたくさんあっただろうね。父さんの心の中でどんな思いが行き交っていたにしても、このことだけはわかってほしい。もう、父さんのことを憎いとは思えなくなった。今は父さんのことを思うと、哀れみと愛情を感じる。ずっと心に抱えてきた混乱を手放すよ。本当はわかっていたんだ。父さんは、そのときそのときに与えられた条件下で、自分にできることをやっていただけなんだね。父さんに会った記憶すらないし、父さんに直接会って言い分を聞いてみるのが一番の願いだったけれど、もうそんなことにこだわったりしない。こだわりに惑わされていたら、父さんへの愛を見失ってしまうから」

その寂しい墓標のそばで、私はそのときの思いを口にしていました。「父さんに愛を送るよ……愛を送る……この瞬間から、愛を送り続けるよ」。

その清浄の瞬間、自分の実の父親だという男に対する許しの感覚が湧き上がってきました。それと同時に、父のことを知りたい、父のことを愛したいと思っていた小さな少年だった自分のことも許しました。私は一種の平穏を感じ、何かが浄化されたような気がしました。そんな感覚は初めてのことでした。車に戻って鎖を元に戻すと、かつてないほど心が軽くなっていました。

管理人の男性が、父の遺体をこの貧困者用の墓地に運んでくれた男性の名前を教えてくれていたので、私はその男性を探し、彼が父の親友だったことを知りました。彼はビロクシーの映画館で映写技師として働いていました。私は八月三十一日、土曜日にそこへ行きました――昼の部で『十戒』を上映中でした。

私は裏階段を上がり、映写室のドアをノックしました。そして、父の親友だというその男性と午後を過ごしました。耳新しいことはあまり聞けませんでした。父は三人の息子たちのことをたまに口にしましたが、滅多にその話は出なかったそうです。私はまた彼の酒癖と放浪癖について聞かされましたが、もうそれ以上詳しい話を知りたいとも思いませんでした。映画館を後にした私は、ニューオーリンズの空港に向かいました。

私は生まれ変わったような気がしました。奇跡を目の当たりにしたのです。もう父への憎しみは消えていました。父を許すために自分がここへ送られたことは理解していましたが、その理由についてはわかっていませんでした。ただ、とても不思議な存在が働いていたことだけは明らかでした。私を超える何者かが物事を動かし、私をここへ送り込んだのです。

ニューヨークの家に着いたのは九月一日、日曜日でした。秋学期のために大学へ戻るまで、あと二週間以上あります。私はその三年間で録音した講義の記録と、ヨーロッパ滞在時に取っていたノートをかき集め、翌日のレイバー・デーにフロリダのフォートローダデールへ向かう飛行機を予約しました。どこか天気がよくて暖かく、海に近いところで本を書こう――私の内的世界をずっと占めていたことを解き放ち、世に出さなくてはならない。

フォートローダデール空港に着くとレンタカーを二週間借りて、大西洋から通りを隔てた〈スピンドリフト・モーテル〉まで車を走らせました。私はモーテルの部屋にこもって講義のテープを聞き、ノートを大量に取りました。そうして頭の整理もノートの整理も終え、準備万端に整ったと思った私は、さぁ書くぞと猛烈な勢いで執筆を始めました。毎晩部屋から出ることもなく、太陽が昇るまで書き続けました。そして九月十五日、秋学期のためにニューヨークへ戻りました。

私は普段のセラピーセッションで非常にうまくいっている方法を織り込んで、一冊分の原稿を仕上げました。十二章から成るその原稿は、マズローのピラミッドの頂点、すなわち自己実現に誰でもたどり着くことができるよう意図した、論理的かつ常識的な提案をしています。一つ目の提案は、あらゆる種類の心の混乱や悩みの原因となっている思考を特定すること。二つ目は、クライアントが示す行動を分類すること。三つ目は、その分類した行動を続けることによって、どのような心理的報酬を受けているのか、明確にすること。四つ目は、そのような自滅的な在り方をやめるための戦略を考案して、今までとは異なる選択肢に集中すること。大げさな心理的手法は必要ありません。自分を変えるためのテクニックを使って、ふつうの常識に従うだけでいいのです。これらの提案は私のセラピーセッションで驚くほど効果を上げていたので、この本も世間に受けるだろうと確信しました。

私は父の墓地で、人生にわたって自分をがんじがらめにしていたものを許すという境地に至りました。

した。その境地に浸って数時間過ごしたことをきっかけにして、数十年も苦悩してきたことがたった二週間という短い間で消えてしまったようです。その本はまるで導かれているかのように筆が進み、手書き原稿が仕上がりました。タイトル未定。出版社も未定。ただ、父の墓地で過ごした時間が、私にかつて経験したことのないスピリットを注ぎこんだという内なる確信だけがありました。

今だからわかること

今、人生でもっとも意味深かった経験は？　と訊かれたら、一九七四年八月三〇日に起きたあの一連の出来事を挙げるでしょう——ミシシッピ州ビロクシーの父の墓標のそばで父を許し、愛し、内面に憤りを抱えて生きてきたために溜まっていたドロドロした思いを魂から浄化した経験です。

私をあの墓地に連れて行くために起こった数々のシンクロニシティを考えると、畏怖を感じます。新車の床になぜあの名刺があったのか、筋道を立てて説明することはできません。その存在すら知らなかった従姉妹が四年前に電話をかけてきた理由、シャーリー・グリッグス博士があの任務を私に持ちかけてきた理由、一度去りかけたのにまた墓地に呼び戻され、暴力的な思いが渦巻いていた心から愛を送るよう促された理由……すべて論理的な説明ができません。私はルーミーの心に沁みるアドバイスに従います。数々のシンクロニシティに戸惑いつつも、単なる偶然以上の強力な存在が糸を引いていたのだとわかるからです。

第二十七章

父のお墓へ

視野がよりクリアになった今、一連の出来事をふり返ってみると、すべてが神のシナリオ通りだった、そこには神の痕跡があふれていたということがわかります。当時は気づいていませんでしたが、あの頃の私はぐちゃぐちゃに混乱していました。働いてはいましたが、気持ちが満たされていませんでした。書くことも思うようにいかず、書いていても初めて感情がついてきませんでした。食生活も乱れ、体重も増え、結婚生活もうまくいっていませんでした。私はあらゆる面で怒れる男と化し、父が出てくる悪夢を繰り返し見ていました。その悪夢の中で、私は父に酒場で会います。私はいつも彼と殴り合い、怒りで拳を振り回しながら、霞んだ視界の中で遠ざかっていく幽霊に向かって答えを求めていました。そうして冷や汗をかきながら目を覚ますのです。父の問題よりも遥かに重要なことで成し遂げたいことがあるのに、人生の状況に囚われているような気がして、自分で仕掛けた罠から抜け出せずにいました。

ビロクシーから戻ると、人生はまったく新しい様相を見せてくれました。〈スピンドリフト・モーテル〉での執筆生活は純粋な喜びでした。一晩中書き続け、朝になると書きまくった原稿が床に散らばっているのを見て、よく頭を抱えこんでいました——一心不乱に書いていたため、しょっちゅう頁数を入れ忘れていたからです。

ニューヨークに戻って数週間も経たないうちに運動が習慣になり、それは今でも続いています。体調も最高の状態に整え、毎日八マイル走ることにしました。ランニングは二十九年間続け、休んだのは一日だけです。そして食生活も改善し、生きる姿勢をがらりと変えました。

魂から不安を解消した後に二週間で書き上げた本は、最終的にその十年間で一番売れ、現在では四十七か国語に翻訳されて、世界中で合計一億冊に届きそうなほどの売れ行きを記録しています。その本のタイトルは“Your Erroneous Zone”（邦題『自分のための人生』〔三笠書房〕）としました。私たちの考え方における愚かな過ちについて述べ、習慣的な考え方の癖を変えることで、情緒不安から自由になって生きる方法を論じています。この本こそ私が書くことを運命づけられていたものでした。人生にわたって天から導かれたような経験の数々を経ることで、この本を書くという使命の準備が整ったのです。しかし、そのような運命が定められていたにもかかわらず、私は内面の自虐的な怒りに口を塞がれていたので、まずはその怒りを掘り起こす必要があったのです。

私は、許しのもつ驚異的なパワーを身をもって理解するために、ビロクシーに導かれました。この許しに関する考えは、スピリチュアルな教えの核となるものですが、それでいてもっとも無視されがちな原則の一つです。ルカによる福音書六章二十七～二十八節でイエスはこう言っています。「しかし、私の言葉を聞いているあなたがたに言っておく。敵を愛し、あなたがたを憎む者に親切にしなさい。悪口を言う者に祝福を祈り、あなたがたを侮辱する者のために祈りなさい」。この教えは聖書の中の数百におよぶ忠告のうちの二つにすぎません。このような生き方には偉大なパワーがあるのだと、今ならはっきりわかります。

父を許し、かつては憎しみが渦巻いていたところから愛を送ったことによって、人生のすべてが様変わりしました。発するべき言葉が出てくるようになり、出会うべき人たちが現れ、周囲の状況が魔法のように変わり、不足はすべて解消され、健康を取り戻し、エネルギーが再び満ちあふれ、人生が豊かさでいっぱいになったのです——それもこれもすべて、人間の能力をもって説明のできないフォースが指揮してくれた、深い許しの瞬間のおかげです。それはまるで宇宙意志（人によっては神、タオなどと呼びますが、呼び名は何でも構いません）が、泥沼に足を取られて身動きできないでいる私に気づいてくれたかのようでした。私が大きな枝をつかんで、私の生命力を奪っていた危険な泥沼から自分を再び救い出すために、宇宙意志が必要な出来事を起こしてくれたのだと思います。

　こうして過去を見渡せる場所に立ってみると、神は愛であり、許しは私たちが神のように生きる人生へと立ち返るためのツールなのだとわかります。私は自分にとって大切なテーマについて、自分のやり方で書く必要があることを、ずっと前から自覚していました。それにもかかわらず、さまざまなしがらみに囚われて、そこから飛び出すことができずにいたのです。私の人生は多くの人から羨まれるものでしたが、私の内面は焦燥感でいっぱいだったのです。

　一九七四年のあの夏に起こった出来事の真っ只中で、私は自分の中で何かが目覚めるのを感じていました。当時は神の介入という不思議な手の存在に気づいていませんでした——自分が何をするよう導かれていたのかが一歩下がって見えてくると、初めてその神の介入が明らかなヴィジョンとして理解できたのです。

　あの出来事から何年も経ってから、私はビロクシーでの経験を題材にした映画の脚本と制作に携わりました。タイトルは“My Greatest Teacher（私のもっとも偉大な師）”——皮肉なタイトルですが、私はセント・オーガスティンのあの偉大な教訓を教えてくれたのはほかでもない自分の父だった、私が会ったこともない男がその教えを施してくれたのだと信じています。その教えとは、次のようなものです。「許しとは、罪を赦すことです。なぜなら罪を赦すことによって、一度失ってから見つけたものを再び見失わずにすむからです」。ビロクシーを去ってからの私は二度と見失うことがありませんでした。

私は、許しのもつパワーについて書き、父を知ることになった経緯を世界中で語ってきました。そして何千という人々のカウンセリングを個別に、またはメディアやラジオ番組を通して行ってきました。前述した映像の制作にも携わりました。自分を取り戻し、そのことが人生を苦痛から遠ざけて、自己実現と神さながらの道へと方向転換させたのだと理解してからは、もう二度と自分を見失いませんでした。

許しに関する言葉で、私が気に入っているのはマーク・トウェインのものです。「許しとは、踏まれたスミレの花が、自分を踏んだかかとに放つ香りのことだ」。許しとは憎しみに応えて愛を返し、スピリチュアルな錬金術師になることです。私は、ただ父のために許したのではありません。彼のためであると同時に自分のために許したのです。視野がよりクリアになった今、このことを一層深く理解できます。

第二十八章 夢が現実になるとき

一九七四年の秋学期も終盤となり、私はセントジョーンズ大学で効果的なカウンセリング技術と診断技術に関する二つのコースの指導を終えようとしていました。過去三年間、講義はすべて録音し、その大半を、数か月前に書き上げた私のセルフヘルプ本の原稿に活用しました。その原稿はオフィスの机の上に鎮座し、私はそれを見つめながら、どうしたら一般向けに出版できるだろうと考えていました。三冊のテキスト出版経験があり、専門誌にいくつも論文が掲載されてはいましたが、私の名は世間には知られておらず、出版社は私のためにリスクを負いたがりませんでした。

私は授業を有益かつ楽しいものにするために全力を尽くしてきまし

た。自分自身が学部生だった頃をふり返ってみると、いつも教授たちに対して困惑していました。なぜなら、大多数の教授たちは講義に活気をもたらすことができず、学生たちが身を乗り出すほど注意を引きつけることもできなかったからです。私は教えることも大勢の前で話すことも大好きで、できるだけジョークを混じえて授業をおもしろいものにすることを自分でも楽しんでいました。

私が火曜と木曜の夜に指導している講義の受講生が五名やって来て、私の講義をもっと広く一般向けに利用できるようにしてはどうかと言ってきました。「ダイアー先生、この大学で教えているようなことを、一般の人向けに公開することを考えてくれませんか?」。

彼らはもうすぐ修士課程を終えるところで、よく私の講義に友人や家族を連れて来ていました。皆、ロングアイランドの北岸に住んでいて、講義を一般公開できたら多数の参加者を見込めると請け合ってくれました。彼らのうちの一人、リンダという学生はポートワシントンの教育支援センター(EAC)で運営管理の仕事をしているらしく、センターの建物は毎週月曜の十八時以降は使用者がいないとのことです。もし私が一般向けのコースを指導する気があるのなら、EACを無料で貸し出すことができると言いました。

私は同意し、四週にわたって行うことになったコースのタイトルを「自己実現する人生を生きる」にしました。リンダが〈ポートワシントン・ニュース〉に小さな記事を載せ、一九七五年二月から四週連続で月曜日に行われる公開講座の告知をしてくれました。一般向けの公開講座は初めてでした。受講料は四回分で二十ドル。これが私の公開講座の初めての賃金でした。

第二十八章

夢が現実になるとき

月曜の夜七時にセンターに到着すると、なんと二十五名の受講者が集まっていました！　受講料は計五百ドルになり、当時の経済の落ち込みを考えるとそれはとても大きな臨時収入でした。講座は「罪悪感と心配事を克服する」「怒りよ、さらば」「過去から抜け出す」などのテーマで話しました。どのテーマも、まだ出版に至っていないあの原稿の章タイトルから選びました。

四回目の講座が終わると、あと四週、期間を延長してほしいと学生たちから嘆願されました。毎週月曜が楽しみで、終わってほしくないと言うのです。それに彼らの友人も参加したがっているとのことでした。そのようなわけで、私は三月初めの月曜にまたセンターへ行きました。教室にはあふれそうなほど人が詰めかけていました。六十名もの人が、二十ドルを手にしてぎゅうぎゅう詰めに座っていたのです。私の月曜の講座はロングアイランド北部界隈で大評判となりました。

一年も経たないうちに席が足りなくなり、センターでは間に合わなくなりました。そこで私は、ポートワシントンのシュライバー高校の講堂を借りることにしました。その後の一年半、毎週月曜の夜になると講堂は満員になり、翌年の三月に私の本が出版されると、千二百名もの人たちが参加するようになりました。もはや大学の正規教員としての収入を超える額を、その講座で稼ぐようになっていたのです。

ポートワシントンでの私の月曜の講座は一大イベントになり、ニューヨーク都市圏の各地からも人が集まるようになりました。まもなくして私はニューヨーク市の著作権エージェント、アーサー・パイン氏から手紙を受け取ります。その手紙によると、奥さんのハリエットが私の講座の受講生と親しいらしく、その友人が私の講座を大絶賛しているとのことでした。パイン氏は私と連絡をとるよう勧められ、その講座を元にした本を一般向けに出版する気があるかどうか訊いてみるように言われたそうです。

私はポートワシントンに住んでいるというアーティに電話し、もう仕上がった原稿があること、出版社と話をつけるのにどうすればいいかと、もう半年も考えあぐねていたことを伝えました。アーティは私が本の説明をするのを聞き、私は平易な文章のままで一般向けに出版したいのだと伝えました。彼はそのアイデアを気に入り、翌週マンハッタンのオフィスで会おうと言いました。

私は完成した原稿を手にして、地下鉄でマンハッタンまで行き、ありったけのアイデアをアーティに話しながら楽しい午後を過ごしました。彼は私が無名の一般人だから何の約束もできないと前置きし、それまでに出版されたテキストはターゲットがまったく異なるので、今回の作品は本当の意味で処女作になるだろうと言いました。アーティは迷いつつも私の熱意に心を打たれ、奥さんの友人による賞賛にも好感触を示していました。彼はニューヨークの出版社のアポイントメントを取れたら電話すると言いました。

私はもうすぐ出版契約ができると確信してオフィスを去りました。それは確かな予感だったのです。

今だからわかること

私の講座を有料で公開してはどうかと提案してくれたリンダと四人の友人は、天からの使命を受けて私の人生に派遣された天使だったと、今では確信しています。そのときはただ楽しそうだなとしか思っていませんでした。しかし時を経て視野がよりクリアになった今、あの経験がまったく新しい方向に私を押し出してくれたのだとわかります。それは、人生でより徹底的に自分を頼る方向へと踏み出した初めの一歩でした。ほどなくして、私は自分が心から愛している教える仕事をしながら、事務上のやり取りや教職の薄給など私が制約と感じるものに縛られなくてもすむ方法があるのだと知りました。自分が好きで選んだテーマについて教えることができ、しかもそれで生活費を充分に稼ぐことができるのだと気づいたのです。

自分の好きなことをして充分な生活費を稼げる可能性があるのだと人々を励まし続けて、もう数十年になります。目標を見失わず、自分の至上の喜びに従うことを心に決めれば、一つなる宇宙意志がそれを実現させるために協力してくれます。出会うべく人が現れ、障害が取り除かれ、必要な環境が整い、ガイダンスが訪れるでしょう。仏教の諺に「自分に準備ができたとき、師が現れる」というものがありますが、私の場合は、師に準備ができたときに生徒が現れたのです。ここで鍵となるのは「準備ができているかどうか」です。

あれからもう四十年ほど経ちますが、あのとき「自分にはできない」「きっとうまくいかないだろう」「参加者など集まらない」「手間がかかりすぎる」「実入りが少なすぎる」などと考えていたら、それはまだ私の準備ができていなかったということです。あの五人の学生が現れたこと、そしてEACに空きがあったことが私に送られた師でした。チャンスを見極めてそれをつかむ準備が整っていたからこそ、私は「よし、やってみよう」と言えたのです。彼らの提案を承諾していなければ、私の人生はまったく別の方向へ展開していたでしょう。もしかすると、教えることや自分の好きなことをしながら大きな稼ぎを得られると知らずに、その後三十年間、大学教授を続けていたかもしれません。のちに私のエージェントとなって、出版業界へと導いてくれる人に出会うこともなかったでしょう。

過去を俯瞰してみると、師というものは人生のあらゆる瞬間に存在しているということがわかります。師は、人間として現れるとは限りません。たまたま偶然が重なったように思える出来事が、実は師として何かを教えてくれたということもありますし、郵便受けに入っていた思いがけない手紙や、テレビで見たインタビューから何かを学ぶこともあります。私が長年の経験から学んだのは、師は探すものではないということです。師を探すのではなく、常に準備万端の状態ですべてに感謝する姿勢でいることが大切なのだと学びました。

もう一度ソローの言葉を引用しますが、自分の夢に従えば「いつしか思いもよらぬ成功を収める」のです。これを私なりに解釈すると、あなたが自分のために描くもっとも高次のヴィジョンと同調していれば、成功は実際に後からついてくるという意味になります。鍵は「同調するプロセ

第二十八章

夢が現実になるとき

ス」にあります。あなたの創造主（ソース）とつながったままでいると、ソースのパワーを得ることができます。なぜなら、あなたと神は一つだからです。一九七四年、ＥＡＣで開いたドアをうまく通り抜けたことで、私はそれを通らなければ知ることのなかった無限の可能性という大きな舞踏室のドアを開けることになりました。

公開講座を行っていたあの毎月曜の夜のことを考えると、二十一歳の時に仲間の兵士たちに教えていたミニ講義を思い出します。自分の内なる呼びかけに従って神と同調することで感じた純粋な喜びは、私をあらぬ道――つまり、他人が考える私にとっての最良の道から引き離してくれました。

私は、八人の我が子たちが進むべき道を迷っている様子のときは、あの謎に満ちた作家、ヴァージニア・ウルフの言葉をよく引用してきました。「何がやってきても、それに対応しなさい」。なんとすばらしいアドバイスでしょうか。あなたの前に現れる人、物、状況を受け入れて、恐れずに対応していくと、一つなる宇宙意志が細かいことは整えてくれるのです。

この転生における私の使命が何であるかを知っていた運命の不思議な手は、一九七四年から一九七五年にかけて私のために物事をうまく手配してくれました。まず私をヨーロッパに送り込んで、私が自分の使命を知る手助けをし、どんなことでも達成できる「意図のパワー」を私に見せるために、私たちをトルコから安全に脱出させてくれました。次に私をビロクシーに送り込んで、自分の本当の偉大さを内面で妨げていたものを取り除かせてくれました。さらに、自分が自立して生きていけることを気づかせてくれただけでなく、私を導き案内してくれる人たちを人生に送り込んでくれたのです。

一九七四年、私は二つのドアを目の前にしていました。一つ目のドアは、停滞したままの道につながっていました。もう一つは、想像を絶するほどの景色を見せてくれる道につながっていました。それに続く一九七五年の秋は、ものすごい勢いで押し寄せる物事に対応するためのもう一つのチャンスを与えてくれることになっていたのです。

第二十九章 出版のチャンス

一九七五年の春、セントジョーンズ大学で教えるようになって四年が経ちました。私はアーティと契約を交わし、本が出版されたときは、私が受け取る印税の15%を代理人である彼に支払うことになりました。彼は出版社のT.Y.Crowellにコネがあり、私は同社の編集主任に完成した原稿を見てもらって、出版が可能か訊いてみる機会を得ました。アーティは「行って、本を売り込んでこい」と言いました。

マンハッタン中心にある指定された場所に行くと、秘書から受付の待合室でお待ち下さいと言われました。一時間が経ち、ようやくポール・ファージス氏のオフィスに案内されました。彼は待たせて申し訳なかったとしきりに謝り、私の原稿と出版計画について質問し始めました。

ところが、どうも様子がおかしい気がします。私はロングアイランドで個人のカウンセリング業を始めて四年になり、自宅のオフィスで週に五日、一対一のセッションで毎週三十人のクライアントに会っていました。ですから、相手が深刻な悩みごとを抱えているときは、すぐさま勘づきます。そして今もこの面談で、相手が悩んでいることに気づきました。ポールからは心配事とストレスがにじみ出ていました――まるで一晩中眠れなかったのに、必死で本心を隠そうとしているようです。この面談は数週間も前にアーティがお膳立てをしてくれたものでしたが、ポールはとにかく早く終わらせようとしていました。

私はたちまちセラピストモードに切り替え、もしよければ話を聞きましょうかと彼に尋ねました。ポールは心を開いて自分の悩みについて語り、私たちはそれからの三時間、彼の心配事について話し合いました。話が終わるとポールは再び謝り、私たちは握手を交わして別れました――本のことは自己紹介のときに少し話しただけで、あとはもう話題にのぼらず、私は原稿を抱えて地下鉄で家に帰りました。

面談がどうなったか気が気でなかったアーティが電話をかけてきたので、私は面談での成り行きを簡単に説明しました。彼は友情から憤慨し、私のことを無邪気すぎると言って怒りました。私がまたとないチャンスを逃したことが信じられなかったのです。アーティはコネを使って今回やっとのことで面談を取りつけてくれたので、もう次の機会はないだろうと考えました。絶好のチャンスだったというのに、私はそれに乗ずることができなかったのです。

ところが翌朝の十時、アーティがマンハッタンのオフィスから興奮して電話をかけてきました。ポール・ファージスから電話があり、「ダイアー博士の本がどんな内容なのか知らないが、契約しようと思う」と言ってきたそうです。彼は、私の大学での年収とほぼ同額の前払金を提示してきました。私は大喜びです。ついに自分の本が T.Y. Crowell の子会社である Funk & Wagnalls から出版されることになりました——しかもたった今、収入が二倍になったのです！

今だからわかること

当時は気づいていませんでしたが、私はかつて手にしたことがないほど大きなチャンスの一つを与えられていました。私にはあのとき、エゴに任せて出版社での面談を受けさせるという選択肢もあったのです。私のエゴはポールの苦しそうな様子など無視して、我が目標へと一直線に向かったでしょう。そして自分の本を売りこむべく、その出版の利点を並べ立てていたかもしれません。しかしそれは、エゴがよしとする行動でした。エゴは勝つこと、得になることしか考えず、できるだけ自分に注目してもらおうとします。

長年の経験から、私はエゴの主張がどういったものかわかるようになりました。それはいつも次のようにつぶやきます。「それをしたら、何の得になるだろう？」、「私の面倒を見て。私は世界一、重要な人物なんだから」。こういった独り言が頭の中で終わることなく繰り広げられ、エゴはほぼすべての場を支配します――そのわりに納得いく結果は得られません。この人生の展望台に立ってクリアな視野で見渡してみると、私たちはいつも、エゴという自分の一側面を手なずけるチャンスを与えられているのがわかります。

ポールのオフィスでの面談の話に戻ると、あのとき私はもう一つの選択肢を与えられていました。エゴを後回しにすることで、それを黙らせるという選択肢です。私は自分のエゴの主張を無視して、ハイヤーセルフの主張に耳を傾けるという選択肢を与えられていました。ハイヤーセルフの内なる囁きは「それは私の得になるだろうか？」などと訊いてくるのではなく、「私はどのように奉仕できるだろう？」と問うのです。どちらの声に耳を傾けるか――それはあの日のことに限らず、私にとって大きな教訓となり、未来の私が書くことや教えることにも役立ちました。

私たちの本質は愛であり、思いやり、優しさ、他者への奉仕でもあります。それこそが神であり、神はそのような本質を示しています――神は自らのためには何も求めず、新鮮な空気、水、食物、動植物を与えることで、いつも奉仕しています。しかも、すべて惜しみなくです。エゴを無視して、ハイヤーセルフに耳を澄ますとき、私たちは神（存在の源）と同調し、ひいては源のパワーを手にすることにもなります。

私が無意識にポールのオフィスで彼の相談に乗ったときのように、「どのように奉仕できるだろう？」という考えから行動すると、そのエネルギーの中に宇宙の源が自身を見出して、こう訊き返してくるのです。「では、あなたにどのように奉仕しましょうか？」。あのときそれが起こっていました。私はただ同じ人間として助けが必要な相手に手を差し伸べただけなのですが、その行動が気づかぬうちに無限の豊かさという新しい生活を人生に招き入れてくれたのでした。

あのとき出版社と交わした契約によって、大成功を収めることになった本が何冊か世に出ました。そうして私の人生は、それまでとは大きく異なる道に進むことになりました。エゴは注意を引きたがり、自分に仕えよと要求します。そうしたエゴのひっきりなしの要求をなだめることが、私の本や講演、そして特に個人的な生活において大きなテーマとなってきました。

一九七五年のあの頃、私に神の手が差し伸べられていたような気がします。たった一度の、運命を決める面談。三十五歳で無名の教授だった私が、見えざるフォースによってオフィスに誘導され、そのフォースはこう囁いていました。「どちらかを選びなさい。自分の得になるかどうかを気にするエゴの声に耳を傾けますか？　それとも、どのように奉仕できるかを問うハイヤーセルフの声に耳を傾けますか？」。それは、私が学ぶべき大きなレッスンの一つでした。それまで私はあまりハイヤーセルフに耳を傾けてこなかったのですが、そのハイヤーセルフの声がいつも得意げに催促するエゴの声をかき消してくれたことにとても感謝しています。

大声で威張り散らす自分（エゴ）を手なずけることが、私の生涯の課題だったのだと今ならはっきりと理解できます。ポールのオフィスにいたあの日が、エゴを手なずける旅路を始めるチャンスだったのです。その探求を始めるために関わってくれた人たちすべてに、永遠の感謝を捧げます。

第三十章
静けさの中で

一九七五年の秋学期、私は多忙を極めていました。セントジョーンズ大学での各委員会で決められた業務が山積みで、講義のスケジュールもめいっぱい詰めこまれていました。それに博士課程の学生を何人か指導しなければならず、カウンセリング業もフルタイムで行っていました。ポートワシントンで私が教える「自己実現する人生を生きる」というテーマの講座は、何百人という参加者が集まる一大イベントになっていました。さらに、『自分のための人生』(三笠書房)の出版が数か月後に控えていて、私は初めての編集段階に入っていました。ポール・ファージスとの仕事は楽しく、彼はとても有能で、初めての単独作品の編集作業をしている私にたくさんアドバイスをしてくれま

第三十章

静けさの中で

した。

個人のカウンセリング業も大忙しで、もう新しいクライアントを受け入れる余裕がありませんでした。大学に行かなくていい日は、大抵朝の七時半から夜の九時過ぎまでセラピーの予約が入っていました。採点すべきレポート、目を通さなければいけない論文、出席すべき会議、アドバイスを求めてくる学生たち——まるで売れっ子気分でしたが、実際のところ倒れる寸前でした。

夜の部の講義がある日は、授業が始まるまで大混乱です。というのは、あれやこれやと問題を抱えた学生たちが「今すぐ会ってください」と私の研究室に押しかけ、秘書のメアリーも「博士に電話です」と休む間もなく呼び立てるからです。

その日も、数時間後には満員の教室に立つことになっていました——それも登録していない学生たちまでたくさん来ています。メアリーが私の同僚の教授たちに訊いているのが聞こえてきました。「ダイアー博士を見かけませんでした？　博士に会いたがっている人が百人はいるというのに、どこを探してもいないんです！」。

まるで蜂の巣をつついたような騒々しさです。私を捕まえて引き裂こうとする魔の手が四方八方から伸びてくる中、私は……逃げ出しました。マリヤック・ホールの裏階段を降りて外に出ると、大きく息を吸いました。そしてユートピア・パークウェイを少し歩き、公園に入って、木立を抜けた静かな場所で大きな石に腰かけました。

研究室から五分でも離れるとすぐに人があふれ、皆が用事を言い立ててきます。私は自分の意味不明な生活を考えて、ふっと笑いを漏らし、自然の音に耳を傾けながら目を閉じました。顔に当たる陽の光を感じます。その癒しのエネルギーを浴びていると、不安に乗っ取られた腹部にまでエネルギーが降りてきそうでした。小鳥たちがさえずり、コオロギが鳴いています。公園では犬が吠えていました。頭上では、風が木々の梢を揺らしています。ゆっくり目を開けると、とりどりの色が木々の間で鮮やかに踊っていました。秋という季節の移ろいが荘厳なまでに自らを演出する中、私はその心地よさに浸りました——すべてが自然に移ろっていくのです。

その愛おしい場所にいたのはたった十五分ほどでしたが、研究室の混乱したエネルギーからの短い逃避行を楽しみながら英気を養うことができました。すっきりした私は、まるで生まれ変わったような気分で大学に戻りました。あの重苦しい気分は消え、もう何が来ても大丈夫な気がします。私はまた混乱の場所へ戻ろうとしているのはわかっていましたが、もう不安に揺れてはいません。私は裏階段を上り、あまり使われないドアを通り抜けて三階に着くと、研究室の外部スペースにふらりと入っていきました。心は平穏です。

待っていた学生たちも、私がこっそり抜け出した二十分前とはなんだか違って見えます。私は一人ひとりを研究室に迎え入れて悩みを聞きました。評価やレポートや大学の必修要項のせいで学位を取得できないと思いこんでいる彼らに快く助言します。私と話したがっている同僚たちのこともう邪魔者のようには感じませんでした。電話対応もすべて冷静にこなせます。その後の二時間はあっという間に過ぎ、細々とした雑務もそれほどストレスを感じずに片付けることができました。

私はあの公園の小さなスペースを自分の静けさに浸る場所に決め、私のオフィスアワーの定番となっている混乱の最中にほぼ毎日そこを訪れるようになりました。私はその静かな小部屋のような場所で過ごす時間を宝物のように大切にし、決められた場所にいる必要などないように思われる生き物たちを羨みながら、満ち足りた思いで平穏を味わっていました。特に小鳥たちはなんと自由なんでしょう。地上の混乱などにおかまいなく風に乗って高く舞い上がり、飛び交っています。生き物たちに羨望の眼差しを向けながら、私は自分もまた内面に自由という場所があるではないかと気づきました。私はすべてを後に残して舞い上がり、見晴らしのよい高みから、地上の混乱を見下ろすことができます。空を舞うワシになった自分を想像すれば、すべてを眼下に見ることができるのです。

今だからわかること

自分の静けさに浸るあの場所が何を意味していたのかを今ふり返ってみると、あの逃避行のための小さなスペースが重要な役割を教えてくれていたことに気づきます。あれはまだ私が瞑想という至福の世界に没頭するようになる前のことでしたが、私はあの場所へ不思議な形で導かれていたのだと思います。それは、ストレスから身を守る手段としての「静寂」を自分に教えるためでした。あの公園の大きな石に腰かけていた頃からもう四十年近く経ちますが、こうしてこの原稿を書いている今でも、その光景を鮮やかに思い浮かべることができます。長い時間が経っているというのに、私が避難したあの静穏な場所を今でも見て、嗅いで、聞いて、感じることができるのです。

瞑想はやがて私の生活でとても大切な習慣になるよう定められていました――私はのちに「センタリング」というこの古代の術に深く関わることを運命づけられていたのです。というのは、のちになって数名の東洋の師がジャパ瞑想の教え方を伝授してくれたからです。ジャパ瞑想とは、神の名のマントラを唱えて内なる気づきという至高状態に到達する古代の瞑想法です。私はその後、超越瞑想の魅力に感化され、世界有数のマインドを静める達人たちから教えを受けることになります。さらに、私は自分でも瞑想法を考案して、日常で瞑想を習慣にするためのアドバイスを詳細に述べた本を書く運命にありました。これらすべての出来事が未来の私に待ち受けていたのです――しかし、それは随分先のことでした。

今だからこそ、私の運命に通じている神の叡智が働いていたのだとわかりますが、当時の私はそれをあまり理解していませんでした。あの頃、神の叡智が働きかけてきて、私にオフィスを抜け出して公園へ行くよう促していました。精神的に落ち着かない日々、私をあの場所に駆り立てたあの不思議なエネルギーを考えてみると、あれは私の人生コースを強力に導いていたのだと思います。自分の静けさに浸る場所――私に与えられたえも言われぬ美しさを心ゆくまで味わったあの場所は、心配事を脇において、胸につかえているものを吹き飛ばすための絶好の場所のように思いました。しかし長い時を経た今、私はあの場所が合図を送ってくれていたのだと考えています。それは「不要なプレッシャーにあふれた生活から離れなさい」と伝えていたのだと思うのです。

私はよくフランスの哲学者であり科学者、数学者でもあるブレーズ・パスカルの言葉を引用します。「人が抱える問題のすべては、部屋で一人静かに座っていられないことから生じる」。それまで私はこの言葉を仔細らしく熟考していましたが、あの静寂の場所で座りながら問題が消えていくのを身をもって経験するまで、その言葉の真意を充分に理解していませんでした。あの頃、私はパスカルの言葉がもつ本当の意味を実感する機会を与えられていたのです。神の手があの神聖な場所に導いてくれたことを、私は永遠に感謝するでしょう。あの場所で経験したことは、人を狂気へと追い込むような環境で内なる平穏に到達するための初級レッスンであり、多くの瞑想初心者、ヨガ実践者にパスカルの知恵を教えるためのレッスンを与えてくれたのでした。

私は数多くの真実を学び教える幸運に恵まれましたが、そのうちの一つは、あの静寂の場所で過ごしたときから数十年後にもたらされました。その真実はもう私のトレードマークのようになっており、ノートやメモ帳のいたるところに記されています。それはとてもシンプルな言葉です。「あなたが物事を見る目を変えれば、あなたの見る物事が変わる」。あの頃の私は多忙を極め、自分の日常になっている混乱の最中で明晰さを追い求めていました。そんな中、あの静寂の場所への逃避行は今お話した真実をわかりやすく思い知らせてくれたのです。

雑事から逃れて自然の中でひとときを過ごし、内なる場所に入って静寂に浸った後、私はあの大混乱の研究室に戻って、物事を見る目を変えることができました。すると本当に、私の見る物事も変わっていたのです！　学生たちは助力を必要としている若者たちに変わっていました——もう私にストレスを与える人たちではなくなっています。同僚たちは片付けるべき問題を寄こしてくる人たちではなく、気さくな仲間に変わっていました。そしてかかってくる電話も、もはやうるさい邪魔者ではなく、自分がやりましょうと引き受けた仕事の一環に変わっていました。研究室全体がはちきれんばかりのエネルギーに溢れた楽しい場所と化し、神経を麻痺させるエネルギーが淀む場ではなくなっていたのです。

「物事を見る目を変える」というその教訓を読み返してみると、あの公園で過ごした平穏な時間がいつも蘇ってきます。あの日々が今日《こんにち》の私の始まりでした。自然の中で過ごす静かな時間が、自分の置かれた環境のもっとも不愉快な側面に根本的な転換をもたらし得る——あの日々は、その強力な考えを伝える教師になるための就任式のようなものだったのです。果たせるかな、私は心の平穏に生きる方法や物事を見る目を変える方法を教える新たなキャリアに進もうとしていました。

第三十一章　本の出版とその反響

セントジョーンズ大学での秋学期の職務を終えた私は、ほぼフルタイムで『自分のための人生』（三笠書房）の編集・修正作業をしていました。ニューヨークの出版社 T.W.Crowell の私の担当編集者ポール・ファージスから、ちょうど連絡がありました。「出版が三月に決まりましたよ。しかも、全国誌に連載してもらえることになった、おめでとう！」。

私の本は、感情に支配された形式主義を断ち切るためのガイド本に仕上がりつつありました。私がその本を書いた理由は、自分が高度な教育訓練を積んできたからではありません。むしろそのような訓練を受けてきたにもかかわらず、それを書いたと言う方が近いでしょう。

人に永続的な変化をもたらすのを手助けするとき、何が本当に効果的なのか――私はあらゆる年齢層の異なる環境や文化的背景をもつクライアントにたくさん携わってきていたので、効果的に彼らを手助けする方法については自信がありました。

個人のカウンセリング業では、その四年間で数百人におよぶクライアントのセラピーを行い、彼らが人生をより健全に、そして生産的に生きるための方法を学ぶのを助けてきました。クライアントは、感情面の問題を克服する方法を求めて私のところへやって来ます。そして大抵の場合、彼らは常識的なアプローチで問題を克服することができました。ですから、博士課程の学生たちを指導する際に用いていた専門的な心理学的アプローチを極力控えることができれば、『自分のための人生』の読者に読みやすい仕上がりになるだろうと思いました。できるだけシンプルで現実的な本にしたかったのです。私は、すべての人に本来備わっている偉大さを強く信じていました。

思想家バックミンスター・フラーは、その講義で次のように述べていたそうです。「誰もが天才として生まれる。しかし、生きるプロセスがその人を凡人化させてしまうのだ」。私はこの考えを頭から振り払うことができませんでした。私の願いは、人々に自分の偉大さを信頼してもらうことでした。私はクライアントとのセラピーセッションやマズロー博士の教えを通して、誰もが天才なのだと確信するようになりました。カウンセリングを行うときはいつでも天才を前にしているのだと信じていました。ただ、その天才は悲しいことに自分を凡人化させてしまっただけなのです！

理論的・心理学的アプローチは、人が問題を抱える理由（言い訳）を論じますが、私の本ではそうした理由は一切排除して、この「誰もが天才だ」という考えを実践することについて述べています。セラピーセッションでは、クライアントが考えている自分の問題については手短に話をすませます。そして、彼らが自分や自分の人生について、それまでとは違った考え方ができるよう手助けすることに焦点を当てます。本のタイトルを“Your Erroneous Zones（過ちの領域）”にしたのは、自分の考え方における過ちから脱却することを教えたかったからです。

あまりにも多くの人が、自分には選択肢がないと信じています——自分の問題や悩みは外的な原因があって生じたものなので、自分がどうこうできるものではないと信じているのです。私はその考え方こそ“error（過ち）”だと見なします。人は自分の下してきた選択すべての結果として、今の自分になっています。私はそのことに気づくためのツールを繰り返しクライアントに提案します。クライアントは自分以外の誰かや何かを原因だと考えたいので、初めのうちは私の説明を否定しますが、私は「外部のせいにすること」自体があなたの選択なのだと指摘します。そして、外的なことに原因を探そうとするのが単に愚かなだけではなく、誤った考え方なのだと話すのです——つまり、考え方の中にエラーの領域があるというわけです。

「考え方を変えて人生の物事すべての責任を引き受け、誤った考え方から脱却してください」。私が実践しているのはエリスの理性感情療法をより平易にした方法で、わりと少ない回数のセッションでクライアントに大きな変化が生じるのを目の当たりにしました。エイブラハム・マズローとアルバート・エリスはやはり偉大な師でした——彼らの業績が私のカウンセリング業、執筆業、そして個人としての生活にも大きな影響を与えてくれました。

私は一年前に書いた自分の原稿を編集するにあたって、本のメッセージを単純明快なまま残しておきたいと主張しました。感情面での不安や満たされない生活を生み出す「誤った考え方」をクライアントが克服できるよう手助けするときに役立ったのは、学術的かつ心理学的な理論ではなく、むしろ常識的なアプローチでした。出版社は私の原稿をAPAスタイルでより専門的なものに仕上げよう、根拠となる研究結果を参考資料として列挙しようとしましたが、私はその考えに反対しました。

時は進んで一九七六年の三月。セントジョーンズ大学の私の研究室に『自分のための人生』のハードカバーが届きました。自分の本を手にしたときの気分を、どのように表していいのかわかりません。私は興奮で胸がはち切れそうになりながら、それまでに辿ってきた道のりを考えていました――ミシシッピ州の父の墓を訪れたこと。録音してきた数百におよぶ講義とセラピーセッション。マズロー博士とエリス博士から受けた影響。そんなことに思いを馳せながら、私はこの本に書いたメッセージが伝われば、大きなインパクトを与えられるだろうと確信していました。

私は、それまでに書くことに費やしてきた時間をふり返っていました。ものを書きはじめた若かりし頃から、現在に至るまで――今や私は、想像を遥かに超える素晴らしい宝物を得た気分で自著を握りしめながら、自分の研究室に座っているのです。私はその本を肌身離さず、講義を行う教室にも持っていきましたが、誰にも本のことは話しませんでした――大切すぎて口にすることすらで

第三十一章

本の出版とその反響

きなかったのです。まだ人に打ち明けるのはもったいない。

そう言えば、ポール・ファージスはこの本が全国誌に連載されると言っていました。果たせるかな、『自分のための人生』の六回にわたる連載の初回分が〈The National Enquirer〉に掲載されました。セレブリティのゴシップ雑誌で、全国の食料品店などで売られています。この週刊誌には三百万人を超える読者がいるらしく、私がそれまでに書いた論文を掲載した専門誌の売上部数と比べたら巨大な数字です。専門誌の読者よりもはるかに得をする読者がたくさんいるんだなと感じました。

全国の読者から大量の手紙が届き始めました。アドバイスを求める手紙、家族間や大切な人間関係で抱えていた悩みを解決するのに本が役立ったという感想の手紙……そのように全国各地の人々から注目を浴びるのは初めての経験でしたが、私は返事を書き始めました。

『自分のための人生』が好評だったので、研究室ではかつてないほどひっきりなしに電話がかかってくるようになりました。そのうちの一件はセントジョーンズ大学の役員からで、低俗な雑誌に文章を掲載させて大学の評判を落としてくれるなという注意を受けました。テキストを出版し、専門誌に論文も掲載されている前途有望な教員なのだから、このまま連載を続けさせてはいけないと言うのです。大学での昇進にも支障をきたすかもしれないし、終身地位の審査にも影響が出るかもしれないと言われました――もう終身地位という言葉にはうんざりです。私は三十五歳にして、毎日同じことを繰り返しながら一生を同じ場所で過ごすという考えを、とてもじゃないが受け入れられないという心境になっていました。

私は『自分のための人生』の連載中止を断っただけでなく、毎号、本が掲載されるのを誇らしく思っていました。雑誌連載のおかげで、何百万という人たちに本を読んでもらえるのです。私は、読者の多くが自虐的な考え方や誤った考え方を克服することを学んで、自分の人生をポジティブに変容させる方法に気づいてくれるだろうと強く確信していました。批判的な声は無視することにして、大学のお偉方たちからの中身のない策略的な脅しにも注意を払いませんでした。

同僚たちからはいわゆる「ゴシップ誌」での連載に関して、悪気のない冷やかしを受けましたが、私は気にしませんでした。自分は助けを必要としている人たちに変化を起こしているのだ。そう考えるだけで幸せな気分になりましたし、高尚な学術誌のわずかな読者数を遥かに超える大勢の人たちに自分の本を読んでもらえるのだと思うと満足でした。

今だからわかること

初めて単独で書き上げた本の編集作業をしていた当時のことをふり返ると、どんな学術的批判にも耐えうる本を完成させることに、大きなプレッシャーを感じていたことを思い出します。そもそも『自分のための人生』は、そうした批判などをどのように処理すべきかを読者に提案している本なのです。世間からの評判を気にせず、人から認められたいという欲求から自由になることこそ、

第三十一章

本の出版とその反響

私が教えていたことでした――人から褒められたい、認められたいという欲求は、もっともよく見られる神経症的な障害の一つで、私は長年の間、クライアントがその欲求を克服するのを手助けしていたのです。ところが、今度は私が意見を押しつけられる側になっていました。周りの人たちが私の本を世間に認めさせようとしていたのです。

出版社は私の本に事例や注釈、参考文献などを載せて、もっと学術的なものにしたいと考えました。私はヨアヒム・リース氏のことを思い出しました。彼は大学一回生の授業で、無味乾燥でおもしろみのないスタイルで書くことを私に強要した指導員です。私は当時も彼の言い分に反抗し、満足のいかない評価を受けることになってでも、強要されることを拒みました。私はもう二度と、外的な力や学界が定めたルールにあれこれ指図されるものかと固く決意していました。ポール・ファージスはそんな私を支持してくれましたが、それは最初の面談で彼の相談にのったときに、私の書いている方法が効果的だということを身をもって知っていたからだと思います。

私が人としてどう在るべきか、特に執筆家としてどう振る舞うべきか、周囲はとやかく言ってきましたが、そんな彼らの指図に屈するなという内なる声のおかげで、私は講演家、執筆家として成長することができました。彼らの主張に根負けして、『自分のための人生』の一般向けのスタイルをもう少し専門的なスタイルに変えようかという考えが浮かぶと、必ず内なる声が聞こえてきました。「何が効果的かは自分が知っているはずだ。人々がよい方向に変わるのを手助けしたいんだろう？　見も知らぬ学者たちに受け入れられたいとは思っていないはずだ。今の調子を貫け――シンプルなままで、読者に正面切って訴えろ。そのやり方がセラピーセッションでもうまくいったじゃないか。本でもそれを活かすんだ、きっとうまくいく」。

あれから長い時間が経った今、よりクリアになった視野で当時のことを考えてみると、あの内なる声は神の導きだったのだとわかります。それは自分にとって正しいと知っていた道から外れないよう、私を導いてくれた見えざる叡智でした。自分らしく在ること、そして自分らしく在ることを私の代わりにできる人などいないと気づくことが大切だったのです。この内なる声が大音量で鳴り響いていたのは、その教訓を人にも教えることができるよう、私自身が直接それを学ぶ必要があったからです。

私は、一九七五年当時に出ていたセルフヘルプ関連の文献のほとんどに目を通していましたが、デール・カーネギーやノーマン・ヴィンセント・ピールの著作の類書を自分も書きたいとは思いませんでした。それよりも、カウンセリングに来た数多くのクライアントに実際に効果のあった方法を紹介することによって、自分自身のジャンルを築きたかったのです。誤った考え方をやめて、人生で起こる物事すべての責任を引き受けたとき、永続的な真の変化が起こりうるということを私は心の奥底で知っていました。自分の人生でそのことを証明していたからです。人から反対されても一歩も引かず、ほかの人たちに従ったり似たようなものを書いたりしないという思いが、自分の書きたかった本を書かせてくれました。その本には著者として私の名前が記され、何があろうとも変わらなかった私の信念が映し出されていました。

第三十一章

本の出版とその反響

大学は、私の本がスーパーで売られているタブロイド誌に連載されていることに目くじらを立てていましたが、今その騒動をふり返ってみると、自分の確固たる信念を揺さぶろうとする相手に対して異を唱えるという経験が、私にはまたしても必要だったのだとわかります。

私は海軍にいた二十歳のときに、「私は教師だ」と宣言していました。この宣言に関しては何の制限もかけていません。私には「自分は教師だ」という強い思いがあり、「人は自らにパワーを与えるべきだ」というメッセージを人々に教えたいと願っていました。ですから、そのメッセージを伝えられる相手が増えれば増えるほど、教師としての私はより効率よくその職務をまっとうできるというわけです。当時の私にとってはシンプルな理屈でした。専門家の承認を得るべく学界向けにものを書いても、せいぜい数百名にしか読んでもらえません。一方、タブロイド誌の広範な読者に向けて書き、数百万人に読んでもらえれば、その人たちは私の教えからもっとも大きな学びを得ることになります――これはわざわざ考えなくてもわかりきったことでした。

私の使命はできるだけ多くの人に自分のメッセージを伝えることだったので、本が雑誌に連載されることになって、天にも昇るような気分でした。名声など求めていませんでした。私がしたかったのは教えることであり、読者にも本を買ってほしいと思っていました。なぜなら学界に残された私の時間はどんどん短くなってきていると心の奥底で察知していたからです。今回のことは宇宙のソースが用意してくれた幸運だと感じました。そしてそのソースは、当時の私が思い描くことすらできない大きな計画を企てていました。

私は『自分のための人生』は大勢にメッセージを伝えるための一手段だと思い、バックミンスター・フラーが次のような言葉で表現したメッセージを世界中の人に知ってほしいと願っていました。

あなたが唯一無二の存在であることを忘れないでください。もしその類まれな個性をもってしても、あなたがこの世に生まれる必要がなかったのであれば、そもそもあなたはここにいなかったでしょう。人生の困難や問題がどれだけ深刻に思えても、一人の人間が世界に変化を起こせるということを忘れないでください。実のところ、この世界で起こる重要な変化はすべて、一人の人間から始まるのです。どうか、その一人になってください。

「変化を起こす一人であれ」――私はこの気づきを受け入れることを人々に教えたいと思っていました。そして何よりも、私自身がその一人になりたいと心の奥底から願っていたのです。周りが自分のことをどう思っているかを気にしていたら、自己実現などかなわないと私は心の中で確信していました。

第三十二章

ヴィジョンを実現するために

一九七六年四月。私はニューヨークのウエストバビロンにあるカイムアベニューに家を借りていました。まだセントジョーンズ大学で教鞭をとりながら、個人のカウンセリング業も続けていました。また、『自分のための人生』（三笠書房）のメッセージを全国に広めようと固く決意していた私は、出版社から自著を二千部購入しました。それは初版発行部数のおよそ三分の一に相当します。

家から数ブロック離れたところにラジオ放送局があり、その建物には〈WBAB〉という看板がありました。そこがどういったジャンルの放送局か知りませんでしたが、私は金曜日の午後にそこへ立ち寄り、受付係に『自分のための人生』を一冊手渡して、自分がその本の著者であること、そこから数ブロック先に住んでいること、もし局が地元の執筆家にインタビューをすることがあるなら喜んでゲスト出演したい旨を伝えました。

翌日、放送局長から電話がかかってきました。受付にあった私の本を見て、そこに電話番号が書いてあったので連絡をしたとのことです。予定していたゲストが急にキャンセルになったので、その日代わりに出てみないかと言われました。私は迷わず承諾しました。

その土曜日の朝、私は地元のディスクジョッキーからインタビューを受けて、とても楽しい時間を過ごしました。メディアに登場するのは初めてで、私はもうその仕事に夢中になっていました。何件かリスナーから電話があり、私は喜びにあふれた人生を創造するための常識的アプローチについてぶっつけ本番で語りました。リスナーから電話があるとランプが点灯します――すべての回線が点灯し、全員が私の本をどこで買えるのか問い合わせてきました。私はハンティントンにある地元の書店の住所を告げて、放送が終わるやいなやそこへ車を走らせました。そして店長に、本を十冊委託で販売させてほしいと頼みました。まだ出版社から入荷していなかったからです。店長は同意し、私は今や執筆家であると同時に卸業までやっていました！　三日も経たないうちにその十冊は売れました。私は出版社に連絡して、ロングアイランドにあるすべての書店に本を置いてもらうよう確認しました。ＷＢＡＢにレギュラー出演することが決まったからです。

私は独自のマーケティング計画を立てました。自分で小さなラジオ放送局を訪ね、インタビューを受けて、本への関心を集めるのです。出版社は私ほどマーケティングにもプロモーションにも熱

第三十二章

ヴィジョンを実現するために

心ではありませんでしたが、私は一人で張り切っていました。

ＷＢＡＢでのインタビューを経験してからは、ロングアイランドだけではなく、全国でインタビューを受けている自分を思い描くことができました。可能性は無限にあるように思いました。私は新しい方向へ導かれているのを感じました。カウンセリング業は順調でしたが、いずれはそのクライアントに対する数多くの義務から自分を解放しなければならなくなるでしょう。特に、大学准教授としての責任から自由になる必要があります。

四月五日の月曜日、私はポートワシントンで毎週行っている講演のためにシュライバー高校に着きました。講演の終わりに私の本を販売する予定であると聴衆に伝えると、私は妻と一緒に車から本を五百部降ろしました。講堂は満員です——千二百人以上が集まり、五百冊はあっという間に完売しました。私は驚きのあまり我を忘れるほどでした！　何やらとんでもないことが起こりつつあるようです。自分が壮大な旅に出ようとしているのがわかりました。

心の中で「私は教師だ」という文字がぱっと浮かびました。そうだ、私は自分でこれを進めていける。この新しい計画のあらゆる面における責任を、自分で引き受けることができるのだ。必要なら自分で書店になればいい。マーケティング部門が仕事をしてくれないのなら、自分で自分を売り込めばいいじゃないか。自分で本を卸すこともできる。そして何よりも本を買ってくれそうな人たちに関心を持たせることができる。その関心は本を売ることによって生まれるのではなく、自分の話すことを愛し、その愛を売ることによって生まれるのだ！——私は自分の話すことを相手が気に入ってくれれば、そして私のことを気に入ってくれれば、その私が書いた本を読んでみたいと自然に思ってくれるだろうと考えました。

ポートワシントンでの月曜の講演を毎週聞きにきている受講者の一人が、ラジオ放送局〈WMCA〉で夜通し放送しているリスナー参加型番組の司会者たちに、私をゲストとして呼んではどうかと勧めてくれました。するとキャンディ・ジョーンズ（ラジオのパーソナリティであるロング・ジョン・ネベルと結婚した有名モデル）から電話があり、「放送局に来て、丸一晩番組に出演してくれますか？」と言われました。私はもちろん承諾しました。

放送局には夜の十一時半に到着し、キャンディとロング・ジョンと私は大いに盛り上がりながら議論しました。リスナーからの電話を受け、私はニューヨークという大都市に住むあらゆる人種に、電波を通してアドバイスを与えました。トラック運転手、不眠症の人、孤独な未亡人、深夜に目が冴えるマニアックな人たち……電話は鳴り止まず、朝の六時になって番組を終えると、また翌週も来てほしいと頼まれました。

ロング・ジョン・ネベルとキャンディ・ジョーンズは『自分のための人生』の知名度を驚くほど高めてくれました。そして、この重要な本を買いに行ってください、地元の書店に在庫を置くよう頼んでくださいとおおっぴらに宣伝してくれました。

翌週、キャンディにほかの仕事が入っていたため、私はロング・ジョンと二人で共同司会を務めることになりました。ロング・ジョンは進行性前立腺がんと診断されたところで、不快感を分散させるために特別にデザインされたクッションにもたれて大変な痛みに耐えているようでした。彼が席を外し、私はマイクの前に残されて、電話対応係と二人きりになりました。

私はアメリカ最大の都市にある最大の放送局の一つで、五時間も電話を受けながら自分の本について話す機会に恵まれたのです。とてつもなく胸が弾みました。電話は一晩中鳴りやまず、放送局を出るときに、あなたが〈ＷＭＣＡ〉に出演すると聴取率がぐんと上がると言われました。ロング・ジョンとキャンディー・ジョーンズの番組にレギュラーが決まり、番組に出演するたびに、ニューヨークの大きな書店すべてで私の本が完売しました。

ほかにもさまざまなラジオ番組にゲスト出演を依頼されるようになりました。ラジオ出演はいつも急に決まり、自分で決めて出演していました。たくさんのリスナーとつながって、本の売上が伸びていくのは嬉しく、胸の内には興奮の炎が燃えていましたが、その一方で私はまた別の方向に引っ張られているのを感じました。確かに一晩中マイクに向かって話すのは楽しいのですが、日中はクライアントとのセッションがあり、大学にも頭を明瞭にして出勤し、生徒と向き合わなければなりません。出席すべき会議もあり、修士課程の授業も詰まっています――これらの責任をすべてこなしながら健やかに長生きできるはずがありません。

五月になりました。『自分のための人生』が店頭に並んでから二か月が経ちます。ポールも私もこの本が注目を受けるに値すると思っていたので、どうにかして本を認知してもらおうと奔走する私を、ポールは力の及ぶ限り支持してくれました。しかし、私はこの本への熱い思いを

T.Y.Crowell社の上層部にまで感染させることができずにいました。出版社はこの本の大がかりな宣伝資金はないという立場をはっきりさせていましたが、私には全国ツアーをして本の宣伝をして回るという目標がありました。

『自分のための人生』は〈注目の新刊リスト〉に入っていました。その春発行の新刊リストです。もし初刷の六千部を完売させれば、成功と見なされるでしょう……出版社にしてみれば、それでこの本に関してはおしまいというわけです。しかし私には異なるヴィジョンがありました。私は野心に燃える新人ライターで、ニューヨークの大手出版社のやり方などまったくわかっていなかったのです。

私は自分が何をしたいのか承知していました。他人のヴィジョンなどには構っていられません。私はセラピーセッションに来ていたクライアント全員に、カウンセリング業を今月末で終わらせることにしたと告げました。このままのペースではやっていけないと判断したからです。

クライアントたちはがっかりしていましたが、彼らにはセラピーを始める前に、セッションは友だち作りの場ではないことを伝えていました。私は自虐的な考え方と行動に対する現実的な解決法を見つけて、カウンセリングを短期間で終わらせることを信条にしていました。すなわち「カウンセリングに来たら、新しいスキルを身につけて帰りましょう。子どもの頃のトラウマについて延々と語り続ける必要はありません」という方針だったのです。長期間にわたってセラピーを続けるのは私のやり方ではありませんでした。長期の精神分析に携わるのも価値あることかもしれませんが、私向きではなかったのです。

五月三十日にカウンセリング業を畳むと、一週間のうち何日かは同じ場所にいる必要がなくなりました。呼吸が楽になった気がします――それでも内なる声がずっと訴え続けていることをできるようになるまでには、まだまだ断ち切るべきことがたくさんありました。

今だからわかること

自分の意図を描いた内なるイメージが想像の中でしっかり根を下ろしているときには、ダルマを果たすチャンスがあらゆる所に転がっています。『自分のための人生』が発行されたばかりの一九七六年当時の自分の行動をふり返ってみると、宇宙が私に必要な人や環境と同調させてくれていたのだと疑う余地なくわかります。自分の運命がどのように展開していくのか私にはわかっていませんでしたが、自分の目指す方向に進むために必要な人や状況と出会えるよう、宇宙が取り計らってくれたのです。私はこの種の気づきを日常でも活用することを学び、たとえば駐車場を探すといった些細な行為にも意図を定めるようになりました。「この時間帯にこの辺で駐車場なんて見つかりっこない」と考えるよりも、「駐車場を見つける」という意図を定めた方が駐車場は現れやすくなります。

人生を肯定するヴィジョン、あらゆる可能性を受け入れるヴィジョンを心の中に描いていると、さらに強烈なヴィジョンを描いて周りを見回してみるよう促されます。そして物事が順調に行くのを期待しよう、たとえほんの小さな予感でも導かれていると感じたら、その方向に乗り出してみようという気持ちに駆られます。すべては同調しているか否かにかかっているのです。『自分のための人生』が発行されて以来、私は長年にわたってこの「同調」についてさまざまな場面で書いてきました。当時は理解していませんでしたが、内なるイメージをしっかり握ることによって、私は一つなる宇宙意志（私もその宇宙意志の一部です）と同調し、私自身の神聖な運命と一致する経験をこの物質世界に起こしてもらえるよう、偉大なるタオにゆだねていたのです。

ひとたび注意を払い始めると、不思議なシンクロニシティが起こっていることが見えてきました。当時の私は「幸運だった、おかしな偶然もあるものだ」としか思っていませんでしたが、今では視野がよりクリアになり、あの出来事はこういうことだったと腑に落ちるようになりました。たとえばあの〈ＷＢＡＢ〉という看板を意識して見るまでに、私は何百回とその前を通っていました。師はずっとそこに存在していたのに、それが絶好の機会であると気づく前に私はそれと同調する必要があったのです。

私はあの放送局の扉をノックするよう導かれました。そこには見えざる結びつきがあり、私や局の受付係、放送局長、出演をキャンセルしたゲスト、そのゲストの関係者、ディスクジョッキー……数え出したらきりがないほど多くの人々がつながっていました。私を放送局〈ＷＭＣＡ〉に導いてくれたすべての人々、そして今この瞬間に至るまでに起こったすべての出来事に関しても同様で、あらゆる人、出来事がつながっているのです。

こういったことをよく理解するための鍵は、同調にあります。自分の気を逸らすものがあっても一切動じない内なる炎のようなイメージ——そのイメージをもって願望を燃やし続けることによって、私はあらゆる状況を何らかの予兆として見るようになりました。当時の私を後押ししてくれたのは運ではありません——それは内なるヴィジョンをしっかり握って、それが意図になるまで放すまいとする私の意志でした。ヴィジョンが意図になれば、あとはおとなしく直感に従って、どのような機会が訪れてもそれを受け入れていくだけです。尻込みせず行動することで、私は次から次へと扉が開くままにゆだねていたのですが、もし手をこまねいていれば扉は開くどころか、その存在すら気づかれなかったでしょう。

何かのアイデアを探求しているときは、たとえどんなに些細ですぐに通り過ぎていく考えであっても無視しないほうがいいと今は理解しています。考えとは、森羅万象の起源である宇宙意志からのメッセージです。私たちの考えですら宇宙意志が起源なのです。

私の中で燃えていた願望は富や名声を求めるものではなく、本の大ヒットということですらありませんでした。その願望は、「これこそ私がやるべきことだ」と呼びかけてくる内なる確信だったのです。その呼びかけに応えなければ、なぜこんなに満たされないのだろうと思いながら、死んだように生きることになっていたでしょう。その呼びかけに応えたとき、私は何をすべきか知っていました。カウンセリング業を終わりにして、自分を自由にしなければいけないとわかっていたのです。自分がメディアで成果を上げられることはわかっていました。なぜならあらゆる出演機会を与えられ、それがインタビューでも深夜放送でも、出演に同意するたびに将来の新たな展望へと続く扉が魔法のように開いていったからです。

老子は『老子道徳経』（慶應義塾大学出版会）で、「小さく考えなさい。大きく考えるのではありません」と説いています。「千里の道も一歩から」ということです。もし当時の私が大きな成果を上げることにばかり気を取られていたら、自宅から数ブロック先にあったあの小さな放送局〈WBAB〉を通り過ぎていたでしょう。ところが私は消費電力もわずかなあの放送局の扉をノックし、それが大きなものへとつながりました。ほんの小さな一歩が次の一歩につながるということが今だからはっきりとわかります。私は宇宙のフォースに促されて小さな一歩を踏み続け、それがさまざまな人や物事につながりました。大きな成果も、小さなことから始まるのです。

私はロレッタ・リンの物語“Coal Miner's Daughter（炭鉱労働者の娘）”という映画が大好きです。彼女はロレッタ・リンはケンタッキ州ブッチャー・ハロー出身の伝説のカントリーシンガーです。彼女はラジオ放送局を訪ねて回り、自分の歌を一曲でもいいから流してもらえないかと懸命に宣伝を試みました。私はまた、友人のジョー・ジラードの言葉も気に入っています。「成功へのエレベーターが故障中だった。あなたは階段を使わなければならない……一歩一歩、上っていくのだ」。私自身、この言葉を信条にして生きています。

あのとき、喜んで最初の一歩を踏もうとした内なる確信にとても感謝しています。

第三十三章

大いなる導き

セントジョーンズ大学での春学期を終えたばかりの私は、一九七六年の夏、そしてそれ以降の予定について考えていました。一九六二年以来、毎夏、学生のときは夏期講習を受講し、社会人になってからは大学のコースを教えていました。その年も翌週から始まる講義リストを渡され、担当を承諾するかどうかを数日以内に返事しなければいけませんでした。

そのとき私はロングアイランドの高速道路（ＬＩＥ）を西へ向かって走っていました。春学期に指導していたインターン生の最終評価を大学に提出するためです。私はその頃、ニューヨーク界隈にあるさまざまなラジオ放送局の番組にしょっちゅう出演していました。本の売れ行きは少しずつ下がっていましたが、それでも安定しているほうでした。ふいに感情がこみ上げてきました。五年前、デトロイトを出てニューヨークに来るべきかどうかを悩んでいたときに感じた不安に似ています。ピーター博士に相談したときのことを思い出し、彼女の落ち着いた表情が浮かんできました。

またもや私は二つの選択肢の間で揺れていました。一つは、安定した生活を保証してくれる選択肢。もう一つは未知でした。私は『自分のための人生』(三笠書房)で「未知なるものの探求」というテーマに一章を費やし、ロバート・フロストの詩『人が行かぬ道』を引用しました。昨夜もロング・ジョン・ネイベルとの番組で、その詩の最後の部分を読み上げたところです。

森のなかで道が二つに分かれていた
私は――
私はあまり人が通らない方の道を選んだ
その道は別世界につながっていた

唐突に、意識が明瞭になりました。一九七一年、デトロイトでミリーに相談していたとき以来、これほど頭がクリアになったことはありません。あまりの明快さに圧倒されそうでした。迷いなど消えていきます。涙が頬をつたってきて、私は路肩に車を寄せました。愛情深いガイドスピリットに包み込まれているという紛れもない感覚がありました。

それはマズロー博士の言う至高体験でした。歓喜にあふれ、えも言われぬほど神秘的で霊的な恍惚状態――マズローによるとその状態はほんの数秒から数分しか続かず、人はその瞬間、至福、完全な調和、無限の可能性を感じます。マズローはそれを「鋭敏な意識の超自然的現象」と称したこともあります。私はまさしく今、ロングアイランドの高速道路で、その人知を超えた状態にありました。フロストの言う「人があまり通らない方の道」を選ぶよう導かれたのです。自分がどちらの道へ行くか――いや、どちらの道へ行くべきかが明らかになりました。

妻にも娘にも電話はしませんでした――相談は不要だったのです。なぜなら行くべき方向に光が見え、もうこの問題について悩む必要がなくなったからです。あと一日、いや一時間だけ考えてみようとすら思いませんでした。それほど明らかな悟りです。もうこのことは決まっていました。私はゆっくりと高速道路に乗り、大学に着くと、マリヤック・ホール横の駐車場に車を停め、二階に行って、サラ・ファスンマイヤー学部長の秘書に「学部長に話があります、時間は取らせません」と伝えました。私は勢い込んで、今学期末をもって退職すると決めたことを学部長に告げました。つまり三日後です。

学部長は、夏休みを取ってゆっくり考えてみてはどうかと言いました。「考え直してみて。あなたは前途有望なんだし、大学に籍を置いておけば自分にとっても好都合でしょう?」。

確かにこの不透明な時代にリスクを冒すことになり、定年後の医療費や退職年金、職務保障など、教授職についてくるメリットを失うことになるという点では、私も学部長と同意見でした。しかし、彼女の説得に真面目に耳を傾けながらも、私にはもう自分の将来が見えていました。しかもその将来は、まるで現実のことのように明瞭だったのです。私はリスクについては自分も承知しているし、よく考えてみた、その上で辞職したいのだと学部長に伝えました。もう興奮が収まりません。

私は学部長のオフィスを後にして、階段を上り、自分の研究室に向かいました。そこで妻と娘に電話をかけると、二人は私のために声を上げて喜んでくれました。研究科長のボブ・ドイル博士にも退職することを告げると、彼はショックを受けていましたが、私の思いを汲んでくれました。うまくいくか定かでない夢のために安定した生活を棒に振るなんて正気の沙汰じゃない。養うべき家族もいるというのに、収入も諸手当も保証されない状態で経済的にどうなる可能性があるのか、よく考えてみたまえ。彼はあれこれ注意してきましたが、私の決意は揺らぎませんでした。あの純粋な高揚感、人知を超えた恍惚状態が自分の身に起こってから、まだ一時間しか経っていません。通勤中の車が何百台と通り過ぎる横で、一人車に座って我を忘れていたのはたった一時間前のことなのです。もう私は通勤することもないでしょう——とうとう一人でやっていく覚悟ができました。今後すべては自分の思うままなのです。

同僚たちは祝福してくれました。秘書はすすり泣きながら、この五年間、私の元で働くのが本当に楽しかったと言ってくれました。私はデスクを片付け、インターン生の最終評価を提出すると、階段を降りて数ブロック離れた私の静けさに浸る場所に向かいました。

私はそこで静かな瞑想状態に入っていきました。もう願いなどありません。助力も導きも必要なく……何も求めていませんでした。私は大きな石に腰かけて、セントジョーンズ大学教員としての最後の三十分を過ごしました。小鳥たちがさえずり、風が木々をざわめかせています。私は畏怖を感じていました。一、二時間前、自分の身に起こったことが何であれ、それに感謝の思いを捧げました。それはまばゆいほど美しく、明瞭な瞬間を与えてくれたのです。三十六歳にして初めて、私は独り立ちして雇用主のいない身となりました。さまざまな可能性を胸に抱き、自分の経験と勘だけを頼りに生きていくことになったのです。

今だからわかること

ロングアイランドの高速道路で経験したあの飛躍的な瞬間と、それに続く瞬発的な行動は、今でも鮮やかな記憶として蘇ってきます。私はあのような飛躍的な瞬間を一種の至高体験としてさまざまな形で書いてきました。そうした体験は意識を高次元にシフトさせる力を持っていて、私たちをハイエストセルフと意識的につながらせ、新しい方向へと瞬時に駆り立てるのです。

私はそのような啓示やふいに降りてくる洞察をよく主題にして書いてきましたが、それはそうした知らせが高次の世界から訪れるものだと理解するようになったからです。父の墓地で経験したこともそうした飛躍的瞬間の一つとして書きました――マズロー博士に言わせると、それは洞察が降りてくる超自然的な瞬間で、人生を変容させることがよくあるのです。

私が出演している映画で本にもなった『ザ・シフト』（ダイヤモンド社）の中で、飛躍的瞬間の四つの特徴を挙げています。第一に、その瞬間はいつも予期せぬタイミングで訪れます。大学に向かう車の中で私に降りてきた洞察の瞬間は、本当に突然やってきました。第二に、その瞬間はとても鮮やかです。あれから数十年経った今でも、自分があの日何を着ていたか、また愛車オールズモビル・カットクラスの内装が何色だったかなど正確に思い出せます。高速道路の標識や行き交う種々の車、それらから漂ってくる排気ガスの臭いまで覚えています。第三に、飛躍的な瞬間はいつも温かさがあります。あのとき自分の周りに天使のような存在がふわふわと漂うのを感じ、完全な安らぎを覚えました。そして鳥肌がたったのを覚えています——娘に言わせると、それはゾクゾクっとする感覚だそうです。第四に、その飛躍的な瞬間は拭い去ることができません。これは説明する必要もないでしょう——四十年近く経った今でも、私はあの出来事をたった一時間前に起こったかのように思い出せるのですから。

一九七六年のあの六月の日、言葉では説明できない何者かが私の前に現れ、不安なシフトを人生に起こす手助けをしてくれました。これまでにも私が困り果てているとき、その何者かが何度か助けてくれました。私はこの至高体験の瞬間を信頼し、それにゆだねるだけではなく、人生にそれを招くように心がけています。自分の人生の目的に対して自信を持てば持つほど、この鮮やかで高揚感を与えてくれるエネルギーにアクセスできるようになりました。明らかに、あの日体験したような瞬間は、自己実現を叶えていく上で欠かせない要素なのです。

もともと抱いていた意図と同調して目的意識を持って生き始めると、人は高次の導きを招くようになります。アセンデットマスターの助けにアクセスする唯一の方法は、彼らのように振る舞うことです。そうすると彼らに気づいてもらえるということを、私は理解するようになりました。エゴに主導権を握らせて生きながら、導きや助けを求めて祈っても何の役にも立ちません。

あの頃の私が唯一求めていたのは、自分の感じていた魔法を人々に伝えることでした。リスナー参加型のラジオ番組や本の連載の読者からの手紙を通して多くの人生に触れることによって、彼らとその魔法を分かち合いたかったのです。当時の私はエゴに惑わされていませんでしたが、何か霊的な助けのようなものを自分が天から与えられていることには気づいていませんでした。受け取ることよりも仕えることに集中していたため、万物の創造の起源である一つなる宇宙意志と同調していたのだと思います。

私は神の愛に仕える存在たちを見習うことによって、新たな気づきの境地から生きはじめていました。そうした存在たちは、あの高揚感を与えてくれるエネルギーの中に自らを見いだします。そうして私たちを神さながらの道へと近づける手助けをしてくれるのです。

このような視点で過去をふり返ってみると、私はアセンデットマスターの訓練プログラムのようなものを受講していたような気がします。私は偽りの自分、つまりエゴに支配された状態を長きにわたって経験しなければいけませんでした。しかしそのエゴの支配から自分を解放できたとき、自分の中で何かが変わるのを感じました。自分のことを忘れて人々に援助の手を差し伸べ、仕えることに集中していたのです。そうすることによって何らかの物理的な見返りがあるだろうなどとは少しも考えず、ただ幸せな気分になれるから仕えたいと思っていました。

教授職という安定した地位を手放し、「あまり人が通らない」どころか私自身が「通ったこともない」道を選んだのは、そこに霊的な誘いがあったからですが、私はいまだにその誘いを上手く説明できません。当時の私は、『自分のための人生』を皮切りに、その後の三十八年間でさらに四十冊も本を書くことになるとは思ってもいませんでした。それに世界中の何百万という人々の人生に自分が影響を与えるべく運命づけられていたことも、わかっていませんでした。

一つなる宇宙意志（偉大なるタオ、神）は私が引き受けたダルマを充分に認識していて、私がニューヨークの一流大学の教授として安心安全な生活を確保しながらそのダルマを果たすことはできないのだと知っていたに違いありません。

『自分のための人生』の第六章で、私はこう書いています。「不安な者だけが、安全を求める」。そして、その章の冒頭でアルバート・アインシュタインの言葉を引用しました。「もっとも美しい経験とは、神秘的な経験である。それこそが、あらゆる芸術と科学の真の源なのだ」。こうした考えを、形なき安全を求める人たちに教える旅に私はのり出そうとしていました。私を見守り、導いていたアセンデットマスターたちは、私のそうした大変不安定な旅路を承知していて、私が口先だけではなく、有言実行する道を逃れられないことも知っていたに違いありません。

第三十四章
とにかく本を売ろう！

私の本の出版社T.Y. Crowellの副社長と電話で話をしました。本の売れ行きを尋ねると、彼は売上を調べてから「第一刷の在庫が売り切れたら、夏の新刊に移る予定です。今回の売れ行きは、初めての著作にしては上出来だと思わないといけませんよ」と言いました。

私は『自分のための人生』（三笠書房）が実を結ぶチャンスを与えられる前に立ち消えてしまうような気がして、そうはさせまいと、出版社の上層部にとって、とんでもない厄介者と化し、販売促進にやいやい首を突っ込みました。広報部門に相談すると、私の本の宣伝にかける予算はないと言います。マーケティング部門にかけ合うと、私の本のマーケティング計画はないと言います。流通部門の責任者に電話をしても、折り返しの返事すらありませんでした。すべてが暗礁に乗り上げた気分です。

何をどうしていいのか行き詰まってしまいました。こんなことは初めてです。すべての規模が大きすぎました――いくつもの部門があり、それぞれが連絡を取り合わず、効率が悪いのは他部門のせいだと互いに責任をなすりつけています。私は自分と自分の本の未来を描いたヴィジョンを現実に起こしたいという一心でしたが、出会う人、関わる人、全員が障害物のように立ちはだかっているような気がしました。

よし、もうこれは自分で何とかするしかない。そう決心した私は、この本がまだ春の新刊リストに載っている間に在庫がはけてしまえば増刷せざるをえないだろうと考えました。

電話を一件。それで私は書店に早変わりしました――ウエイン・ダイアー書店。所在地はニューヨークのウエストバビロンです。私は書店主として電話をかけ、店舗（自宅のガレージです）に『自分のための人生』の在庫をあるだけ送ってほしいと注文しました。二日後、私はまた出版社の副社長に電話をして、本の売れ行きを確認してくださいと頼みました。本が三か月前の三月に発行されて以来、週に最低二回はしつこく売れ行きを訊いていたので、彼は私にうんざりしていました。

副社長はどうせ二日前と変わらないだろうと思いながら、手元にあった在庫表を確認しました。在庫がなくなっています。彼は残っていた在庫が全部、買取条件でさばけてしまったので、どうやら売れてきたようだと言いました。それではどうするのかと尋ねると、彼は増刷を決めました。今度は刷数もかなり減って、およそ二五〇〇部です。

私のガレージにある在庫が四〇〇〇冊を超えました。一週間後、私はまた第二刷りの残っている在庫を買い占めました。出版社はまた増刷せざるをえなくなり、売れ行きを気にしはじめました。一方の私はラジオに出演し続け、ポートワシントンで行っている月曜の講演で本を売っていました。ニューヨーク界隈にある書店にもできるだけ出向くようにしました。『自分のための人生』を数冊持ち込んで、委託販売を頼むのです。そして、地元のラジオ番組に出演するときは必ず自著を宣伝し、本を置いている書店の名前を挙げました。書店は大喜びです。委託販売を了承してくれた書店を再び訪れると、もう本を卸して集金する必要がなくなっていました。通常の流通システムを通して、本を注文してくれるようになっていたからです。

私は自分で書店になってマーケティング計画を立て、流通・配送業務まで行っていました。ポール・ファージス（彼もまた、ニューヨーク出版社のお役所的な世界に制約されていました）は私の日々の活動に気づいていて、二冊目の本を書いてはどうかと言ってきました。私としては次の本を書くのは早すぎると思いました――まだ『自分のための人生』のメッセージを全国に伝えようと動き始めたばかりです。私は来年になったら書くつもりだとポールに伝えました。

今度は自分で宣伝の計画を立てました。というのは、T.Y. Crowell の広報部長に相談したところ、彼女もまた私のしつこさに苛立っていたからです。私はニューヨークの出版業界のやり方を理解しない新人ライターで、おまけに身のほど知らずだと思われていました。この本を全国で売ってもらうにはどうすればいいのか尋ねると、メディアを通して国民に知ってもらうしかないと言われました。つまり全国放送されている番組、たとえば〈ザ・トゥナイト・ショー〉、〈ザ・フィル・ドナヒュー・ショー〉、〈トゥデイ〉などに出演するということです。

出版社の広報部門に所属するドナ・グールドという若い女性が私の担当になりました。ドナは私の本を気に入ってくれて、私の担当を喜んでしてくれましたが、彼女も私の本に宣伝費用が割り当てられていないため身動きが取れずにいました。旅費の割当もないので全国ツアーもできません。それに全国放送の番組関係者も、無名の心理学者を番組に出してみようなどとは考えませんでした——初めて本を出したばかりの素人などお呼びでないというわけです。ドナは若く、やる気にあふれていましたが、自分の職場のやり方を覆すほどの権限はありませんでした。

私は広報部長に宛てて切々たる長い手紙を書き、メディアを通してアメリカ国民に知ってもらう方法がもう一つある、私が直接彼らのところに出向けばいいのだと伝えました。資金援助は必要ありません。私は自腹でツアーに出ることにしたのです。本を携えて小さな市場に出向き、ここ数か月、ニューヨーク界隈でしてきたように自分で本を卸して売っていこうと思いました。

出版社は私のようなライターに出会ったことがありませんでした。彼らは私を思いとどまらせようとしましたが、私の胸の内で燃えている炎は心からの願望でした——その熱い思いは、「周りからの抵抗なんか気にするな、一向に静まらない内なる呼びかけに耳を傾け、従うべきだ」と訴えていたのです。お役所的なやり口に抵抗するのも、不満をもらすのも終わりです。もう自分のやり方でやっていこう。大丈夫、ちゃんと導かれるはずだ。私は熱意に燃えていました。

第三十四章

とにかく本を売ろう！

ドナ・グールドが自宅で私のために動いてくれることになりました——彼女は天使です。私がオハイオ州コロンバスのような中規模都市に着くと、彼女が新聞社やテレビ局、ラジオ局に電話をかけて、私の出演交渉をしてくれることになりました。私はできるだけの報酬を彼女に支払うことにしましたが、彼女がそんな仕事を引き受けてくれたのは、私と私のメッセージを信じてくれていたからです。

一九七六年六月半ば、私は八歳になる娘のトレイシーに、アメリカ中の都市を回る楽しい冒険に出るつもりだと言いました。トレイシーは乗り気でした。妻も乗り気でした。たちまち車に本が積み上げられ、私は妻と娘とその友だちのロビンを連れて、全国をめぐる冒険へと出発しました。

メディアに出演させてくれるところに可能な限りたくさん訪れるつもりでした。ドナが機会あるごとにインタビューの話を取りつけてくれます。私の計画ではラジオ番組にいくつか出演して、私の本が発売中だと宣伝するつもりでした。前もって見つけておいた地元の書店の名前も挙げます。そしてラジオ出演を終えてから、その書店に本を持って行くのです。妻は「ラジオに出演していたおもしろい執筆家が話していた本の在庫はありますか」と書店に問い合わせの電話をする係でした。妻以外からも問い合わせがあったので、私が本を十冊ばかり携えて書店を訪れると、彼らは喜んで委託販売を引き受けてくれました。

毎日車を走らせ、ホテルにチェックインし、使い古した地図でラジオ局の所在地を確かめては局から局へと移動しました。一つの都市に数日間滞在し、一日に十件以上のインタビューを受けます。

さらに、リスナー参加型のラジオ番組にも夜通し出演しました。ドナは信じられないくらい有能でした。インタビューをこなせばこなすほど、私の話には説得力があるという口コミが広がりました。私は今やメディア御用達のセラピストとなり、ゲストとして呼んでくれるラジオ局が引きも切らず現れました。

私たちはアメリカを横断し、私は立ち寄るすべての都市で無数のインタビューを受けました。出版社も私の本に注目し始めました。私がインタビューを受けた各地から、定期的に本の注文が殺到し始めたからです。『自分のための人生』の第四刷りが決定し、ドナはとうとう日中に出版社のオフィスで私の広報業務ができるようになりました。広報部門にも、私の本の宣伝費用が割り当てられました。そしてついに〈ザ・トゥナイト・ショー〉のコーディネーター、ハワード・パプーシュからあの運命の電話を受けたのです。

九月になり、私のエージェントのアーティと編集者のポールから、次の日曜日にニューヨーク・タイムズのベストセラーリストに『自分のための人生』が初登場する予定だと言われました。それは、役者がオスカー受賞が決まったと言われるのと同じくらい、私にとって興奮する知らせでした。

今だからわかること

この人生の展望台に立って、出版社との気がくじけるようなやりとりをふり返ってみると、彼らが無関心という形で私に素敵な贈りものを与えてくれていたことに気づきました。私は自分のやり方で人生を進めていくための絶妙なチャンスを与えられ、その結果、物事が思うようにいかなかったときに誰も責める相手がいないという状況に恵まれたのです。私はこの「頼れるのは自分のみ」という教訓を生涯にわたって学び続けていましたが、あの当時の状況はまさにその教訓を大規模な形で学ぶチャンスでした。

　自分の本の宣伝から何からすべてをほかの人たちに任せていれば、本は次第に忘れられていくだろうと知ったとき、私には二つの選択肢がありました。一つ目の選択肢は、「そうか、それが大手出版社のやり方なら仕方ないですね。私は組織の小さな歯車でしかないのだから、彼らがどんな決定をしようとそれに従うしかないでしょう」とあきらめること。ささやかな成果を上げたのだから、それに感謝して、本が忘れられていくのを黙って見ているという選択肢です。

　もう一つの選択肢は、私が想像で描いたヴィジョンの中にほかの人たちの意見を割り込ませず、自分で決めた全国ツアーのあらゆる責任を引き受けることです。広報部長に当てた手紙に、私はお気に入りの話を引用しました。「アレキサンダー大王が偉大なスピリチュアルの師、ディオゲネスを訪ね、何か望みはありますかと訊きました。ディオゲネスは答えました。日の光を遮らないでくれるだけでいい、と」。

　私は、出版社にツアー費用を負担してほしいと頼んだり、インタビューを取りつけるのを手伝ってほしいと求めたりなどしませんでした。私の唯一の望みは邪魔をしてほしくないということでした。私がほかのライターとは異なる行動をするからといって、本の増刷や供給をしぶったり控えたりなどしないと約束してくれるだけでよかったのです。

私は、自分がしようとしていることに絶対なる確信がありました。自分よりも経験のある人たちの方が分別があり、この業界に精通しているからという理由で、おとなしく引き下がり、自分の夢が根こそぎ吹き飛ばされていくのを傍観しているわけにはいかなかったのです。私は彼らにどうか日の光を遮らないでください、私は自分のヴィジョンに導かれる方向へ進みたいのですと頼みました。

私にはもう一つ、大のお気に入りの格言があります。それはドイツの学者フリードリヒ・ニーチェのもので、私はそれも手紙に引用しました。「あなたにはあなたの道がある。私には私の道がある。正しい道、正確な道、唯一の道など存在しない。何事においても、唯一無二の正しい道などありえないのだ」。

当時『自分のための人生』のマーケティング、販売、広報をめぐって出版社の人たちと交わしたやり取りをふり返ってみると、あれは最高のチャンスを与えられていたのだと、今ならはっきりとわかります。自分自身を第一番に信頼することで、執筆家という新しいキャリアを始めることができたからです。それは、大変ためになる人生経験のプレゼントでした。

当時は自分の願っている協力を得られないことに少しばかり不満を覚えていましたが、私の想像の中でまばゆく燃えている内なるヴィジョン、「自分のやり方」をあきらめようとは一瞬たりとも思いませんでした。協力を得られないことを大げさに騒ぎ立てたり、自分の味方をしてくれない出版社のやり方を非難したりするのではなく、私は心に描いていた未来図にまっすぐ突き進み、すべてを喜んで楽しみながら活動しようと決めていたのです。私は自分のなすことすべてを元気よくこなし、ニューヨーク界隈でまたとない楽しいひとときを過ごしていました。自分のヴィジョンを抱きしめ、内なる呼びかけに従えば、国中のあらゆる場所（そして世界中のあらゆる場所）でうまくいくだろう、うまくいかないわけがないと思っていました。

本を大成功させるための全国行脚の方法を熟知していたわけではありません。しかし私には、マズローによる自己実現の研究に没頭した経験がありました。それに何百人というクライアントのカウンセリングを行ってきた経験もあります。それらの経験から学んだこととは、人からの高い評価、低い評価とは関係なく、自分なりの考えをもつことが私にとっては重要だということです。私の友人マヤ・アンジェロウの言葉を借りれば、「小鳥は答えを知っているから歌うのではない、歌を知っているから歌うのだ」ということです。

今はっきりとわかっているのは、私の内なる確信に対して周囲がとやかく言ってきても、その意見やアドバイスを気にしてはならないということです。自分は歌を知っている。それだけで充分なのです。そう、私は絶対に自分の歌を歌うつもりです。

第三十五章
ハートに従って生きる

独立したライターとして自分のやり方でやっていこうと決めてから、私の世界は劇的に変化しました。時は一九七七年。その前の年は、フルタイムで『自分のための人生』（三笠書房）の宣伝活動に勤しみました。

大体三週間おきに西海岸へ飛び、〈ザ・トゥナイト・ショー・スターリング・ジョニー・カーソン〉の収録をしました。その番組に出演することによって、私の本は全国的に知名度が上がりました。友人のハワード・パプーシュは私の話や常識に則ったアプローチをとても気に入ってくれ、九十分番組の最後に設けた「注目の作家」コーナーに私を起用し続けてくれました。私はいつも月曜の夜に出演することになっていて、ゲスト司会者はビル・コスビー、ボブ・ニューハート、ヴィンセント・プライス、ジョーン・リバース、ドン・リックル、その他さまざまな有名人が行っていました。私が出演すると視聴者の反応も良く、いつも視聴率が上がりました。こうしてレギュラー出演できる機会を与えられ、とても恵まれていると思いました。

全国放送の出演をきっかけにして、ほんの数か月前にはウエイン・ダイアーという名の教員などには関心を示さなかったほかのテレビ番組にも招かれるようになりました。たとえば〈ザ・フィル・ドナヒュー・ショー〉、〈トゥデイ〉、〈ザ・マーブ・グリフィン・ショー〉、〈ザ・マイク・ダグラス・ショー〉、〈グッドモーニングアメリカ〉などなど。今では出版社の宣伝費を使って全国ツアーをしながら、合衆国およびカナダのあちこちで地元の番組にもゲスト出演するようになっていました。

聴衆を前にして、教訓的でなおかつ人を惹きつけ楽しませる話をするのが昔から大好きだったので、講演の機会をたくさん与えられて胸が躍りました。それに、夢にも思わなかったような報酬がありました――二時間の講演で、大学教員としての給料およそ三か月分の収入を得られるのです。私のエージェント、アーティ・パインが講演の交渉を行うようになり、さばききれないほどの要望が押し寄せてきました。私は教会や大学、企業での集会、一般セミナーなど、大勢の聴衆の前で講演を行いながら、北アメリカを回りました。講演の要望が増すにつれ、アーティは講演料を上げ続けました。ほんの数か月前まではほぼ無料で聞けた私の話に、人々が進んで数千ドルも払おうとするのが信じられませんでした。

『自分のための人生』が発行されてから十四か月が経ちました。毎週、出版社がニューヨーク・タイムズ紙にディスプレイ広告を出し、売上部数を載せていました。初刷の六千部から始まり、現在の第五刷りで、合計二十五万部にまで昇りつめました！　『自分のための人生』が一大ブームとなり、ヨーロッパや南アメリカ、アジア、オーストラリアでの要望に応えるために、複数の言語に翻訳されて世界的なベストセラーにもなりました。

アーティ・パインとポール・ファージスとの電話会議で、びっくりするようなニュースが二つあると言われました。一つ目は、一九七七年五月八日付のニューヨーク・タイムズ紙で、『自分のための人生』がベストセラーリストの第一位に載るというニュースでした。二つ目も同じくらいすばらしいニュースでした。『自分のための人生』がペーパーバック専門の出版社の間でオークションにかけられ、百万ドルをゆうに超える入札があったというのです！　Avon Books社が、今秋一押しの本として『自分のための人生』を売り出すことになりました。

私は国内で売れ行きナンバーワンの本の著者になったことを告げられ、さらにボーナスとして百万長者になったのです！　もう喜びで月まで飛んで行きそうでした。私はロングアイランドの小さな借家で受話器を置くと、両手に顔をうずめました。涙が頬をつたいます。

私はただ自分のヴィジョンを追いかけ、夢に向かって確信をもって進み、思い描いた人生を生きてみようとしていただけです。それは、マサチューセッツ州コンコードのソロー記念館の壁に書い

第三十五章

ハートに従って生きる

てあった生き方でした。十九世紀にソローが使っていたベッドに横たわってみたときに読んだ言葉です。私の偉大なる師――高校生だった私が障害にぶつかる度に導いてくれたソローは、本当に正しかったのです。確かに、私はまったく思いもよらぬ成功を収めました。感情が波のように押し寄せてきます。

私はデトロイトにいる母に電話をして、このすばらしいニュースを伝えました。母は私と同じくらい有頂天になって知らせを受け止め、『ウエイン』と題した詩のことを思い出させてくれました。その詩は、私が博士号を取得した一九七〇年に母が私のために書いてくれたものです。彼女は一語一句たがわずに、それを暗唱しました。

母は相談にのることしかできない
あとは見守るだけの存在
「この道を進みなさい」
そう言えないことはわかっていた

なぜなら
これからどんな道があなたを手招きし
私の知りえない　想像を絶する高みまで

あなたを連れて行くのか
見通すことはできないから

それでも
心の中でいつも気づいていた
あなたが星をつかむことを
そう……あなたが星をつかんでも
私は驚かないでしょう

母は喜びですすり泣きながら、「原稿を出版社にわたす前に私がきちんとタイプしてあげたから、こんなに大きな成功を収めたのよ」と冗談めかして言いました。この美しい女性――夫に捨てられてばらばらになった一家を必死で支えようと自分を犠牲にした女性が、今やアメリカでもっとも売れている百万長者の著者の母親となったのです。電話を切る前に母は言いました。「息子が博士なんですからね！　でも私は驚かないわよ、ウエイン。あなたはいつも星を仰いでいた。あなたのことを愛しているわ」

受話器を置いた私は、人生に訪れたこの大きな恵みに感謝の祈りを捧げました。底辺から出発してここまで昇りつめたという事実にこうべを垂れる思いで、私はこうした物質的な恵みを与えられても傲慢にならずに慎ましくいられるよう、お助けくださいと祈りました。そして、母と兄二人にもう二度とお金の苦労をさせるまいと誓いました。

夏になり、『自分のための人生』はオーストラリア、オランダ、スウェーデン、ノルウェーでもベストセラーリストの一位に輝き、私は各国を訪れて本の宣伝を行うことに同意しました。

オーストラリアに着くと、ペーパーバックになった私の本がどこの書店に行っても高く積まれていました。ラジオ放送局でちょうどインタビューを受けていたときのことです。エルヴィス・プレスリーが死亡しているのが発見されたというニュースが入りました。死因はおそらく薬の過剰な服用ということです。一九七七年八月十六日のことでした。私は「伝説」となった彼とその家族に黙祷を捧げ、放送局は急遽エルヴィスの追悼番組に切り替えました。

ツアー中、どの放送局でもエルヴィスの曲をかけていました。その後はほぼすべてのインタビューで、彼の死に関するコメントを求められました。私が中毒という「誤った領域」について語ると、『自分のための人生』の最終章を朗読してくださいと頼まれました。その章タイトルは「誤った領域すべてを払拭した人」です。私はこの頃から、二冊目の本を書き始めようかと考えるようになりました。自虐的で、やがては自分を破滅させるような犠牲者的習慣から脱却するというテーマです。

オーストラリアで二週間かけて大きな都市をめぐり、新聞紙や雑誌、ラジオ、テレビ向けのインタビューを次から次へと受けました。パース、アデレード、ブリスベン、メルボーン、シドニーへと移動しながら、毎日十時間から十二時間は休む間もなく仕事をこなす過密スケジュールです。オーストラリアを出る頃には『自分のための人生』が売上第一位となり、また戻ってきて講演をしてほしいとたくさんの招待を受けました。

今だからわかること

出版業界であのように立派な地位を得た輝かしい時間を思い返してみると、記憶にもっとも鮮やかに蘇ってくるのが、内面に抱えていた最大の不安です。大学での教職を辞して自分一人でやっていこうと決意した最初の頃は、経済的にやっていけるだろうかと不安でした。魂に活気を与えてくれる自由という感覚をとても大切に思っていましたが、頭の中はお金にまつわる心配事でいっぱいだったのです。

私は深刻な貧困の時代に生まれ育っています。両親は大恐慌に見舞われ、いつもお金に困っていました。私は不足しているのが当たり前という環境で育ち、基本的な衣食住を確保するお金がないからという理由で施設に預けられました。母は二十四歳になる頃には三人の子持ちで、安物雑貨店の店員として働き始め、やがて秘書に転職しました。父は何度か窃盗を繰り返して留置所に入れられ、親としての責任をあっさり放棄して姿を消しました。私は九歳の頃から働きながら暮らしていました。どこに行っても、お金にまつわる心配事がついてきます。お金の不足、お金が足りなくなるという不安、そして空腹なのに食べ物が充分にないという記憶が、私の潜在意識にかなりしっかりと植えつけられていました。

ですから三十六歳にして収入の保証もないのに養うべき一家を抱えて独立することは、私にとって途方もない決断でした。自分の力でやっていくことを考えると胸が躍りましたが、家族を養っていけないのではないかと考えると胸騒ぎがしました。しかし今、あのリスクを伴う決断をふり返ってみて、不安を感じることの重要性に気づきました――すなわち、そこに不安があるのに気づかないふりをするのではなく、不安を認めて、それでも自分の心と魂がやりたいと訴えてくることに耳を傾けることの重要性が、今になってよりクリアに見えてきたのです。自分の肉体とその行動を、ハイエストセルフと同調させる意志が大切でした。私のハイエストセルフは、もう偽りの人生を操縦できなくなっていたのです。国中を旅し、やがて世界を巡りながら自分の神聖な目的を果たしていたとき、すべてが収まるべき場所に収まり始めました。

アーティとポールとの電話会議で、私が百万長者になったと言われ、これからの収入も無限大の可能性を秘めていると知らされたとき、私はとても重要な真理に気づきました。それはおよそ二三〇〇年前にパタンジャリが詳しく述べたものです。この偉大なスピリチュアルマスターが残した言葉は、一九七七年の私に訴えかけてきました。「偉大な目的、壮大なプロジェクトに情熱をかき立てられているとき、思考の束縛が解かれ、マインドが限界を超え、意識があらゆる方向に拡大し、輝かしく比類なき新世界に自らを見出すだろう」。彼はこうも言いました。「眠れる力、素質、才能が目覚め、想像をはるかに超えるレベルで自分が偉大な存在であると気づくのだ」。

私はこの一節、特に眠れる力について述べている部分が気に入っています。人にはさまざまな能力があるというのに、私たちは大抵その能力を活かす方法がわからないと思っています。しかしパタンジャリは言いました。偉大な目的に鼓舞されて行動するとき、眠っていた力が目覚めて助けてくれるのだと。

私は、自分がお金にまつわる心配事や不安をたくさん抱えていたことに気づきました。そうした不安は幼少期からのもので、生涯にわたってついて回り、思考の大部分を占めていたのです。パタンジャリの残した言葉は、私にとって大きく頷けるものでした。

スピリットに同調している状態、すなわちインスピレーションにあふれた状態で夢を追っていると、それまでの三十五年間分の収入を上回る額を大学退職後の一年で手にしていました。今になってその理由が明らかになった気がします――目的意識をもって、気をくじかれそうになるのを断固として拒否するとき、そして自らの不安を認めて、それでも挑戦するとき、あの眠っているような力が目覚め、自分が思っているよりも遥かに偉大な存在であることを教わります。そして存在の源と一つであることに気づき、イエスがいみじくも語ったように、「神と共にあればすべてが可能」になるのです。

神と共にあるということは、個々の目的を叶え、常に愛の視点で行動することを意味します。私は心の奥底からの呼びかけに従い、「何のメリットがあるだろう?」という考えではなく、「どのように仕えることができるだろう?」という内なる信念の元に動く決意をしていました。その決意こ

第三十五章

ハートに従って生きる

そが自分の破産への不安をなくしてくれたのだと、今だからよくわかります。

　メディアを通して人々に語りかけていたあの頃、裕福になるという考えは念頭にありませんでした。ニューヨーク・タイムズ紙のベストセラーリストに自分の本が載るという出来事は、私にとってまったくの驚きでした。ですから、入ってくるようになったお金も本当に想定外だったのです。

　マズローによる自己実現の心理学は、結果に執着しないことを教えてくれました。彼はよくこう言っていました。「自己実現する人は自らのハートに従い、魂の呼びかけに応えて行動する。自分にとって得になりそうだから行動するのではない」。私の旅路は、内面の奥底で感じていたことに従うものでした。それによって与えられた贈りものはすべて予期せぬものでしたが、私にとって嬉しい驚きでした。

　今日《こんにち》明確にわかっていること――それは自分のハートに従って、存在の源（愛）と同調したまま、細かいことは宇宙にお任せするということです。

第三十六章 ダイナ・ショアとの友情

オランダで本の宣伝ツアーをしてほしいと招待を受けました。そこでは思いもよらぬことが起こっていました。オランダの有名な歌手で女優でもあるウィルケ・アルベルティが、全国放送のテレビ番組で「人生を一変させる本を読んだ」と話したそうなのです。その本は『自分のための人生』（三笠書房）——オランダ語では“Niet Morgen Maar Nu（明日ではなく、今日）”というタイトルがつけられていました。ウィルケは、彼女にとって人生を変える本となった『自分のための人生』のシンプルで常識的なアドバイスをぜひ読んで実践してみてください、と視聴者に熱っぽく訴えました。翌日、同書に関する問い合わせが、そのオランダの出版社が見たこともないほど大量に届いたそうです。

私はアムステルダムに到着し、オランダとベルギーで私を瞬く間に有名にしてくれたこの魅力的な女性と話をしました。書店では、本の需要に対する供給が追いついていませんでした。私自身もトークショーや深夜の娯楽番組、全国放送のクイズ番組などに出演し、数多くの雑誌や新聞紙のインタビューも受けました。

ウィルケは“Niet Morgen Maar Nu”の内容に感銘を受けたと話し、今後何か書く予定があるのならぜひ推薦したいと言ってくれました。それまで訪れたこともない国で友人ができたのです。しかもその人は私の理解できない言葉を話す有名人で、海を隔てたアメリカで出版されたこの本の教えを自分が広報大使となって広めてあげましょうと言ってくれました。私の本は、人口千四百万人の国で、何千部も売れました。

アメリカに戻った私はアーティとポールと出版社でミーティングをし、次の本の着想について話し合いました。昨夏シドニーのラジオ放送局で受けていたインタビューがエルヴィスの追悼番組に変更されたとき以来、私は彼の早すぎる死についてずっと考えていました。私が行ってきたセラピーのクライアントたちは、全員が多かれ少なかれある問題に悩んでいるように思われました。彼らは自滅的な思考パターンを変えて、誤った習慣的思考を正すことができたにもかかわらず、自分では解決不可能だと思われる外的要因の数々から被害を受けていると感じていたのです。次作ではその問題について書きたいと思いました。

そこで私は、ほぼすべての人に尽きることなく起こるプレッシャーや人心操作を打破するための、新鮮で、驚くほど型破りな手法についてポールにざっと説明しました。私は、人生の関わり合いのあらゆる面で被害者意識を持つのを止める方法を人々に教えたいと思っていました。たとえば家族や権威者、自分を幸福から引き離そうとする内面の悪魔たちと対峙するときに、弱い心ではなく強い心で対応する方法を教えたかったのです。

エルヴィスは、自分のことしか考えていない取り巻きたちや、彼の心を操ろうとする連中に力を明け渡してしまっていたのではないだろうか。私にはそう思えました。どうして彼の人生は、あのように手に負えなくなっていたのでしょう？　なぜ彼は側近たちの策略に抵抗できなかったのでしょう？　彼を自滅的な行動から引き離そうと導いてくれる人はいなかったのでしょうか？

『自分のための人生』は常識的なアプローチをもって世界中の人々の心をとらえたので、同じように、次の本も常識的なアプローチで書くつもりでした。私はエルヴィスの命を奪った被害者をとらえる罠を、いかにして避けるかを人々に伝えたいと思いました。その罠は、まるで忍び寄るガンのように、男女を問わず大勢の人生にはびこっていたからです。次作のタイトルは“Pulling Your Own Strings（自分で自分を操る）”（邦題：『「頭のいい人」はシンプルに生きる――「快適生活」の方法』〔三笠書房〕）にしました。

私は出版社から結構な額の前払金を受け取りましたが、その額は最初に交わした契約書によって一定の制限が定められていました。『自分のための人生』が予想外に大きな成功を収めたため、アーティはその最初の契約書に提示された額を大きく上回る前金を払ってほしいと出版社に求めましたが、断られました。アーティは譲ろうとせず、出版社に交渉を迫ろうとしましたが、私はまったく逆の立場を取り、彼に引き下がるよう主張しました。たった十八か月前、出版の契約が取れただけでも大喜びしていたのです。あのとき最初に同意した内容を守ろうではないかと言いました。

私は満足しきっていました。これ以上のお金は必要ありません。私はフロリダのフォートローダーデールに美しい家を買い、そこに定住していました。二冊目の本を書くこと、そしてその出版が決まっていることが嬉しくてたまらなかったのです。最初の契約を破棄させたいとアーティは思っていましたが、私はそんなことに執着すべきではないと言いました。私は争いごとを望まず、わだかまりもありませんでした。これはお金の問題ではなく、私は自分の本をめぐって争いたくなかったのです。今も、そしてこれからも。

二冊目の本を書きながら、私はデトロイトのパーシング・ハイスクールの公民の授業で、アメリカ独立宣言を読み上げたときのことを思い出していました。生徒たちはこの宣言を一行ずつ詳細に読みこみ、その内容について議論しながら、それが一九六〇年代、つまり宣言が行われてから二百年経った現代にどう当てはまるかを話し合いました。

その中の一節は、特に大きな議論となりました。

あらゆる経験が示しているように、人類は、慣れ親しんでいる行動様式を廃止して自らを正すよりも、悪弊が耐えられるものである限りは、それを耐えようとする傾向がある。

私はこの一節を『「頭のいい人」はシンプルに生きる』の冒頭に引用しようと思いました。ちょうど書きたいテーマを表していたからです。

私は三か月間、毎日執筆し、読者がいついかなる状況でも他人や制度の犠牲にならぬ選択をして「自分を正す」ことができるよう、手助けをすることに重点を置きました。『「頭のいい人」はシンプルに生きる』のハードカバーが発行されたときは、二年前に『自分のための人生』をまるで生まれたての赤ん坊のように腕に抱いたときと同じくらい、胸がときめきました。

私は再び、本のメッセージを世界に伝えようと決意しましたが、今回は出版社の誰ともぶつかる必要がありませんでした。ドナ・グールドが私の広報係として正式に担当が決まり、私はまた全国を回るツアーをしようと決めました。ただし今回は自分で運転したりホテルを探したり、節約したりする必要はありません。航空券もホテルもすべて手配してもらえました。必要とあらば一も二もなくすべてが用意されました。

『「頭のいい人」はシンプルに生きる』は、すぐさまニューヨーク・タイムズ紙のベストセラーリストの一位の座に駆け上がりました。私はまだ頻繁に〈ザ・トゥナイト・ショー〉に出演していましたが、今度はなんと、ダイナ・ショア司会のトーク番組〈ダイナ！〉の収録に招待されることになりました。

ロサンゼルスに着くと、それまでに芸能界で出会った人の中でもひときわ親切で温かく、寛大な人に迎えられました。ダイナは全国放送されている彼女の番組に毎週レギュラー出演してくれないかと言い、たとえば日常でよく見られる、自分を犠牲にしてしまう状況を紹介して、俳優にそのような状況に対応する場面を演じてもらうのはどうかと提案してくれました。私は月に一度LAに飛び、毎回、四週分の収録をしました。番組出演を通して、私は自己実現した女性、ダイナ・ショアと友人関係を築きました。

私はスタジオにいる誰に対しても珍しいくらい親切なダイナの姿をいつも見ていました。彼女は清掃スタッフに対しても、番組にゲスト出演に来た人気急上昇中のタレントや有名な政治家と同じように敬意をもって接していました。心からの愛と親切心をもって相手を受け入れるこの多才なスーパースターに、私は目を見張る思いでした。彼女の番組にレギュラー出演できることを光栄に思い、何よりもエゴを手なずけたように見受けられるこの女性から学ぶことができるのをありがたき幸せだと思いました。ダイナは私の友人で偉大な師でもあります……そのことにとても感謝しています。

今だからわかること

私の人生における偉大な発見の一つは、あの美しい国オランダの芸能界でおそらくもっとも有名なセレブリティであるウィルケ・アルベルティとの出会いがきっかけになりました。

老子は『老子道徳経』（慶應義塾大学出版会）で、ある逆説的な真理について述べています。曰く、「偉大なるタオ（神）は何もせず、それでいて何もやり残さない」。この反語的な一節について熟考してみると、うまく説明できませんが、老子の言葉に秘められた知恵が見えてきます。来るべき至福の時代を心待ちにしたところで、神の御業を体感することはできません。神を見たり、聞いたり、嗅いだり、味わったり、触れたりすることはできないのです。それでいて何かが働き、すべてが成されています――ですから、私自身が偉大なるタオと同調して、その連携の元に自らのダルマを果たすとき、その何かも働いてくれるのです。

ヨーロッパ、アジア、南アメリカ……世界中のさまざまな場所にいる人々に「自分にパワーを与えること」について話を聞いてほしくても、一人ひとりをつかまえてメッセージを伝えるわけにはいきません。それなのに私が何もしないうちに、メッセージが伝わっていたのです。私には一体誰が“Niet Morgen Maar Nu”をウィルケの手に届けたのかわかりません。そして何が彼女に、全国放送の番組であそこまで熱心に本のことを語らせたのかもわかりません。私は何もしていないのに、それは起こるべくして起こりました。つまりは、何もやり残されていなかったというわけです。

明らかに、宇宙にはすべてを取り計らっている見えざるフォースが存在します。あらゆる事象にそのフォースが関与していて、そこに例外はありません。このフォースは私の内に存在し、生きとし生けるものすべての内にも存在していて、万物を結びつけています。純粋な無条件の愛であるこ

第三十六章

ダイナ・ショアとの友情

のフォースと同調していれば、何もしなくても、やり残されることがないのです。ビートルズがそれを見事に表現しています――Let it be（あるがままに）と。

初めてオランダを訪れてからというもの、わが美しき友人ウィルケ・アルベルティは私の本がオランダ語で発行されるたびに、変わらず宣伝をしてくれました。ウィルケは私と同じ道を歩むソウルメイトです。私たちの道は地理的にも言語的にも離れていますが、彼女と手をたずさえて共に歩むのは、不思議な喜びをもたらしてくれました。私たちに内在するこのフォースが、自らの呼びかけに忠実な者たちを助けようと働いているのは明らかです。多くの人たちがこの地球を神の愛の場所に変容させるという共通の目的を持ち、それに熱心に取り組んでいて、ウィルケもその賛同者の一人です。私はその目的を果たすプロセスにおいては一人のメッセンジャーにすぎません。私の書いた言葉は私のものではありません――私は、言葉が自分を通して現れるがままにゆだねているだけです。あとは偉大なるタオが取り計らってくれるからです。

こうして理解が深まった今、あの頃をふり返ってみると、『「頭のいい人」はシンプルに生きる』の誕生は、私にとって必要不可欠だったのだとわかります。思い出せる限り幼少の頃から、私は決まったやり方を押しつけてくる人たちの馬鹿げたルールに悩まされ、ときには激しい憤りさえ感じていました。彼らのやり方に従うことは、大抵の場合、自分を犠牲にするということを意味していたからです。

セラピーを行っていると、ほとんどすべてのクライアントにこの犠牲を見ました。日常的に見られるこの「被害者をとらえる罠」について論じたいという私の願望は、犠牲になる必要などないという内なる気づきから芽生えました。あなたは何が正しくて、どうすべきかを知っているのに、他人が違うやり方や信条やルールを押しつけてくるときは、それに立ち向かう勇気を奮い起こすことができるのです。

今だからわかるのですが、権威のある人に立ち向かうとき、私はよく自分に内在するエゴの視点で対応していました。正直に告白すると、一九七八年のあの頃、私は自分のエゴに主導権を握らせていました。二冊のベストセラーを引っさげ、テレビでも引っ張りだことという輝かしいキャリアがあり、どこに行っても人に気づかれる状況でスポットライトを浴びながら、私はエゴに主役を譲っていたのです。

そんな私を、エゴを手なずけたダイナ・ショアとの交流が助けてくれました――すぐに私は、自分がほかの人たちより偉いわけではないという真実に気づいたのです。ダイナをロールモデルにして、私はあらゆる人間関係において慎ましく親切であることを選べるようになり、自分の中に芽生えつつあった傲慢な態度を投げ捨てることができました。私はこの輝かしい経歴をもつ偉大なスーパースターと毎週のように顔を合わせていました。彼女はいくつもの人気番組に出演していただけではなく、映画スターでもあり、私が生まれた年まで遡れるほど長い間、歌手として活躍し、四十以上のアルバムや多くのヒットソングを生み出していました。ダイナはまた世界ゴルフ殿堂入りした名誉会員で、博愛主義者でもあり、ここで挙げられないほど多くの賞を受賞しています。

第三十六章

ダイナ・ショアとの友情

過去をふり返ってみると、ダイナがどれだけ優れたロールモデルであったのかがわかります。彼女は誰のことでも称賛し、セレブリティという地位に任せてエゴを助長させることも決してありませんでした。一方の私はあらゆる名声に不慣れな新人で、エゴに操られ、人に仕えるという使命をもった者にふさわしくない態度を取り始めていました。この目新しい地位と人からの注目は、私の使命にとって不要な副産物でした。今でも私は、誰にでも愛と敬意をもって接する偉大なスーパースターを見ていた自分をありありと思い浮かべることができます。

私の人生にダイナが現れてくれたことを、本当に感謝しています。およそ二年間、毎週のように彼女の番組にゲスト出演する機会を得られたおかげで、私は謙虚な姿勢で他者を思いやり、いつも愛をもって行動することを思い出すことができました。一九九四年にダイナが亡くなって以来、私はいつも彼女の愛情深い表情、はっとするような笑顔、こちらが恐縮するほど謙虚な姿勢を思い出しています。そして、本音で生きた彼女の資質を自分も見習おうと気を引き締めています。

愛するダイナ、ありがとう。あなたと知り合えて幸せでした。私も、あなたを遠くから憧れの目で見つめるグループの一人でした。ジョン・キーツの有名な詩『ギリシャの壺に寄す』の最後の節を読むと、いつもあなたを思い出します。

美は真理であり
真理は美である

それだけが
汝らの知ること
そして知るべきことである

ダイナ、ありがとう。名声と共に訪れるエゴの誘惑はたくさんありますが、そうした誘惑を前にしても謙虚であれと教えてくれたことに感謝します。あなたの内面の輝きが、私にとっての真理です！

第三十七章

カーネギーホールでの奇跡の講演

一九七八年五月八日、私はアーティと食事をするために、電車でニューヨーク市に向かっていました。その一年、私は企業や大学、公会堂、ユニティ&サイエンス・オブ・マインド教会など、国中のさまざまな場所で講演を行っていました。アーティは私の講演料を釣り上げましたが、それでも聴衆はどんどん集まり続けていました。

私は聴衆に心のままを語り、演壇や原稿などがなくても何時間でも話していられることを誇りにしていました。私には屈折した芸人気質があるのか、いつも聴衆をできるだけ笑わせようとして講演時間の大半を費やしました。人前で話すときは水を得た魚のようになるのです。私はもう十八年間も唱え続けてきた「私は教師である」という個人的な宣言を実現させるのが楽しくて仕方ありませんでした。

その四か月前のことです。私はアーティに古くさいジョークを聞かせていました。

ある生徒が歌の講師に訊きました。「カーネギーホールへはどうやって行けばいいですか？」。講師は即答しました。「練習、練習、練習あるのみ」。

カーネギーホールのあの巨大なステージに立って講演できたらどんなに素敵だろう。数多くの伝説的な人たちが満席の会場でパフォーマンスを行ったり、講演をしたりしてきた場所です。もちろん私はアーティに夢を語っていただけで、それが現実になるとは思っていませんでした。

ところが驚いたことに、アーティにはカーネギーホール出演契約をまとめる友人がいるらしく、「本当にあのステージに立ちたいのなら詳細を聞いてみようか」と言いました。一流のステージですから一晩借りるだけでもかなりの費用がかかります。私は昔「ここでやっていけるなら、どこでだってやっていけるだろう」と自分に言い聞かせたことを思い出しました。あのステージに立てるのなら、もちろんやってみたいに決まっています！　アーティが友人に電話をかけ、話が決まりました。必要経費をカバーできるだけの聴衆が集まらなければ、ステージのレンタル費用は私が負担しなければなりません。ここは大都市ニューヨークなのです。そしてカーネギーホールは市内最大の会場でした。

第三十七章

カーネギーホールでの奇跡の講演

そのような経緯があり、私は三十八回目の誕生日を二日後に控えたその日の夜、カーネギーホールに立つことになっていました。公演前に、アーティと彼のお気に入りのレストラン〈ザ・ロシアン・ティールーム〉で食事をしながら、私はのちに「希望リスト」と呼ぶようになったリストの項目の一つを実行しようとしていました。講演会の契約書から「ダイアー博士の講演は録音を禁止しています」というただし書きを外してほしい、とアーティに伝えたのです。

私がなぜこの仕事をし、世界中で講演をして回っているのかというと、できるだけ多くの人に講演を聞いてもらいたいからです。しかし、契約書のただし書きはその信条に反するものでした。講演をするのは金儲けをしたいからではありません――できるだけ広範囲に私の言葉を伝えたいからです。私は聴衆に自分のメッセージを録音してもらい、それを広めてもらいたいと思っていました。アーティは反対しました。そんなことをすれば、私の音声プログラムの売上に響くからです。何といってもアーティは私のエージェントで、私が経済的な損失を被らないようにするのが彼の仕事です。しかし結局、アーティはカーネギーホールの契約書からこのただし書きを削除することに同意し、今後の講演の契約書にもそのただし書きは入れないことになりました。

私たちは食事を終え、カーネギーホールまで数ブロック歩いて行きました。看板を見ると、私の名前がありました。エンターテイメント業界のそうそうたるメンバーが出演してきたこの巨大な建物の看板に、私の名前が煌々と輝いていたのです。私は広々とした舞台裏を通り抜けて控室に行き、信じられないような畏怖の念を覚えながら腰かけました。胸が詰まる思いです。幕が開いて聴衆を目にしたとき、この途方もないイベントに気おくれして言葉が出てこなかったらどうしよう……。

私は二十分間、感謝の瞑想をしてから舞台に行きました。メインホールは頭上遥か遠くに天井があり、国内でもっとも有名なこのステージをバルコニーがぐるりと囲み、二八〇四席が備えられています。空席は一つもありませんでした。私は口を開いたとたん、緊張していたことを忘れて二時間半しゃべり続けました。講演を終えると長々とスタンディングオベーションを受け、頭の下がる思いでした。講演の録音を禁止するアナウンスは流れませんでした。

その年の初めに、私は次のように書いていました。「今年の終わりまでに達成予定の大きな目標が二つ」。一つはカーネギーホールでの講演という夢を叶えることで、あのジョークではありませんが、私は実際に「練習、練習、練習」を重ねてその目標を達成しました。今年二つ目の目標はフルマラソンを走ることでした。どうしてまたマラソンを走ろうと思ったのか？――そのきっかけは数年前、ウエイン州立大学で夏期講習を教えていたときの出来事にさかのぼります。

院生のグループが、壇上で講義のシミュレーションを行う課題をしていたときのことです。教授役の学生がベルトを下にずらして、突き出た腹を抱える太った教授のふりをしました。それを見ていた学生たちがクスクス笑いをこらえながら、私の方にちらりと視線を投げてきます。最初は意味がわからなかったのですが、突然、その学生が親しみを込めて私の真似をしているというショッキングな事実に気づきました。そのとき初めて、私は自分が太りすぎていることに気づいたのです。一体全体、どうしてこんなことになったのだろう？　私は学生たちと笑い合い、家に帰ってから、

第三十七章

カーネギーホールでの奇跡の講演

今日のことは人生でもっとも重大な瞬間の一つだったのではなかろうかと思い至りました。

私はその場でダイエットを決意しました。そしてテニスシューズを履いて外に出ると、少し走ってみようとしました。五百ヤードも走ったでしょうか、私は息を切らし、呼吸が追いつかなくなっていました。胸が苦しく、脚も痛みます。私はゆっくりと家に戻りました。翌日の夕方、再挑戦してみると、六百ヤードほど走ることができましたが、疲れて倒れそうになりました。

私は四日以内に一マイル走れるようになろうと決めました。三日目、半マイルまでたどり着き、初日よりも疲れていないことに気づきました。息も切らしていません。四日目にはゆっくりですが一マイルを走りきりました。よし、この調子だ！　私は、このように進歩していくことが自分にどれだけパワーを与えるかということに気づきました——そうなるともう夢中です。

やがて私は揺るぎない決意でジョギングに取り組み始めました。長距離を走り始めてから二か月もしないうちに、一日八マイルまで走れるようになりました。太鼓腹の教授に扮した学生を見てショックを受けて以来、私はまるで取りつかれたかのように毎日欠かさず走り続けました。

私はカーネギーホールにたどり着くためにしたことをジョギングでも試していました——つまり、練習に練習を重ねたのです。その頃にはもう二年近く八マイル走る日課を続けていました。休もうと考えたことすらありません。世界中どこにいても、私は時間と場所を見つけて走りました。

私は、この一人きりで走る時間を大切にしていました。頭がスッキリし、顔に風を受ける喜びを感じます。走っていると自然と一体になり、自分の体がどれだけのことを成し得るのかと感心してしまいます。体重は百七十ポンドまで落ちて調子もよく、体脂肪もほとんどなくなりました。それに、ここ数年では感じたこともないくらい爽快です。これほど快調だったのは二十年前、高校の陸上部にいたとき以来でした。

私は意図を定め、毎日十八マイル走ることにし、一週間でおよそ八〇時間のトレーニングを行いました。そして十月二十二日になり、ミネソタ州ミネアポリスのシティ・オブ・レイクス・マラソンに申し込みました。十月の涼しい朝、私は二十六・二マイルを完走するべくスタートラインに立ちました。これは私の想像の中で定めた意図です。この使命を果たすことを邪魔するものなどありません。

毎日走ることが人生の一部になっていました。このフルマラソンは最高の成果となるでしょう。私はタイムやスピードにこだわらず、その日参加した二千名のランナーのことも気にしていませんでした。このマラソンを完走して、今年の一月に定めた一年の目標の二つ目を達成する自信だけがありました。

走っていると、ランナーがぶつかる見えない壁について周りが話しているのが聞こえてきました。その壁はおよそ二十二マイル辺りにあるそうです。私は気にしないことにしました。ゴールテープを笑顔で誇らしげに切っている自分の心のイメージを、彼らの話で乱したくなかったからです。私はわずか三時間半で二十六・二マイルを完走しました——喜びで胸がいっぱいになりながら、私は自分の物真似をしていたあの学生に心の中で礼を言いました。彼は太りすぎの教授として私を演じたことで、そうとは意図せずに私の意識を目覚めさせてくれたのです。

今だからわかること

ふり返ってみると、私の「希望リスト」に書いた二つの項目が、その後自分のライフワークを展開させていく上でどれだけ重要だったかがわかります。フルマラソンを途中で休んだり歩いたりせずに完走しようと意図を定めた時点では、一回に八マイル以上走ったことがありませんでした。それにもかかわらず、私は自分のジョギングの達成目標はフルマラソンがぴったりだと思えたのです。マズローはこう言っていました。「自己実現する人は、自分がなれる者にならなければならない」。彼は、自分で決めた自分の可能性を最大限まで活かしたいという心の中の熱い思いについて語っていたのです。

私は三十代半ば頃に油断して体型を崩してしまいました。教職に就いて、個人でカウンセリング業を始めた頃から、集中して運動するのをやめてしまっていたのです。それなのに、他人の目に自分がどう映っているのかわかっていませんでした。教室で私の物真似をしていたあの学生は、人生で出会った偉大な師の一人です。彼が太鼓腹の教師の物真似をして教室ではしゃいでいた姿が今でも目に浮かびます。あれは本当に転機となる瞬間でした。

私はあの場面を見て、揶揄されていると感じたり気分を害したりしませんでした。それよりもあの場にいた全員、特に物真似をしていた学生が私には天使に見えたのです。彼らが私の人生を救ってくれたと言ってもいいでしょう。なぜなら、当時の私は危なっかしい方向にまっしぐらに進んでいたからです。脂っこいものばかり食べ、ビールを飲んでいました。仕事はデスクワークばかりで、私生活では破綻しそうな結婚生活を耐え忍んでいました。教員としても個人としても四方八方に引っ張り回され、仕事一辺倒の生活を送っていたのです。

あの学生は、私がさまざまな面で自己改革への道に向かうきっかけをくれました。彼のおかげで、私は毎日最低でも八マイル走るという生活を始め、それを二十九年間続けることができました。最初にマラソンを完走してからも六度のフルマラソンに参加しています。その上、私は食生活の改善に取り組み、体重をおよそ三十ポンド落としました。高校生の頃の体重に近づき、今でもそれを維持しています。

意図というものに本来備わるパワーを、今でははっきり理解できます。私がアクセスできたパワーは、希望や願いに備わるものではなく、新しい自己イメージを実現するという意図に備わったものでした。フルマラソンに参加しようと決めたとき、私はゴールテープを誇らしげに切っている自分の姿をすでに見ていました。そのせいか、もうそれを達成できたものとして行動するようになりました。それが自分にとって既成事実になっていたため、私は毎日外に出て、想像の中にあるイメージを生きるよう促されたのです。

謎の師たちが、けしからん物真似をする学生たちに扮装して現れてくれました。そして、意図に備わる私の中のパワーは、その師たちに触発されて目覚めたのです。一連の出来事は貴重なレッスンでした。実のところ、私たちの人生に現れる大きな影響力をもった偉大な師たちは、自分が嫌だなと思う人や、さらには嫌悪感を抱く人などに扮装して現れることがあると私は確信しています。長い年月を経て、そして延々と走り続けてきた今、私はあの日自分の物真似をしていた学生を送り込んでくれた宇宙意志にとても感謝しています。

カーネギーホールでの講演もまた、私にとって大きな学びとなりました。私は、講演を専門とする人たちの世界で自分の偉大さを発揮する力があるだろうかと、自己不信を抱いていました。私にはその疑いを払拭する必要があったのです。国内随一のステージで講演するという私の意図は、強い意志をもって想像の中に植えつけた考えがどれだけ強力になりうるかということを気づかせてくれました。およそ物質界に実現するものはすべて、考えから発生しています。そして強い意志が加わった考えは、ほぼ確実に実現します。カーネギーホールは私にとって挑戦でした——自分がそれを実現させられるかどうか、確かめてみたかったのです。

カーネギーホールに向かう前、食事の席でアーティに講演の録音を許可したいと話したのも、私にとっては大きな分岐点でした。私は、マズローが「結果に執着しない人」と定義していた自己実現する人をどうしても目指したかったのです。自分の人生を創る上でお金を最終目的にしたくありませんでした。私はお金を稼ぐことを目的にしたことがありません。いつも教えることを目的にし、新しいレベルで人々とつながりたいと思っていたのです。

「講演は録音禁止です」というアナウンスが流れるたびに、私はなんだか申し訳ない気がしていました。講演の録音を許可すれば、今後販売される私の音声プログラムの売上に響くかもしれないと言われましたが、そんな大げさなと私は思っていました。ですから、あの夜アーティに宣言したことで、私はやっと自分の魂との調和を取り戻すことができました。私は講演の入場料を払える人たちだけではなく、多くの人にメッセージを伝えたかったのです。

同じ理由で、私の本の海賊版が海外で出回り、その分の印税が入ってこないとアーティに言われたときも、その追跡調査をするのを断りました。中国、南アメリカ、東ヨーロッパ、そのほか貧困が留まるところを知らない国々で私の書いたものが読まれたらいいなと思ったからです。そうした国々の人たちも、同じように身動きとれぬほど貧しい幼少時代を過ごし、それを乗り越えた人が書いたものを読めば、やる気がでるかもしれません。

一九七八年元日に定めた二つの意図が土台となって、私は生涯をかけて意図のもつ驚異的なパワーについて書くことになりました。物事を見る目を変えようと決めれば、意図のパワーは本来誰にでも与えられるものなのです。

その後何年も経ってから、私は老子に次のことを教わりました。「マインドを正せば、あとはすべてうまくいく」。私はマインドを正し、自分が注意を向けたものは何でも叶えられるということを理解し始めました。そして、自分にとって重要な師は、ときに意外な姿で現れることがあるのだと学びました。

第三十八章
尊敬するフランクル博士と

オーストリアのウィーンで行われる、ヤング・プレジデンツ・オーガニゼーション（ＹＰＯ）主催の一週間のイベントに招待されました。ＹＰＯは、規定を満たす法人や団体などの運営責任を担う特定の年齢に達した会員から成り、世界各国の組織とつながっています。私は招待に応じ、カーネギーホールで講演をした二日後に妻とウィーンに向かいました。

ＹＰＯはこのイベントのために粒ぞろいの講演者たちを集め、私もそのうちの一人として招かれたことをとても光栄に思いました。講演料は支払われませんが、ウィーン周辺ですばらしい一週間を過ごすことができ、たくさんの著名人と知り合う機会が得られます――その著名人の中には当時の米副大統領ウォルター・モンデールもいました。

到着してから、自分が六百名のＹＰＯ会員に向けて演説をすることになっていると知りました。その日に同じく演説予定の人の名前を聞いて、私は一瞬言葉を失いました。なんと私はあのヴィクトール・フランクル博士と同席して、共にパネリストを務めることになっていたのです。今生きている人で、私がもっとも尊敬しているのはおそらくフランクル博士でしょう。私は博士課程の学生だった頃を思い出しました。フランクル博士が編み出した心理療法の一種、「ロゴセラピー」のコースを受講したのを覚えています。「ロゴセラピー」は、フランクル博士がナチスのアウシュビッツ収容所やダッハウ収容所での大虐殺を生き延びた経験を元にしています。四年前、実際にダッハウ収容所を訪れたときも、私は自分の英雄である博士の姿を思い浮かべていました。

私は修士課程でも博士課程でもフランクル博士の名著『夜と霧』（みすず書房）を読み、自分がセントジョーンズ大学で大学院課程を教えていたときも、それを必修の教材にしていました。博士はどれだけ不条理で、つらく、人間性を失った状況においても、人生には潜在的な意味があると説きました。そして世界にこう訴えたのです。「人間からすべてを奪い尽くそうとしても、奪えきれないものが一つある。それは最後の自由――どのような状況に置かれても自分の生き方、自分の態度を選ぶという自由である」。

取るに足りないセルフヘルプ本を二冊成功させただけの自分が、この名誉あるイベントで演説できるだけでもありがたいというのに、複数のナチス強制収容所に収容され、その経験を伝えるために生き延び、かの名作を——私が学び、教材にも使った名作を著した人とステージを共にすることになろうとは……。

私は恐縮し、自分がここにいていいのだろうかと思いながら、この偉大な人に会える喜びを噛みしめ、この勇敢な師の故郷ウィーンで若き経営者たちに向けて博士と共に演説できることに望外の幸福を感じていました。フランクル博士と共にパネリストを務めるという予想外の機会を与えられたのには、何か理由があるに違いありません。私はふと『自分のための人生』（三笠書房）を手に取り、その冒頭の文章は博士の『夜と霧』を読んで刺激を受けて書いたものだったと気づきました。「真の偉大さの本質とは、ほかの人々が狂気を選んでいるような状況でも、個人の充足を選ぶ能力のことである」。

翌日の午後、私はフランクル博士とステージに上がることになっていました。博士の言葉は講義で何百回と引用させてもらっています。私は数年前、ナチスが博士を奴隷労働者として投獄した恐ろしい収容所を訪れました。そのとき私は、この神経学者にして精神分析医でもある博士のことを考えていました。博士は、劣悪な状況の中で人間にとって最悪の非人道的な目に遭いながら、人生に美と意味を見出していたのだ……と。

私は博士のロゴセラピーの中心思想について論文を書いたこともあります。博士によると、その思想の一部が浮かんだのは、看守に怒鳴られ銃床で殴りつけられていたときだそうです。「私はある考えに釘づけになりました。それまでにも多くの詩人が謳い、多くの思想家が至高の叡智だと認めた真理を、私は人生で初めて理解したのです――その真理とは、愛こそが人のたどり着ける究極かつ無上のゴールである、ということです」。

翌日、私は名高い起業家たちに向けて演説をする直前に博士と対面しました。博士は温かく、ユーモアのある人で、その話し方にはオーストリアの強いアクセントがありました。私はどれだけ博士の作品に感服しているかを伝え、『夜と霧』を大学院課程の必修教材にしていたことを話しました。そして、私のベストセラーになった二冊はフランクル博士と私の師であるフリッツ・レドル博士とエイブラハム・マズロー博士から刺激を受けて書いたものだと伝えました。フランクル博士はレドル博士を個人的に知っているらしく、マズロー博士とも彼が亡くなる前に付き合いがあったそうです。それを聞いた私はとても感激しました。しかも、フランクル博士は『自分のための人生』のドイツ語版“Der Wunde Punkt”を読んでくれたらしく、私は天にも昇る気持ちでした。

私は演説で、博士がおよそ三年間投獄されていた数々の強制収容所でどれだけ酷い扱いを受けたか、そしてどのように生き延びたかについてコメントしました。博士はそれに応えて、固唾を飲んで話を聞いている参加者たちを前にして胸を打つような演説をしました。「人は、状況を変えられなくなると、自らを変えざるを得なくなるのです」。博士は一日一回の食事として、タンパク源の魚の頭がプカプカ浮いている、汚れた水を一杯与えられたときのことを回想しました。博士は、自分を捕らえた人たちから与えられたそのゾッとするような食事に、美を見出したというのです。博士は私自身が変わることを選ぼうと自分に言い聞かせたことを力強く話しました。そして、仲間の

第三十八章

尊敬するフランクル博士と

捕虜たちがたくさん死んでいった様子を雄弁に語りました。彼らが死んでいったのは劣悪な衛生状況だけが原因なのではなく、自分自身を見限り、生きていく目的や意味を失ったからでした。

私は聴衆に向けて語りかけながら、自分が博士と肩を並べて演説するのはどう考えても場違いな気がしていました。博士は、いかにも素人である私が書いたことを実際に生きて実践してきた人なのです。セッションが終わると、この偉大な人物と一時間ほど話ができました。博士はすばらしいユーモアのセンスの持ち主で、しかもその存在から愛を放っているように思いました。強制収容所で受けた過酷な扱いについて語っているときでさえユーモアと愛を示す博士に、私は感銘を受けずにいられませんでした。博士の奥さんはベルゲン・ベルゼン強制収容所で殺され、母親はアウシュビッツのガス室で殺されています。博士はほかにも多くの近親者を失っています。妹のステラだけはオーストラリアに移住していたため、強制収容を免れました。

博士は、私の人生と今後書くものすべてに活かせるアドバイスをくれました。彼はきっぱりと言いました。苦しみは誰もがその人生で逃れることができない人間の条件である。だが、人によってはその苦しみを他者よりも絶望的に受け止めることがある、と。そして博士は私の目を見て言いました。「苦しみの中に意味を見出すことを人々に教えなさい。そうすることで、自分の悲劇を勝利に変えることができると教えるのです」。これがロゴセラピーの本質だと彼は言いました。「あなたのクライアントや読者が苦しみの中に意味を見出せないのなら、自滅するしかないのですよ」

ウィーンを去るときの私は生まれ変わっていました。これからはフランクル博士が伝授してくれた視点で書いたり話したりしよう。人生の意味をもっと見つめながら生きていこう——そう私は自分に誓いました。この偉大な師と出会ったことに刺激を受けた私は、帰りの便でもう一度『夜と霧』を読みたくなり、もう一冊それを買いました。

本を開くと、こう書いてありました。「強制収容所にいた我々は、自分のパンの最後のひとかけを譲って、仲間を慰めながら兵舎を回っていた人たちのことを覚えているでしょう」。その続きにはニーチェの言葉が引用されていて、私は次に書く本や次の講演のことを考えながら、その言葉を記憶にとどめました。「生きる理由がある者は、ほとんどの生き方に耐えることができる」。

私は生きる意味を教え、それを実践して生きようと決意しました。どのように生きるか、生き方は第二義的なものであって、なぜ生きるかを今後の主要テーマに掲げようと決めたのです。

今だからわかること

初めてヴィクトール・フランクル博士を知ったのは彼のインタビュー映像を見たときで、私はそれに魂を揺さぶられました。博士の話に聞き入り、全身全霊でその言葉を受け止めました。すべての人の人生において、その意味するところの重要性を博士が語っていたとき、私はまるで自分のハイヤーセルフが語るのを聞いているような錯覚に陥りました。それほど彼の言葉が心の琴線に触れたのです。私たちの文化は、その場に溶け込んで皆と同じであることを良しとします。そうした文

第三十八章

尊敬するフランクル博士と

化が生み出した、私にはくだらないと思えるルールや関心事を超越して生きていきたい――私はいつもそう思っていました。

博士はそのインタビューで、強制収容所の仲間たちが人生をあきらめて死んでいった話をしていました。彼らはそのもっとも過酷な状況で、生きる糧となる美を見出せなかったのです。生きる意味が大切なのだと博士は語りました。そして、人によっては神と呼ぶ究極の、、、意味を経験して信頼する自分なりの方法を探してほしいと訴えました。博士はまた、将来のヴィジョンを失わずにいた者たちは、その試練の中でも生存率が高かったことに気づきました。それが今後の重要な役目であれ、愛する者たちの元へ帰ることであれ、そうしたヴィジョンを持つ人たちは持たない人たちよりも苦しみを乗り越えていたといいます。

実際にフランクル博士と対面した瞬間、私はそれまでに学界で出会った誰よりも波長が合うのを感じました。今日《こんにち》では、私たちの間に何か結びつきのようなものがあったことをまったく疑っていません。初めて『夜と霧』を貪るように読んでから約十五年後に、自分が腹心の友のように感じていたその人物と同じ壇上で話すことになったのは単なる偶然ではないと思っています。

アウシュビッツ、ダッハウ、チェコのテレージエンシュタットで博士が受けた虐待に関する記述を初めて読んだとき、その苦難が文字を凌駕するほどの強さで訴えてきて、私はその醜悪な場所をいつか訪れることになると確信しました。四方八方から狂気が押し寄せてくる状況で、邪悪なものを超越して意味を見出す能力――人間がもともと持つその能力についてこうも力強く語るその人物に、私はいつか会えるのではないだろうかと妙な予感がありました。今だからはっきりとわかります。私はその人物と個人的に対面する運命にあったのです——何か見えざる力、言葉では説明のつかない方法によって私たちはつながっていました。一九七八年五月のあの日、ウィーンで博士と出会ったことは、私の作品や人生にシフトを起こしました。

当時の私の指導・調査の土台は、伝統的な心理学から離れつつありました。最初に書いた二冊の本で取り入れた常識的なアプローチを気に入っていて、フランクル博士も私の簡潔で地に足の着いた書き方を褒めてくれました。ところが、もっと大きな視点で存在の本質について考えたい、私たちと高次のパワーのつながりにおける究極の意味を探求したいという思いが私を揺さぶっていました。

フランクル博士と初めて会ったとき、私はどこか懐かしいような、昔からの知り合いに会ったような気がしました。今こうして考えると、わが英雄の一人と同じ壇上に私を置いたものが何であれ、私たちを引き合わせたフォースが私の人生を変えるきっかけになったのだとわかります。私はそのフォースに突き動かされて、スピリチュアリティや高次の意識、神の愛、そしてもっとも大切なことである存在の意味に重点を置きながら書くようになりました。その頃から私はエゴを超えた世界を探求するようになったのです。

第三十九章 著者としての苦い経験

一九八〇年の春――八十年代の始まりです。『自分のための人生』（三笠書房）も『「頭のいい人」はシンプルに生きる』（三笠書房）も大きな成功を収めていました。二冊ともニューヨーク・タイムズ紙のベストセラーリストに載り続けて、ほぼ四年が経ちます。

一九七五年に出版社のT.Y.Crowellが私の最初の原稿を受け取ったとき、彼らはここまで売れるとは思っていませんでした。『自分のための人生』が一大ブームになったとき、アーティは出版社に最初の契約書の見直しを断られて意気消沈していました。私は騒ぎ立てずに最初の取り決めを尊重しようと主張しました。そうして今、T.Y.Crowellとの二冊の本の契約が完了することになりました。

アーティは、ニューヨーク出版業界ではおなじみのサイモン&シュスター社に打診してみました。そして私に電話をかけてくると、「新しい出版社と契約が決まって、君にふさわしい額の前払金を申し出てもらった」と言いました。本を二冊書く取り決めで、なんと百五十万ドルの前金が保証されたとのことです。私は興奮しました。経済面でそのような予期せぬ幸運に恵まれるなんて、想像すらできませんでした。私は祝福を受けたような気がしました。

『「頭のいい人」はシンプルに生きる』の宣伝活動や講演をしていないときは、毎日執筆に勤しみました。フランクル博士とウィーンで過ごして以来、ずっと構想を練っていた本です。サイモン&シュスター社から出るこの新刊は"The Sky's the Limit (可能性は無限大)"(邦題『弱気な自分を打ち破れ!――本当の自信、有能な自分をひきだす本』〔三笠書房〕)というタイトルです。マズローが「自己実現」と称した段階に達するための具体的方法について説明しています。一九七〇年六月、自分が博士号を取得したその日に亡くなったマズロー博士に対して、私は相変わらず特別な同類意識を抱いていました。

博士はよくこう話していました。「自己実現する人はごく少数である。なぜなら、ほとんどの人は生理的欲求、安全欲求、社会的欲求(帰属欲求)、尊厳欲求(承認欲求)といった低次の欲求を満たすことで頭がいっぱいになっているからだ」。博士はこれら低次の欲求を「欲求の五段階」と称するピラミッドの下位層に位置づけました。そして、このピラミッドの頂点を「崇高な境地」とし、その境地ではほんの一握りの人たちが自らの目的意識と意義を探求すると述べました。

第三十九章

著者としての苦い経験

この点に関して、私はマズロー博士と意見が大きく異なりました。私は、自己実現はあらゆる人の持って生まれた権利だと感じていたのです。自己実現は私たちの本質である――しかしながら数年前にバックミンスター・フラーが述べていたように、人はその生きている文化によって凡人化させられ、その本質を台なしにされているのだと私は考えました。フランク博士との出会いは、その考えを後押ししてくれました。そして私は、そう信じているのは自分だけではないと知っていました。なぜならこの考えは、ヨハネによる福音書十四章十二節でも明らかにされているからです。イエスはこう言いました。「わたしを信じる者は、わたしが行う業を行い、また、もっと大きな業を行うようになる」。

『弱気な自分を打ち破れ！』は、マズロー博士の言う「模範的な人たち」に見られる顕著な特徴に着目しながら、前二作と同じようなスタイルで書きました。彼らの性格の特徴を三十七個挙げて、フランクル博士がいみじくも述べていたように、どうしようもない状況に遭遇したときに、自分を変えて新しい選択ができるという視点で書き進めました。「どうしようもない状況」とは、過去や自分が歩んできた道のりなども含みます。私は「どうすればいいのか」という視点からシフトして、「どのような意味があるのか」という視点で書くようになり、フランクル博士の言う「生きる目的」を見つける方法、マズロー博士の欲求のピラミッドの頂点「自己実現」を叶える方法を示しました。

サイモン&シュスター社での私の新しい担当編集者はマイケル・コーダという男性で、彼はそれまでに何冊ものベストセラーを手がけ、自分でも本を何冊か書いたことがあると聞きました。マイケルはフロリダまで飛行機でやって来て、私たちは海岸を散歩したり、新作の宣伝活動を練ったりしながら一日を過ごしました。私はその数か月間かかりきりで仕上げた原稿を誇らしい思いで彼に渡しました。

私たちは頻繁に話し合い、マイケルは本が上出来だと言ってくれました。何か所か修正が必要だということで、マイケルは外注の編集者を雇って微修正してもらうことにしました。そんなことは初めてでした――前二作は編集者から戻ってきた提案を元にして、自分で校正作業を行ったのです。それでも、私はこの新しい出版社のやり方を信頼していました。なぜなら、今後の印税を鑑みて、百五十万ドルもの前金を投資してくれた出版社だからです。

数か月が経ちましたが何の音沙汰もありません。十年前、ジョン・ブライエンとの共著に取りかかっていたときのことがよみがえりました――自分の本を完成させるために第三者の作業が終わるのを待たなければいけなかったことを思い出したのです。半年後、マイケルに電話して、外注の編集者に手直しした原稿を送らせるよう求めました。

数週間後、やっと郵便が届き、この外注の編集者という人が書き直した原稿の前半を受け取りました。それを見た私はショックを受けました。自分が渡した原稿の見る影もないのです。心外なことに、この編集者は私の文章スタイルが合格レベルに達していないと考えたらしく、私のアイデアを元にして自分のスタイルで文章を書き換え、元の文体を投げ捨ててしまっていました。彼の文章

第三十九章

著者としての苦い経験

スタイルが悪いというわけではありません――ただ、それは私の作品ではなくなっていました。彼が書き換えた文章の中に、自身を見出せなかったのです。

私は地に足の着いた常識的なスタイルで前二作を書き、それらは一九七〇年代のベストセラーにもなりました――それなのに、私はまたもや大学新入生の時に味わったジレンマに直面していました。サイモン&シュスター社にふさわしい、もっと文筆家らしく洗練された文体で書くことを求められたのです。私は出版社がどれだけ前金を払ってくれたとしても、こんなことは受け入れられないとマイケルに伝えました。マイケルは、この件は穏便に解決することを約束しました。

さらに二か月待ちましたが、この謎の編集者、いや、書き換えの専門家からは何の連絡もありませんでした。私はマイケルに電話をかけ、最後通告を突きつけました――元の原稿を送り返すように伝えたのです。どこをどう書き換えられたのかを確認して、最終の校正作業はすべて自分でするつもりでした。元の原稿が戻ってきましたが、二か月前、前半だけ届いた初稿から何も変更されていませんでした。

私は原稿を最初から読み直し、いくつかの訂正や書き換えには、喜々としてではありませんが目をつぶりました。そして、この謎の編集者がまだ手をつけずに八か月も放置していた原稿の後半に取りかかり、自分で校正作業を行って提出しました。あとは印刷されるだけの最終稿に満足至極というわけではありませんでしたが、年度末までに発行するというプレッシャーがあったため、それでよしとしました。

自分ではちゃんと書けていたと思う原稿を修正され、それを受け入れるよう言いくるめられた自分に納得できていませんでした。私の原稿を整えるために雇われたこの影の編集者は、確かにちゃんと仕事をしていたと思います。しかし、彼は自分の人生経験を例に挙げて原稿につけ足し、あたかも私の手によるもののように仕立てていました。こうして私は、もう一冊の良書を世に出したわけですが、全力でそれを売っていきたいという気になりませんでした。最初の四章は、誰かほかの手によって書かれたもののような気がしているのに、すべて自分で書いたことになっているからです。この本に関しては気に入っている反面、苦々しい思いが残りました。後半と巻末の部分は編集者の手が加えられていないため、自分で書いたものだとわかるのですが、前半に関しては何となく後味の悪い、私のスタイルとは異なるものになっていました。

私はこの本に全身全霊で力を注ぎ、ほぼ一年かかって身の細る思いで七百ページ以上のものを仕上げました。分量を減らす必要はありましたが、もっと高尚な、世間受けのいい文体で書くよう第三者に求められるのは、大学新入生のとき以来でした。私はその場で即座に決意しました。もう二度とこのような書き換えを許したくない。それが富や名声のためであっても、あるいは誰かを満足させるためであっても、不要な書き換えには引き下がるまいと思ったのです。

今だからわかること

第三十九章

著者としての苦い経験

『弱気な自分を打ち破れ！』の編集対応において学んだ教訓は、一言に集約できます。自称「専門家」には気をつけよう。私は文章力を競うコンテストで勝とうとしていたわけではなく、他人の文体を真似しようとも思っていませんでした。私は読者が自己実現して最高の可能性を達成できるよう手助けする本に仕上げるために、簡潔明瞭な言葉で書きたいと思っていたのです。

　自分の本の仕上がりについて周りの意見を優先してしまったことで、作品のエネルギーに不純な影響を与えたのだと今は確信しています。仕上がった本を手にしたとき、最初の二冊を手にしたときとは大きく異なる感覚を覚えました。前二作に関するインタビューでは、涙ぐましいほどの熱意を込めることができたのですが、今回の本に関するインタビューでは同じようにいきませんでした。

　私が求めてもいなければ必要ともしていない謎の人物の修正によって、書いた内容の真正が部分的であるにしろ損なわれたとき、それが本の全体に影響を与えてしまったのだと今ならはっきりとわかります。この本を宣伝していこうという意気込みも、潜在意識のレベルでいくぶん薄らいでしまいました。この本を開いて、大量に加筆修正されたページに行きあたると、目には見えない暗雲に覆われて苛立つような感覚になり、心の中でこうつぶやいていました。「私はこんなふうに書いていない。それなのに自分の名前が著者名になっている」。

　この本はマズロー博士に捧げて、次のような謝辞を書きました。「エイブラハム・マズロー博士の思い出に――人間に秘められた偉大さを研究した先駆者に、本書を捧げます」。これは私の良き師であり、心に響くインスピレーションでもあった博士への追悼になるはずでした。それなのに、私はマズロー博士とフランクル博士をどこか失望させてしまったような気がしました。なぜなら、多額の前金が支払われているというプレッシャーを感じて、自分を曲げてしまったからです。大きな報酬を受けているのだから出版社の言う通りにすべきだという考えが私の心をざわめかせていました。

一連の出来事は私にとって重要なレッスンだったのだと今になってわかります。一九八〇年以来、私はおよそ三十五冊の本を出していますが、他人の意見が私のそれを踏みつけることをもう二度と認めていません。ただ、『弱気な自分を打ち破れ！』での経験を踏まえて、ある女性を個人的に編集者として雇いました。あの不面目な経験がなければ、誰かを見つけてノウハウを教えこみ、一緒に働こうという願望も芽生えなかったでしょう。

今や友人であり編集者となったその女性、ジョアンナ・パイルはこの三十三年間、私と共に作業をしています。彼女は私の書くものをまるで双子の片割れのように理解し、私の考え方を熟知していて、原稿をどのようにプロとして編集校正すべきかも心得ています。あの不愉快な経験があったからこそ、私は文才のあるソウルメイトを引き寄せることができました。彼女は私の走り書きを読み取り、私が有能な執筆家に見えるような形で原稿を仕上げ、自分の好みを差しこもうともしません。

本当に貴重なレッスンを学びました。私の人生に立ち入ってきて、私のライフワークをどうすべきか勝手に決めたがる人たちには用心しなければならない――これが教訓となりました。今ふり返ってみると、あの本を取り巻くエネルギーはどこか謎めいた形で汚されてしまったのだと思います。それは、私が「我あり」という意識（"I am" presence）に同調せず、自分が心の奥底で真実だとわかっていることを主張しなかったために起こったのです。

あの本が発行されてからもう三十年以上経ちますが、発行時に支払われた前金に対して、印税で回収できなかった唯一の本になりました。

第四十章

『アイキスからの贈りもの』誕生秘話

一九八二年十月十五日の午前十時。私は世界中から集まった千五百名のランナーに混ざって、ギリシャにある小さな村マラトンにいました。毎年行われるアテネクラシックマラソンに参加するためです。レースは午前七時にスタート予定だったのですが、ちょっとしたゴタゴタがあり、十時スタートに変更されました。ということは、日中のもっとも暑い時間帯にマラトンからアテネを走り抜けることになります。それでも私は、今日は記録が出せるだろうと自信にあふれていました。四年前に初めてフルマラソンに参加して以来、これが五回目のフルマラソン参加になります。

コースを進むにつれ、上り坂が大部分を占めてきました。しかも刻

第四十章

『アイキスからの贈りもの』誕生秘話

一刻と暑さが増してきます。二十一マイルあたりでかつてないほどの疲労を覚えました。体が震え、緑色の胆液を吐き出します。周囲のランナーたちも脱落し、救急車で救護室に運ばれていきました。

アテネに入ったのが遅かったため、ランナーたちは走行中の車の間の車線上を走らなければいけませんでした。経験したこともないほどひどい排気ガスです。大会スタッフは私を救急車に乗せようとしましたが、私は長年の夢を果たそうとギリシャまではるばる飛んできたのに、レースを途中で終わらせるなんて考えることもできませんでした。

私は日中の暑さにやられて疲れ果て、道路脇に横たわりました。すると、私には奇跡としか表現しようのない何かが近づいてきました。それはいつも私の夢に登場する見えざる存在で、目が覚めていてガイダンスが必要なときにも現れたことが何度かあります。その存在は女性で、彼女について言えるのは、その瞳がまばゆいくらいに輝き、話すときには私に微笑みかけているように見えるということだけです。この超自然的なスピリット界からの訪問者が、横たわる私に向かって話しかけてきました。「あなたは強いのだから、このレースを終えられます。私がずっとついています」。

私はこんなことになった原因や腹の立つ対象にはもう意識を向けていませんでした――渋滞や熱気、排気ガス、嘔吐している間のロスタイムなどのことも気になりません。私の内面世界に住む仲間――単なる想像の産物ではない、驚くべき女性が目の前にいて私の手を握り、「あなたは疲れ果てた肉体をはるかに超える存在です」とその青い瞳で訴えてきているのです。私はスピリットでした。そのスピリットは時空や肉体に制限されていないため、どんなことでも可能なのです。残りは五マイルありましたが、私は自分がゴールテープを切っている姿を見ることができました。もう脚の痙攣もおさまり、脱水症状による吐き気も感じていません。再びエネルギーが満ちあふれ、突然、力がみなぎるのを感じました。これは奇跡です。

私は古代オリンピック競技場に到着し、最後の一周を走り終えると、両腕を上げて冗談めかして叫びました。「我々は勝利した！」。伝説によると、この言葉は古代のランナー、ピリッピデスによるもので、彼はギリシャ軍がペルシャ軍に勝利したことを伝えるためにマラトンの平原を駆け抜けて、この言葉を発してからその場で息絶えたそうです。

ゴールの瞬間、私は興奮のさなかにありながら、この勝利への立役者である女性についていつか書かなければならないと思っていました。アメリカに戻った私は、アーティに会って言いました。「夢に出てくるとても聡明な女性のヴィジョンが見えるんだ。彼女がいつも語りかけてくることを物語にして書こうと思う」。アーティは見えざる世界からの訪問者といった話には非常に懐疑的で、頼むからこれまでの路線で書いてくれ、講演者として成功し、テレビ出演もしているんだからと言いました。

私は自分の想像世界で生きている女性について書きたいと妻に説明し、ちょうど一年前に生まれた私たちの娘の"Skye（スカイ）"にちなんで、その女性を"Eykis（アイキス）"と名づけたのだと話しました。娘の名前"Skye"を反対から綴って、ハイヤーセルフを意味する"i"の文字を挿入すると"Eykis"になるのです。

第四十章

『アイキスからの贈りもの』誕生秘話

私は十二年前に発行された『かもめのジョナサン』（新潮社）のような感じで寓話を書くつもりだとマイケル・コーダに連絡しました。私の内的世界のガイドであるアイキスを物語の主人公にするつもりでした。アイキスは架空の惑星に住んでいて、そこでは皆、現実だけを見て暮らしています。すなわち現実に存在することだけに思考範囲が限られていて、そうあれかしという考え方はしないため、「誤った思考」というものが存在しないのです。

アーティも出版社の人たちも、およそ全員が、「物語を書くなんてことは考えるな、これまでに売れたテーマから離れないほうがいい」と忠告してきました。私が専門とする心理学の知識とセラピーの実績に基づくセルフヘルプ本を書いてくれと言うのです。しかし私は、『アイキスからの贈りもの』（未邦訳）というタイトルで小説仕立てのものを書くという考えに夢中になっていました。ストーリーは、私たちの「誤った考え方」がはびこる世界をアイキスが訪れ、現実だけに基づいたその世界観を通して自己実現する秘訣を私たちに教えてくれるというものです。

ギリシャであのマラソンを走って以来、私はアイキスが単なる想像の産物ではないという思いを振り払うことができませんでした。彼女は実際に私に語りかけてくるスピリチュアルなガイドで、困ったときには導いてくれるのです。私はこの見えざるガイダンスを頼っていました。彼女の教えに基づいて寓話を書こうと考えているうちに、彼女の存在をどんどん強く感じるようになりました。

私はアテネで地面に横たわり、ランナーたちが次々に運ばれていくのをこの目で見ていました。体力が尽き果てていたため、自分も棄権者たちの仲間入りをするところでした。そのときアイキスのエネルギーが私を包みこみ、疲れ果てた肉体の限界を一瞬にして超えさせてくれたのです。私は自分には説明のできない何者かに助けられて、最後の五マイルを走りきりました。その存在を言葉で表現することはできませんが、確かに現実に存在していると思いました。この寓話を書こう。私はこの新しい難行をアイキスの導きに従って果たそうと思いました。

翌月、私はホノルルで行われる全国大会で講演をする予定だったので、時間を作って、この寓話をワイキキビーチで書くことにしました。資料を荷物にまとめた私は、家に帰ってくるときはもう原稿を書き上げているはずだと固く信じて、ハワイに向かいました。

ホノルルでの二週間、私は毎日お気に入りの場所に行って、砂浜に背もたれを置き、ノートに寓話を綴りました。物語が何の苦もなくあふれ出てきます。毎日書きながら、私は誰かが勝手にペンを動かしているように感じていました。私はただ物語に自らを語らせていたのです。物語の大まかな内容も、展開も、何も決めていませんでした。私はひたすら書き続け、浜辺でノートを埋め尽くしながら、カモメや子どもたちを眺め、そのままゆだねていました。

二週間が経ち、荷物をまとめてマウイ島に移動しました。残り二週間の執筆生活に、妻が十五か月になった娘のスカイを連れて合流しました。私は浜辺で日陰になっているところを探し、おなじみの背もたれを置いて、日課になっている執筆を続けました。『アイキスからの贈りもの』第三章では、主人公アイキスが故郷の「奇妙だけれども、すばらしい」世界を発ち、地球にやって来て、自己実現という視点で真に生きる方法を私たちに伝授してくれます。物語は流れるように進み、私

第四十章

『アイキスからの贈りもの』誕生秘話

は原稿をサイモン&シュスター社に送りました。彼らは私がフィクションを書くことに喜んではいませんでしたが、どこまでもサポートしてくれました。

時は進んで一九八三年、『アイキスからの贈りもの』が発行され、私はそのメッセージを世界中に伝えたいと意欲を燃やしていました。そして、アメリカとカナダのあらゆる書店で本を在庫してもらうために、キャンペーンに出ました。自分でも何千冊と購入し、自費であちこちに郵送しました。世界にアイキスを広め、彼女の贈りものを伝えることが私のフルタイムの仕事になりました。ちょうど七年前、『自分のための人生』(三笠書房)を独自のやり方で宣伝していたときのように、今回の宣伝活動も自分の手で進めていくのを楽しみました。本の売上やベストセラーリストの順位などは気になりませんでした。私はただ自分の好きなことを世に広めながら、めいっぱい楽しんでいたのです。

アイキスは、私の中でいつも語りかけてきました。私がこの地球での人生をもっとスピリチュアルなやり方で歩めるよう、静かに、でも決然と導いてくれるアイキス――その女性らしいエネルギーが身のまわりに感じられました。私は人生のスピリチュアルガイドであるアイキスのことをあまり人に話しませんでしたが、彼女の存在感は本物でした。

『アイキスからの贈りもの』を何千冊と購入して、世界中の人々に配り終えると、自分の執筆生活も次の段階に進むときがきたとわかりました。将来この本が映像化されるのが見え、私は人生にアイキスが現れてくれたことに感謝しました。私がフィクションを書いて出版したのはこの一度だけです。この物語を書けたことを、言葉にできないほど幸せに思います。『アイキスからの贈りもの』の最終章を書いているとき、マウイ島で娘のサマーが妻の胎内に宿りました。私はアイキスが実在することを微塵も疑っていません。彼女は私をよりスピリチュアルな世界へと誘い、その陰《いん》のエネルギーで私を補ってくれているのです。

今だからわかること

一九八二年、マラソン大会でアテネの地面に横たわるという経験は、またしても飛躍の瞬間になりました――人生の大きな転機です。超自然的なエネルギーを実際に見て、感じて、肉体としての自分を超え、導かれるままに身を任せたのは初めてでした。自分の疲れ果てた肉体という制限には、もはや拘束されていない気がしました。私が危機にさらされているそのときに、アイキスが苦しみを引き受けてくれているようでした。ここで危機と言ったのは、マラソンを完走できなかったと悔やみながら家へ帰るのは私にとって耐え難いことだったからです。私はマズロー博士の言う「最高の自分を達成する人間」を目指して生きていました。ですから、棄権という考えはありえませんでしたが、私の肉体は衰弱しきっていました。

今だからはっきりとわかるのですが、人間であるということには、肉体が成しとげる業績によって計れるもの以上に大きな意味があります。精神力には、危機の瞬間になると発揮される蓄えがあります。さらに驚くべきことは、私たちが天の導きを信じて、それと協力して動こうとするならば、本当に天が導いてくれるということです。

言うなれば、この宇宙のあらゆるものがスピリット界の見えざる糸で互いにつながっているのです。私にはスピリチュアルな導きがあり、それは呼ぼうと思えばいつでも助けにきてくれます。アイキスは、その天の導きが人間の姿をして現れたものです。この肉体を超越したスピリット界の友人にアイキスと名づけて以来、彼女は長年にわたって何度も私の前に現れました。そうして私は、天の助けと導きを活用できることを信頼するようになりました。

あの古代オリンピック競技場に駆けこんだときに感じた驚きを、今でも覚えています。ほんの一時間前、私は救急車に乗せられそうなほど弱っていたのです——実際、参加者の三分の二が強烈な暑さや上り坂のコース、車の排気ガスなどにやられて棄権していました。そんな中で私は元気を取り戻し、ゴールする頃にはレース中よりも強さを感じていたのです。

『アイキスからの贈りもの』を書いたのは、私にとって魔法のような経験でした。自動書記を経験するようになってから、まだ日が浅い頃のそれだったからです。ホノルル、そしてマウイの浜辺に座って、私は毎日アイキスの陰《いん》のエネルギーを感じていました。心が落ち着き、平穏で、この寓話に書くべき言葉は自然に出てくるから大丈夫だという自信がありました。今なら、この自動書記を「チャネリングによる執筆」と呼ぶでしょう。私が道具となって、言葉が神秘的な形でノートに綴られていきました。手が勝手に、しかもすごいスピードで動いていきました。アイデアや言葉があまりにも早くやってくるので、手が痙攣しそうになったのを覚えています。毎日、数時間におよぶ執筆を終えると、本物の魔法に似た何かが浜辺で起こっているんだと妻に話しました。

物を書くとき、本当はいつでも見えざる世界をチャネリングしているのだという考えを、あの自動書記の経験がきっかけで知るようになりました。イエスも「命を与えるのは霊（スピリット）である」と言っていたように、どこからともなくノートに現れる言葉たちは創造という名のダンスからもたらされたものでした。

今では、すべての本を書くのは神だということを理解しています。ノートに現れた言葉たちは誰のものでもありません。創造的なプロセスは高次の世界からもたらされるものであり、アイキスは私が神と呼ぶエネルギーと同調する方法を象徴していたのだと、私は確信しています。そのエネルギーと同調することができれば、「すべてが可能」だとする創造主と同じようにその能力を活用できるのです。

何千部もの『アイキスからの贈りもの』を人々に送るとき、私は次のような一言を添えました。「アイキスは映像化されています」――「いつか映像化されます」とは書かずに、もう既成事実であるかのように書いたのです。これが、結果から生きるという考えの始まりでした。私は願望が実現した感覚を先にイメージして、それがもう決まったことのように現在形で宣言するという考えを実践し始めました。現在、本当に『アイキスからの贈りもの』の脚本ができ、監督も決まりました。この本を映像化するという考えは、その当時は本当に考えでしかなかったのですが、今では物理的な現実に変わろうとしています。

アイキスは初め私の夢に現れました。次に、静かな瞑想の時間に現れ始め、ついに導きのフォースとして目の前に現れました。彼女が実際に現れたのは、私が特別なパワーの存在を身をもって経験すべきタイミングでした。その特別なパワーは、私が精魂尽き果てたと感じているときに、ゆだねて奇跡を受け入れる気持ちを持って初めて発揮されるものでした。

以上が、一九八二年にギリシャで私の身に起こった出来事です。あの日以来、私は自分の五感や科学的データなどを通して認知するものを遥かに超える何かが人間には備わっているのだと確信しています。アイキスが現れたのは、私がすべての疑いを払いのけて、天の助けにゴールまで連れて行ってもらうことをゆだねたときでした。

第四十一章
親として何をすべきか

一九八五年の夏、私はさまざまな年齢の子どもたちの育児に追われ、その責任は日に日に増していました。四十五歳になった私は、三人の小さな娘たちと三人の大きくなった子たちの父親になっていました。妻のマーセリンと私は、その四年間で三人の赤ん坊を授かりました。長女のトレイシーは十八歳で、十歳を少し超えた子も二人。私は、育児を二つの点でやりがいある仕事だと思っていました。一つはマズロー博士のピラミッドの「低次の欲求」を満たしてあげること――すなわち子どもたちに衣食住を提供することです。もう一つは、ピラミッドの頂点である「自己実現」を子どもたちが達成できるよう手助けすることです。

第四十一章

親として何をすべきか

その数年間、私は講演会などで聴衆に聞き取り調査を行っていました。「あなたが我が子に本当に望むものは何ですか?」。その頃の私は、親業に関する本を書きたいと思っていて、限界のない子どもを自己実現する人間に育てることをテーマにするとおもしろいだろうと考えていたのです。限界のない子どもが自己実現する大人に成長する――この変容の起こる場所が親業なのです。

私が思うに、親の多くがマズロー博士のピラミッドの頂点とは反対方向へ我が子を向かわせています。あまりに多くの子どもたちが、エゴの欲求に従って生きるよう教わっています――何としてでも勝ち組になること、できるだけ多くを所有すること、世間の水準を元にして自分の人生を評価すること、できるだけ多く稼ぐこと、自分のすることすべてに金銭的価値をつけること……こうしたことを教わっているのです。そうしたプレッシャーをかけられた結果が、人格障害や肥満、身体的疾患、不安症やストレス、情緒不安などとして現れます。

アーティがニューヨークの有名な出版社、ウィリアム・モロー&カンパニーと二冊の本の契約を決めてきました。この契約について妻とアーティと話し合いをしたとき、私は「次の本は自己実現する大人に育てる方法について掘り下げてみたい」と伝えました。親が「我が子にはこれを望んでいる」と言いながら、しばしば口で言っていることと正反対の育て方をしていることに気づいたからです。私はそうしたことを詳細に述べて、親業について探求したいと思いました。

聞き取り調査への何千もの回答をまとめた大きなファイルを作り、親がどういったことを我が子に望むのかについて十のカテゴリーに分けました。このファイルを元に、本の企画書をまとめることにしました。アーティと一緒に、新しく契約した出版社にこの企画書をわたすと、彼らは喜んでゴーサインを出してくれました。今回は、多額の前金を求めるのは控えました。書きながらお金のことを考えたくなかったからです。サイモン&シュスター社での苦い経験を繰り返したくありませんでした。

私は新しい本の執筆に夢中になっていました。ここ数年、講演で聴衆に調査を行ったときの文言をタイトルとしてそのまま使うことにしました。"What Do You Really Want for Your Children?(あなたが我が子に本当に望んでいるものは何ですか?)"(邦題『わが息子、娘のために父親は何ができるか』〔三笠書房〕)。この問いに対する回答はとても興味深いものでした。次のような回答は一切ありません。「わが子には裕福になってほしい」、「誰よりも優秀な人間になってほしい」、「何でも一番になってほしい」、「良い仕事に就いてほしい」、「良い学校に入ってほしい」、「同級生よりも立派になってほしい」……このように回答する人は一人もいなかったのに、彼らは言っていることとは裏腹な目標を掲げて子育てをしているように思いました。

私は毎日、何時間も執筆に費やし、自分が親として言ったりしたりすることをすべて意識していました。妻のマーセリンと私は六人の我が子たちに本当に望むことは何なのかを何時間もかけて話し合い、それが彼らの成長にうまく反映されるよう親子の関わり方をしばしば修正しました。「目的意識をもって最高に幸福な生き方をする子どもを育てる」という考えを実践しようと、夫婦で固く決意していたのです。私は、息子と娘たちが日課をこなす様子を観察し、兄弟姉妹、両親、世間に対して彼らがなんと立派に関わっているのかと感心していました。

我が子たちには人生を楽しみ、自分を尊重し、失敗を恐れず、自分を頼り、ストレスや心配事とは無縁で、穏やかな人生を歩んでほしいと思っていました。そして、今この瞬間を尊び、生涯にわたって心身ともに健康で、創造性を発揮し、何よりも自らの最高の望みを叶え、目的意識を感じてほしいと願っていました。こうしたことを叶えるのが自己実現する人たちです――私はここに挙げた我が子たちへの願い一つひとつを、今夢中になって取り組んでいる分厚い本の章タイトルにしました。書いては観察し、観察しては書く――我が子たちと妻は私にとって偉大な師でした。彼らは私の胸を喜びで満たし、ピラミッドの頂点を生きるための子育て法について、さまざまなアイデアを私の原稿に提案してくれました。

原稿は日ごとに分量を増していきます。書いても書いても止まらず、驚いたことに私はまたしても自動書記を経験していました。アイキスはこの素敵な旅路に毎日つき添ってくれていました。私は今どんなことを書いていて、言葉がどんどん降りてくることにどれだけ感動しているかを、毎日妻に報告しました。私にはこの壮大なプロジェクトを遥か彼方から操縦する、天から遣わされた副操縦士がいたのです。こんなにすらすらと筆が進むのは初めてでした。

子どもたちの心身の健康と幸福だけを重視し、彼らのエゴの欲求を完全に脇へ押しやると、一体どんなふうに成長するだろうと私は長らく考えていました。今回の本は、私がバックミンスター・フラーから学んだ考え――すなわち私たちは皆、天才であり、私たちを凡人化するのは生きるプロセスであるという考えに捧げています。親はどのようにして子どもたちを凡人化させない生活環境を整えられるのか、その方法を説明することがこの本の目的でした。

「自己実現とは、天才と呼ばれるごく少数の人たちだけに見られる意識状態である」とマズロー博士はよく強調していました。博士が研究対象にしたのはアルベルト・アインシュタインやナザレのイエス、老子、その他さまざまな分野における現代の指導者などでした。博士には申し訳ないのですが、私が取る立場は博士の主張とは異なりました。ピラミッド頂点のより崇高な状態に達するのは、母親の胎内に宿ったときに幸運を引き当てた、情緒面で進化した魂だけに限られていないと私は考えていたのです。ピラミッドの頂点に達することは、私たち全員に生まれながら与えられた権利です。

自己実現を励まされた子どもたちは、特別に優れている人などいないのだと理解し、高次の領域はあらゆる人のために存在していると知るでしょう。高次の領域とは、人々が自立していて、一人でもくつろぐことができ、現実に集中して、自分も他人も、そして世界をも深いレベルで受け入れる領域です。私たちが親として我が子に心から望むのは、彼らが幸福で充実した人生を送ることです――私は毎日そのような子育てに没頭していました。

毎日、書き続けてほぼ一年が経ちました。言葉が矢継ぎ早に、ものすごい勢いであふれ出てきます。まるでパイプラインが壊れて、水が蛇口からほとばしっているかのような状態でした。流れを止められません――こんなに激しい勢いで書くのは初めてでした。夜中でも、昼日中でも、言葉があふれ出てきます。原稿は千ページを超えました。分量を大幅に減らす必要があることはわかっていましたが、それは私の新しい編集者ジョアンナに任せることにしました。彼女はもう私の編集者としてフルタイムで働いていました。

今だからわかること

子どもを限界のない自己実現する人間に育てるというテーマで本を書くのは、一九八五年の私にとって自然な流れでした。私は当時、人生の大きな転機を迎えていたため、それが私の書くものにも話すことにも映し出されていました。私はスピリチュアルな目覚めの初期段階に入っていたのです。その目覚めの大部分は新しい妻との結婚生活と関係していて、次から次へと誕生する子どもたちの存在からも大きな影響を受けていました——一九八〇年から一九八九年までの十年間で、私たち夫婦は五人の赤ん坊を授かったのです。親業の責任が増していく中、子育てについて書くよう導かれたのは、偶然ではありませんでした。

私は小学生から大学院生までのさまざまなレベルを教えてきた経験から、何かを真に学んで理解する最良の方法はそれを教えることだと理解するようになりました。親業に関しても、人にそれを教えることが最良の学習法でした。

親業に関する本を書くにあたって私が伝えたかった最も重要なレッスンは、「自分を頼ること」

でした。もう何千回と言ってきたことですが、「親は頼る相手ではない。親は人に頼らず生きていくことを教えるために存在している」のです。これこそが、いつも私がカウンセリングでクライアントに伝えようとしていたメッセージでした。「自分自身を頼ることを学びなさい。人生で起ことすべての責任を引き受けなさい。フランクル博士が説いたように、人生が与えてくれるものが何であれ、それにどう反応するかはあなたが自分で決められるのです」。

家族が増えるにつれ、この若く神聖な存在たちが自分の師であることをはっきりと理解するようになりました。学ぶ側の準備ができたときに、師が現れるというのは本当だったのです！　子どもたちのほかに、私にはアイキスと名づけた不思議な師がいて、個人としての私と教師であり執筆家でもある私の人生コースを彼女が導いていていました。

もう一つ不思議な話があります。一九七〇年代、私がセントジョーンズ大学で教職についてまだ間もない頃、カウンセリングをしていたクライアントの一人にスージー・コーフマンという女性がいました。スージーにはラウンという息子がいて、ラウンは小児自閉症と診断されていました。スージーはまた、私が初めて指導した博士課程学生のスティーブン・コーフマンの義理の姉でもありました。

スージーとのセッションを重ねるうちに、彼女は幼い息子がまったく意思疎通できないのだと語りました。彼女と夫のバリー・ニール・コーフマンはあらゆる努力をし、費用も惜しまずに、世界中の自閉症専門家にラウンを診てもらいました。診断結果はいつも同じでした。「自閉症は治りません。ラウンとは意思疎通はできません。我々には原因がわからないし、なすすべもありません」

そこで、コーフマン夫妻は幼い息子のために独自の療法を考え出しました。二人は数人の学生を雇って、自分たちで考えた方法を彼らに教えました——落ち着いた安全な環境でラウンを無償の愛で包み込んだのです。一日二十四時間、休む日もなく何か月もの間、ラウンは愛情を受け取り続けました。

スージーによると、ラウンは体を前後に揺すり、心ここにあらずという様子で、まるで目を開けながら昏睡状態にあるような症状だったそうです。ところがラウンと通じ合うためのプログラムを数か月行ったところ、彼がある日まばたきをしました。バリーは「私は、新しい目で息子を見ていました」と語りました。一九七六年、バリーは“Son-Rise（息子の目覚め）”（未邦訳）というタイトルの本を書き、一連のプロセスがどのように展開し、いかにして一同がラウンをこちらの世界に連れ戻し、「治らない」という診断を覆したかを詳細に述べました。本は数年後にテレビドラマ化され、ジェームズ・ファレンティノが主役を演じました。

時は進んで一九八五年、私が親業に関する本を書いていたときのことです。その五月に生まれた娘のセリーナが、一年もしないうちにラウンと同じような症状を示しはじめたのです。すぐに私はスージーとのセッションを思い出し、十五年前に彼女と夫がラウルのためにしたことを思い返していました。

私は妻と子どもたちを集めて家族会議を開き、これからセリーナとどのように関わっていくのかを細かく説明しました。すべて十五年前に学んだことを参考にしています。私たち家族はセリーナを愛で包み込みました。妻のマーセリンは、この赤ん坊をそれこそ肌身離さず、一日中胸に抱いて過ごしました。セリーナは、両親や兄姉たちから何度も「愛しているよ。大好きだよ」と言葉をかけられ、「何も怖がる必要はないよ。体を前後に揺するのが好きなら、体を揺する世界チャピオンになれるね」と語りかけられました。そこには批判や怒りは存在せず、愛情だけがありました。その方法は一九七〇年初期にコーフマン一家に功を奏したのと同じように、わりと短い期間でセリーナにも効果がありました。

何度も繰り返すようですが、世の中に偶然はありません。スージーがカウンセリングを受けに私のオフィスを訪れたのは、その十五年後に私の元へやって来ることになっていた赤ん坊のためでもあったのです。スージーはそうとは知らないままに、親としてすべきことを私に前もって教えてくれていたのでした。

『わが息子、娘のために父親は何ができるか』の執筆も終盤に差しかかり、私は「高次の欲求」「スピリチュアルな目覚め」「神」といった話題に触れ始めました。これらの話題については前四作では言及していません。子どもたちの誕生、スピリチュアルに目覚めている女性との結婚、そして指導者として毎日スピリチュアルな原則を探求するようになった私個人の成長が、新しい方向へ私を引っ張っていました。私は神秘的で不可思議な高次意識の世界へと歩みを進めていました。当時の私はアセンデットマスターたちの影響を受け、それまでに自分が探求していたことを超えるように招かれていたのです。

十五年前に聞いたラウルの症状を自分の娘が示しているのを見て、どうすべきか正確に知っていたこと、そして見事にそれを実践できたことに私は興奮しました。私より遥かに大きなフォースから導かれていることを確信したからです。私はそれまでに書いたり話したりしてきたこととはほぼ無関係な新しい旅に出立しようとしていることを知りました。

いろいろなことが一度に起こっていました――四十代にしてたくさんの子どもを授かったこと。アイキスと名づけた霊的ガイドの存在を感じるようになったこと。母親業にスピリチュアルな気づきを実践する妻。そして何よりも重要なのは、私に神や奇跡やスピリチュアルな目覚めについて話しなさいと訴えてくる内なる呼びかけでした。それらの話題については前四作では意図的に避けていたのですが、もう無視できません――内なる呼びかけが「書きなさい、話しなさい」と言ってくるのです。主導権は私にはありませんでした。呼びかけが、主導権を握っていたのです！

第四十二章

信じていれば、それが現実になる

一九八七年十月九日、妻は私たちの七人目の赤ん坊を出産しました。男の子で、サンズ・ジェイと名づけました。この二年間、私は『わが息子、娘のために父親は何ができるか』（三笠書房）のハードカバーとペーパーバックの宣伝のために全国各地を回っていました。自分の人生がまったく新しい目的と方向性に向かっているのを感じていましたが、それがどのような目的、方向性なのかはうまく説明できませんでした。

ここ数年間、全国の教会から礼拝で話をして欲しいという依頼を受けるようになり、人道主義的傾向のさまざまな宗派の教会でスピーチを行っていました。私の本で伝えているメッセージが教会員の共感を

第四十二章

信じていれば、それが現実になる

呼ぶようで、信徒たちは日曜朝の礼拝で行う私のセミナーや講演会に熱心に参加してくれました。ユニティ教会やレリジャス・サイエンス教会では、イエス・キリストの直接の教えと同じように、ラルフ・ワルド・エマーソンやアブラハム・リンカーン、ブッダ、老子などが書いたものについても説教を行っていました。これらのキリスト教会では、伝統的な宗教的教理よりもスピリチュアリティや神のような生き方を重視していて、どのような宗教的信念を持つ人でも歓迎していました。

私は自分がスピリチュアルな指導者と見なされることを嬉しく思いました。それがどのようなものでも、特定の宗教を避けてきた私にとって新鮮な気がしたのです。私自身は自分のことをグローバルな人間だと考えていて、特定の誰かを排除することには関心がありませんでした。教会の礼拝で「説教のような演説」を行い、エマーソンやソロー、レオ・ブスカーリヤ、ネヴィル、そのほか超越主義の指導者たちと同じような扱いを受けることを大変光栄に思いました。スピリチュアルな集まりで話をすればするほど、私は個人の変容やスピリチュアルな変容について本を書きたいと思うようになりました。それはまるで新しい方向へ引き寄せられているような感覚で、その糸を引いているのは自分ではありませんでした。小さな自分を遥かに超える存在が、私の人生の手綱を操っているように思えたのです。

私はそれまでに五冊の本を出し、売れ行きもすべて絶好調でした。アーティから、次の本のテーマに関する提案がありました。彼は私がそのテーマで本を二冊書けば、私も出版社も大儲けできると確信していて、それによって今の商業的成功に乗じようと考えていました。彼の提案するテーマは、第一弾が私の常識的な行動原則によって効率よくお金を稼ぐ方法、第二弾は限界のない思考によって充実したセックスライフを送る方法でした。ルース・ウェストハイマー博士がラジオやテレビで活躍していたおかげで、世間ではあけすけ気ままにセックスを語る新しい風潮が起こりつつあったのです。

アーティも出版社も、私がお金とセックスについてセルフヘルプ本を書けば大当たりするだろうと感じていました。そうなると関係者全員が大儲けできます。アーティは言いました。「出版社は喜んで二冊の契約をするつもりだ。君にとっても一財産になる。もう出版社には二つのテーマについて話してあるから、君がやろうと言いさえすれば、あとは私が契約をまとめよう」。

私は真剣にアーティの提案に耳を傾け、そのようなテーマには関心もなければ書くつもりもないときっぱり言いました。そして、ここ一年で行ってきたスピリチュアルな集まりでの講演がきっかけで、あるアイデアに夢中になっていることを話しました。そのアイデアとは、人は自分の考え方を変えれば、神のような生き方をすること（神の顕現）が可能になるというものです。私はよく言われる“I'll only believe it when I see it（見るまでは信じられない）”というフレーズと比較する意味で、“You'll See It When You Believe It（信じていれば、それが現実になる）”（邦題『「最高の人生」を手に入れる人がやっていること：すべてを〝劇的〟に変える起爆剤！』〔三笠書房〕）というタイトルで本を書きたいと思っていたのです。

私は、人々の信じていることがいつしか現実になるのだとアーティに繰り返し説明しました。個

第四十二章

信じていれば、それが現実になる

人的な変容を起こすためのスピリチュアルなガイド本を書くという考えに浮き立っていました。私は自分では意識的に何かをしたわけではないのに、スピリチュアルな指導者として名前が知られるようになっていました。その過程で、このスピリチュアルなガイド本のアイデアが心の中に芽生え始めていたのです。

電話の向こうのアーティから賛成しかねる様子が伝わってきます。彼は私の話したタイトルを聞いて、「それ」とは何を指しているのかと訊きました。私はスピリットの世界に移行することについて書きたいのだと根気よく説明しました。タイトルの「それ」とは、人が想像の中で注意を向けた物や現象などすべてを指していて、その注意の対象がこの物質世界で目に見える形として現れるのです。なぜなら、マインドは自らが信じるものなら何でも創造するパワーを持っているからです。

私は、一般人には簡単に理解されない七つの言葉について詳しく話しました。神のような生き方にたどり着くにはこの七つの言葉を明快にして、その概念がどのような形で人生に活かされるのかを説明しなければいけません。私はこの七つの言葉・概念を各章のタイトルにして、それぞれを単なる概念から実践可能なアイデアに発展させるための例を挙げていくつもりでした。私はその七つの言葉をアーティに聞かせました――変容、思考、ワンネス、豊かさ、無執着、シンクロニシティ、許しです。

さらに、私はジョン・クインシー・アダムス大統領の言葉をアーティに読んで聞かせました。ここ一年、いつも身近に携えていて、講演でよく引用していた言葉で、特にスピリチュアル系の教会で話をするときに活用したものです。

ジョン・クインシー・アダムズは元気にしていますよ。しかし彼が今住んでいる家は朽ちかけています。もう土台が崩れかけていてね。流れゆくとき、移ろいゆく季節がそうさせたのです。屋根もボロボロ。家壁も崩れ、風が吹くたびに揺れています。ジョン・クインシー・アダムズもじきに引っ越さなくてはならんでしょう。でも彼自身はすこぶる元気ですよ。すこぶる元気です。

アーティはもう君とは付き合っていられないと言わんばかりに苛立ちながら、彼特有の、ニューヨークの出版エージェントらしい口調でこう言いました。「ウエイン、一体何の話をしているんだ？　君が何を書きたがっているのかさっぱりわからん。さっき話したテーマでいこうじゃないか。この契約をふいにするなんて愚か者だ。これまでの人生で想像したことないほどの額が手に入るというのに」。

私は、申し訳ないがお金や名誉や他人に操られて書いたり話したりすることはできないと答えました。私はルース・ウエストハイマー博士ではないのだし、金儲けの方法を人々に伝えることに関心があるふりもできません。私は「現実になってから信じるのではなく、信じることは現実になる」という考えを元にして次の本を書くつもりだと告げました。

ウィリアム・モロー社は私の次作を出版することに同意しましたが、前金はなしということになりました。アーティも出版社も、一般の人たちはスピリチュアル本や高次の意識に関する本になど興味がないと繰り返しました。そして、そんな本を書いたところで時間と労力の無駄になるし、そんな紛らわしいタイトルと得体の知れないテーマでは、これまでと同じくらいヒットする可能性などゼロだと言いました。

私は臆しませんでした。自分が何を書きたいのかはわかっているし、何か神聖な存在が「あなたは正しい選択をしました」と囁いているのが聞こえてくるようでした。

今だからわかること

あの頃をふり返ってみると、何者かが私の書くもの、話すこと、そして人生に大きなシフトを起こすよう働きかけていたのが明らかです。それまでに私が出した五冊はすべて、「より充実した独立独歩の人生」を送る方法について心理学的な立場で述べていました。どれもベストセラーになりましたが、今後もセルフヘルプ分野で大衆受けする本を書いてほしいという、きわめて実入りのいい依頼を私はあっさり断りました。そうした本を書くことはお安い御用で、しかも何百万ドルという収入を約束してくれる話でしたが、私は首を横に振っていたのです。

一九八七年に私が直面していた状況を考えると、そのような大金を辞退するとは自分でも予測していませんでした。まだ生まれたばかりの男の子を含め、養うべき子どもが七人もいる大家族を抱えていたからです。子どもたちのうち四人はまだ六歳以下で、大きい子どもたちも私立学校に通っていたり、大学に進もうとしたりしていました。しかし、あのような多額のオファーを断るという決断を思い返してみると、やはり迷いはなかったと感じます。一瞬もためらわず、そして誰にも相談せずに断っていました。エゴが誘う方向へは行けないという私の深奥にある英知が、「ありがたいけど、お断りします」と返していたのです。

前五作の索引と、一九八七年十一月から一九八九年六月の間に書いた『「最高の人生」を手に入れる人がやっていること』の索引を比べてみると、不思議な気持ちになります。最新作には神に関する言及が十箇所、スピリチュアルに関する言及が十二箇所、高次の意識に関する言及が十七箇所あります。一方、前五作とその前に出した三冊のテキストを調べてみると、すべての索引を探してもそのような言及は一箇所だけでした。その唯一の言及は、親業について書いた本の中で、マズロー博士の自己実現の定義にある「スピリチュアルな欲求」を説明しているところでした。八冊の本とテキストを探しても一箇所のみだった「神」、「スピリチュアル」、「高次の意識」への言及が、次のたった一冊で三十九箇所に増えているのです。

心理学に基づく本を書いていた私を方向転換させ、スピリチュアリティ、高次の意識、さらには大きく飛躍して神に根ざした本を書くよう引っ張ったのは一体何者だったのか？　一般向けに本を書き始めた頃、私の執筆プランにそのような本を書くことは一切含まれていませんでした。

第四十二章

信じていれば、それが現実になる

人生を左右するようなこの時期、何者かが私に働きかけ、お金を稼ぐことや名声を得ること、エゴを満足させることについて考えるのを止めさせて、自分を成長させることに方向転換させてくれました。それまでの作品では、スピリチュアルな表現や高次の意識に関する言及は避けていました。なぜならそうした表現や言及は、宗教や超自然的フォースの味が濃すぎると考えたからです。もっと一般的な言葉で書きたい、検証できない神の介入など必要としなくても自己実現できるという考えを述べたいと思っていたのです。

ところが一九八七年を迎える頃には、私はスピリチュアルな教えに囲まれ、バガヴァッド・ギーターや道徳経、新約聖書などの言葉を読んだり引用したりしていました。そして全国各地のスピリチュアルな聖職者とやり取りをして、無宗派の教会で、定期的に大勢の聴衆を前にして日曜朝の講話をしていました。それまでは作品に神だとかスピリチュアル、高次の意識などという言葉は使っていなかったのに、今や、あくまでも物理的《フィジカル》な教えより、霊的《メタフィジカル》な教えに深く心を奪われていたのです。

どうやら初期に焦点を当てていた理性感情療法や自己実現の原則に関して言うべきことは、すべて言い尽くしてしまったようでした。もう物質的世界に根ざした土台はできていました。次はスピリットという見えざる世界にもっと注意を払いなさいと促されていたのです。私は量子物理学や偉大な哲学者、東洋西洋のスピリチュアルな知恵の研究に没頭しました。ワンネス、変容、シンクロニシティ、無執着などをテーマにした講義を受けたり音声記録を聞いたりするようになり、それらのテーマはやがて『「最高の人生」を手に入れる人がやっていること』のテーマに結びついていきました。

高次の意識やスピリチュアリティについて書くことにシフトし始めると、すべてが目まぐるしく進んでいくように感じました。私にとって神はもはや宗教的概念ではなくなり、日ごとに神を身近に感じるようになりました。私は心理学者としての自分の役割が事実上終わったことを理解し、スピリチュアルな原則を教える師としてみなされることに胸を躍らせました。企業や学校からの講演依頼は断って、アメリカやカナダ中の教会でほぼフルタイムで講演をするようになり、神のような生き方に到達すること、毎日の生活で奇跡を起こすことについて話しました。かつては拒絶し、批判までしていた概念が今や作品や講演の大部分を占めるようになり、私は何者かがこの新しい人生コースに向かわせているのだと知りました。

私は『「最高の人生」を手に入れる人がやっていること』の執筆に全力を尽くしました。その後、ノンフィクションのスピリチュアルな作品を数多く手がける機会に恵まれますが、これはその第一作目となりました。私が書きたかったのは、私たちの見えざる部分にアクセスする方法や、宇宙を司る原則を個々の人生の営みに適用する方法について具体的に示す本でした。私が雇った編集者は密に連絡を取りながら作業に取り組んでくれました。さらに、これまではフィクション作品しか手がけたことのない世界的に有名な編集者が最終確認をしてくれることになり、とてもありがたく思いました。その編集者はジャンヌ・バンコフという女性で、私の新境地となるその作品の最終稿を仕上げるために送られてきた天使でした。

私は二度にわたって本の全国ツアーを行い、全国各地で何百という講演もこなしました――会場のほとんどが当時はニューエイジ教会と呼ばれた場所です。聴衆はとても好意的でした。それは、今だからわかるのですが、何者かがスピリチュアルな目覚めについて書いたり話したりするよう私を突き動かしていたからです。『「最高の人生」を手に入れる人がやっていること』は、アメリカだけではなく、世界中の一般的な人たちが探求したいと思っていた人生について語っていました。セルフヘルプと心理学に関する作品を書いて講演を行う実習期間は終わりました。私は、肉体とマインドを超えた何かを活用する方法、この地上に真の天国を創り出す方法を教えるという、新しい方向に引き寄せられたのです。

アーティも出版社も思い違いをしていました。『「最高の人生」を手に入れる人がやっていること』は、神や高次意識について宗教的な形をとらずに語る作品を求める読者がまぎれもなく存在することを証明しました。この作品は、ニューヨーク・タイムズのベストセラーリストに初登場し、世界中で好評を博しました。

当時は理解していませんでしたが、こうしてふり返ってみると、私自身が本のタイトル通りの生き方、つまり「信じていれば、それが現実になる」を実践していたのです。すべてが実現することをまずは信じていたから、それが本当に実現しました。何をどうしても、私をヴィジョンから引き離すことはできませんでした。たとえ目もくらむような金銭的報酬を提示されても、です。今だからはっきりとわかるのですが、神の手とアセンデットマスターの一団が穏やかに、しかし決然として私をスピリチュアルな真理を教える道へと引っ張っていました。私がこの新しい方向に同調していられるよう、奇跡が起ころうとしていました。

第四十三章

ヴァレンタインの魔法

一九八九年二月十四日──妻のマーセリンと私が出会って十年目の記念日でした。私たちは一九七九年ヴァレンタイン・デーの二人の出会いを、よく懐かしく楽しい思いでふり返ります。その日、誰かが私の着ていたシャツにヴァレンタインの赤いハートのステッカーを貼りました。マーセリンが「そのステッカーは何なの?」と訊いてきて、私が返事をしたのが初めての会話でした。そのステッカーにはこう書いてありました。〈僕のハートは君にくぎづけ〉。

私はオーストラリアの各地で行われる講演会ツアーの招待を受けました。ツアーにはジョン&グレッグ・ライス兄弟、キャシー・リー・クロスビー、そして私の友人で仲間でもあるオグ・マンディーノなどの顔触れがそろいます。妻と下の子二人――三歳半になるセリーナと一歳半になるサンズがツアーに同行しました。私たちはブリスベンのヒルトンホテルに滞在していました。翌日、私は数千人の聴衆の前で一般向けの終日セミナーの基調講演を行う予定でした。

その夜、私は物音に目を覚ましました。ベッド脇のデジタル時計を見ると、赤い文字で〈4：05〉と表示されています。妻が起き出して、室内で身の回りのものを動かしたり、ベッドを整えたりしていました。私は「こんな夜中に何をやってるんだい？　起きてる？　……夢中歩行か？」と声をかけましたが、妻はどうやら寝ながら歩いているようでした。返事がないのです。

セリーナは私の横で寝ていて、まだ授乳中の赤ん坊サンズは妻のベッドで寝ていました。寝ながら歩いていたマーセリンがセリーナを抱き上げてサンズの横に寝かし、私のベッドに入ってきました。そして私に寄り添い、愛を交わそうとしてきたのです。彼女は私が見たこともない表情をしていて、私は驚くやら嬉しいやらで半分ぼんやりしていました。

この八年間、妻はいつも子育て中か妊娠中のどちらかだったので、その頃は月経周期が止まっていました。それに片側の卵巣を摘出していたので、妊娠する可能性はほぼ考えられませんでした。それにもかかわらず、その夜末娘となるセージが妻の胎内に宿りました。ちょうどあの時間に妻を起こしたのは何者だったのでしょう？　いつも自制心のある女性にあのような行動を取らせたのは何だったのでしょうか？　どんなフォースが働いていたのでしょう？　あの場を取り仕切っていたのは、何者だったのでしょうか？

第四十三章

ヴァレンタインの魔法

その数か月後、私は『「最高の人生」を手に入れる人がやっていること』（三笠書房）のツアーでフェニックスを訪れていました。その日はラジオKTAR放送にパット・マクマホンと出演予定でした。それまでにも本のツアーで彼の番組には何度も出演していたので、私たちは親しい友人になっていました。私は自分の前に出演予定のゲストが、私の崇拝する人の一人だということを知りました。

なんとマザーテレサが、最近建てられたホームレスのためのシェルターの開設を支援するためにフェニックスに来ていたのです。彼女は前夜、そこに宿泊したそうです。アイルランド系カトリック教徒で、とてもスピリチュアルなパット・マクマホンは、この聖人のような女性にインタビューできる喜びで我を忘れていました。パットは、彼女のために自分ができることはないかと何度も尋ねていました。「カルカッタにあるあなたのアシュラムについてリスナーに教えていただけますか？　あなたの使命のために、資金集めのお手伝いをさせていただけますか？　私にできることは？　マザーテレサさん、あなたのために何かして差し上げたいのです。あなたはあまりに多くの人たちを助けてくださっているのですから」。

「あなたにしていただけることが一つだけあります」と、ようやく彼女はつたない英語で答えました。「明日の朝、午前四時に起きて、フェニックスのストリートに出てみてください。自分は独りぼっちだと思っている人を見つけて、あなたは独りじゃないと声をかけてあげてください」。

私はその言葉に深く感動しました。彼女の言葉は、私がそれまでにワンネスについて書いてきたことすべてを肯定していました。そして、五感や外的状況が何を示していようと、人類はいつも存在の源とつながっているという意識を実証していました。

私はスタジオ全体のエネルギーが変化したことに気づきました。そこにいた人たちが余裕を取り戻したように見えます。どこか慈悲深い雰囲気が漂っていました。この小柄で美しい人が入ってくる前は、スタジオの空気はせかせかと目まぐるしいものだったのです。私はまるで温かいシャワーが体中に巡っているような感覚を覚えました——それは、私がいつも「ピリピリッとくる」と表現していた感覚です。そのように感じているのは、私一人ではありませんでした。パットは彼女が向かいに座っている間、まるで無償の愛の波が打ち寄せてくるようだったと話していました。

そこにいる誰もが感じているらしい愛情深いエネルギーを、実際に見たり触れたりすることはできません。しかし、自らの人生を人に仕えることに捧げ、キリスト意識に生きているこの敬虔な女性は、その小さな体で周囲の環境に影響を及ぼし、さらにはそこにいる全員に大きな刺激を与えていました。

私はその経験を分かち合えたことに祝福を感じました。私たちが現実だと思っているものには、五感で経験するものを遥かに超える何かがあるという事実を、その経験が裏付けていました。これは言葉で説明できる話ではなく、また、自分が目の当たりにしたから信じているという話でもありません。この経験こそ、何者かが私を通して書いた本のタイトル「信じていれば、それが現実になる」ということを示していました。

今だからわかること

一九八九年のヴァレンタイン・デーに起こったことは、それまでに私が経験してきたことに負けず劣らず重要な出来事でした。妻が妊娠する可能性はきわめて低かったのです。マーセリンが深い眠りから覚めて半覚醒状態に入り、創造という名のダンスに参加するよう促されたことは私の理解を超えていました。連れ添って二十年以上になりますが、妻があのような行動を起こしたのは後にも先にもあのとき一度だけでした。私からしてみれば、この物質世界を遥かに超える大きな存在が働いていたことを立証しているように思えるのです。

セージ・アイキス・ダイアーが一九八九年十一月十六日に誕生しました。どうやらセージは、私を父に、マーセリンを母にしてこの物質界に到着する過程で、何か見えざる役割を果たしていたようです。あの朝、説明のつかない何かが進行していました。

私の末娘セージは、これまでに知り合った若い女性の中でも飛び抜けて意志の固い人です――それはもう呆れるほどに！　その固い意志が、あの早朝にブリスベンでも特別に発揮されていたにちがいありません。セージは母親の肩をトントンと叩いて、その深い眠りから起こさなければなりませんでした。そして母親を促して、身の回りのものや将来自分の姉となるセリーナを移動させました。自分がちょこんと座っていた無限の世界からこの世にやってくるために、彼女は自分で必要な状況を整えました。セージが自分のダルマを果たしにくるためには、あの瞬間を利用するしかありませんでした。別のタイミングではセージのチャンスは消え、ほかの誰かが誕生するか……もしくは誰も誕生しなかった可能性の方が高いでしょう。

その年の母の日、私は妻に『ブリスベン』という詩を贈りました。あの朝起こった不思議な出来事を祝う詩です。

ブリスベン
あの場所で　神が私たちの前に姿を現された
私たち二人だけが　あの存在の魔法を知り　それに畏怖した
ありえない確率だったのに……
私たちと永遠なるものの結びつきが　さらに強くなり　揺るぎないものとなった
それでも
パラドクスはつきまとう……
私たちは人生を掌握し　それでいて何も掌握していない
ただ　選択するよう運命づけられているのだ
私に唯一わかっているのは
私たちの愛が　永遠に刻まれているということ

第四十三章

ヴァレンタインの魔法

最初の二行がすべてを物語っています。あの瞬間、確かに神の存在が私たち二人の前に現れました。

妻が夢遊状態で動き回るのを見ながら、自分が神の介入の当事者になっていたことを、今ならはっきりと理解できます。妻は、私が見たことも経験したこともないようなフォースによって動かされていました。あの瞬間が私にとって転機となりました。娘のセージが妻の胎内に宿って誕生するまでの過程で私が目撃した神聖なるもの——それを身をもって知ることが、私のその後の作品のきっかけになったからです。あの瞬間から、私は本当にこの世には偶然など存在しないことを確信しました。私たち人間は、自分が人生を掌握していると考えていますが、老子がかつて言ったように「あなたは何もしていない。あなたはさせられているだけ」なのです。イエスも言いました。「命を与えるのは霊（スピリット）である」。一九八九年、ブリスベンのあのホテルでまさしくスピリットが仕事をしていました。

セージをしげしげと見つめるたびに、私はあの見えざるスピリットのことを思い出します。それはこの世にたどり着くためのプロセスを速やかに、しかも不利な状況をくぐり抜けて進めていました。そのことを考えると、私はまたしても「神と共にいれば、すべてが可能である」という言葉を思い出すのです。セージの不屈の精神、揺るぎない意志を見ていると、それがいかに大きな役割を果たして、彼女自身の転生を確かなものにするための状況を操ったかということに思い至ります。そして私はいつもセージという美しいスピリットを遣わせてくれたことを神に感謝しています。

何よりも、私は「本当の魔法」としか言いようのない出来事に自分が参加させてもらったことをとてもありがたく思うのです。この「本当の魔法（Real Magic）」という言葉は、その三年後に私が書いた次作のタイトルになりました。私は自分の執筆業において、心理学の世界に永遠の別れを告げました。

神のような生き方のレベルに達した人は、その存在だけで、その場にいる人々すべてに影響を与えられるということが今ならはっきりとわかります。伝承によると、イエスが村に入ると、その存在だけで村人たちの意識レベルが向上したといいます。

それと同じ現象が一九八九年五月、マザーテレサが放送局に足を踏み入れたときにも起こっていました。その場にいた誰もが、彼女の聖人のような存在感に感化されているようでした。そのようなことは、心理学〈基礎編〉では説明できません。それはスピリチュアリティ〈上級編〉の範疇であり、神の愛の現れなのです。私はそのときその場で、これこそが今後の人生で探求するものになるだろうと思いました。あの偉大な女性が周囲を一変させる様子を観察した私は、自分もまた彼女のように他者に影響を与えたい、彼女のやり方をロールモデルにしたいと思ったのです。

マザーテレサの存在感は、ダイナ・ショアがその愛情深い存在感で周囲の人々を高揚させるさまを思い起こさせました。マザーテレサには、どこかスピリチュアルな影響力もありました。彼女の聖人のような存在感は、周囲の人々に「自分もキリストのようになりたい」と思わせるようでした――判断批判せず、人の欠点を許し、神を身近に感じたいという思いを引き起こしている気がしました。彼女の存在から放たれる愛のフェロモンがそのように思わせたのでしょう。

時は流れて一九九七年九月六日の朝、私はシドニーで大勢の観衆を前に演説を行おうとしていました。そのときメモを手渡され、前夜にマザーテレサが亡くなったことを知りました。私は未来の聖人であるこの女性と過去にフェニックスで出会ったときのことを聴衆に話し、世界中の注目がイングランドのダイアナ妃の葬儀に集まっている中、ひっそりとこの世を去るなんてマザーテレサらしいと回顧しました。

彼女はエゴを超えて生きていました。名誉も注目も求めず、ただ人に仕えることに邁進し、恵まれない人々に特に心を注ぎました。マザーテレサはこう言ったことがあります。「苦悩に満ちた人々の中に、私は毎日イエス・キリストを見る」。彼女は苦しむ人々の中にイエス・キリストを見いだして生き、イエス・キリストを見ながらこの世を去りました――世界中がよそに注目し、騒いでいる間に。

マザーテレサの神々しい存在感は周囲のエネルギーを高めただけではなく、そばにいる人々を高揚させ、向上させました。私はマザーテレサの示す善良さ、神々しさをひとかけらでも実践し、自分のものにできれば、彼女のようになれるだろうと考えていました。彼女は真に奇跡を起こす人で、私は彼女のようになりたいと思うほどに感化されていました。もちろん自分の生き方を徹底的に変えなければならないことはわかっていました。特にエゴを手なずけて、自分のライフワークの焦点をもっと物理的世界を超えた次元に当てる必要がありました。

マザーテレサと会えたのは、私が『「最高の人生」を手に入れる人がやっていること』の全国ツアーに出る前のほんの短い時間でしたが、その出会いが奇跡のような世界を覗いてみるよう促し、本当の魔法が存在する可能性を調べてみるよう背中を押してくれました。あの偉大な女性が放送局に入ってきたときに私が目撃したような本物の魔法——すべての物事、すべての人々を神と共にいるような気にさせる魔法を探求してみるよう後押ししてくれたのです。

第四十四章 アルコール禁止令

一九九一年秋。私は人生の新しい使命に燃えていて、古代から近代までのスピリチュアル・マスターに関する本を読みあさっていました。いわゆる「奇跡」を起こすマスターたちに関する資料です。奇跡とは、たとえば死者を生き返らせる、不自由な手足を瞬時に癒す、秘術を使う、テレパシーで意思疎通するなどといった信じがたい事象を指しています。私はそういった類の奇跡を起こせる人が一人でもいるのなら、それは誰にでも起こせるのだと強く信じていました。次作では、そうしたテーマを探求したかったのです。

ヘンリー・ミラーは言いました。「奇跡を探すのではない。あなたこそが奇跡なのだ」。この言葉が頭から離れませんでした。私は奇跡と呼ばれる事象を起こしうる最高の潜在能力を引き出す方法について書くつもりでした。そして私自身も、自分にとっての偉業に着手し、完全な変容を起こそうとしていました。

その日私は、世界的に有名なイリュージョニスト、デイヴィッド・カッパーフィールドのすばらしいマジックショーをラスベガスで見物していました。会場に座ってショーを楽しんでいると、私は自分自身も奇跡的な何かに関係してきたではないかと気づきました。それも観客を惑わすトリックなど一切使わないものにです。世の中には確かに本物の魔法が存在し、私自身がここ数年そうした魔法のような現象を身近にしていたのです。ホテルの部屋に戻った私は、日常に奇跡を起こす方法をテーマにして、本の概要を徹夜してまとめました。タイトルを"Real Magic（本物の魔法）"（邦題『準備が整った人に、奇跡はやってくる』〔三笠書房〕）に決め、書き始めるのが待ちきれない思いでした。

私のスピリチュアルな師の一人に、インドのニサルガダッタ・マハラジという覚者がいます。彼は十年前に他界していました。フロリダの家に戻って新作を書く準備をしていると、彼が信者に与えたあるアドバイスをもう一度読んでみようという気持ちが湧いてきました。「自分の最高の潜在能力を発揮したい、自分が転生してきたダルマ（目的）を果たしたいと思うのなら、禁酒しなければならない」。私はこの一文が自分のことを指して話しかけてきているのだと徐々に理解し、決断のときがやってきたことを知りました。

私は最低でも八マイル走るのが日課になっていて、それをおよそ十五年続けていました。私にとって毎日数時間走ることは、寝る前に歯を磨くのと同じくらい当たり前のことになっていました。ところが今、私はマハラジのアドバイスを読み返し、デスクの前で考え込んでいました。ジョギングの後、いつもビールを数杯飲んでいるけれど……最後に飲まなかった日はいつのことだろう？私は記憶を十年前に巻き戻しましたが、その頃にはもう飲んでいました。なんと毎日アルコールを摂取するようになって、およそ十五年が経っていたのです。それはもう習慣になっていて、私の人生はこの習慣を軸に進んでいました。私はつい最近起こった出来事をふと思い出しました。

先週、私は妻と六人の子どもたちを連れてレストランに行き、食事をせずに席を立たせて帰ってしまったのです。そのレストランの酒類販売許可が一時停止になっていたからです。私が数杯のビールを欲したがために、七人の家族に不便を被らせてしまいました。私はこの習慣に自分の人生を支配させてしまったこと、この習慣が日々の執着のようになってから十五年が経とうとしていることを恥じ入りました。

ニサルガダッタの言葉が頭のなかで鳴り響いています。自分の最高の潜在能力を発揮し、人生の使命を果たしたいのなら、禁酒をしなければいけない。

私は自分にこう言っていました。「私は素面《しらふ》だ……酔っ払ったことなどないし……いつも二、三杯でやめているじゃないか……それくらいなら問題ないだろう」。でも私はそうやって自分をごまかそうとしていることに気づいていました。体にアルコールを入れ始めてもう五千日以上になります。

法華経抄には「三杯は酒人を飲む」とあります。私は毎日三杯飲み続けて五千日になる……それを知ったら、ニサルガダッタは何と言うだろう。私は必死で考えました。実際、ビールが私を飲んでいたのです。

今晩はビールを飲むまい。私はその場でそう決意して神（ハイエストセルフ）と約束しました。ニサルガダッタが一九七〇年代に信者に与えた禁酒のアドバイスを自分も実践してみよう――一九七〇年代と言えば、私が毎日飲み始めた頃ではないか……ニサルガダッタは私に禁酒せよと言っていたのかもしれない。

ニサルガダッタと会ったことはありませんが、私は彼の対話録“I Am That”（邦題『アイ・アム・ザット　私は在る』〔ナチュラルスピリット〕）を掘り下げて研究していました。ニサルガダッタとその弟子や信者たちとの対話を読んでいると、いつも自分に話しかけられているような気がしたものです。するとまた、その飛躍的な瞬間が訪れました――レストランで家族に対して無作法な行動をとった自分を思い返していると、今この瞬間、ニサルガダッタが自分のそばにいるのが本当にわかったのです。私は「この新たな挑戦を導き、支えてください」と頼みました。禁酒のことは誰にも話しませんでした。

その夜が過ぎ、何てことはなかったと驚きました。私を導くスピリットが働いているのを感じました。私が禁酒を試みているのは、自分自身や家族、あるいは誰かを失望させたくないからではありません。もう神を――自分のハイエストセルフを失望させたくなかったからです。ハイエストセルフは、純粋な愛である神が個々に現れたものです。私は完璧な健康とウェルビーイングを起源にしているのです。そうだ、その健やかな状態と同調していよう、体からアルコールを断絶しよう。私はそう覚悟しました。アルコールは脳細胞を破壊し、その結果、私のウェルビーイングを損なうからです。この禁酒という試みにおいては頼れるパートナーがいたので、私はこの習慣を変えることに自信が湧き、祝福とやる気を感じました。一日ずつ乗り越えていけばいいのだ。楽しみながら挑戦しよう。

私は猛烈な勢いで次作に取り組み、新しく契約した出版社のハーパーコリンズは原稿を見て大喜びしていました。私たちの奥底には、限界なき可能性という統一場がある——そのことを日々、実感するようになりました。私は自分に訊きました。「奇跡について語る役割を引き受けるなんて、どういうつもりだ？」。しかし、すぐにそうした自己不信を振り払い、ただ耳を澄ませました。スピリットが呼びかけているような気がしたので、その導きに任せることにしたのです。

『準備が整った人に、奇跡はやってくる』の冒頭でアッシジの聖フランチェスコの言葉を引用しています。その頃はまだ彼についての知識は浅かったのですが、私は彼を奇跡を起こす偉人の一人だと考えていました。彼は言いました。「私はあらゆる不道徳を経験してきました。神がそんな私を通して働くことができるのなら、神は誰を通しても働くことができるでしょう」。彼の言葉は「本物の魔法」というこの高潔な主題に対して私が感じている謙虚な思いと自信の両方を表しています。

時は進んで一九九二年の秋。アルコールを断ってから丸一年が経ちました。私は随分前に世を去った自分の師、ニサルガダッタ・マハラジに促された禁酒という決断が、この新しい道へと背中を押してくれたのだと知っています。私は美しい虹が描かれた表紙の『準備が整った人に、奇跡はやってくる』と題した本を手にし、神と聖フランチェスコ、そしてニサルガダッタに感謝を捧げました。なんとありがたく、幸福なことでしょう。

今だからわかること

自分の運命を果たすためには完全な禁酒が不可欠だというニサルガダッタの言葉を頭の中で聞いたあの日から、もう二十年以上が過ぎました。一九九一年に聞いたあの言葉は、私が出会った言葉の中でも極めて重要なものだったと断言できます。あの強烈で飛躍的な瞬間が訪れて以来、禁酒の誓いを破ろうと思ったことは決してありませんでした。

十五年にわたる日々の飲酒の習慣を捨てる決断をふり返ってみると、何がその決断をさせてくれたのか、今ならはっきりとわかります。それは、すべての存在の源と完全に同調しているハイエストセルフをもう二度と失望させたくないという、私自身の意識だったのです。もっとも高い自己、神のように生きる自己のために自分自身を捧げているときは、悪しき習慣を捨てるのも難しいことではないのだと知りました。

ロバート・フロストがその有名な詩『雪の降る夕べに森に立ち寄る』で簡潔に書いているように、

第四十四章

アルコール禁止令

私には「果たすべきことがあり、眠りにつく前にまだ数マイル進まねばならぬ」ことがわかっていました。しかも私は、もし毎日の飲酒の習慣を続ければ、自分がこの世界にやって来るときに交わした約束を守れないだろうということも理解していました。その約束は、私が創造主と交わしたもの、すなわち私の起源であり、やがては帰る場所となる「ウェルビーイングという無限の叡智」と交わしたものなので、私はあくまでもその約束を守るつもりでした。

アルコール摂取による脳細胞の破壊を止めたとき、自分の将来（特に自分の脳）はどのようになるだろう？——それを真剣に考えたことがきっかけで、私は禁酒を決断できました。一度禁酒を決意してみると、本物の魔法が実際に起こり始めました。

まず、マイケル・ジャクソンが電話をしてきて、私たち十人家族をカリフォルニアにあるネバーランドに招待してくれました。そこで私たちは五日間過ごし、私はマイケルと敷地内の山に登って、山頂で三時間ほど話をしました。彼は本物の魔法というものが本当にあるのだろうかと知りたがっていました。あるのだとしたら、どうすればそれを起こせるのだろう？

次にディーパック・チョプラと知り合い、私たちはチームを組んで、共同講演をしながら世界を巡ることになりました。イングランド、ギリシャ、オーストラリア……それにエジプトのカイロでは、スフィンクスとピラミッドのある場所でも講演をしました。私たち二人は自分自身が奇跡を起こす人になれるだけではなく、個々のユニークで限りない偉大さの可能性にアクセスする方法を人々に教えられると考えていました。

そうした本物の魔法のような経験のすべては、聡明なスピリットが私に話しかけてきたあの一つの飛躍的な瞬間から始まりました。そのスピリットは、その後の私の人生に影響するであろう大きな決断を後押ししてくれたのです。毎日ビールを飲む習慣を捨てるなんて不可能だと思っていた頃もありましたが、自分の尊敬する師からの指令となれば、なんだ簡単なことじゃないかと思いました。

家族に対して理不尽な態度をとったことへの気まずい思いをふり返ってみると、あのとき神聖なフォースが働いていたことが今になってわかります。エゴの言いなりになり、より進化した悟りの状態に達するための自分の能力を破壊する物質を渇望していた私に、その神聖なフォースが働きかけていたのです。

学ぶ側に準備ができたとき、師が現れるという仏教の教えについては十分理解しています。師たちは、いつもそこにいたのです。私はそれまでにもニサルガダッタの本を数え切れないほど何回も読んでいました。しかしあの日になるまで、学ぶ側の私に準備ができていなかったということです。もうこんな自分は嫌だという思いに加え、マザーテレサとの出会いから生まれた「奇跡について書きたい」という願望、亡くなって久しい師の言葉、向上したいという自分の意思などがあの日に一致して、私の学ぶ準備が整いました。

私は不健全かつ絶対にスピリチュアルではない習慣の数々をせっせと捨て、他者に仕えること、指導者として神のような生き方を試みることへの神妙な思いを持つようになりました。そうして学ぶ準備を整えていたのです。私はもう自己実現を叶えるための心理学的原則を教えるだけの教師ではありませんでした。私は個々に内在する神性を見出す方法を人々に教えるよう、一団のアセンデットマスターに導かれていたのです。

アルコールを断つことは、私が下した数々の決断の中でも、もっとも広範囲に影響を及ぼすものの一つでした。禁酒の決意ができたのは、「毎日のように脳細胞を破壊しておきながら、それと同時に自分の決めてきたダルマを果たしたいと願っても無駄だ」と知らされたからです。一九九一年のあの日の出来事、そして自分が感じていた気まずさや失望は、それまでにも与えられてきた数々の贈りものの一つだったのだと思います。あのとき私は実際に将来の自分を垣間見ることができました。素面《しらふ》のスピリチュアルな師となった自分。あるいは自分の可能性を狭めるような、脳細胞を破壊する習慣から抜けられなくなった自分。自分の新しいヴィジョンを実行することは、まったく努力を要しませんでした。それは今でも変わっていません。

第四十五章
準備が整った人に、奇跡はやってくる

一九九四年の春、私は『準備が整った人に、奇跡はやってくる』(三笠書房)のハードカバーとペーパーバックの全国ツアーをしていました。出版社から続編を書いてほしいという要望があり、私はおよそ十年前にケン・キース・ジュニアとその妻のペニーが訪ねてきてくれた特別な日を思い返していました。フロリダのボカラトンの我が家の前にキース夫妻の車が到着し、若い女性が助手席に乗っていた男性を抱え降ろして、家まで連れてくるのを、私はじっと見守っていました。その夕べは、私の人生の中でもひときわ印象深い時間となりました。

私がケン・キースを崇拝するようになって十年以上経っていました。

彼が四肢麻痺を患っていることを知らずに、私は一九七二年に出版された彼の名著"Handbook to Higher Consciousness(高次意識への手引書)"(未邦訳)を繰り返し読んでいました。あとから知ったのですが、彼の手足が麻痺しておよそ四十年になるそうです。第二次世界大戦が終わって、軍を除隊してから間もない一九四六年にポリオにかかったのが原因でした。彼が病気のことに言及したのはごく初期の作品だけで、それには次のように書かれていました。「日常のあれやこれやに忙しすぎて、自分の車椅子生活を過剰に意識して気に病んでいるヒマなどない、というのが私の現実です。私は世間の言うハンディキャップを、人生からの贈りものの一つだと考えています」

一九八〇年代、私は当時発行されたばかりのケンの作品、"The Hundredth Monkey"(邦題『100ぱんめのサル』(国土社))を読み、講演でも活用して、何か月もの間、聴衆にも配っていました。その作品は、核戦争を阻止するために高次の意識をいかに活かせるかを述べています。そして全人類がスピリチュアルなレベルでつながっているという見解を論じ、そのような結びつきがあるために、あらゆる思考が個々に影響を与えあっているという考えに焦点を当てています。

私がキース夫妻を家に迎えることができたのを喜んでいるのと同じくらい、二人も私に会えたことを喜んでくれました。当時、私の著作はベストセラーリストに載るようになって十年ほどが経っていて、私は全国放送のテレビにもよく出演していたため、世間にも知られるようになっていました。一方、ケンの作品はスピリチュアルな道を歩む私やそのほか多くの人たちにとって非常に重要な役割を果たしていましたが、世間にはそれほど知られていなかったので、私は彼の作品ももっと注目を浴びてもいいはずだと思っていました。

キース夫妻と私とマーセリンはキッチンのテーブルを囲み、ケンはしばしば高次の意識に話題を戻しました。「高次意識の世界を探求してみてごらんなさい。あなたには発言力があるし、高次意識について書けば世間も注目するだろう」。私たちはスピリチュアルな原則を実践して世界を変容させる可能性について大いに語り合いました。そういった分野でものを書くのは私にとって未知のことでした。何しろ私が心理学的見地に特化した分野に別れを告げたのは、つい最近のことだったからです。

ペニーとケンが帰ると、私は皆で語り合ったことをノートに書きとめました。その夜の真剣で刺激的な会話から出てきた、高次意識にたどり着くための四つのポイントを細かにまとめておいたのです。私は講演でこの四つについて話そう、いつか本に書けるかもしれないと心に留めておきました。その四つのポイントとは、次のようなものです。「疑いを払いのけること」、「観察者を育てること」、「頭の中の会話を止めること」、「ハイヤーセルフをエゴから解放すること」。その後の十年間、私はこの四つのポイントを講演の中心テーマにしていました。

キース夫妻と過ごした十年前の夢のように楽しい夕べを思い返しながら、私は次に書く本のことを考えていました。講演では、私たち全員が持っている、人生に本物の魔法を起こす力について話してきました。そして今、私は人間の本質である神聖さについて書くという考えに心を奪われ始めていたのです。

第四十五章

準備が整った人に、奇跡はやってくる

私たちは一人ひとりが神のかけらであり、神聖な存在です。もう奇跡を起こすことはあまり頭にありませんでした。それよりも個々に内在する神に気づくことのほうが重要になっていたのです。エゴ――すなわち偽りの自分を超えて生きることの方が大切でした。私たちは皆、神を起源にしています。ということは、私たちもまた神聖な存在に違いありません。ところが悲しいことに、私たちの多くは神聖さ（sacred）に気づかず、恐れながら（scared）生きています。私は次作の概要をまとめ、ハーパーコリンズの編集担当者に渡しました。彼らは"Your Sacred Self（あなたの神聖な自己）"（邦題『自分を掘り起こす生き方』〔三笠書房〕）と名づけたこの次作を気に入り、大喜びでした。

私が最後に執筆家モードになっていたのは三年前でした。執筆用の机を前にして、誰にも邪魔されずにものを書いているとき、私は満ち足りた気持ちになります。私たち一家は、私と妻がデザインして建てたフロリダのボカラトンにある美しい家に住んでいました。一緒に住んでいるのは五歳から十八歳までの五人の娘と一人の息子です。そのような大家族なので、私は早朝三時に起きて、近くのオフィスに行くことにしていました。そこでは誰にも邪魔されずに穏やかな環境に身を置くことができます。

言葉が流れるように湧き出てきました。私の友人でスピリチュアルな師でもあるケン・キースが腎不全を発症したと聞き、私は彼の写真とその著書"Handbook to Higher Consciousness"を見えるところに置いて、次作が自分を通して誕生するのに任せていました。十年前、キッチンでケンと

語り合った「高次意識への四つのポイント」のそれぞれに一章を費やしました。

私は、個々の神聖な自己を知るためにエゴという名の大きな障害を乗り越える方法を探求したくて夢中になっていました。エゴは競争や不安、外見上の風体風貌に重きを置きます。そうしたエゴ中心のアイデンティティから移行して、平和や真実、愛、純真に重きを置く高次の気づきに達するための具体的方法を掘り下げることにしました。毎朝、妻と子どもたちが数マイル離れた家でぐっすり眠っている間に、私の原稿用紙にはエゴを超越することについて述べた各章がまるであふれ出てくるように完成していきました。

『自分を掘り起こす生き方』の最後は、「エゴのない世界へ」と題したエッセイで締めくくることにしました。そのエッセイは、ケン・キースと過ごした思い出深い夕べと、百番目のサルに関する議論からインスピレーションを受けて書いたものです。これはケンのヴィジョンでした。そのヴィジョンが発端となり、彼は私が高次意識に関する広報担当者になるよう励ましてくれたのです。私は十二月二十日に腎不全で亡くなったケンに感謝を捧げ、もう一人のスピリチュアルな師、ニサルガダッタ・マハラジの言葉を最後に引用しました。「私の立場は明らかである。与えるために作り、己が食す前に、人に食べさせる。取る前に与え、己のことより先に人のことを考える。分け合うことを当たり前とする無私無欲の社会だけが安定し、幸福になる。これこそが、唯一の現実的な解決法である。それが嫌なら……闘うがよい」。

私は自分の人生に現れてくれた二人の悟りを開いた魂に、感謝の祈りを捧げました。

今だからわかること

ケンとペニーが我が家に来た日のことをよく覚えています。あれは神が決めてくれた出会いでした。我が家で彼らと一緒に過ごしたあの夕べのエネルギーは、その後十年経っても私から離れず、『自分を掘り起こす生き方』を書くようインスピレーションを与えてくれました。ケンはそのおよそ十二年前に"Handbook to Higher Consciousness"を書いていましたが、そこで書いたことを実践している当の本人と私が初めて対面したのがあの夕べだったのです。しかし、その夜に私たちが語り合ったこと――個々の神聖さを発見するための本を私が書くきっかけになった会話――以上に印象的だったのは、二人の精神的な人たちの中に私が見出したものでした。

ケン・キース・ジュニアはあちこちで機能不全を起こしている肉体に閉じ込められていました。それが四肢麻痺に達して、ベッドで寝返りすら打てないほど深刻な症状になっていたのです。介助を必要とするようになって四十年以上経つと言っていました。しかし、その夜私がもっとも意味深く思ったのは、高次意識に関する名著を生み出したその男性が自分の肉体にまったく注意を払わずにそれを書いたということでした。ケンは、私たちが人間の経験をしているスピリチュアルな存在であることを知っていただけでなく、スピリチュアルな存在として生きていたのです。それは彼の肉体が思うように動かないからでした。

私は外の世界に比べて内面の世界が重要であることを、今でははっきり理解しています。内なる世界は目に見えず、形もなく、五感を通して得られるデータには関心を払いません。私が自分の創造エネルギーを手に入れる場所は、この瞑想的な内なる世界なのです。

私はそれぞれの内にある「我在り」という気づきの意識について、よく書いたり話したりします。また、自分の肉体という幻想には構わずに、スピリチュアルな生き方をする方法についても話題にします。「本物は変化しないものである」という考えを、これまでに何千回も口にしてきました。機械の中の幽霊である「私」は本物です。しかし、機械そのものは常に変化しているため、本物ではありません。そうは言うものの、私はこの原則を実証したことはありませんでした。しかしケン・キースは、彼が完全な姿で存在している唯一の場所で生き、その視点から教えていました。その場所こそが内なる「我在り」の意識なのです。彼は一度も不満を口にしたことがありません。彼はただ内面に入り、物質世界の状況にとらわれずにスピリチュアルな充足感を得る方法をその著書で述べていました。

私にはケンとペニーと身近に接する必要があったのだと思います。自分が結婚した男性を抱えて運ぶ女性、しかも純粋な無償の愛からそうしている彼女のイメージが、私の記憶に永遠に焼き付きました。そして自由にならない手足をぶらぶらさせながら、彼の見ているものを私が書くことが重要なのだと話すその男性のイメージが、私の脳裏で明るく輝いています。

ベンジャミン・フランクリンは言いました。「自分に起こることすべてをコントロールするのは不可能かもしれないが、自分の内面に起こることはコントロールできる」。この言葉の真理をケン・

第四十五章

準備が整った人に、奇跡はやってくる

キースほど体現している人はいないでしょう。彼の存在は人間の神聖なる自己について本を書くようインスピレーションを与えてくれただけでなく、私自身のエゴを手なずけることにもっと真剣に取り組むよう励ましてくれました。

私は友人のエリザベス・キューブラー・ロスに、ケンのことや彼が私の作品に与えた影響について話したことがあります。彼女はのちに『死―それは成長の最終段階』(中央公論新社)で書いたことを話してくれました。

私たちが出会ったもっとも美しい人たちとは、敗北や苦しみ、苦悩、喪失を知り、その深みから脱出した人たちです。彼らは感謝と思いやりの気持ちをもち、慈愛や優しさ、愛ある眼差しを注いでくれる人生を理解しています。美しい人は、ただそこに現れるのではありません。

エリザベスはケンのことを指していました。

神が取り計らってくれたキース夫妻との驚きの出会いは、私とその著作に大きな影響を及ぼすために起こったのだと、今でははっきり理解しています。ケン、あなたのことを愛しています。インスピレーションを与えてくれてありがとう。あなたは確かにエリザベスの言う「美しい人」の一人です。

第四十六章 オバラ家との出会い

一九九五年クリスマスの翌日、私はケイ・オバラという女性に関する新聞記事を読みました。彼女は、娘のエドワーダを二十四時間体制で世話をして二十五年になるそうです。

一九七〇年一月三日、エドワーダは糖尿病性昏睡に陥りました。十六歳でした。彼女の最後の言葉は、「置いていかないって約束してくれる、ママ?」でした。母親のケイは、娘の手を握って言いました。「もちろんよ。絶対に置いていかないわ。約束するから大丈夫。約束は約束よ」。

ケイが十代の娘にした約束は、あまり例をみない献身を要する一種の自己犠牲の始まりとなりました。エドワーダは毎日二時間おきの栄

第四十六章

オバラ家との出会い

養摂取、四時間おきの血液検査とインシュリン注射を必要としていました。ケイはこの四半世紀の間、ベッドで眠ったことがありません。四六時中、娘の介護をしているからです。

その新聞記事の話は私の魂をとらえ、私は家族を呼び集めてこの話を聞かせなければという思いに駆られました。「みんな、キッチンに集まって。聞かせたい話があるんだ。私たち一家がこの母娘にしてあげられることはないだろうか」。

オバラ家の試練、そしてこの聖人のような女性の自己犠牲を聞いた家族は皆、泣いていました。オバラ一家は、南フロリダにある我が家からたった四十～五十マイルの所に住んでいるそうです。娘に仕えるために個人的な関心事はすべて犠牲にしてきたケイ・オバラという女性は、神の顕現の生きた手本でした。私はその六年前にラジオ放送局で経験した、マザーテレサが放つエネルギーの感覚を思い出したような気がしました。

私は「あなたは私のヒーローです」と書いた短い手紙に、『準備が整った人に、奇跡はやってくる』（三笠書房）を一冊添えてケイに送ることにしました。この本は、日常に奇跡を起こせるという考えを探求しているからです。私は本と手紙、寄付金、子どもたちと妻からのカードを入れた小包をマイアミのケイ宛てに発送しました。そして、もう四十一歳になるというエドワーダとケイに祈りを捧げました。

一月、私はフロリダの西海岸に向かって出発しました。「顕現」をテーマにした新作に取りかかるつもりで、毎週末、家に帰る予定でした。いつも忘れずにケイとエドワーダのことを祈っていましたが、頭は執筆に集中していました。顕現という考えに夢中になっていたのです。私は望みをすべて人生に引き寄せるためのスピリチュアルな原則と同調して、次作に必要な情報をチャネリングしているような感覚を覚えました。

ある日のこと、何時間も書いたり調べたりして仕事を終え、夜のニュースを観ようとテレビをつけました。すると、私も何度かインタビューを受けたことのあるデボラ・ノーヴィルが自分の番組〈インサイド・エディション〉の告知をしていて、昏睡状態にある娘の世話を二十六年以上続けている女性の話を特集すると話していました。番組が始まると、ケイ・オバラがエドワーダに『準備が整った人に、奇跡はやってくる』を読み聞かせている場面が映りました。私が二週間前に送った本です！　私は、ケイが本の最初の一節を読むのを呆然と観ていました。「これは、奇跡に関する本です」。

私はそこで起こっているシンクロニシティに畏怖を感じました。テレビをあまり観ない私がテレビをつけ、ほとんど観たことのない番組が映り、ケイの無償の愛に深く感動して自分が送った本をケイ本人が娘に読み聞かせているのです。しかも、そのとき私が書いていた新作“Manifest Your Destiny（運命を実現させる）”（邦題『「いいこと」が次々起こる心の魔法』〔三笠書房〕）の章タイトルが、「無償の愛で聖なる源とつながる」でした。

今度家に帰ったらケイに連絡しようと思いました。ボカラトンの家に着くと、山のように積まれた郵便物の一番上に、ケイからの感謝の手紙がありました。私はすぐに彼女に電話して、翌日、妻とオバラ家を訪ねる約束をしました。

翌日、マーセリンと私がケイの慎ましやかな家に到着すると、迎えてくれたのは、昏睡状態の娘に仕えることに生涯を捧げながら、自己憐憫のかけらもない、生命力にあふれた女性でした。エドワーダの部屋に入ったとき、私と妻はどこか神聖な空間に足を踏み入れたように感じました。エドワーダの手を握ると、彼女に話しかけている自分の声がちゃんと届いているような気がしました。一時間後、私たちが別れを告げると、一粒の涙が浮かび、エドワーダは動揺しているような心もとない様子に見えました。また来ますからね、と声をかけると、彼女の様子が一変して落ち着いたようでした。私たちがその部屋にいるのがわかっていたのでしょうか。

私は、自分がこの二人の女性と強く結びついている気がしました。うまく説明できませんが、エドワーダは何らかの形で私とつながっていました。私はその頃、神聖な空間、本物の魔法、顕現に関するスピリチュアルな原則について書いていました。この四半世紀の間、無償の愛があふれていたこの神聖な空間に自分が足を踏み入れることになったのは、単なる偶然ではありませんでした。

私はできるだけオバラ家を訪問し、やがてこの一家が大きな経済的負担を抱えていることを知りました。エドワーダを決して置いていかないというケイの約束を守るために、とんでもない費用がかかっていたのです。私は自分が高次意識について書くだけなのに対して、実際に高次意識で生きているこの美しい人たちのために何かできることはないだろうかと自問し続けました。自分と妻がこの家族を助けるために送られたことはわかっていました。この宇宙に偶然は存在せず、この出会いも例外ではないからです。

数週間後、九歳になる息子のサンズが朝のシャワーを浴びて寝室から飛び出してきました。そして、どこかうわずった声で言いました。「ママ、パパ、お風呂でエドワーダに会ったよ！　エドワーダは起きていて、僕に笑いかけたんだ。本当だよ、あれはエドワーダだった。僕、急いで出てきたんだから！」。サンズは興奮しきっていました。サンズも娘たちも皆、エドワーダの家を訪ねたことがあり、妻と私が昏睡状態の彼女と交流するのを見ていました。

私の小さな息子が見たことをケイに伝えると、彼女はエドワーダが肉体を離れたときは何となくわかるのだと言いました。エドワーダは幻影と片づけるには鮮やかすぎる姿で、世界中さまざまな人の前に現れていました。私は怪しんでいましたが、信じる者にはすべてが可能だと言ったイエスの言葉を思い出しました。その言葉に例外はありません。私はエドワーダの部屋に入って彼女に声をかけるときに感じる心の静けさ、そしてかすかな薔薇の香りを思い出しました。

私は、常にケイを悩ませている経済的負担を軽くする手伝いをしたいと心に決めました。それに、彼女の信じられないような話を本に書いて世界に伝えたいとも思いました。その本を通して読者が自分の心に気づき、いつでもどこでも可能な限り愛と思いやりを人生に広げる手助けができると感じたからです。今書いている本を中断して、エドワーダとその母の献身について伝えよう――私はその本の収益と印税をケイに寄付することにしました。ものを書くための自分のエネルギーすべてを経済的報酬なしに他者のために注ぐのは初めてでした。私は二十六年以上も昏睡状態にある女性から、贈りものを受け取ったのです。そこに祝福を感じました。

二人のすばらしい物語を出版する準備をしながら、私は妻と二人で毎週エドワーダの部屋を何度も訪れました。エドワーダは昏睡状態にありましたが、私たちはいつもそこに高次のプレゼンスを感じていました。部屋を訪れると必ず、彼女が私たちに気づいているという感覚がありました。

二十五年前、昏睡状態に入る前のエドワーダがどんな少女だったかを知るにつれ、私は彼女がとてもスピリチュアルな人なのだと信じるようになりました。エドワーダは誰に対しても親切で、人を批判したことがなく、しばしば自分の価値観に反する人たちに対しても優しい言葉しかかけなかったそうです。エドワーダの姉は妹のことを平和の子どもと呼び、出会う人たち全員に平和の光を放っていたと語りました。

じっと動かずに横たわり、言葉も発しないエドワーダの人生にはどういう意味があると思うか、ケイに訊いてみると、彼女はこう答えました。「エドワーダは、私たちの人生に意味を与えてくれています。おかしなことを言うと思われるかもしれませんが、私は、彼女が神の仕事をしていると信じているのです」

私は何時間もかけてケイにインタビューし、無料で辛抱強くエドワーダを診ている医師にも話を聞きました。そして彼女の医療記録や自分で録音したインタビューをまとめ、執筆時間のすべてを捧げて、母親の無償の愛とその愛が教えてくれることについて驚くべき物語を書きました。

“A Promise Is a Promise（約束は約束）”（邦題『眠りながら奇跡を起こす少女』〔三笠書房〕）は

へイハウスから出版されることになりました。マーセリンにも母親の視点で一章書いてもらいました。彼女もまた七人の子どもをもつ献身的な母親だからです。

今だからわかること

ケイとエドワーダ・オバラが私の人生に現れてくれたのは、私に授けられた数々のすばらしい恵みのうちの一つです。私たちの新しい友情を育てるために起こった一連の出来事をふり返ってみると、その恵みを私に与えるために発生した数々のシンクロニシティに気づきます。それは、すべてを手配する高次のパワーのなせるわざでした。

私はスピリチュアリティ、奇跡の起こし方、あらゆる存在に備わった神聖さとつながることに着眼した本を書いてきました。しかし、高次の意識やスピリチュアリティについて書くことと、それを日々実践して生きることはまったく別の話です。エドワーダとケイは、私が「スピリチュアリティや神のような生き方について書くことができる自分」から「そうした教えを実践できる自分」へと移行する過程で重要な役割を果たしてくれたのです。

ケイ・オバラは四半世紀の間、娘に無償の愛で仕えるという無私無欲の行為を実践し、個人的な関心事はすべて控え、ベッドで眠ったり自分の好きなものを買ったりというごくごく単純な喜びでさえも犠牲にしていました——彼女は神のような生き方をまさしく行動で示していたのです。私が

第四十六章

オバラ家との出会い

それまで口先だけで賛同してきたことを、実践してみるときが訪れていました。

マーセリンが『眠りながら奇跡を起こす少女』で書いたことを、少しここに引用します。

夫のウエインがオバラ一家の経済状況を耳にした時、彼は当然のことのように言いました。「ケイとエドワーダのことを本に書こうと思うんだ。利益はすべてケイにわたるようにする。どうかな？」。私はこの親切な愛しい人の青い瞳をのぞき込み、その決意の固さを見ました。私は彼が何年もかけて皆の愛するスピリチュアルな師へと進化していく様子を間近で見てきましたが、今回のことはもっともすばらしい献身的行為だと思いました。彼は本を書くだけでなく、世界中でそれを宣伝して回り、報酬は受け取らないつもりなのです。

エドワーダとケイが私の人生の旅路に現れたのは、神のような生き方を実践するチャンスを私に与えるためだったと、今でははっきり理解しています。彼らは、私が見返りを求めずに与えることの純粋なエネルギーと同調するチャンスを与えてくれました。これこそ神の御業です。これこそ偉大なアセンデットマスターたちのやり方、働き方なのです。「自分にとってどんな得があるだろう？」と考えるのではなく、ただ「自分に何ができますか？」と問うこと――それを私は教わりました。

『眠りながら奇跡を起こす少女』を書いていた数か月は、私の人生の中でももっとも充実した日々に数えられます。起こった偶然の数々は、まちがいなく高次の力によるものでした。ケイの無償の愛に関する新聞記事を読んだこと、オバラ一家が近くに住んでいたこと、ケイが娘に『準備が整った人に、奇跡はやってくる』を読み聞かせているシーンをテレビで観たこと、彼らの家を訪ねたこと……ほかにもいわゆる偶然がいくつも重なりましたが、それらはすべて神という愛の源が定めていた「約束」の一部であり、私を他者への奉仕という生き方に誘うものでした。私はあの貴重な恵みを与えてくれたオバラ親子に毎日感謝を捧げています。

ケイは亡くなる前に「あなたは神が私に送ってくれた天使です」と言いました。彼女が人生の苦難を乗り越えるのを助けるために私が派遣されたと言うのです。私はその反対ですよと何度も言いました。ケイとエドワーダこそが私に送られた天使でした。二人が私の人生に現れたのは、私の好きな詩人、ラビンドラナート・タゴールの言葉の意味を直接教えるためだったのだと思います。

私は眠り　夢を見る
人生は喜びだった
私は目覚め　知る
人生は仕えることだと
私は行動し　目の当たりにする
仕えることは喜びだということを

第四十七章

ジャパ瞑想を始める

一九九七年一月。私は『「いいこと」が次々起こる心の魔法』（三笠書房）の最後の仕上げを終えたところでした。およそ八年前、スピリチュアルな原則の観点から書いたり話したりするようになって以来、私はこの顕現という考えに魅せられていました。そのきっかけは、イエスの御業に関心を持ったからです。イエスは五つのパンと二匹の魚を手に取って天を仰ぎ、賛美の祈りを唱えました。すると、それが五千人分もの食事になったと言い伝えられています。

現代に生きているアセンデットマスターの話を聞いたこともありました。彼らはヴィブーティと呼ばれる神聖灰やほかの物質を、煙や鏡などの細工を使わずに思考から具現化すると言われています。

私は心の奥底で、私たちすべてが神聖なる存在だと知っていました。なぜなら、私たちは神聖なる存在を起源にしているからです。そして、私たちがその起源の本質と完全に同調するとき、宇宙の創造の源と一つになり、その結果、創造主と同じパワーを得るのだということを知っていました。思考から瞬時に具現化させる能力は珍しいものですが、それはエゴという名の偽りの自己からの欲求や誘惑を無視できる人が少ないからです。

私は『「いいこと」が次々起こる心の魔法』の中で、一つのことを考えてから、その考えを物質界に具現化させるまでの時差を短くするための具体的な原則について書いていました。それらの原則は、その二年ほどの間に私が毎日実践していたジャパ瞑想から得たものです。私はジャパ瞑想を日に二回行うようになっていましたが、それはグルジから受け取った次の手紙がきっかけでした。

親愛なるウエイン

この瞑想の目的は、願望を具現化させることによって、人間の苦しみを終わらせることです。私は、この瞑想法を確立して世に伝える前に、シバ神とナンディに祈りを捧げました。私はこの瞑想が誤用されるのを決して許しません。だからこそ、これを伝授する相手にあなたを選んだのです。

第四十七章

ジャパ瞑想を始める

この手紙の主グルジはインドのスピリチュアルな師で、古代から伝わるこの顕現のためのジャパ瞑想の継承者として私を選びました。この瞑想法はもともと、二千年以上前に、瞑想の父と呼ばれたパタンジャリが考案したものです。

ジャパを直訳すると、「神の名を繰り返し唱える」という意味になります。私はこのジャパ瞑想に魅了されました。この瞑想法は、その録音テープと実践指導書と共にひょっこりと私の郵便受けに現れたのです。小包の差出人のグルジは、ダッタトレヤ・シバ・ババやピライ博士など複数の名で通っている神秘主義の学者で、ジャパ瞑想をしながら世界中を指導して回り、ピッツバーグ大学でインド学を教えていたこともあります。

そんなグルジから二年前に手紙と指導書が届いたとき、私はまず自分がこの瞑想法を真剣に実践して準備をしてから、世界中で行っている講演会で広めようと思いました。そして出版社に連絡し、"Meditations for Manifesting（顕現のための瞑想）"というタイトルで、この古代のジャパ瞑想を実演するCDを制作することになりました。この瞑想法に秘められた本物の魔法に世界中の人々が魅せられました。

神の名の音を心のマントラとして繰り返し唱え、人生に引き寄せたいものに注意を向けていると、この神聖な音が、それを物質界に具現化させるための媒体となって働きます。グルジは最初の手紙でも、その後に対面して交わした話し合いでも、次のように念を押していました。「すべての始まりは神である。よって何かを始めるときは、神の名の音を唱えなければならない」。ヨハネによる福音書の冒頭にはこうあります。「はじめに言があった。言は神と共にあった。言は神であった」。

私は書き終えたばかりの原稿を見てみました。「創造の音に合わせて瞑想する」という章もあります。私はこのジャパ瞑想を活用して、九つの原則をしかるべき順番で詳細に述べた一冊の本を書き上げられたことに畏怖の念を覚えました。書き始めたときは、概要すら描けていなかったのです。一つ目の原則を書きながら、二つ目の原則はどんなものだろうと思っていました……最後の原則までどんなものになるのか、自分でもわかっていなかったのです。ただ、執筆しながら唱えていた心のマントラ、すなわち神の名のパワーを完全に信頼していました。そうして九つの原則を具現化させて、一章一章をほとんど苦もなく完成させることができたのです。

私はパタンジャリの経典を読み、その古代の知恵を人生のあらゆる方面で活用してきました。瞑想も日常の一部になり、このジャパ瞑想を自分のものにするために時間を割きました。いろいろな場面でこの瞑想法を活用しているうちに、その神聖な音を使うと数々の小さな奇跡が起こることに気づきました。日常的にジャパ瞑想を行うことで、疲労やあらゆる症状をなくすことができました。また、神の名を繰り返し唱えることで、創造と顕現というわざに直接関わることができるのだと気づきました。

私は、自分を信頼してくれたグルジに深く感謝しています。神の名の音を唱えて具現化させるこの古代の技術を、私がいかなる形でも誤用させたり傷つけたりしないということを、グルジは知っていました。彼がなぜ私をジャパ瞑想の継承者に選んだのかはわかりませんが、それもまた何らかの形で神の意図が働いているような気がします。私はこの瞑想法を引き継いだことを、神聖な使命だと考えています。私の頭は幸せな恍惚感に浸り、あらゆる物理的粒子の起源である精神界と物理界のすき間を、自分が埋めているのだと思っています。

完成した原稿をしげしげと眺めながら、これらの九つの原則すべてが、いとも優雅に降りてきたのは一体どういうことだろうと不思議に思いました。私はペンを取ると、次のように献辞をしたためました。「顕現の世界を探求するよう、インスピレーションを与えてくれたグルジに感謝を捧げます。ナマステ」。

この一連の出来事は、まぎれもなくスピリットからの呼びかけによるものでした。私は、このような輝かしい使命を任せる相手に自分を選んでくれた偉大な師と共鳴するのを感じました。それだけではなく、パタンジャリや万物の創造の源――一つなる宇宙意志、つまり神とも共にいるのだと感じました。「言は神であった」。私はこの言葉を日に何度も繰り返しています。

私は指導者であると同時に、今や揺るぎない瞑想者となったのです。

今だからわかること

一九九五年、現在はダッタトレヤ・シバ・ババとして知られるグルジが思い立って私に手紙を書き、録音テープと指導書を添えて、ジャパ瞑想を学んでごらんなさい、この瞑想法を広めなさいと言ってきたとき、なにか説明のつかない存在が働いていました。そのグルジの思いつきが、私にジャパ瞑想を学ばせ、やがては“Meditations for Manifesting”というCDを通してこの瞑想法を教えるよう導いたのです。その二年後、やはりそれもグルジに触発されて、私は顕現に関する情報をチャネリングして本を書きました。さらに、グルジの手紙を受け取ってから八年後、今度は“Getting in the Gap（すき間に入る）”（未邦訳）という瞑想をテーマにした独自の本を書きました。

インド出身のこのスピリチュアルな男性は、人生の旅路で出会ったもっとも印象深い人々のうちの一人です。私はグルジに出会う前も少し瞑想をかじっていましたが、それを訓練するものだとは考えたこともありませんでした。しかし、ひとたびジャパ瞑想という技術を実践し始め、その驚くべき結果を目の当たりにしてからは、瞑想を毎朝夕の習慣にすることに決めました。

『「いいこと」が次々起こる心の魔法』を執筆している間、私は“Ah（アー）”という音を繰り返しながら、九つの原則に関するガイダンスを受け取ることに注意を向けました。この音を繰り返しながら、必要な情報を受け取る自分を視覚化するセッションを続けてみたところ、まるで見えざるフォースが私の手に宿ったかのようにペンがすらすら進みました。

講演ではこの刺激的な瞑想法の理論と歴史について説明してから、神の音（aum）を唱えてみてくださいと聴衆に求めました。個々の人生に具現化させたいものに注意を向けながら唱えてもらいました。結果には驚くべきものがあり、私はその多くを“Getting in the Gap”の本文に載せました。

グルジという崇高な人物が私のもとに送られてきたのは、私が個人としての運命（ダルマ）の次

第四十七章

ジャパ瞑想を始める

のステージに進むためでした。私は瞑想が自分にとって不可欠な要素であったにも関わらず、いかなる瞑想法も導入する段階に近づいていませんでした。グルジがそのスピリチュアルな気づきを私に伝授しようと決意したとき、私はやっと特定の瞑想法を導入するに至ったのです。どういうわけか、グルジは私がこのジャパ瞑想に真剣に取り組むであろうことを察知し、それを講演やメディアを通して広めるであろうことも知っていました。

あとから知ったことですが、グルジは彼が称える聖人の二人、シバ神とナンディに祈り、二千年も前から伝わるこの瞑想法を世界中に広めるために誰を選べばいいのかガイダンスを求めたそうです。私はそのような尊い仕事に自分が選ばれたことをとても光栄に思いました。

ジャパ瞑想を教えるようになって二年が経った頃、私はこのスピリチュアルな師と対面する機会を得ました。ロサンゼルスで行われたセミナーで講演を終えたときに、ある家に招待され、グルジが会いたがっていると言われたのです。個室で三十分ほど待った頃でしょうか、全身白い服をまとったその偉大な師が部屋に入ってきて、私の向かいに腰かけました。私たちのどちらも、一時間近く言葉を発しませんでした。二人とも黙りこんでいましたが、そこには愛がありました。グルジはその愛を自身のウェブサイトで「恩寵の光」と説明しています。

恩寵の光とは、神の光のことです。人間の目には見えませんが、賢者、預言者、救済者、天使、そのほか高次の存在はそれを見ることができます。恩寵の光には万事を知って行う驚くべき叡智とエネルギーがあります。それこそが、神の全知全能のパワーなのです。ひとたび放たれれば、恩寵の光は奇跡のようなやり方でその仕事を行います。それは肉体、マインド、そして魂をも変容させるのです。

グルジとの初対面で沈黙のうちに座っていたとき、彼の言う恩寵の光を感じました。長い沈黙の後、私の目から一粒の涙が落ち、頬をそっと伝っていきました。私たちは抱擁し、感謝を伝え合いました。数少ない言葉しか交わしませんでしたが、恩寵の光を通じて語り合っていたのだと感じました。ロサンゼルスのその家を出てから、私はこの出会いが神聖なフォースによってあらかじめ定められていたこと、今後ずっとそのことに感謝するだろうということに気づきました。

グルジは私に連絡を取って内面に入る道を歩ませるよう導かれたことを、心のどこかで知っていました。私は公の場でジャパ瞑想に関して話したり書いたりし、その結果、大勢の人々がこの瞑想法を実践するようになりました。私にとっても、その人たちにとっても、ジャパ瞑想は神からの贈りもののような存在になりました。今なら、老子が何を言わんとしていたかをはっきり理解できます。「あなたは何もしていない。あなたはさせられているだけなのだ」。

当時は気づいていませんでしたが、私は自分がこの世で行うことになっていた使命の次の段階にシフトを起こそうとしていました。その新しい人生コースが展開していく上で、ジャパ瞑想の習得とグルジとの出会いが不可欠だったのです。さらに大きな観衆が私を待ち受けていました。どうやら私は、瞬時に心の平穏をもたらす手法と、「すべてが可能」という真理を知る必要があったようです。

ありがとう！　ありがとう、グルジ！　私にこの驚くべき教えを快く伝授し、それを私がいかなる形でも誤用しないと信頼してくれたことに心から感謝します。

第四十八章
新たなチャレンジ

一九九八年の春。私は前年の大半をエッセイ集の執筆に費やしました。人生でもっとも深い影響を受けた師たちによる六十の知恵をもとにしたもので、タイトルは"Wisdom of the Ages（先人たちの英知）"（邦題『静かな人ほど成功する』〔幸福の科学出版〕）としました。未来の国語教師、哲学教師らがこの本を活用し、若い学生たちの人生に先人たちの刺激的な英知をもたらしているのが目に浮かぶようでした。

何よりもまず教師である私は、一九六〇年代に教えていた高校のあるクラスのことを温かい想いで記憶に残していました。私がいつも強く感じていたことなのですが、詩や哲学、精神世界の文献などは必ずしも退屈なものではありません――それらは命を吹き返すべきだと私

第四十八章
新たなチャレンジ

は感じていました。特に、探究心旺盛な若者のために蘇るべきだと思っていたのです。そのクラスの学生たちは何人もの偉大なマスターたちを研究して、その古くからの英知を現代の生活に応用することを学びました。あれから四十年近く経っていましたが、私は偉大な書物に残された英知を相変わらず教えていました。彼らの教えについてエッセイを書こうと考えながら、私は自問していました。

「私たちの先祖の学者たち――もっとも聡明で、精神的に進化していた彼らが今ここに生きていたら、私たちに何を伝えるだろう？」

その六十のエッセイ集を読めば、読者は私たちの卓越した先祖たちからガイダンスを受け取って、自らの偉大さの可能性に気づくチャンスを得るでしょう。同書で扱った賢人たちの中には、イエスや仏陀、ウィリアム・ブレイク、エミリー・ディキンスン、ウォルト・ホイットマン、マハトマ・ガンジー、ラビンドラナート・タゴール、パラマハンサ・ヨガナンダ、マザーテレサなどがいます。私たちの先祖であるこの賢人たちは、専門家からの承認を求めてものを書くような単なる学者かぶれではありません。彼らは心から湧き出てくる情熱をもって書き、人類のスピリットを、エゴのつまらない関心事を超えて高次元に押し上げたいと願う人たちでした。

その年は心満たされる一年でした――かつての偉大なマスターたちを研究していた大学時代に戻ったような気がしましたが、学生の時とは違って論文を書いたり試験を受けたりという心配は無用でした。私はそれらの古くからある英知の言葉を、今までよりも多くの人たちに伝えているところを空想し、アメリカ、そして世界の意識状態に影響を与えるところを思い描いていました。

そんなある日のこと、ニッキ・ヴェッテルという女性から手紙が届きました。ニッキは、Public Broadcasting Service（PBS：公共放送サービス）の特番を担当するエグゼクティブ・プロデューサーをしているとのことで、こう書いていました。「あなたの最近の二作品を元にして、PBSで番組を制作したいのですが、関心はございますか？　そのような番組を共同制作できたらと思い、ご連絡差し上げました」。

追って電話があり、PBSの資金調達のための全国放送番組を制作することに関心はないかと訊かれました。私は手紙や電話の内容に興味を抱きました。というのは、ちょうどその数日前に友人の著述家レオ・ブスカーリアから手紙を受け取り、スピリチュアリティや高次意識に関する私のメッセージを、テレビを通して広めたらどうかと言われたばかりだったからです。

ニッキとやり取りした結果、二つの特番を収録することになりました。一つは『「いいこと」が次々起こる心の魔法』を、もう一つは最新作『静かな人ほど成功する』を元にして制作することになりました。この一連の流れ――レオとニッキから急に届いた手紙、その後のニッキとのやり取り、そしてスピリチュアリティを啓発するやり方でもっと多くの人々にメッセージを伝えたいという私自身の願い――すべてが番組制作へとつながる呼びかけのように思われました。

世間では、本を買うのは十人のうちたった一人くらいの割合です。それに対してほぼすべての人が家でテレビを観ます。私は高次意識のメッセージを、まったく新しい層の人たちに伝える展望が開けたことに興奮しました。

　制作期日が近づくと、ニッキから相談したいことがあると気落ちした様子で電話がありました。二つの特番制作に定められた期日までに制作費の準備ができそうにないとのことで、いわゆる「つなぎ融資」をしてもらえないかと訊かれました。つまり、私がひとまず費用を工面して、あとから返金してもらうということです。私はこの番組をPBSや関係者全員のために成功させる力が自分にはあると信じていたので、必要ならば引き受けましょうと同意しました。そうして制作を進行させることになりました。

　撮影場所となるボカラトン・リゾート&クラブに、収録のための聴衆が集められました。まず一つ目の番組「あなたが本当に、本当に心から求めているものを得る方法」を収録し、一時間の休憩をはさんで、二つ目の番組「先人たちの英知を用いて人生を向上させる」を収録しました。二つ目の番組では、十六歳になる娘のスカイが、名曲〈アメイジング・グレイス〉をアカペラで披露しました。

　二つの番組を撮り終えてから数週間後、まだ放送の準備をしているときに、友人のレオ・ブスカーリアが六月十二日に亡くなったという知らせが届きました。彼がテレビで行う講義は刺激的で楽しく、人の心を鷲掴みにするものでした。彼はどのようにすれば人を引き込むことができるのか、その方法を見つけて示してくれたのです。そして、公共放送という彼のお気に入りのやり方を私が引き継いで、テレビを通してより多くの人々にメッセージを伝えるべきだと励ましてくれました。

私は彼が示してくれた自分への信頼に応えるために、できることは何でもしようと誓いました。

そう言えば二十年前、私の処女作『自分のための人生』（三笠書房）に専心しようと決めたときも同じことを誓いました。私は今回も、全国に散らばるPBS放送局で、私を出演させてくれる局を一つひとつ訪ねようと決めました。自分の作品のためだけではなく、公共のテレビ番組のためにも、自分がスポークスマンになろうと決めたのです。私はPBSの番組が好きでした。我が子たちは、PBSの楽しい子ども番組〈セサミ・ストリート〉を観て育ちました。私自身もPBSの方針が気に入っていました。通常放送で暴力を扱わないこと、コマーシャルがないこと――自分にぴったりではないかと思いました。

私はまたしても遠征に乗り出す態勢をととのえ、収録した講義を通してアメリカ国民の関心を集める準備をしました。そこに変容の可能性を認めたからです。スピリチュアリティに関する自分のメッセージを、全国のお茶の間に伝える機会を得たことを心から感謝しました。

今だからわかること

一九九八年初めにニッキから受けた問い合わせは、私の個人面においてもキャリア面においても大きな転機となりました。そのおかげで、より多くの人々にメッセージを伝える道が開けたのです。ニッキと初めて会ったとき、私は伝道者フルトン・J・シーンに心酔していた少年の頃のことを語りました。当時、家にテレビがある子たちは皆、コメディ番組〈ザ・ミルトン・ショー〉を観ていましたが、私はフルトン・シーンの番組をテレビにかじりつくように観ていました。自分の望む人生を創造するマインドのパワーについて、直接訴えてくるように話すフルトン・シーンに釘付けになっていたのです。

火曜夜に放送される彼の番組がとても楽しみでした。それは秀逸な構成でおもしろく、ためになる番組で、まだテレビが登場して間もない時代の一般視聴者たちの関心を引きつけるものでした。私は自分も彼のようにできるし、このプロジェクトを成功させられるという自信がありました――なにしろ私には天の助けもついているのですから！

この名高い伝道者フルトン・シーンがエミー賞を受賞したと知ったときのミルトン・バールのコメントをよく覚えています。バールは自分の人気番組がこの賞を逃したことについてこう言いました。「フルトンには優秀な脚本家、マタイ、マルコ、ルカ、ヨハネの四人がついているからね、かなわないよ」。私の講義の脚本家としても、この四人の名を挙げられるかもしれません。

私は『自分のための人生』が出版された二十二年前、全国ツアーをしようと自分を駆り立てた情熱と同じくらいの熱い思いで、今回の新しいプロジェクトに取り組みました。二つの番組が完成すると、私は地元のPBS放送局に定期的に出向いて、個人的に資金調達に乗り出したのです。私が地元の放送局に行き、資金集めのコーナーで視聴者に呼びかけると、公共放送を支援するための寄付金額がうなぎのぼりに上がりました。それは私の目にもニッキの目にも明らかでした。執筆家になりたての一九七〇年代、一九八〇年代初期の頃に今と同じことをしていた自分が頭をよぎりました。今回もまた、私は二つの番組に関わるあらゆる面ですべての責任を引き受けました。

ＰＢＳの上層部がもっとも重視しているのは資金集めです。視聴者からの寄付金によって番組が資金を集めれば、その番組は何度も再放送されます。私の最終目標は、世界中の人々の意識を高みに上げることでした。視聴者が増えれば、ＰＢＳを財政面で支援しようと考える人も増えるでしょう。つまり、ＰＢＳも私も、それぞれの意図と目的を叶えることができるというわけです。

二つの番組が放送されてから数週間もしないうちに、番組制作のために融資した資金が戻ってきました。そして一年が経つ頃、さらに二つの番組を制作する話し合いをしていました。新しい番組はマサチューセッツ州コンコードで収録予定でした――私が崇拝し敬愛してやまないスピリチュアルの師、ラルフ・ワルド・エマーソンとヘンリー・デイヴィッド・ソローの故郷です。

私の新しい出版社ヘイハウスのＣＥＯであり友人のリード・トレイシーとニッキ・ヴェッテルと私の三人は、今や一つのチームを組んでいました。資金調達期間になると、私は毎回、放送局から放送局へと渡り歩きました。およそ四半世紀前、人々の心を動かす唯一の手段として全国を旅しながら宣伝していた頃と同じように、今回もほとんど自費で宣伝に回りました。自分の内面で燃えている願いを叶えるためとなれば、強烈な願望の炎が燃え盛るのです。ほかの誰かが私のためにそれをすることはできないし、なぜそんな低迷するプロジェクトに参加するのだと問われても、もっともらしい理由は見つかりませんでした。

第四十八章

新たなチャレンジ

ニューヨークやワシントンの上層部からも、私の講義に関連するようなテーマの番組では経済的成功は見込めないと言われました。統計を見せられ、惨めなほどに失敗した番組がどれだけ多いかも知らされました。ドクター・ラブという愛称で呼ばれたレオ・ブスカーリアなど、いくつかの目立った例外はありますが、ほとんどの番組は制作しても一、二度再放送されてから隅に押しやられるのが落ちだったのです。

私は資金集めのコーナーに出演するレオをよく家で観ていましたが、いつもテレビ画面に飛び込んでこの人を抱きしめたいと思っていました。彼の熱意がその成功の秘訣でした（ちなみに、熱意の語源となるギリシャ語は「内なる神」という意味です）。私も彼と同じように、情熱と熱意をもって自分の考えを伝えることができると思っていました。自分のメッセージを伝えて視聴者の胸に火を灯すことができれば――すなわち視聴者の内なる神と繋がらせることができれば、彼らは番組を観てくれるだろうし、それぞれの地元のＰＢＳを支援してくれるだろうとわかっていました。

私はこの寄付金集めという財政困難を打開するための計画を立て、ヘイハウスのリードと話し合いをして、アメリカでの公共放送に毎日一ドルの寄付をしてくれた人にすてきな感謝の贈りものを送ることにしました。著述家、講演家だった自分が公共放送のテレビタレントに移行していったことをふり返ってみると、この変容へと私の背中を押したのは、心の中で燃えている願望だったということが今ならよりはっきりとわかります。いくら将来の夢を実現させるためであっても「それだけはしたくない」と思うことが私には皆無だったのです。

その後の十年間、私は全国にあるPBS放送局のほぼすべてに出向いて、資金集めのために二百回を超える出演をこなしました。放送局への訪問は一回につき四時間を要します。その間に番組が放送されて、PBSの目的が宣伝され、番組に関連する書籍やオーディオ、ビデオ等をセットにした豪華な贈りものが告知されます。私のエネルギーは尽きることなく、こうした機会がなければ高次意識の考えなど知ることすらなかったであろう何百万もの人々の心を動かしていました。リードとニッキと私は新作が出るたびに新しいプログラムを企画し、感謝の贈りものの新しいセットを用意します。そして私は、地方の放送局へと出向いて次から次へと番組に出演します。ほとんどの局に、それまでも十数回は出向いていました。

番組名に私の名前とメッセージを冠したPBS特番は、第十回まで制作されました。それらをふり返ってみると、光栄にも自分が「ミスター・PBS」と呼ばれるようになったことを誇りに思います。アメリカでの公共放送のために集まった寄付金は、何百万、何千万ドルどころではなく、何億ドルという額に達しました。

私はこの仕事をするために呼ばれたような気がしていました。少年の頃、小さな白黒テレビで〈ライフ・イズ・ワース・リビング〉に出演する伝道者フルトン・シーンを観ていたときから、私はこのプロジェクトを行う準備をしていたのだと思います。あの頃の夢中になっていた思いが心の中で何かを目覚めさせ、「私にもできる。絶対できる」と楽しげに囁きかけていたのです。その内なる囁きは、いつも私のそばにいる天使のフォースによるものでした。その天使のフォースは、より広く遠い展望を追い求めるよう私を誘っていたのです。

レオ・ブスカーリアもニッキ・ヴェッテルもその天使の一人です。ニッキが私に手紙を書いて番組を制作してみないかと持ちかけてくれたこと、そしてPBSで十の特番を制作するために尽きることなくエネルギーを注いでくれたことは、見えざる天のエネルギーが導いたことでした。ニッキからの最初の手紙を読んだとき、私は「この話がくるのはわかっていた。それが運命なんだ」と思いました。まだ私が少年で、テレビが娯楽媒体として普及し始めて間もない頃から、私は自分がそうした運命にあると気づいていました。妻やエージェントにもよくそう話していたのです。

十九歳のときの「私は教師だ」という内なる宣言は、一つの学校で一つのクラスを受け持つ以上のことを意味していたのだと、今になってはっきりとわかりました。私には、自分にパワーを与えることを説き、精神の優位性を世間に伝える使命がありました。伝道者フルトン・シーン、レオ・ブスカーリア、ニッキ・ヴェッテル、リード・トレイシーも皆、私が初めてテレビを観たときから描いていたヴィジョンを実現させるために、天から遣わされた協力者でした。

私にはずっと心に抱いていたリストが二つあります。昔はそれほど自覚していなかったかもしれませんが、今ではそれらがより明確になりました。一つ目は、将来の夢を実現させるためなら喜んでしようと思うことを載せるリストです。二つ目は、いくら夢を実現させるためでもしたくないと思うことを載せるリストです――そして、その二つ目のリストはずっと空白でした。

最初の二つの特番の話を受けたとき、ニッキはカリフォルニア州フレスノまで来てくれるかと訊いてきました。フレスノまで行くには、片道三つのフライトを利用しなければならず、しかも初回収録のための交通費は基本的に自己負担でした。でも私には二つのリストがあったので、もちろんですと答えました。その最初の訪問を皮切りに、私はその後、二百回を超える放送局への訪問を繰り返し、自分の胸の内にあるメッセージをアメリカ中の家庭に届けました。

私たちには皆、運命、すなわち果たすべきダルマがあります。そして、それを果たすために、人生にわたって無数のチャンス、人々、状況が現れ、道を照らしてくれます。そうした出来事や人々は、「これは私へのサインだ……とても重要な道しるべだ。だから自分はここにいるのだ」と気づかせてくれる小さな明かりなのです。その明かりの数々は、「注意を払いなさい、意外なことが待っていますよ」とあなたに合図を送り、「この明かりは、あらゆる創造物を生み出した神聖な源が灯しているのです、そのことに気づきなさい」と教えてくれているのです。

自分を信頼しているときは、自分を創造したその叡智こそを信頼しているのだと思います。私はそう信じて、いつでも心を込めて人生にイエスと言ってきました。その内なる明かりは、私に語りかけている神なのです。それを無視することなどできません。それを感じ、それが心の中の何かを揺さぶるのなら、その揺さぶりはまさしく万物の本質である見えざる源によるものです——私はそう信じて疑いません。

その揺さぶりがきっかけとなり、私は公共放送の世界に入っていきました。その世界に足を踏み入れたのは、単なる幸運や説明のつかない偶然などではありません。それは自分の内面で燃えていた考えにイエスと言ったからであり、その考えが実現する前にその明かりを途絶えさせてしまうことを拒否したからなのです。

第四十九章
聖フランチェスコの癒し

二〇〇〇年十月、私は少人数のグループを連れてイタリアはアッシジを訪れることに同意しました。アッシジは聖フランチェスコの生まれ故郷です。その数年、聖フランチェスコは私の生きる力になっていました。その頃書いていた本は“There's a Spiritual Solution to Every Problem（あらゆる問題には、スピリチュアルな解決法がある）”（邦題『自分のまわりに「不思議な奇跡」がたくさん起こる！』〈三笠書房〉）というタイトルで、有名な「聖フランチェスコの祈り」を土台にしています。私がアッシジを再訪することにしたのは、その原稿の最後の仕上げをするためでした。

私がアッシジに引き寄せられ、そこで原稿を仕上げたいと思った理由は、自分の執筆の面だけではなく、人生のあらゆる方面で聖フランチェスコに導かれているように感じていたからです。この新作のためのアイデアや言葉はすぐに見つかり、これを本にしようと決めて以来、どこか神聖で計り知れぬほど平穏なエネルギーを感じていました。

およそ八〇〇年前にこの地で生活し、数多くの忘れがたい軌跡を残した聖人フランチェスコを身近に感じたい——私は自分と同じ思いでやってきていた旅行者たちから離れ、早朝に一人で田舎道の長い散歩に出ました。本名ジョバンニ・ディ・ピエトロ・ベルナルドーネとして生まれたその男性が起こした奇跡について、私は数々の文献に目を通してきました。その舞台となった場所で、私は自然に触れながら、この見事に保存された聖なる町のエネルギーに浸りたいと思ったのです。私が新作に取り組んでいた一年間、そのエネルギーは毎日そばにあったように思われましたが、この地でもそれを身近に感じました。

少人数のグループを連れてアッシジをガイドし、そこで講演も行うというこのツアーの提案を受けたとき、私はどうしようかと思案していました。結論が出たのは、妻にこう言っている自分の声を聞いたときでした。「アッシジを再訪して、六年前に訪ねたポルツィウンコラ・チャペルで瞑想しようか」。

マーセリンと私が三人の子どもを連れて初めてアッシジを訪れたのは、一九九四年のことでした。それ以来、私たちはまたアッシジを訪れて、あの小さな礼拝堂ポルツィウンコラで瞑想をしたいねとよく話していたのです。ポルツィウンコラは、心と体とスピリットの平穏を求めてやって来る人たちを歓迎してくれる神聖な場所でした。サンタ・マリア・デリ・アンジェリ教会内にある近代建築に囲まれた礼拝堂で、ドームも壁全面も美しいフレスコ画に覆われています。数多くの人々の人生に触れた、この小柄な聖人フランチェスコの驚くべき人生を記念しています。彼はまさしくこの礼拝堂で自らの使命をはっきりと理解し、天からのインスピレーションを得て、フランチェスコ修道会を設立しました。ここで彼は生活し、息を引き取ったのです。

我が家の子ども部屋に続く廊下には、聖フランチェスコの祈りが美しく縁取られた額に入れられて飾ってあります。それは講演に来てくれた参加者から頂戴したもので、彼女が自分でデザインして作ったそうです。彼女はそれを私に手渡しながら、この祈りのメッセージはあなたにとって非常に重要なものになるでしょうと言いました。この十年間、毎日一度はこの祈りを読んでいます。もう随分前に記憶に刻まれました。

主よ、私をあなたの平和の道具としてください
憎しみのある所に、愛を
分裂のある所に、赦しを
疑いのある所に、信仰を
絶望のある所に、希望を
闇のある所に、光を

第四十九章

聖フランチェスコの癒し

悲しみのある所に、喜びをもたらすことができますように
あぁ主よ、慰められるよりも慰める者にしてください
理解されるよりも理解する者にしてください
愛されるよりも愛する者にしてください
なぜなら人は、与えることで受け取り
赦すことによって赦され
死ぬことでとこしえの命を得るからです
アーメン

この祈りを唱えたり読んだりすると、いつも私は「これは祈りではなく、テクノロジーだ」と思います。憎しみを愛に、不信を信仰に、絶望を希望に、悲しみを喜びに変容させるための錬金術のことじゃないかと思うのです。つい最近もこの思いを強く実感しました。ちょうど最終の仕上げにかかっている次作の七つの章は、この祈りの最初の七行から取っているからです。私はまるで聖フランチェスコがそばにいるかのように感じていました。十二世紀から十三世紀にかけて彼が説いていたことを、現代語で書くよう励ましてくれているように感じたのです。

マーセリンと私はポルツィウンコラに入り、瞑想しながら手を握っていられる距離で、通路を隔

て向かい合って座りました。すると、何かとても不思議なことが起こっているのがわかりました。二人ともそれを感じています。ピリピリする雲に包まれ、息をするのが苦しく、圧倒されるような気分でした。エネルギーが体中を駆け抜けているような感覚があり、鳥肌が立ちました。私たちは言葉を発することすらできない状態で、お互いを見つめながら礼拝堂をあとにしました。二人とも、魂のレベルで心を打たれていました。

翌日、私たちは聖キアラの家を見学するためにサン・ダミアーノを訪れました。聖キアラが生活し、清貧と貞節の誓いを守りながら、フランチェスコ会の敬虔な修道士として説教をしていた場所です。らせん階段を登っていると、参加者の一人、ジョン・グレイベルという男性から声をかけられました。彼は筋ジストロフィーを患っていて、両脚に装具をつけているので階段を登っていけないということでした。階段が狭すぎて、上に登るために脚を左右どちらかに向けたくても幅が足りません。彼は登ることも降りることもできず困っていました。

「私の肩に腕を回しなさい」――私は彼を背負って登ろうと思い、そう言いました。うっかり忘れていたのですが、私は二十五年にわたって毎日ジョギングとテニスをしていたため、膝の手術が必要になるかもしれないと医師から言われていました。それなのに、私は自分の膝のことも関節のことも考えず、膝を支える小型装具をつけ忘れていたことも頭にありませんでした。

ジョンを背負って三、四段登ると、急に膝の力が抜けていくのを感じました。ジョンと装具の重みで今にも崩れ落ちそうです。私はパニックを起こしました。後ろには長蛇の列が続いているのです。ジョンを背負ったまま後ろに倒れそうになったその瞬間、フランチェスコの姿が現れました。彼はまっすぐ私を見つめながら黙っていました。そして両手を差し伸べ、上方を指して、私に立ち上がるよう身ぶりで示しました。私はしゃんと立ち上がり、ふいにエネルギーが炸裂するのを感じました。ジョンを背負ったまま階段を登りはじめ、やがて曲がりくねった石段をひょいひょい上がっていました。エネルギーは衰えず、いつの間にか駆け上がっていましたが、こんなに膝が頑丈に感じたのは初めてでした！

　最上階に着くと、妻とほかの参加者たちが、聖キアラの再現された小さな寝室を見学するために私たちを待っていました。妻が仰天した表情で「一体どういうこと？」と訊いてきました。私は、まぎれもない奇跡をちょうど体験したところだと答えました。聖フランチェスコが現れて、私に階段を登るよう指し示したのだ、と。

　妻は言いました。「でも、みんな息が切れているのよ。それなのに、ジョンを背負って駆け上がってくるなんて……おまけに今朝、膝の装具をつけ忘れたでしょう？」。私は、何がどうなっているのやら説明できないよと答えました。エネルギーが湧き出てきて、膝も治ったような気がするのです。私は、ちょっと失礼しますと皆に言って時間をもらいました。

　この古い建物の最上階にあるバルコニーの端に行き、両手を合わせて、もう一度聖フランチェスコの姿を見ることができるだろうかと外をじっと眺めてみました。ほんの数週間前、右の膝が悲鳴を上げて、私はテニスコートから運び出されたのです。そのときに膝の手術が必要になるかもしれないと言われました。その膝が、かつてないほど頑丈に感じられるのです！　私が静かに感謝の祈りを捧げていると、パトリシア・イーガンという女性がバルコニーに寄りかかって祈りを唱えている私の写真を撮りました。私は妻の手を取り、聖キアラの質素な部屋の中で祈りを捧げてから、らせん階段を苦もなく降りていきました。それから田舎道を長い散歩に出ましたが、長年抱えていた膝の痛みを感じることなく歩いていました。

私は祝福に圧倒され、アッシジを再訪できたことに頭を垂れる思いでした。聖フランチェスコの祈りを読み、熟考しはじめておよそ十年が経ちます。とうとう彼が私の人生に現れ、ほんの数秒ではあっても、その姿を見せてくれたのでした。

その日、ホテルに帰ってから、私は『自分のまわりに「不思議な奇跡」がたくさん起こる！』の仕上げに取りかかりました。およそ八〇〇年前にイタリアのこの美しい村で生活していたアッシジの聖人、フランチェスコのスピリットが、言葉では説明のつかないやり方で私の人生を導いているのがわかりました。私は深い愛を感じ、この奇跡的な体験を分かち合えたことを天の恵みだと思っていました。

今だからわかること

教えの焦点をスピリチュアリティや高次意識にシフトして以来、聖フランチェスコとして知られるジョバンニ・ディ・ピエトロ・ディ・ベルナルドーネが私の人生の大きなフォースになっていました。この聖人は、しばらく前から私の心の特別な場所にいました。彼に特別な思いを抱くようになったのは、講演の参加者から贈られた美しい額入りの聖フランチェスコの祈りを我が家の壁にかけてからだと思います。それから随分月日が過ぎましたが、私はその祈りをもう何千回となく唱えてきました。一九八〇年代初めにその額入りの祈りが私の手元にやってきたのには、聖フランチェスコが何らかの神聖な役割を果たしていたのだと信じています。

私は聖フランチェスコに関する映画を一つ残らず鑑賞し、彼について書かれた文献も、小さな図書館ができるほど集めました。数年前に過去生退行したときは、自分が聖フランチェスコとして生活している姿（あるいは聖フランチェスコと共に生活している姿でしょうか）を見ました。私は当時、重大な局面を迎えていたのですが、その催眠状態から覚めると、問題に対するヴィジョンがはっきりと見え、覚醒してから数分もしないうちにその問題は解決しました。

聖フランチェスコが私の人生に大きな影響力を持っているのを考えてみると、とても不思議な気がします。私はカトリック教徒として育ったわけではないのに、どういうわけか彼の人生の物語に強く心惹かれ、彼が自らの信条に深く身を捧げたこと、晩年に聖痕が現れるほどイエスとスピリチュアルな結びつきがあったことにも心を動かされました。何者かが、私にアッシジを訪れて彼の人生を身近に感じてみるよう強く迫っていました。聖フランチェスコと彼の物語が、どこか神秘的な形で私の人生と結びついているという内なる確信がありました。

聖フランチェスコは動物たちと心温まる語り合いをしていたとされ、特に小鳥たちは大胆にも彼の周りに集まってきたそうです。私は常々、動物たちと愛あふれる交流ができる彼の感性に感動していました。彼は誰に対しても思いやり深く、内心恐れていたハンセン病患者にも慈愛を示し、親しく接していたと伝えられています。私はその心根を慕わしく思っていました。聖フランチェスコは、彼の生まれる千年以上前にパタンジャリがヨガスートラで書いたことを実践して生きていたのです。パタンジャリはこのように書きました。「確固たる信念をもって、他者への害ある思考を何があろうと慎んでいると、生きとし生けるものすべてが、あなたを前にして敵意を抱くのをやめるでしょう」。フランチェスコはあまりにも純粋で、野生動物でさえ彼の落ち着いた物腰に心を許しました。彼は純粋なキリスト意識そのものでした。彼に関する文献を読めば読むほど、私はできるかぎりの方法で彼のようになりたいと思うようになりました。

サンダミアーノで膝が治った瞬間のことをふり返ってみると、それがどのようにして、またなぜ起こったのか、以前よりもはっきりと理解できるようになりました。私のエゴは、私がフランチェスコを愛する有名なスピリチュアルな師だから膝の癒しが起こったのだ、その癒しは私への贈りものだとうそぶいていました。長い間、私はエゴがそう言うままにしていましたが、その言い分が真実ではないことを今ではわかっています。

アセンデットマスターたちが私たちにガイダンスや助けを与えてくれるのは、彼らの介入を祈ったからでもなければ、自分が有名だからでもありません。彼らが来てくれるのは、私たちの中に彼ら自身を見出したときなのです。

私がエゴを脇において、助けを必要としている男性に手を貸そうと申し出たとき、そうすることで自分の膝に支障が出るかもしれないという考えはありませんでした。そのとき私は、聖フランチェスコのようなアセンデットマスターが取るであろう行動を起こしていたのです。その瞬間、フランチェスコは私の中に無条件の愛という彼自身を見出し、その姿を現しました。彼のプレゼンスの中で、私の膝の損傷は赦されました。彼の祈りにあるように、まさしく「分裂（損傷）のある所に、赦しを」起こしたのです。

私はあの日、大きなレッスンを学びました——神のように考え、行動するときに、奇跡が起こるのだと知ったのです。神のような生き方とは、エゴの欲求を無視して、ためらったり見返りを求めたりせずに仕えることなのだと、今になってはっきりと理解しました。

翌年、新作『自分のまわりに「不思議な奇跡」がたくさん起こる！』が出版されました。あの奇跡の瞬間にパトリシア・イーガンが撮影した写真が表紙になっています。同書で述べた、スピリチュアルに目覚めた人生を送るための英知すべてに涙が出そうなほどの感謝を抱きながら、私は仕上がった本を手にしました。本の一部はアッシジで書きました。その地で育ち、一二二六年に亡くなる前から生きる聖人となった男性の啓発的な教えを元にして書いた本です。

私は聖フランチェスコの教えを広め、この混乱した世界の意識を向上させる一助になればと思い、大規模な新作宣伝を行うことに決めました。九月から予定している八週間にわたる全国ツアーを始めるために、まずサンディエゴに飛びました。マサチューセッツ州コンコードで収録した、聖フランチェスコの祈りの教えに基づくPBS放送局の番組が、全国ツアーと同時に放送されることになっていました。

サンディエゴの各放送局で予定されていたインタビューをすべてこなした翌日、私は娘のトレイシーからの電話で起こされました。「テレビをつけてみて」――我が国が攻撃を受け、ニューヨークの世界貿易センターが炎に包まれて、今にも崩壊しそうでした。

午前六時十五分。二〇〇一年九月十一日付の新聞〈USAトゥデイ〉がホテルの部屋のカーペットに置かれていました。テレビで混乱が映し出される中、新聞を開くと、私の新作の広告が紙面の八割を占めるほどのサイズで載っていました。太字で「あらゆる問題には、スピリチュアルな解決法がある」と書かれています。あらゆる人々――我が国だけではなくこの地球全体の人々に影響を及ぼす、途方もなく大きな問題に私たちが直面しているちょうどその日に、ほぼ一面を占める広告が全国紙に掲載されたことを私は皮肉に感じました。

今ではわかっています。あの日、あらゆる問題にはスピリチュアルな解決法があると断言している広告が掲載されたことは、偶然ではないということを。この世にたまたま起こることなどありません――あのような邪悪で心ない行動を起こす「憎しみ」に対して、私たちは協力してスピリチュアルな解決法を考える必要があります。人間の人間に対する非人道的な行為は、聖フランチェスコの生き方と教えを学んで初めて解決されるでしょう。私が体験した、この聖人との説明のつかない

第四十九章

聖フランチェスコの癒し

結びつきの感覚は、現代の世に知ってもらう方法を探している神聖な源の表現なのだと思います。

ヨガをしたり、海で泳いだり、長い散歩に出かけたりするときに、私は治った膝に対する感謝の気持ちを毎日のように呼吸しています。心の中のスクリーンに聖フランチェスコの姿が浮かぶと、私は微笑んで、彼がこちらに腕を差し伸べて立ち上がるよう促しているところを想像します。私が個人的に体験したことは、私を通して世界に贈られたものだと、今になってはっきりとわかりました。

第五十章 別離の悲しみから教わったこと

二〇〇三年の春。私は六十二歳にして初めて、長期にわたって悲しみのどん底にいました。長時間眠り、どんなことにもやる気が起きず、体重も十一キロ落ちていました。食欲もなく、外に出て毎日の習慣となっているジョギングをするのも一苦労といった有様です。身近な人たちに、言いたくないような病気でも患っているのかとよく訊かれました。うつ状態にあるのは自分でもわかっていました。

二年前、軽い心臓発作が起こりました。血管造影図によると、心臓につながる動脈の一つが99%閉塞していて、生まれつきのものかもしれないとのことです。私の心臓は強く、損傷は最小限のものでした。閉塞している動脈にステントが挿入され、私はすぐに普通の生活に戻

第五十章

別離の悲しみから教わったこと

り、いつもの運動や仕事をこなせるようになりました。

すべての健康診断でもう心臓に問題はないという結果が出ていましたが、実際のところ私のハートは壊れていました。およそ二年前、私は妻と別れていたのです。彼女は今、愛する男性と関係を築いていました。私はと言うと、心の底からショックを受けていました。

六十二歳にもなって、別離からくる心の苦しみを味わうことになろうとは思ってもいませんでした。それまでにも人との別れに苦しんだことはありますが、人生も後半になった今、もうそういった苦しみとは無縁だと思っていたのです。マーセリンと私の間には七人のかわいい子どもたちがいて、私たちは心から彼らを愛していました。どちらが悪いという話ではありません。この結婚の破綻において自分が負うべき責任はすべて引き受けました。ただどうしても、この落ち込みから抜け出すことができませんでした。医師の友人たちからは抗うつ剤を勧められました。ホームドクターが抗うつ剤の処方箋を書いてくれましたが、私はそうした薬物療法による副作用の可能性について読み、処方箋を破り捨てました。

子どもたちの何人かが、私の健康状態を心配して相談にのろうとしてくれました。しばしば、心配そうにこう提案してくれることもありました。「落ち込んでいるように見えるんだけど……また何か書いてみたら落ち着くんじゃない？」。私は彼らの心遣いをとてもありがたく思いましたが、マーセリンも私も、自分たちが感じている別離による苦しみに子どもたちを巻き込むまいとあらゆる努力をしていました。

およそ一年前、カルロス・カスタネダの『沈黙の力』（二見書房）を読んでいると、心を強く揺さぶられる言葉に出会いました。私はその言葉をカードに書き写してラミネートし、肌身離さず持ち歩くことにしました。その言葉を読んだ瞬間、次作の方向性が決まりましたが、私はまだ妻との別れと家族が離れ離れになったことから立ち直っていなかったので、新たに一冊の本を企画して書くという大きなプロジェクトに取りかかることを躊躇していたのです。

その言葉に出会ってから一年経ち、私はカードをシャツのポケットから取り出して静かに読んでみました。「この宇宙には測ることも言葉で表現することもできないフォースが存在し、魔術師たち〈源と共にある者〉はそれを〈意志の力〉と呼んでいる。この世に存在するものはすべて、この意志の力に、絆によって結ばれている」。意志の力とは私たちが何かをする力を指すのではなく、私たちが結ばれているエネルギーを指すのだというその考えに、私はすっかり夢中になりました。

私はカードを胸ポケットに戻し、その言葉の力をひしひしと感じていました。私たちは皆、「意志の力」というフィールド、言葉では説明できない見えざるフィールドにつながっているのだ――自分を癒すためにすべきことはただ一つ、無力感で覆われた自分を浄化することでした。そうすれば、この意志の力と呼ばれる偉大な源とのつながりをもう一度取り戻せるでしょう。

自分がどっぷりエゴに浸っていたことが見えてきました。私が深い悲しみに包まれていたのは、通常の意識レベルまで退いていたからです。しばらくの間、神とのつながり――カスタネダの言う意志の力との結びつきを見失っていたのです。私はその場で啓示を得ました。子どもたちのアドバイスに従って自分の一番好きなことをしよう。私は書くことが好きなのだと思いを新たにしました。そして意志の力との結びつきを浄化して、大勢の人たちが、同じように意志の力との絆を取り戻す一助となるような本を書こうと思いました。

私はそれまで、意志の力とは「自分が何かをする力」のことだと思っていました。決意の姿勢、断固たる意志のことだと思っていたのです。しかし私は突然、それはエゴによる定義だと気づきました。「人生で大きな変化を起こせたのは自分のおかげだ」と考えたがっているエゴが定義したものだったのです。そのことに気づいた私は、意志の力とはフィールドだと考えるようになりました。そのフィールドとはすっかり錆びついた絆でかろうじてつながっている状態でしたが、とにかく私はいつもそのフィールドと結びついていたのです。私はヘイハウスのリード・トレイシーに電話して、意志の力について本を書くつもりだと伝えました。ずっと持ち歩いていたカードの言葉を土台にして、新しい本を書こうと思いました。

その翌年はほとんど毎日執筆していました。書いているうちに、その二年間私を包み込んでいた悲しみから抜け出しました。私にはまだ慣れない「離別」という婚姻関係からくる落ち込みが、自分の文章の持ち味を変えつつあることに気づきました。私に目的意識を感じさせてくれる活動、すなわち執筆作業に意欲的に取り組んでいるうちに、自分に対してもっと優しくできるようになりました。この自分への思いやりが自分の書くものにも反映され、それまでとは異なる流れ方で執筆が進んでいきました。

私は机に小さな額を置いて、毎日執筆を始める前に見るようにしていました。それには、こう書いてあります。

おはよう
私は神です
今日、あなたに生じる問題は
すべて私が対処します
あなたには何もしてもらわなくて結構です
どうぞ楽しい一日を

私は神のプレゼンス、言うなれば「意志の力というフィールド」が書き進めてくれているのだと感じました。妻との別れからくる苦しみが、かえって私を優しく同情心あふれる書き手にしていました。講演でも、それまではウィットに富み、少しばかり冷たい話し方をしていましたが、今ではもっと親切心や愛の加わった優しい話し方になっていることに気づきました。傷ついた心が癒されつつあったのです。私とマーセリンや彼女の新しい恋人との関係性は大きく改善されました。

時は進んで翌年の春。妻との別れによるショックから三年が経ち、新作の"The Power of Intention（意志の力）"（邦題『思い通りに生きる人の引き寄せの法則』〔ダイヤモンド社〕）が発行されることになりました。ニッキ・ヴェッテルに連絡を取ると、彼女が私の次のＰＢＳ特番をプロデュースすることが決まりました。収録場所はボストンのエマーソン大学です。

完成した新作を手にした私は、複雑な心境でした。この作品を思いやりと同情心という新境地で書けたのは、そこに自分自身の深い悲しみがあったからなのです。私の聖なる使命の次なる段階に進むためには、いったんどん底まで落ちる必要があったのだと思います。ここでも偶然は起こっていないのだと気づきました。今回のように、人生を共創する方法を学ぶためのスピリチュアル性の高い作品を理解して書くためには、精神的なショックが必要だったのでしょう。

意志の力は、〝私〟が起こしたものではありませんでした。この本でさえも、私が意志の力を起こして書いたのではありません。源と共にある者が〈意志の力〉と呼ぶ、万物の創造の源が共同して書き上げたものでした。意志の力は、目的を叶えようという固い決意によって起こす行動を指すのではなく、そのフィールドとつながっている絆から錆を取り払ったときに生じるものなのです。そのとき初めて意志の力が動き出します。新作を手にしながら、私は神がすべての本を書き、あらゆる準備を整え、すべての講演を行っているのだと知りました。私は万物の源とつながる不浄なき絆になれる――あらゆるものを意図するフィールドと、清らかな絆で結びつくことができるのだと思いました。

今だからわかること

二十年以上連れ添い、一緒に七人の子どもを育てた妻と別れたとき、私の人生は終わったと思いました。精神力を鍛え、人生経験を積み、自分にパワーを与えることをテーマにした本を数多く書いてきたにもかかわらず、別れによる精神的ショックはまったくの無力感しか私に残しませんでした。しかし、時間が経った今の視点であの別れの重要性を考えてみると、そのトラウマ的な出来事が私をより思いやり深く、スピリチュアルに目覚めた人間へと成長させてくれたのだとはっきり理解できました。人生における精神的進化のほぼすべては、何らかの失敗やつまずきの後に起こります。悲しみに包まれて生きるというつまずきに背中を押されて、私はそこから這い上がって高みに昇る方法を見つけることができました。

夫婦の別れ（私たちは離婚届を出していませんが、まだ離別状態にあります）は贈りものでした。そして私は、毎日この贈りものに感謝をしています。マーセリンと私はそれまで以上に親密になりました。子どもたちも皆、私たちが彼ら一人ひとりに寄せている愛情を感じています。家族としては頻繁に集まっていますし、そこにあるのは互いへの尊重の思いと愛情だけです。

妻との別れに気落ちしながら書いた本は、二十八年前『自分のための人生』（三笠書房）が出版されて以来、群を抜いて高い評価を得ました。一九七一年から今までに四十一冊の本を書きましたが、今回はどの作品よりも多くの手紙を頂き、いかに『思い通りに生きる人の引き寄せの法則』が

第五十章

別離の悲しみから教わったこと

人生に影響を与え、人生を好転させたかという感想をたくさんもらいました。「あなたが〈意志の力〉について語っているとき、どこか心を揺さぶられるものがあります。この本は本当に私の人生を変えてくれました」とよく言われました。

今回の作品は控えめすぎるくらいの謙虚な姿勢で書き、全ページに思いやりがあふれています。自分自身のつまずきに背中を押されて、私は高みに昇るよう促され、神により近づいた視点で書くことができました。その視点で見てみると、万物の源との絆から錆を取り払いたいと願う読者たちへの純粋な共感が生まれます。錆びついた絆は、人を通常の意識レベルに押しとどめるのです。『思い通りに生きる人の引き寄せの法則』をテーマにして録った今回の特番は、私のＰＢＳ特番の中でももっとも多くの寄付金を集めました。この番組で行った講演のテーマは、全国の視聴者の共感を呼んだようです。番組は何千回と再放送され、ゴールデンタイムでもよく流れました。本を書きながら私が感じていた惨めで憂鬱な思いが、ポジティブな方向で大勢の人々に届いたことは明らかです。憂鬱な気分を経験して、その経験を元に書くという機会がなければ、この本は誕生しなかったでしょう。

私は、いつも感謝を忘れないよう心がけることが大切なのだと理解するようになりました。いいことだけに感謝するのではなく、最悪に思えるようなことにも感謝することが大切なのです。当時は幸福の終わりに思えた妻との別れから立ち直り、スピリチュアルな面で大きく前進して以来、私は常に感謝を忘れないことを教訓にしています。

カルロス・カスタネダの教えを抜粋した引用句を元にして本を書こうと決意した日、私のスピリチュアルな師、グルジから手紙が届きました。その十年前、私にジャパ瞑想を伝授してくれた人です。彼は私が妻と別れて気落ちしていることを聞き、一文だけの手紙をくれました。今もその手紙は私の執筆スペースに大切に貼ってあります。手紙には、こうありました。「親愛なるウエイン、太陽は雲の向こう側でも輝いている」。

この手紙が光となり、私は「つらい、苦しい」と嘆き悲しむことに終止符を打ち、自分のダルマを進めていく気になりました。「雲」は、生きていれば誰にでも起こる、いわゆる「問題」を表しています。そして「雲の向こう側の太陽」は「神（意志の力）」を表していることは、そうした雲を吹き飛ばすことだけでした。するとそこに光り輝く存在の源がはっきりと見えました。友人の故エリザベス・キューブラー・ロスの言葉が、今これを書いている私の胸に真実として響いています。「嵐から守ろうとして峡谷を覆えば、その美しい断層を見ることができない」。

人生でひときわ悲しくつらかったときが、結果として力強いメッセージを持つ本を書かせてくれ、大きな影響力をもつPBS特番を制作させてくれました。本も番組も、大勢の人々の人生を動かしました。私の人生に訪れた嵐は精神面で何段階も成長させてくれ、人生の多くの方面で新たな方向に向かわせてくれたのです。

過去を振り返ると、人生に訪れた嵐のすべてに深い感謝の思いがあふれてきます。特にあの大型ハリケーン級の嵐は、神の愛と高次意識を教え実践する道に私を留まらせてくれました。

第五十一章
イマキュレーからのメッセージ

二〇〇五年四月三日、私はニューヨーク市のオメガ・インスティチュートで行われたセミナーで、数千人の聴衆を前にして講演を終えたところでした。サインや写真を求める人たちに囲まれて、ホテルのホールに立っていたときのことです。ふと視線を上げると、人だかりの向こう側にいる、どこか強烈な印象を与えるアフリカ人女性に目が留まりました。彼女の放つエネルギーはとてもスピリチュアルで、まるで天使のようなオーラがあることに私はすぐ気づきました。

人だかりがまばらになり始めたので、私はその女性に近づいて、「どちらからおいでですか?」と声をかけました。すると彼女はつたない英語で答えてくれました。「ルワンダです」。

その前の日の晩、私はホテルの部屋で映画『ホテル・ルワンダ』を観たところでした。私は彼女に、一九九四年にルワンダで起きたことに詳しいですかと尋ねました。すると、英語でのやり取りを助けてくれていた彼女の友人がこう答えました。「ええ、彼女はあの場にいたんですよ、ダイアー博士。七人の女性たちと一つの浴室に九十日間も閉じ込められて……。あの残酷な状況を生き延びた彼女の経験は、聞いたこともないくらいの勇気と信仰心にあふれた涙ぐましい話なのです」。

私はそのルワンダの女性に名前を書いてもらい、横にいた娘のスカイとメールアドレスを交換してもらいました。ひと目見た瞬間から、私はその輝かしく神聖ですらあるエネルギーに捕らえられ、この不思議な女性について詳しく知りたいと思いました。一週間後、私は「マウイ島にいるので電話をください」と書いたメールをスカイに頼んで彼女に送ってもらいました。ちょうど新作『インスピレーションに満たされる365の方法』（ダイヤモンド社）の最後の仕上げに取りかかっていた頃です。

私はまだ、その印象的な女性の名前すら知りませんでした。しかし、私の中の何かがあらゆる理屈を押しのけていました。私たちが同じ使命をもって一緒に働くことになると直感が告げていたのです。私は駆り立てられるようにリード・トレイシーに電話をして、こう言いました。「すごい女性と出会ったんだ、彼女の驚異的な話を世に伝えなければいけない。彼女の本を出版してくれないかな、まだ書いてもらっていないけど。私の次のPBS特番に出演してもらって彼女を世間に紹介したいと思う」。リードはその本を喜んで出版したい、英語で書くのが難しいのなら手助けできる

第五十一章

イマキュレーからのメッセージ

人を探そうと言ってくれました。

そのうちにスカイからメールがあり、ルワンダの女性と連絡が取れたとのことでした。私は電話を手に取り、イマキュレー・イリバギザ（それが彼女の名前でした）と数時間、話しこみました。彼女の話は、私がそれまでに聞いたこともないほど驚くべき命をかけた物語でした。

メリーランド州とほぼ同じ広さの小国、ルワンダで、百万人以上の老若男女が鉈で殴り殺されたと言われています。フツ族とツチ族はかつては平和だったその国で共存していましたが、ルワンダ大統領が暗殺され、フツ族がツチ族に対して「最終的解決」を宣誓したことをきっかけに紛争が勃発しました。

イマキュレーと七人の女性たちは、ぎゅうぎゅう詰めの浴室に隠れて九十日間過ごしました。終わらぬ殺戮という悪夢のさなかで、イマキュレーの体重はおよそ三十キロまで落ち、彼女の両親と兄弟二人が無情にも虐殺されました。それでも彼女は必死の思いで生き延びたのです。

初めて彼女と出会ったとき、自分の眼の前にいるのは類まれなる清らかな女性だと直感のひらめきが告げていました。長い時間をかけて彼女と語り合い、私は信仰のパワーについて新見解を得、彼女には人類すべてに伝えるべきメッセージがあると確信しました。彼女の物語を世に知らせなければいけません。私の深奥にある何かが、それを実現させるよう促していました。私は、彼女の本のタイトルを〝Left to Tell（伝えるために生き残った）〟（未邦訳）にしてほしいと頼み、その本が完成したらまえがきを書かせてもらえると光栄だと伝えました。

彼女の勇敢な物語を広めるために自分にできることは何でもしようと誓いました。ニッキ・ヴェッテルにも連絡を取り、十一月にサンフランシスコで収録予定のPBS特番「インスピレーション」で、イマキュレーをアメリカ国民に紹介したいと伝えました。イマキュレーにも連絡し、各地で行う講演で話をしてもらいたいから二、三年スケジュールを空けておいてほしいと頼みました。

一九九四年のルワンダ虐殺で彼女が体験した苦難を聞けば聞くほど、自分が話している相手は覚醒した高次意識に並外れたレベルで到達した人だという確信が深まりました。たとえば夕食の席で彼女と話していると、そこにいる誰もがまるで磁石のように彼女に惹かれました。そこにはカリスマ性という言葉では片付けられないほどの何かがあったのです。イマキュレーは無償の愛について語るだけではなく、それをすべての人に放ち、彼女の家族を非情にも殺害したフツ族にまで向けていました。彼女は高みに昇ったスピリチュアル意識で生きています。この類まれなる女性とその物語を世に伝えるために、自分ができるだけ手を貸せることに祝福を感じました。

十月一日になり、新しいPBS特番の収録を四十日後に控えていました。イマキュレーは毎日執筆に取り組んでいました。初めてテレビで話すことを考えると、英語があまり流暢でないこともあり、とても緊張していました。

私は、彼女が絶対に生き残ろうと決意してくぐり抜けた数々の信じがたい試練にすっかり心を奪われていました。百日にわたる大量殺戮を生き延びたのは、ほんの一握りの人たちでした。かつて

第五十一章

イマキュレーからのメッセージ

は牧歌的な国だったその土地で、無数の遺体が転がる中、彼女はあらゆる試練を乗り越えたのです。イマキュレーは敬虔なカトリック教徒です。一つ間違えれば殴り殺されるという状況で、彼女はイエスへの信仰を胸に抱きながら生き続けました。しかも彼女は、同じ人間に対する人間の忌むべき残虐な行為を目にしながら、そのさなかに神を発見したのだと言いました。

その話を聞いた私は、イマキュレーの体験した苦難を少しだけでも理解できればと思い、自分もささやかな挑戦をしてみようと思いました。イマキュレーと私が心から愛するイエスは、伝道の旅に出る前に、砂漠で四十日間過ごしました。自分を試し、準備を整えるためです。そこで私は、初めてビクラムヨガのクラスを受講することにしました――九十分にわたって温度約四十三度の室内環境で行うヨガです。イエスやイマキュレーが体験したことに比べれば大したことない挑戦ですが、私は六十五歳という年齢で、自分を試して準備を整えようと思ったのです。私は、このビクラムヨガを四十日間続けることを決意しました。

ヨガという言葉は「統合」を意味します。すなわち、神（存在の創造的源）との統合を意味しています。そしてインスピレーションという言葉は、「スピリットの内にある」という意味です。スピリチュアルな源と統合する手段としてヨガを行い、スピリットの内に留まる――それは私にとって完璧な挑戦に思えました。

イマキュレーをビクラムヨガの教室に連れて行くと、「七人の女性と小さな浴室で暮らすよりキツイわ」と冗談を言っていました。そうこうしながら十一月十日になり、私は四十日間連続でホットヨガを受講するという挑戦を無事やり遂げました——もう立派なヨガ行者です。この古代から実践されているスピリチュアルな修行をこれからもずっと続けようと決めました。四十日間連続でヨガに挑戦したことは、私に「何でもできる」という達成感を与えてくれました。

PBSの三時間特番を収録する日になり、私はイマキュレーを舞台上に呼びました。言葉が少しばかりつたなくても、彼女は聴衆を魅了してスタンディングオベーションを受けました。彼女を見た誰もが、ほんの七か月前に私が初めて彼女に目を留めたときと同じ反応をしました。彼女が私と一緒に舞台に上がり、スポットライトを浴びているのが誇らしくてたまりませんでした。私は、イ、ン、ス、ピ、レ、ー、ションについて一日中でも書くことはできますが、この無条件に優しく、慈愛に満ちた女性はスピリットの内に生きることを体現し、それを呼吸するかのように実践していたのです。

時は進んで二〇〇六年三月六日の月曜日。収録したPBS特番「インスピレーション：あなたの究極の使命」が、アメリカ国内の公共放送局があるほぼすべての都市で、ゴールデンタイムに放送されました。三月だけでも数千回は放送される予定でした。イマキュレーは国中にセンセーションを起こしました——彼女の信仰と生存の物語を聴いて感動しない人など一人もいませんでした。

後日、イマキュレーと電話で話したとき、彼女は国内ベストセラー本の第一位と第二位に“Inspiration”と“Left to Tell”が並んでいるパソコン画面を見つめていました。翌週、イマキュレー・イリバギザはニューヨーク・タイムズ紙のベストセラー作家になっていました。私は天にも昇る心地でした。この天使のような女性が自分の人生に現れ、計り知れないほどの信仰のパワーと神の愛を教えてくれたことを名誉に思いました。

今だからわかること

イマキュレーは二年半以上、私のすべての講演について来てくれました。どこへ行っても、聴衆は彼女に魅了されていました。彼女が私に与えた衝撃を考えると、すぐにマザーテレサとヴィクトール・フランクルの姿が目に浮かびます。イマキュレーはマザーテレサが周囲に与えたのと同じ影響力を持っていました。イマキュレーが口を開くと、どういうわけかその場の空気が和らぐのです。マザーテレサと同じように、イマキュレーには人々の心を落ち着かせる資質があり、それはまるで自身から天使のミストを放って、自分と接する人々全員を包み込んでいるかのようでした。

ヴィクトール・フランクルもまた、ホロコーストの生存者でした。彼がナチスの収容所から生きて出てみせると固く決意したのは、「この話を世に伝えたい」という執念のような願望があったからです。私がイマキュレーの本のタイトルを"Left to Tell"にしてほしいと頼んだのは、フランクル博士に敬意を表すためでした。百日間にわたって同胞のツチ族が一人残らず殺されていく中、同じツチ族である女性が生き残ったという事実は、それだけで奇跡といえるものでした。イマキュレーは、その悲惨な試練を詳しく伝えることが自分の義務だと心から思っていました。

あの日あの場所でイマキュレーが私の前に現れたこともまた、神のパワーが取り計らった出来事の一つでした。初めて目が会ったその瞬間から、私たちの間にはスピリチュアルなつながりがありました。彼女が〝たまたま〟あの日あのホテルにいて、聞いたこともない作家がサインを求められているのを見かけ、なにごとかしらと立ち止まったのは、天が介入したからです。私があのように内なる感覚に従って動いたのは初めてでした。どうしても彼女とまた連絡を取りたい。どうしても彼女の本を出版する手助けがしたい。どうしても彼女を自分の番組に出演させ、世界中に真の奇跡を知らせてあげたい――私の目には聖人に映る彼女を、どうしても世間に紹介したいと思ったのです。

イマキュレーが私の人生に導かれたのは、私がこの目で彼女を見て、実際にその人となりに触れるためだったということが今になってはっきりとわかります。人が自分の内面に入って、神聖な源にゆだねるときに何が可能になるのかを生き証人として教えるために、彼女は現れたのでした。

イマキュレーは、浴室に閉じ込められているときに神と一つになりました。彼女は神が共にいることを知っていました。実際に、光の十字架が彼女とその仲間を死から遠ざけるのを目撃したそうです。そして彼女が神との交わりを深めると、愛と同情の天使たちがどこからともなく現れるように思われました。浴室の窓の外からラジオのニュースが聞こえてきたので、イマキュレーは仲間のツチ族たちが国中で虐殺されていることに気づいていました。それでも、そのように残虐な暴力がふるわれるさなかで、彼女は虐殺者たちを赦し、彼らに愛を送ることさえできたのです。

イマキュレーは、存在の源と共に在るときに奇跡が起こりうるというまったく新しい可能性を感じさせてくれました。私が強迫的なほどの強い思いで、彼女と連絡を取りたい、彼女の本を出版す

第五十一章

イマキュレーからのメッセージ

る手伝いがしたいと願ったこと、彼女にPBS特番に出演してもらい、一緒に講演に回ってほしいと願ったことは、神聖なる源から起こったものにちがいありません。私がヨガをしてみようと思ったのも彼女のおかげです。当時の私にはどうしてもヨガが必要でした。現在でも、ヨガは私のスピリチュアルな修養の一環になっています。

"Left to Tell"はヘイハウスから出版された中で、もっとも売れた本の一冊になりました。希望、無条件の愛、赦し、純粋な信仰というイマキュレーのメッセージは、今でも世界中の何百万もの人々に影響を与え続けています。私の部屋の壁には、彼女からの短い手紙が貼られています。

親愛なるウエイン

あなたは世界中でもっとも美しい人です！　あなたを心から愛しています。あなたが与えてくれた恵みと喜びを、神が千倍にして送り返してくださるよう、祈ることしかできません。あなたと出会えたことに私がどれだけ祝福を感じているのか、知っていただけないのが残念です（この感謝の気持ちを面と向かって真剣に伝えることができないので、手紙を書きました）。

私はこの手紙を宝物のように大切にしています。私こそ、この「伝えるために生き残った」美しい人に感謝の手紙を送るべきでした――そっくりそのままあなたに宛てて。親愛なるイマキュレー。

第五十二章
『老子道徳経』の教え

二〇〇五年五月十一日。その前日、私は六十五回目の誕生日を迎えました。ふつうなら退職して、小鳥たちのさえずりを聞いたり瞑想したりしながら残された日々をのどかに過ごすのでしょう。私の仕事も本当なら完了しているはずです。ところが私は引退のイの字も頭にありませんでした！　引退してどこに行けというのだ？　そもそも引退って、何から引退するのだ？……そう思っていました。

私は人生に大きな変化を起こさねばならないと、かつてないほど強い衝動にかられていました。それまでに溜め込んできた所有物の山を見まわしてみると、なんだかモノに所有されているような奇妙な感じがしました。それは虚しい感覚で、モノに捕らえられている気がしま

第五十二章

『老子道徳経』の教え

した。もし引っ越そうと思っても、これだけの所有物をここから引っ越し先に運ぶなんて大変じゃないか？　私はここ数年、何度となく瞑想しながら腰かけていた青い革張りの椅子に座って、ガイダンスを求めました。

何か大きな変化を起こしなさいという呼びかけがありました――それまでにも数々のことに挑戦してきましたが、それらを超える挑戦をすべきだという呼びかけです。私はずっとイマキュレーのことを思い浮かべていました。意識的に神と共に在ったその信仰ゆえに生き延びたイマキュレー。人の想像が及ばぬほどの肉体的苦しみと精神的苦悩を彼女がいかにして耐えたのか、私はずっと考えていました。自分がイマキュレーのように苦しむよう招かれているわけではないと知っていましたが、何か大きな変化を人生に起こすべきときだという抵抗しがたい感覚がありました。

その四年間、私はフロリダを拠点に行ったり来たりし、妻とはまだ別居していました。それほど距離を縮める気にはなれず、また、そうしない方が健全な関係でいられるからです。そろそろ何か新しい作品を書くときが来ていました。青い椅子に座って瞑想していると、私は見覚えのある人物が心のスクリーンに何度も現れることに気づきました。その姿を見て、ちょうど『老子道徳経』（慶應義塾大学出版会）を再読したばかりであることを思い出しました。『老子道徳経』は八十一の短い章から成り、その教えを学んでそれに従って生きる者たちにスピリチュアルな目覚めをもたらしてくれる作品です。

二五〇〇年前に書かれたそのスピリチュアルな教本は、十年以上前に友人のスチュアート・ワイルドからもらったものでした。しかし最近になって、タオ（道）がしょっちゅう私の前をちらついていたことに気づきました。ちょうどその頃、ジェイムズ・フレイの『こなごなに壊れて』（講談社）を読み終えたところで、それにも『老子道徳経』が登場していました。講演でラスベガスを訪れ、友人たちとレストラン・タオで食事したときもそうです。店内のインテリアからメニューまで、道教（タオイズム）のテーマで統一されていました。私はまた、スチュアートが『老子道徳経』という小ぶりの本に詰まっている智恵について話していたことも思い出しました。彼は私に『老子道徳経』を深く掘り下げて研究してはどうかと勧め、これまでに書かれた本の中で最も智恵深い本なのだからとよく言っていました。

そして今、アジア人とおぼしき年配男性が目の前にちらつき、道徳経の教えに従って生きなさいと催促していたのです。その男性は、失った健康と幸福を道徳経が取り戻させてくれるでしょうと告げていました。私は深い瞑想状態から出て、自分がすべきことを確信しました。

私の変わり者のメンターにして友人のスチュアートは、すべての所有物を家に残して、そこから立ち去ったときの話をしていました。何年もの間、私はその情景のもつパラドクスについて考えていました。すべてを手放すということはすべての終わりのように思えました。生涯にわたって溜め込んだモノには執着心があるものです。その一方で、何も自分を引き止めるものがなく、何も持たずに進めるのはまたとない自由を意味していました。本来なら引退している自分がそのさえずりに耳を傾けているであろう小鳥たちと同じくらい自由になれるのです。私はまるですべてを捨てるという行動に導かれているような気がしました。

私は自分の元で働くようになって二十五年以上になる個人秘書のマヤに電話して、私のガーデンアパートに来てくれないかと頼みました。そこをオフィス兼執筆スペースとして使うようになってから三十年以上経ちます。彼女が歩道を歩いてくると、私はアパートの鍵を渡して言いました。「ここにある物を全部処分して、このアパートを売りに出してほしいんだ」。

マヤはショックを受けていました。でも本だけで二万冊以上ありますよ？　家具はどうするんですか？　服や靴は？　壁に張り巡らせた額入りの記念品は？　写真や、納税記録、書類も山のようにあるんですよ？　私はこう答えました。「ここにもう用はないんだ。子どもたちに、ほしい物を取りにおいでと言っておこう。残ったものは処分してほしい。人にあげてもいいからね」。

マヤはもう少し考えてみてはどうかと言いましたが、私は頑として譲りませんでした。執着心をすべて手放して、マウイ島の仕事場に向かうつもりでした。『老子道徳経』に何らかの形で着手するよう呼びかけがあったのです。それが何かはわかっていませんでしたが、すべてを手放し、神を招くよう呼びかけられたことだけは理解していました。

私はすべてを残してそこを去りました。所有物は全部マヤに任せ、信じられないくらい大きな安心感と本物の畏怖の念を覚えていました。スチュワートからすべてを残して去った話を聞いたとき、自分がどう感じたかを思い出しました——腹の底から高揚感が湧き出てくる感じだったのです。そして今、私は彼とまったく同じ行動を起こしていました。

その転換期の間、自分が本当に求めているものは何だろうと考えることもありました――そう言えば博士論文の写しさえ持っていないな……まぁ、この三十五年間、一度も見なかったし、いいか。お気に入りのズボンと靴、おしゃれなシャツは惜しかったかな？――私がそんなことを考えている間に、マヤは高架下で集団生活をしているホームレスの人たちにすべてを寄付しました。自分の著作や講演で教えてきたことが思い起こされます。私は「人は皆、どこでもない場所（no-where）から、何も持たずに今ここ（now-here）にやって来ました。そして今ここから、何も持たずにどこでもない場所へ帰るのです」と繰り返し言ってきました。どこでもない場所と今ここ――その二つは同じものを指しています。ただ、スペースの概念があるかないかの違いだけなのです。

マウイ島では毎日『老子道徳経』を読み、研究しました。それはもうパラドクスに満ちた本なのです。「することを減らし、多くを成し遂げよ。小さく考え、大きな物事を成し遂げよ。道（タオ）は何もしないが、何もやり残さない。私たちは何もしていない。それよりも私たちは成されている。神はあらゆる所に偏在し、神はどこにも在らず」。私は不思議な方法で『老子道徳経』の著者、老子に呼ばれたことに気づいていました。『老子道徳経』の教えを現代の人たちに伝えるよう求められていたのです。

私はヘイハウスのリードと話し、八十一章のそれぞれの智恵を活かす方法について本を書きたいと伝えました。しかし、各章の智恵に関するエッセイを書く前に、一つ一つの詩歌を自分の中で咀嚼しなければいけません。その考えを伝えると、リードは乗り気でゴーサインを出してくれました。

第五十二章

『老子道徳経』の教え

一日目に『老子道徳経』第一章を読みます。それについて瞑想し、四日間、考えを巡らせます。そして最後に老子に相談――私は仕事場に数枚の老子の肖像画を貼っていました。一枚目は、質素な長服を身に着けた老子。二枚目は、杖を手にした老子。三枚目は、雄牛にまたがった老子。しかし、もっとも強く訴えてくるのは、目を閉じて瞑想しているときに浮かんでくる老子の姿でした。一つの詩歌が言わんとしていることについて熟考し、考えをまとめ、五日目にその詩歌の智恵を活かす方法についてエッセイを書きます。

この四日半にわたる儀式を八十一の各詩に行い、二〇〇六年は丸一年をこのプロジェクトに捧げることにしました。これこそ私が取り組むよう「呼ばれた」ことでした。老子と道徳経に関して現れていた前兆すべてが、この胸躍るような仕事に私を導いていたのです。私は道徳経に関して書くだけではなく、自分自身がタオを実践し、各詩に対応して何を書けばいいのか、瞑想の中で老子に尋ねることにしました。本のタイトルは〝Change Your Thoughts, Change Your life（思考を変えて、人生を変えよう）〟（邦題『老子が教える　実践　道の哲学』〔ＰＨＰ研究所〕）に決めました。

私はタオを伝えようと固く決意していました。周りの人たちはもう年齢が年齢なのだから、ペースを落として楽しんではどうかと言ってきましたが、私はその年齢でこの骨の折れる仕事をするために所有していたモノをすべて手放してきたのです。期待に胸が膨らみました。道徳経が書かれたのが二五〇〇年前だからといって、老子の偉大な智恵が時代遅れだとは少しも思いませんでした。タオという単語は中国語で神を意味します。すべての生命の源である、名もなき見えざるエネルギーを指しているのです。

私がその新作に取りかかっていることを知ったある人物から、マーティン・アロンソン編集“Jesus and Lao Tsu: The Parallel Sayings（イエスと老子：呼応する言葉）”（未邦訳）という本を受け取りました。片方のページにイエスの言葉が、その反対のページに老子の言葉が記載され、表現は微妙に違えど同じ考えが述べられています。これは古代の真理、神の智恵だ――私は人生の新たな一章を開こうとしていました。もう私は単なる教師ではありません――二五〇〇歳の見えざるメンターをガイドにもつ、生徒であり教師なのだと思いました。

私はニッキ・ヴェッテルに連絡を取り、新作の話をして、ＰＢＳ放送局の上層部に確認を頼みました。資金集めの番組を収録している自分の様子がもう目に浮かびます。その番組をゴールデンタイムにアメリカ全国のお茶の間に届け、道徳経の教えを広めよう。それは大勢の人々に影響を与え、私たちの集合意識に変容をもたらすきっかけになるだろう。

ニッキは映画〈Sayuri〉の美術スタッフにかけ合い、そのすばらしいセットを私の特番で使わせてもらうことになりました。「思考を変えて、人生を変えよう」と題したその番組はすぐさまヒットしました。老子による道徳経の偉大な教えの数々がゴールデンタイムに全国の数百万という家庭に流れました――大都市も地方都市も含め、ＰＢＳが流れている地域すべてで放映されたのです。

そして新作のエッセイはニューヨーク・タイムズのベストセラーリストの一位になりました。

今だからわかること

六十五歳の誕生日の翌日、青い革張りの椅子に腰かけて深い瞑想状態から出てきたときに迎えたあの飛躍的瞬間のことを鮮明に覚えています。行動を起こすでもなく漠然と考えていたことが、絶対的な現実になった瞬間でした。あのように思い切った変化を起こすこと、そしてあまりに多くのモノへの執着心を手放すことへの不安が一瞬にして消え去りました。それは禅僧の言う「悟り」の瞬間でした。悟りとは、「自身の本質を瞬時に見抜くこと」を意味します。あらゆる不信が払拭され、人生で次にすべきことへの確信が生まれました。

アパートの鍵と自分の所有物のすべてをマヤに託したとき、私は内なる確信をもって話していました。まるであらゆる抵抗心に打ち勝って、自分を取り戻すことにつながる行動、すなわち「手放して、神を招く」行動を起こしてみなさいと導かれているようでした。私がすべきことは、エゴの強い誘惑から自由になって、スピリット（見えざるタオ）が知っている完璧な手段に従うことだとはっきりわかりました。

自分に運命づけられていた仕事に着手する前に、一年間『老子道徳経』に没頭することが私には必要だったのだと、今になって疑う余地なくわかります。タオを実践してから、その奥深い智恵を行動に活かす方法について解釈的なエッセイを書くことに費やした一年は、まちがいなく私の人生でもっとも重要で意義深いものでした。

すべてを過去として見渡せるようになった今の視点でふり返ってみると、あの頃のタオに関する前兆の数々は、宇宙の一つなる意志が私の道を導こうとして起こっていたのだとわかります。本やテレビ、映画、レストラン、あるいは電話での会話など、タオという言葉が何度も何度も出てきたとき、私は立ち止まってひらめきの瞬間を得ました――何だろう、タオという言葉が繰り返し現れる……これは一体どういうことだ？

パウロ・コエーリョの『アルケミスト』（角川書店）を読んでいたとき、前兆という言葉が何度も出てきました。前兆とは、存在の見えざる源が「注意を払いなさい」と促している印です。それを「ただ偶然が重なっただけだ」と片づけるのではなく、それに耳を傾け、自分を導いてもらいなさいとコエーリョは言っています。そして何よりも大切なのは恐れを払いのけることだ、と。

友人のスチュワートはすべてを置いてロンドンの自宅を立ち去るよう導かれたと話していましたが、その話は私に忘れがたい印象を残しました。いつか自分も、そのように重大な旅に出るよう呼ばれるときが来るだろう――すべてを置いて、揺るがぬ信頼をもって前進するイメージがどうしても消えなかったのです。

物質世界での歩みの終焉を象徴する年齢、つまり六十五歳になったこと、タオに関連する前兆が続いたこと、それに加えて強烈な瞑想体験をしたこと、すべてが重なって「行動に移さねばならない」という思いが頭に焼きつきました。一年にわたって道徳経を実践したことは、まるで体とマインドとスピリットを完全に修復するプロセスのようでした。タオは万物を生む隠されたフォースです――これは、神という意味にもっとも近い同義語です。人生における物理的条件を重視するのをやめると、愛という気づき、すなわちタオの本質を得るのだと老子は教えています。

私は老子の教えを何度も読み、咀嚼し、実践しました。その教えは、とにかくこの物理世界への執着を手放すことだと説いています。その教えを読んでは書き、読んでは書きという作業をしているうちに、私は自分がどんどんモノを手放していることに気づきました。この二、三十年間で溜め込んできたものすべてに対する執着を手放したいという抑えがたい欲求が起こり、それがインスピレーションとなって私はマウイに向かい、道徳経に没頭することになりました。その一連の流れは、私としては驚きでもなんでもないことでした。あの飛躍的瞬間があったからこそ、私は世界中の人々にタオの智恵をもたらすプロジェクトを始めたのです。

タオの実践方法について短いエッセイを書きながら、私は一種の自動書記を体験しました。その新作が出版されてからの数年間、世界中、特に中国の道教研究者たちから手紙が届き、私のエッセイが、彼らの考える道徳経の教えと非常に合致していると褒め言葉を頂きました。私の運命はタオの教えが現代社会にも役立つという主旨の本を書くことだけではなく、自分自身がタオ中心の在り方へとシフトすることになっていたのだと、今になってはっきりとわかりました。

私は、自分のエゴに主導された行動が減ってきていることに気づきました。老子の言葉にインスピレーションを受けて、一種の無私無欲な謙虚さを表すようになっていたのです。日々穏やかに過ごし、タオを知る前の私には見られなかった、執着しない充足感を覚えるようになっていました。

口数が減り、よく人の話を聞くようになった自分に気づき、自然界に秘められた英知をそれまで以上に発見するようになりました。物質、地位、文化、そのほか自分の身近な人たちへの執着心一つ一つが、タオという偉大な道における「自由」から自分を引き離していたことが見えてきました。私はどんどん心が軽くなり、どこに行っても、人々が私の変化に気づきました。

二〇〇五年五月十一日に私に突然訪れた悟りという飛躍的瞬間は、広範囲にわたって影響を及ぼすことになりました。私のエゴは私個人のためだけに悟りが訪れたのだと思いたがっていますが、そうではないことを今でははっきり理解しています。老子は五十七章でこう言っています。「優れたリーダーになりたければ、タオに従うことを学ぶべし。指導を旨とするなかれ。決まりきった計画や構想は棄てるべし。そうすれば、世界は己の秩序を持つであろう」。手放せば手放すほど、私はその言葉の真理に気づきました。

すべてを手放して、マウイ島でタオの偉大な智恵を学び、実践し、書くよう突き動かされたあの悟りの瞬間は、私が新たな形で信頼するようになった神聖なる叡智が取り計らったものでした。『老子道徳経』第四十章の最後の一節が、あの飛躍的瞬間に進行していたのだと、今になってはっきり理解しました——すなわち、「有が無から生まれていた」のです。

全国で放映されたPBS特番と偉大な道徳経の解釈本は無から生まれて有となりました。あの日私の魂に触れたのは無でした。そして、まったく新しい自分とまったく新しい教えを有に生まれさせたのも、その無でした。私の視野はよりクリアになり、畏敬の念がますます深まっています。

第五十三章
初めての映画製作

二〇〇八年春、私の特番がPBSの資金集め期間に放映されました。アメリカ・カナダの何百万という人々が、この二五〇〇年前に書かれた道徳経の智恵を取り入れているということです。私はまだ、近いうちに新作を書いたり新番組を制作したりという激務に取りかかる気持ちになっていませんでした。それだけ『老子が教える　実践　道の哲学』（PHP研究所）を書くのは大変な仕事だったからです。その本を一つのテレビ番組に凝縮するという仕事に取りかかる前に、私は文字通り毎日タオの詩歌を取り入れながら、敬愛する古のメンター、老子の言葉を解釈して八十一のエッセイを書きました。この壮大なプロジェクトが人生にもたらしたことすべてに、私はクタクタになりながらも興奮冷めやらぬという状態でした。

そんなある日、ヘイハウスのCEO、リード・トレイシーから連絡がありました。「君の過去作品に基づいた映画を制作する話に関心はあるかな？　主役を演じてもらいたいのだけれど、役者経験なしでも大丈夫？」。

私は関心があると答えました――実は前から、映画を制作するという考えは心の奥底に潜んでいたのです。それに、ちゃんと役者経験もあります。十三歳のときに、マーケット小学校の学芸会でユリウス・カエサルを演じました。

リードはマイケル・グールジャンという才能豊かな若者と連絡を取り合っていました。マイケルはプロの役者で、映画監督もしています。最近ではカーク・ダグラスの映画を監督したそうです。彼はクリスティン・ラザリアンの書いたある脚本を読みました。大成功を収めた実業家と、自己表現の道を求めながら、子育てに追われている二児の母親、そして名を上げようと奮闘している映画監督たち三人の物語を織り混ぜた内容で、三人はそれぞれ北カリフォルニアのリトリートセンター〈アジロマー〉に集まり、そこに新作のインタビューを受けていたウエイン・ダイアーが登場するという設定です。私自身がウエイン役を演じることになるので、難しくはないでしょう。何と言っても、私がウエイン・ダイアーを演じ始めてから六十八年が経っているのです。

唯一の懸念は、スピリチュアリティをテーマにした本を元に制作した映画は、私もたくさん観てきましたが、いつも失望に終わったということです。それらの映画はどこか素人くさい印象がありました。その理由の一つに、著者自身がプロの俳優としての役割を担おうとしていることが挙げられます。脚本が弱いことも多々あり、演技も洗練されていなくて、映画全体の間《ま》が悪いということもありました。

私はお粗末な仕上がりの映画には関わりたくないと、リードとマイケルに伝えました。その映画に携わる人ものもすべて一流ならやってみようと思い、役者もスタッフも全員トップレベルを揃えて欲しいと求めました。私はもう何十年も高次意識のスピリチュアルな原則について書いたり話したりしてきたので、その原則に基づいた映画に出演するのなら、その仕上がりは高次意識や神のような生き方という高尚な理想に見合うレベルでなければいけません。

私は最初に自分の思いをはっきり表明し、息の長い映画、それを観た人たちに大きな影響を与えうる映画を作るためなら何でもやるつもりだと伝えました。今後スピリチュアリティに基づいた作品を劇で表現しようとする将来の映画関係者にとって、基準となるようなクオリティの高い作品を作る必要があります。この映画に出資する人たちも、携わる人たちもその考えに同意してくれました。

脚本が気に入った私は制作チームと長い議論を交わし、この映画は誇りと熱意をもって宣伝できるような仕上がりになるだろうと確信しました。このプロジェクトでたくさんの有能なスタッフと仕事ができることを光栄に思いながら、製作、演技、編集について学ぶためにカリフォルニアへ向かいました。私は六十代も後半になって、またもや慣れぬ道に足を踏み入れ、未知のキャリアという試みに邁進していました。この新しい試みは、本を読まない人たちにも出会える手段になるかもしれないのです。

何かで読んだのですが、アメリカで購入される本の95％は人口のおよそ10％の人たちが買っているとのことで、実際のところ成人人口の90％は本など一冊も買わないそうです。それに比べて、人口のほぼ１００％が映画を観に行ったり、家で鑑賞したりします。私にとっては重大なこの統計結果が意味するのは、私が自己啓発やスピリチュアリティに関する本を執筆するのにどれだけ時間をかけても、アメリカの成人百人のうち九十人には出会えないということです。私のライフワークに出会ったことがない人たちの多くに今回の映画でポジティブな影響を与えられるかもしれないと考えると、とても胸が躍りました。

私の願いは、その映画を一千万人の人たちに観てもらうことでした。一千万という数字は、合衆国とカナダの人口のおよそ3・14％に値します。この数字を見ると、代数幾何のクラスで悪戦苦闘したときに学んだ「π」と呼ばれる数字3・１４１６を思い出します。人口の3・14％が斬新な考えや独創的な考えに出会うと、物理学で「相転移」と呼ばれる現象が起こります。すると、人口の残りの人たちにも「シフトを起こして、その新たに調和した臨界質量である3・14％の人たちと同調しなさい」というメッセージが届くのだと聞いたことがあります。

量子物理学の実験によると、原子内の一定数の電子が特定の形で整列して臨界質量に達すると、ほかの電子も整列した電子と自動的に並び始めるそうです。私はこの考えが気に入りました。人口

第五十三章

初めての映画製作

の多数の人たちの意識を神の顕現する世界へ近づくようシフトさせることができれば、政治問題や経済状況、失業者数、教育実績、天候、戦争などの外的要因とは関係なく、全人口がやがては精神的により調和した状態になるでしょう。充分な数の人たちが高次意識を選び始めれば、私たちで臨界質量に達することができるのです。

いつも感じていたことなのですが、大規模で徹底的な変化は、政治指導者たちが制度を変えようと努力した結果起こるのではなく、その制度内で充分な数の個人が自らの意識をシフトさせようと決意した結果起こるのではないでしょうか。誰かが多数に押しつける物事とは関係なく、意識をシフトさせようという個々の意志が集合意識に影響を与えるのです。

私はこのシフトするという考えが気に入っていました。今回の映画のメインテーマは、常に野望や所有を重視するエゴから意義へとシフトすることです。意義にシフトすると、他者に奉仕することが一番の願いになります。そして、神のような生き方が精神的に進化した一部の人たちの叶いそうもない理想ではなく、当たり前の現実となる世の中を創ろうと願うようになるのです。

映画の主要人物の一人を、女優のポーシャ・デ・ロッシが演じることになっていました。私は数か月前、ポーシャと彼女の婚約者エレン・デジェネレスから、二人の結婚式を司宰してほしいと頼まれました。式はちょうど映画撮影の中盤にあたる八月十五日に予定されています。私は喜んで引き受け、二人を正式に結婚させる人物になれることに興奮しました。

私は映画撮影という刺激的な未知の世界に数週間どっぷり浸るために、アジロマーに着きました。

ポーシャやほかの役者陣を含む、制作チーム全員と挨拶を交わしました。この映画に携わる人たち全員が、マイケル・グールジャンと私が最初のミーティングではっきりと強調した目的に100％同意しています。私は経験を積んだ役者や撮影班の人たちと一緒に自分が映画製作に携わることを考えると、多少の気後れを感じました。大丈夫、私は自分を演じるだけなのだから——そう自分に言い聞かせましたが、自分を演じると言っても演技は演技です。

撮影開始の前日、マイケルが最初で最後の演技指導をしてくれました。私たちは想像で描いた場面を歩きながら、二時間を過ごしました。演技指導が終わり、私は思っていたよりうまくやり通せそうだと自信をもちました。ところがいざ撮影が始まってみると、さまざまな理由で何度も撮り直しが必要になることに苛立ちました。影が濃すぎる、小鳥のさえずりが音声に入ってしまった、念のため撮り直しておきたい……私にとっては何もかも初めての経験でした。

聴衆に向かって講演するときは、ただ舞台に上がって、即興で数時間、胸の内から湧き出ることを話したり、要点を強調したいときにエピソードを語ったりします。咳き込んだりしても、おさまればそのまま話を続けます。少し言葉が詰まっても、言い直して続けます。マイクの不具合や何らかのトラブルが起こっても、対処して続けます。ところが映画撮影となるとそうはいきません。うんざりする一方で、愉快でもあります。映画製作の過程では膨大な時間、エネルギー、技術、愛が注がれるのだなと感動しました。

撮影三日目、私自身がシフトを起こしました——私にとっては飛躍的瞬間です。最初の二日間、

第五十三章

初めての映画製作

私はセリフを覚えよう、自然体で演技しようと努力していたのですが、何をしても作っているようなわざとらしさを感じるのです。私は指導された通りに演じ、共演者たちも励ましてくれましたが、たとえば舞台の上で話しているときやテレビでインタビューを受けているときのように、素の自分を感じられませんでした。

とうとうマイケルがこう言いました。「ウエイン、もう台本は忘れていい、覚えたセリフも忘れていいよ。実生活で話しているときみたいに、登場人物たちに語りかけてみたらどうだろう。君が何を話したとしても、それが最終的に求めているものになる」。

私は力を抜いて、もう何年もしてきたことを行いました――神にゆだねたのです。私は高次の自分、つまりどうすべきかを完全に知っている内面の神に引き継いでもらいました。そうして残りの撮影を楽々とこなしました。

八月十四日、撮影も中盤に差しかかった頃、ポーシャが自分のシーンをすべて撮り終えました。私は、初めての挙式を執り行うためにロサンゼルスへ飛びました。道中、エレンとポーシャに宛てて、真心を込めた手紙を式用に書きました。八月十五日、パパラッチを乗せたヘリコプターが頭上を飛ぶ中、二人の家の地下室に近親者が集まりました。この身内だけのウエディングパーティを激写しようとする不届きなカメラマンを制止するために、窓はすべて覆われていました。私はこのすばらしく特別な二人を正式に結婚させました。

翌日、私はアジロマーに戻り、日に十二時間から十四時間撮影するスケジュールを再開しました。

九月初旬、撮影がすべて終了し、私たちは最後に集合しました。私の役割は終わり、監督と編集スタッフには、編集と最後の仕上げという大仕事が待っています。私は、このプロジェクトを実現させるために熱心に働いてくれたすべての関係者、スタッフたちへの感謝の思いで一杯でした。この映画のことを考えると、本当に心がはずみました。エゴの欲求を超えることを伝え、三者三様のドラマを通して、見る人に自分の目的を探すよう勧めることができるのです。

数か月後、私は編集したものを確認する機会を得ました。映画が完成して、タイトルが〝Ambition to Meaning（野望から意義へ）〟に決まり、ニューヨーク、シカゴ、ロサンゼルスで映画を宣伝する全国ツアーが計画されました。

エグゼクティブ・プロデューサーのリード・トレイシー、監督のマイケル・グールジャン、そして特別な仲間のティファニー・サジャと一緒に、私は三箇所で行われる映画の先行上映に出かけました。みんなで貸し切りバスに乗っていたときのことです。映画のタイトルに関して、ある啓示が降りてきました。私は「映画をすごく気に入っているし、観客の反応やスタンディングオベーションにも感激した」と前置きしてから、タイトルのことだけピンとこないのだと言いました。もう一度考え直せるのなら、タイトルを変えた方がいいと思う。今のままだとドキュメンタリーみたいに聞こえるんだ。『ザ・シフト』に変更したらどうだろう。この言葉は全編を通して繰り返されるテーマになっているし、ぴったりじゃないだろうか。私がこう言うと、リードは今から変更すると費用がかかるけれども、そのために必要な余分の費用は自分が負担しようと言ってくれました。ほかの人たちも、『ザ・シフト』の方が映画の内容を示唆していると賛同しました。

二〇〇九年三月になり、私は履歴書に経歴を一つ追加しました――私は今や映画スターです！

これを奇跡と言わずして、何と言うのでしょう？

今だからわかること

私はこの映画プロジェクトの中心となって動くことになりましたが、そうした流れになるためには、その前にさまざまな出来事が重なる必要がありました。その流れをふり返ってみると、アイデアを現実にさせるために、ある種の聖なる力が裏で働いていたのだとわかります。私はまだ幼い頃から、自分の頭の中をグルグル回っている「おかしな」アイデアが大勢の人たちに伝わる運命にあると知っていました。それが講演であれ著作であれ、私は自分のアイデアをできるだけ多くの人たちと分かち合うことになると心のどこかでずっと気づいていました。

私たちすべてを見守っていた神聖なフォースが、このプロジェクト全体に静かな祝福を与えてくれていたように思います。アジロマー・カンファレンス・グラウンズ&ステイト・ビーチは、カリフォルニア州パシフィック・グローブのモントレー・ペニンシュラに位置する、107エーカーの海辺にあります。「アジロマー」はスペイン語で、「海辺の憩いの場」という意味です。その目をみはるほど美しい憩いの場に、九十人以上の映画関係者が集まりました。多くの訪問者たちが、ここで一年を通して行われる多種多様な式典や催し物に参加します。特に夏場はひときわにぎわうため、私たちが大型トラック、音声・照明器具、一群の技術者、ほかのスタッフなど、映画製作に欠かせない人や物を引き連れてやって来たときも、アジロマーはたくさんの人であふれていました。

私たちの撮影期間に、アメリカ全国のユニティ&レリジャス・サイエンス教会に関係するスピリチュアルな人たちの大規模なカンファレンスがありました。その参加者の何人かが私に気づき、基調演説をしてもらえないかと訊いてきました。なんでも、メインの講演者がスケジュールの都合で来られなくなったそうです。私が舞台で紹介されると、聴衆は無料講演が聞けることに驚きながらも喜んでくれました。おまけに一列目には、有名人ゲストとしてエレン・デジェネレスとポーシャ・デ・ロッシが座っていました。講演があったのは撮影序盤だったため、その後の撮影でエキストラが必要になると、その参加者たちが喜んでそれを引き受けてくれました。

撮影中、もう少し曇ってほしいなと思うと、魔法のように雲が出てきました。そして、もう雲はいらないと思うと、まるで見えざる監督に従うかのように、雲が消えていきました。こうした小さな奇跡のような現象がいつも起こるので、映画関係者は皆、そのことを話題にしていました。

この映画製作は天が定めた取り決めだったのだと今ならはっきりわかります。私は、臨界質量や相転移、百番目のサル効果など、量子論的な考えについて、何十年も講演で話してきました。そうして話してきたことが今、実際に現象として大規模な形で起こっていたのです。自分の喜びに従っていると、永遠なる存在としての「本当の自分」と同調するという考えは、まぎれもない真理なの

第五十三章

初めての映画製作

だとはっきりわかりました。自分がすべきだと心から思っていることについて熟考するとき、無上の喜びや高揚感が湧いてきます。その高揚感、至福の感覚こそが、神の現れなのです。自分にとっての喜びに従って至福状態にいると、手がけることすべてが楽々と進むだけではなく、さらに重要なことには、宇宙から完全なサポートを得られるのです。

映画を観る人たちがエゴの身勝手な欲求からシフトして、よりスピリチュアルで意義深い人生に方向転換するのを手助けするような作品を創るのだと考えると、私の意気込みは一層強くなりました。そればかりでなく、本を読まない人たちにも出会うことができるのだ、このシフトが地球規模で起こるほどの臨界質量に達することができるのだと考えると、言葉で言い尽くせないほどの万感の思いがありました。誠実に自分の高揚感に従っていると、今生で歩むべき道を進んでいるという確信が芽生えるものです。

六十八歳という年齢で映画製作に携わったのは、時間つぶしや話題集めのためにちょっと新しいことをやってみようと思ったからではありません。映画を作ることを考えると高揚感を覚えたから、引き受けたのです。それは、存在の神聖なる源から届いたメッセージでした。「映画をやってみるべきです。あなたのハイエストセルフがそう望んでいます。無視することはできません」。その高揚感は道しるべだったのだと、今になってはっきりとわかりました——すなわち「それがあなたらしい道ですよ」と手がかりを与えてくれていたのです。

映画を制作するという考えを自分の想像力にしっかりと植えつけて、気持ちが浮き立ってくると、私は自身の源でもある普遍的な宇宙意志が完全にサポートしてくれると確信しました。高揚感に従うということは、プロジェクト全体を神にゆだねて、共時的な奇跡が次々に、そして完璧に現れるのを見守ることを意味します。このプロジェクトが何の問題もなくスムーズに運んだのは、私と関係者全員の内面で調和した高次のパワーにすべてをゆだねたからです。私たちは皆、自らのハイエストセルフに耳を傾けていました。高揚感が起こり、それに従って行動するから、ハイエストセルフに気づくことができるのです。

映画『ザ・シフト』がどのように受け入れられ、評価されてきたかをふり返ってみると、この映画の打ち出す考えを宇宙が支援していることが、ますます明らかになってきました。映画は全国ネットで何度も放映され、すばらしい評価を受けています。そして独自の力で開花し、十数か国語に翻訳もされたため、世界中で記録を更新しています。私が最初に描いていた目標は一千万人に『ザ・シフト』を観てもらって、よりスピリチュアルに目覚めた惑星へと相転移を引き起こすことでしたが、その目標に向かって私たちは着々と進んでいます。そして私は、このヴィジョンを叶えるために完全に支援されていることをはっきりと理解しています。

エレンとポーシャに司宰を務めてくれないかと頼まれた日のことを考えてみました。二人が真剣な面持ちで頼む様子を見て、私は本書で回想したエピソードの数々を思い出しました。小学校のユダヤ人の同級生、ローダ。肌の色を理由にひどい仕打ちを受けた、海軍時代の親友レイ・ダドリー。人種を理由に特権を受けられなかったグアム島先住民。ほかにも本書で書ききれなかった差別がたくさんあります。私はそうした被差別者たちが多数派に受け入れられるようになるずっと前から、大義のために立ち上がるよう、しばしば召し出されていました。

私はエレンとポーシャの結婚の司宰を務められるなんて光栄なことだと、喜んで引き受けました。美しい二人のために式を執り行うことは、言葉に尽くせぬほど名誉なことであり、私自身も胸が躍りました。なにしろ二人は、自分たちが愛し合っていることを公表し、自分たちの性的指向とは関係なく、異性同士のカップルと同じように敬意を払ってほしい、権利を認めて欲しいと世間に伝えることを選んだのです。

神の子に対して、それがいかなる相手でも、不当に扱うということが私にはどうしても理解できません。私がこの世にやって来た目的は、根本的真理を学んで教えることだと確信しています。一九四〇年にこの地上に降り立って以来、その根本的真理はずっと私の人生経験の一部を成してきました。私たちは皆、自分自身や他者に対する害ある思考を慎むよう努めなければいけません。神が創造した人間やあらゆる生命に対して、判断、批判、非難の思いを抱くことを拒むべきです。これは映画『ザ・シフト』のメッセージの一つです。

第五十三章

初めての映画製作

この映画の主役の一人を務めたポーシャが、世界をより神聖な愛ある気づきへとシフトさせる手助けをするためにプロジェクトに参加してくれたのは、単なる偶然ではありません。彼女は公然と立ち上がって、自分の愛する女性と結婚したことで世間のシフトを促しました。しかもその結婚相手は、私が光栄にも友人と呼べる人たちの中でももっとも判断、批判のない人の一人で、世界的にもよく知られる有名人でした。これこそが映画『ザ・シフト』のメッセージです。これこそがエレンとポーシャが伝えたいメッセージでした。

この地上でシフトを起こす一助となること――それは私の人生を表しています。二人の結婚に立ち会えたことは、私にとってすばらしく意味深い名誉の一つでした。そしてそのタイミングも、後に『ザ・シフト』と題されることになった映画撮影のちょうど中盤という絶妙なものでした。

第五十四章 病と向き合う中で

二〇〇八年秋、映画撮影から数か月経ち、私はマウイの仕事場に戻っていました。次の本は「言い訳する癖をなくす」というテーマです。人が最高レベルで自己実現するのを妨げている、おなじみの言い訳リストを作ってみました。人がそうした言い訳をするのを今までずっと聞いてきましたし、私自身も自分で責任を取るよりも人や何かを非難する選択をしてしまったときによく言い訳をしていました。

私は次作の準備をしながら、著名な細胞生物学者、ブルース・リプトン博士が自費出版した『「思考」のすごい力』（ＰＨＰ研究所）という刺激的な本を読んでいました。以下の記述は、特に興味深く読みました。「私たちは遺伝子に翻弄される被害者ではなく、運命を操るマスターだという結論に達しました。DNAこそが人生をコントロールしているというDNA優位の考え方は、科学的真実ではありません」。

ある日CNNのインタビューを見ていると、インタビューされていた人が自分の取った行動の根拠を説明していました。彼は当然のことのようにこう言っていました。「そうする以外なかったんですよ、だってDNAに組み込まれていますからね。遺伝子構造を変えられないことは誰だって知っています。そのように生まれてきたのですから」。

私も彼と同じように誤った信念を抱いて、かつては似たような言い逃れをしていました。遺伝子こそが私たち人間を構成しているのだ、いかなる意志の力、マインドをもってしても遺伝子を変えることなんてできないと誤解していたのです。私の育った時代では、人間のすべては遺伝子が決めると誰もが考えていました。私もそう信じて疑わず、自分が一つの大きな口実――つまり、「遺伝子がすべてを決めているのだからどうしようもない」という言い訳だけは間違っていないと考えていました。そう信じるようプログラムされているだけかもしれないとは考えもしませんでした。ほかの言い訳が消えていく中でも、この一つだけは最近までずっと残っていたのです。

『「思考」のすごい力』を読んだ私は、ヘイハウスのリード・トレイシーにこのすばらしい本を出版すべきだと勧めました。そして、今度のPBS特番でこの本を紹介し、寄付者への贈りものセットに同書を加えたいと申し出ました。リードは同意しました。

私は自分の信念が遺伝子を文字通り変化させうるという考えに魅了されました。リプトン博士はこの革新的な考えを裏付けする科学的証拠をたくさん挙げています。人生への向き合い方を変えることによって遺伝子の青写真全体を変えられるというのが真実ならば、私たちが口にしている小さな言い訳すべてを断つことができるはずです。私はよく「神と共にいれば、すべてが可能である」というイエスの言葉を引用しますが、もし私たちがこの言葉を心から信じるよう育てられたなら、どのような世の中になるでしょうか？　もう言い訳や言い逃れは一切必要なくなるかもしれません。

セラピスト、講演家、タレント、そして八人の子どもたちの親としてもう何十年とさまざまな言い訳を聞いてきた中で、特によく耳にするものをリストにまとめました。そして、「言い訳をやめるための方法論」を考案し、私がクライアントにしていた七つの質問を挙げました。それらの質問をすると、人がよく口にしている言い訳はすべて責任逃れするための一手段だということを、クライアントが理解する手助けになります。私はＰＢＳの上層部に連絡し、次の三時間のＰＢＳ資金集め特番で、この日々の生活に役立つ方法論を紹介する了承を得ました。この方法論が効果的であることには自信があります――クライアントがこの方法論に真剣に取り組んだところ、それまで生涯にわたって繰り返していた習慣的パターンからシフトするのをこの目で見てきたからです。それに私自身もこの方法論を使って、幼い頃から口にしていた言い訳のパターンをやめてきました。

典型的な言い訳には次のようなものがあります。「そんな簡単にはいかない」、「それにはリスクがある」、「自分にはもったいない」、「それを買う余裕はない」、「どうせ自分はそんなに賢くない」、「失敗するのが不安だ」――理想通りにできない自分の能力不足を説明するために、人はこのような言い訳や言い逃れをします。私の「言い訳をやめるための方法論」を使ってそうした典型的な口実から抜け出すと、人生が一変するような経験になることがあります。私がもっとも困難だと思うのは、自分を現状に留まらせている大きな言い訳を乗り越えることです。しかし、生涯にわたって自分を貶めてきた癖はなくすことができると、私は心の底から思っています。言い訳はすぐにやめられるのだと人々に教えることを考えると、とても胸が躍りました。

私たちは遺伝子構造に優るものはないという考えを信用し、長きにわたって潜在意識下にしっかり組み込まれたミームの存在を好んで信じてきましたが、そうした信念は変えられるのだと、今まさに科学が世に知らせています。私は自分を貶める考え方の癖を変える方法を書き、自分でもそれを日々活用していました。博士課程の講義で、被験者の女性が自分の信念によって腕に火ぶくれを作った実験を思い出します。私自身も、自分のマインドを使って毛巣嚢胞を治しました。そして今、『「思考」のすごい力』を読んで、遺伝性素因を克服するようマインドのパワーを訓練することができるのだと知りました。それだけではなく、幼少の頃から潜在意識に埋まっていたミームやマインドを侵すウイルスですら、マインドのパワーを訓練すれば乗り越えることができるのです。

私は、自分の言い訳を根こそぎ排除しようと挑戦してみました。生涯にわたって習慣づいた傾向に対して、新しい意識で向き合ってみると、自分が変わっていくのがわかりました。私はこの新作“Stop the Excuses !”（言い訳をやめること！）”（邦題『「言い訳」をやめるといいことがたくさん起こる！――「思い」と「言葉」が人生をつくる』〔三笠書房〕）に対する熱意を新たにして、猛然と原稿を書き進めました――ペンが勝手に動いていくようです。私は自分がパイプとなって、言葉があふれ出るのに任せていました。

私は「言い訳をやめるための方法論」を携えて、全国セミナーに乗り出しました。聴衆の中から何人か舞台に上がってもらい、この方法論を実演してみると、何千人という観衆の目の前で昔からの癖が消えていくので、見ている自分もびっくりするほどでした。

ある短気な男性は、存在の源を思い出すことを誓いました。存在の源は永遠に穏やかです。ある女性はその場で禁煙することを公言しました。ある内気な三十代女性は潜在意識のプログラミングを変えて、アサーティブに生きること、被害者をやめることを誓いました。二十年以上も摂食障害に悩んでいたある女性はまるで死の収容所から逃げ出してきたかのような様子でしたが、私が彼女に「言い訳をやめるための方法論」を試すのを受け入れると、健全な食生活を誓い、長年口にしていた言い訳をその場でやめることを決意しました。もう、摂食障害に悩む女性ではありませんでした。

時は進んで二〇〇九年六月、「言い訳をやめること！」をテーマにしたPBSの三時間特番が全国ネットワークで放映されました。アメリカとカナダの何百万という人々が番組を視聴しました。行動や癖、時には病気でさえも、それがどれだけ深く自分に組み込まれているかは関係なく、理想の自分と調和していない部分は何でも変えられるのです。私がその方法論を番組で紹介すると、視聴者の反応は驚くほど好評でした。新作も、ニューヨーク・タイムズのベストセラーリスト第一位に躍り出ました。リプトン博士の『「思考」のすごい力』も第一位を獲得しました。

この方法論について世界中で講演をして回っていたとき、宇宙から思わぬ贈りものが届きました。それまでそんなことが起こるとは考えたことも予想したこともなかった状況が起こり、私はそれに対処する上であらゆる言い訳をやめる機会に恵まれることになりました。

今だからわかること

二〇〇九年六月四日、ＰＢＳ特番が全国で放映された三日後のことです。私はマウイ島のキヘイにあるケプラー医師の診察室にいました。定期検診で行った血液検査の結果、慢性リンパ球性白血病（ＣＬＬ）が発覚しました。ＣＬＬは不治の病で、徐々に悪化することが予測されると告げられました。

白血病という診断を受けたときの私の最初の反応はショック状態でした。生活が著しく変わるだろうと言われました。まず寝汗から始まり、傷が絶えなくなり、白血球の数値が上がり、疲労感やその他さまざまな症状が現れるとのことです。がんの専門医に診てもらわなければいけませんし、ひょっとすると化学療法や骨髄移植も必要となるかもしれません。私の人生が善意の医療チームによって再設計されました。そして私は、健康状態の悪化、エネルギー不足、仕事を続ける精力の欠如を人に説明するための言い訳をこれでもかというほど与えられました――人々を力づけ、この惑星を神さながらの人々が住まう場所に近づける手助けをするのが私のライフワークだったというのに、それを行うための気力体力がないことを弁解する口実ができたというわけです。

ＣＬＬの診断を受けたその日、私はナースプラクティショナーの女性と出会い、彼女が携わっている代替医療の支援をしてほしいと頼まれました。彼女は、私が最近出した本『思い通りに生きる人の引き寄せの法則』（ダイヤモンド社）を患者に活用しているとのことで、私に力になってもらえないか尋ねてみようとマウイまで来たそうです。私がちょうどその朝に白血病だと診断されたことを伝えると、彼女は私のために力になろうと言ってくれました。

私がショックで呆然としながら歩き回っていたその日に彼女と出会ったのは、単なる偶然ではありません。その女性、パム・マクドナルドが私の健康管理をしてくれることになり、体の治癒を促す適切な栄養バランスを摂取できるよう食生活を改善する手助けをしてくれました。パムは "The Perfect Gene Diet（遺伝子に働きかける完璧な食事療法）"（未邦訳）という重要な本を著し、のちに私がまえがきを書きました。その後数年間、彼女は自分の研究や作品を私のセミナーで紹介しました。この出会いは本当に天の取り決めによるものでした。

白血病と診断される前、私は毎日執筆を続け、一年以上かけて、読者がもっとも頑固な言い訳を克服するための本を完成させました。いかなる遺伝性素因でも克服できるということ、そしていかなる言い訳も一つ残らず排除することによって、もっとも深く組み込まれた幼少時のプログラムを克服するよう潜在意識を再プログラムできるということを述べた内容です。そんなことを書いていた私が、今や自分の白血病という診断に対して自らの教えを適用せざるをえない状況になっていたのです。『「言い訳」をやめるといいことがたくさん起こる！』の冒頭で、私は次のように書きました。「そのようなわけで、本書のタイトルは、あなたへの宣誓であると同時に、あなたが創り出してきた言い訳の癖に対する宣誓でもあります。私が目的としているのは、すべての言い訳を抹消することなのです！」。

ガンディーの言葉で、私の心を掴んで離さないものがあります。「私の生き方が、私のメッセージである」。私の生き方もまた、私からのメッセージでした――私が書いてきたことはすべて自分自身の人生経験から生まれたものです。困難を克服できるようになること。平凡な生き方を突破すること。人からあまり賛同されない目標を掲げること。権威者に立ち向かうこと。父から棄てられた経験を乗り越えること。中毒、人間関係のもつれ、子育ての問題を解決すること……こうした課題はすべて、究極の源から与えられたものでした。

診断を受けてからの数か月間は、白血病に対応するための然るべき手順に仕方なく従っていました。夜間に大量の寝汗をかき始めたり、身に覚えのない傷ができるようになり、すぐ疲れが出るようになりました。ヨガをやめてほぼ一年になり、それまでの多忙で活気にあふれた生活から、ときには不安すら見え隠れする慎重な生活に切り替えました。送られてくるCLLの資料すべてに目を通し、そうした医療関係の資料にはびこる「白血病は不治の病で、悪化の一途をたどる」というメッセージを、ある意味真実として取り入れていました。

第五十四章

病と向き合う中で

私はテレビで「非凡な人生を歩んでいる弁解などしません」と語り、すべての言い訳――それが些細なものでも大げさなものでも言い訳を一つ残らず排除することを教える本を宣伝していました。それなのに、どこか無意識の内に私はさまざまな言い訳をしていました。自分がこの二年間、調べたり書いたりしてきた真実を力説するための贈りものとしてこの白血病という診断を見なすのではなく、言い訳の材料にしていたのです。

私は遺伝情報は文字通り書き換えることができるのだと認めていました。そして、幼少期のプログラミングを作り変えることができるという考えを支持していました。著作でも講演でも、さらにテレビ番組でも、そうした斬新な考えを何度となく説いてきました。それなのにほんの束の間とはいえ、私は自分が「深刻な病気を抱えている」という弁解を生み出す工場に即座に放り込まれたことを忘れていたのです。

いくらそれが真実であっても、実際に経験するまでは、その真実は意識にしっかり留まらないのだということが、今になってはっきりとわかりました。言い訳なしの人生を生きるメッセージを真から理解するという点においては、私のそれまでの研究、著作、講演、そして尊大な態度はすべて何の意味も持ちませんでした。この白血病は贈りものだったのです。そして、それまでの人生で起こった物事すべてと同じく、この白血病もちょうど必要なタイミングで現れたのでした。

二〇〇九年の終わり頃から二〇一〇年にかけて、私はこの白血病という贈りものを自分にも、私の教えを取り入れている人たちにも役に立つよう活用し始めました。『「言い訳」をやめるといいことがたくさん起こる！』の方法論に取り組み、それを著作や講演に活かしました。
私は自分に七つの質問をして、以下のように回答しました。

質問1：「がんだから○○できない」は真実だろうか？

回答1：「白血病だから生活のペースを落とさなければいけない」「白血病は悪化するはずだ」などと100％確信をもって言えない。だから「がんだから○○できない」という弁解は真実であるかもしれないし、真実でないかもしれない。真実である可能性と同じくらい非真実である可能性もあるのなら、それを信じないことにしよう。

質問2：この「がんだから○○できない」という弁解はどこから来たのだろう？

回答2：この弁解は、医療関係の資料にあふれている、がんに関するメッセージの数々から生まれた。それに、がんで生計を立てている医療界の一部の人たち。インターネット。自分が聞いてきたこと、などなど。しかし、この弁解は私自身から生まれたものではなく、永遠のウェルビーイング、神聖な愛である「存在の源」から生まれたものでもない。

質問3：この弁解を用いることによって、どんな見返りがあるだろう？

回答3：「私は病気だから」という弁解をすれば、安易な逃げ道をとることができる。自分の内にあるウェルビーイング、癒しの力と向き合うのを避けることができる。食べ物、空気、両親、水のせいにしたり、発がん性物質にあふれる世界で暮らさざるを得ないという事実のせいにもできる。人から同情してもらえるし、何よりも、「自分は間違っていない（悪いのはがんのせいだ）」と、エゴが大満足できる。

質問4：これらの弁解を使えないとしたら、人生はどんなふうに見えるだろう？

回答4：（この質問は、私には一番役立つものでした）「この診断のせいで○○ができない、○○の能力を奪われてしまった」と弁解することができないのなら、次のように考えざるを得ないだろう。「自分が選んだことを何でもこなせるだけの強さを、自分は持っている」「私には、あらゆることを癒すための潜在能力と神とのつながりがある」「私は自分が固く決意したことなら何でも成し遂げるだけのバイタリティと活気に溢れた精力的な人間だ」。

質問5：変化を起こすべき合理的な理由を考えられるだろうか？

回答5：声を大にして「もちろん」。「私は病気だから」という弁解をせずに生きるという選択肢は、合理的に思えるし、可能でもある。弁解せずに生きるのは気分のいいものだし、そのように生きていれば神とつながっていられる。それに神と共にいれば、すべてが可能である。

質問6：自分の弁解を振り払うために、宇宙の協力を求められるだろうか？

回答6：もちろん。何度でも言おう、宇宙は協力してくれる。

質問7：このような新しい在り方を見失わずに強化していくには、どうすればいいだろう？

回答7：すべての疑いを消し去る「内なる確信」を生むこと。自分のハイエストセルフに従って生き、自らの永遠なる神性を敬うこと。自分の習慣的な潜在意識を定期的に確認して、「白血病だから」という弁解を口にしそうになったら、自分を止めること。弁解する代わりに、健全な生活をするという誓いと完全に同調した言葉を意識的に口にすること。瞑想の機会を増やして雑音レベルを下げること。海に入ったり、自然の中で過ごす時間を増やすこと。存在の源とのつながりを人生でもっとも大切な関係と見なすこと。この方法論に定期的に取り組むこと。

視野がよりクリアになった今、明らかに見えてきたことがあります。それは、私が「言い訳しない人生を送る」ことを書いたり講演したりするようになったタイミングは、まさしく神が私にこう言った瞬間だったということです。「さぁ、あなた自身がこのメッセージを真から理解するためのチャンスをあげましょう。私があなたに明かしたことを自分で実践してみるのです。そして、他者に仕えるというあなたの誓いを大規模な形で果たしていきなさい」。

第五十五章
病を通じて得たこと

二〇一一年の春。白血病と診断されてからおよそ二年が経ちました。これまでに二人のがん専門医に診てもらい、白血病の数値を測るために定期的に血液検査もしていました。友人のパム・マクドナルドが考えて、管理してくれている食生活の基準も守っていました。パムはナースプラクティショナーで、代替医療の専門家でもあります。私は医師からのアドバイスに従って、この一年間、ビクラムヨガからは遠のいていました。毎日『「言い訳」をやめるといいことがたくさん起こる！』（三笠書房）の方法論にも取り組み、講演では「自分の体の現状との向き合い方」の一例として、白血病という診断についても話題にしていました。〈ＡＢＣワールド・ニュース〉が私の白血病について取り上げ、昨年の収穫感謝の翌日に全国放送で番組を放送しました。

カリフォルニア州マデラで眼科外科医をしているレイナ・ピスコヴァ医師から連絡がありました。「ジョン・オブ・ゴッドに会いにブラジルを再訪するのだけれど、どうしても一緒に来てほしいんです。あなたにとって、とても重要だと感じるから」。

ジョン・オブ・ゴッドとして知られるその男性は、ブラジルのアバジャーニアで四十年以上も人々の手当をしています。世界中から数え切れないほどの人たちがその小さな村を訪れ、この素朴な男性からの処置を受けています。処置は、彼の体に入ってくるエンティティが行うそうです。

ジョン・オブ・ゴッドと彼の奇跡的なヒーリングの話は知っていました。八年前、妻のマーセリンがCasa de Dom Inacioを二度訪れ、ジョンのヒーリングセッションを手伝ってほしいと頼まれたことがあるからです。

この不思議な男性の元を訪れ、その奇跡を自分でも体験してみたいとずっと前から思っていました。彼が一つ明言していることがあります。「私が肉体を治すのではありません、神が癒すのです。神が、その無限の善意の中でエンティティに許可を与えて、兄弟たちを癒し元気を与えるのです。私は神の聖なる手中にある道具にすぎません」。多くの人がこのブラジルの奇跡の人を疑わしく思っていますが、私は長い人生を歩んできて何にでも心を開く心境になっていました。

最初はレイナと一緒にブラジルを訪れるつもりだったのですが、原稿の締切が迫っていたため断念しました。それでも私を癒す使命に燃えていたレイナは、ややこしい手続きをして、リモートヒーリングの約束を取り付けてくれました。彼女はジョン・オブ・ゴッドにしかできない聖なるヒーリングを私が受けるべきだと確信していて、「その考えが頭から離れないの」と言っていました。レイナは祝福されたハーブと水を説明書と一緒にFedExで届けてくれました。私は彼女の指示に従ってハーブを服用し、全身白い服をまとって、ジョン・オブ・ゴッドに見てもらうために四方から写真を撮りました。

写真を添付したメールを送ると、ヒーリングは二〇一一年四月二十一日の夜に行われると連絡がありました。その日は偶然にも母の九十五歳の誕生日でした。水曜の夜、私は指示通りに十時にベッドに入り、白い服をまとって眠りました。祝福された水を飲んで、心穏やかに瞑想するのも忘れませんでした。

翌朝、レイナからの電話で起こされました。レイナはアバジャーニアで、私と同時にヒーリングを受けていました。彼女曰く、私はベッドに戻って、今から二十四時間眠らなければいけないそうです。胆嚢摘出手術をしたと思って安静にするように言われました。私はレイナの懇願するような声を聞きましたが、言うことは聞きませんでした。気分は快調でしたし、夜に何かが起こったような感触もなかったからです。

私は日課になっている九十分の散歩に出かけることにしました。ジョン・オブ・ゴッドは七時間も時差のあるブラジルにいるわけだし、ヒーリングを行ってくれるはずのエンティティは私を見つけられなかったのかもしれない。そう思いながら家を出た私は、なんと五〇〇ヤード（約四五〇メートル）も歩かないうちに倒れてしまいました！

寝室に戻るために、子どもたち二人の手を借りなければいけませんでした。二人に助けられてベッドに入った私は、それから二十四時間こんこんと眠り続けました――レイナが言った通りです。私は疲労を覚え、これまでになく弱った気がしました。何日か過ぎ、インフルエンザのような症状が出てきました。咳をすると痰が出て、少量のスープぐらいしか喉を通りません。その状態が一週間続きました。運動も、泳ぐことも歩くこともせず――私には理解できない、何か見えない物をひたすら解毒していました。

レイナから電話があり、リモートヒーリングからちょうど一週間後の四月二十八日の木曜日に、抜糸と呼ばれる遠隔処置をしなければいけないと言われました。もちろん私の身体には縫合糸などありませんし、白血病の治療にも縫合糸など使いません。しかし四月二十七日、水曜夜の十一時（ブラジルでは二十八日の午前六時です）、私は言われた通りジョン・オブ・ゴッドに祝福されたハーブと水を服用して、白い服をまとってベッドに入りました。しばらく固形物を食べていなかったのと、その一週間は気分も悪かったこともあり、力が出ず、少し痩せていました。翌朝目覚めると、それまでに感じたことのない、いつもと違う気分でした。

まず初めに気づいたのは、買ったばかりの腕時計が止まってしまっていることでした。誤作動どころか時間が遅れることすらありえない、保証付きの精密な時計なのにおかしいなと思いました。寝室から出て、息子と娘におはようと声をかけると、二人に対する無条件の愛が心の奥底から湧いてきて、圧倒されました。私は二人を抱きしめ、言葉にできないほど愛しているよと伝えました。息子のサンズと娘のセレーナが言いました。「パパ、薬でも飲んだの？　瞳孔がおかしいし、左目に引っ掻いたあとがあるよ」。

私は純粋な愛と化した気分でした。植木の一つ一つも純粋な愛でした。海も、この愛の魔法がかかった水の中で泳ぎなさいと誘っていました。子どもたちが天使のように見えます。力があふれてきて、空腹を覚え、至福を感じました。昨夜、寝室で何が起こったのかさっぱりわかりませんでしたが、一つ確かなのは、この世界とその住民たち全員がかつてないほど違って見えたということです。

あの抜糸をしてから数日が経ちましたが、私は毎日、恍惚状態にありました。気になっていた訴訟問題も片付き、相手に対しても愛しか感じませんでした。新たにエネルギーが湧いてきて、元気に歩いたり泳いだりしながら、かつてないパワーの高まりを感じていました——特に、二年前に白血病と診断されてからこんなに元気に感じたことはありませんでした。

さらに一週間以上が経ち、五月十日になりました——私の七十一歳の誕生日です。私はサンフランシスコで、“My Greatest Teacher（私の偉大な師）”という映画の仕上げに取りかかっていました。この映画は、私がミシシッピ州ビロキシーで父のお墓を見つけて、対話を通して父を許すことができたときの物語です。早朝、私はホテルのスイートルームでベッドに腰かけて瞑想していました。すると突然、無償の愛を注ぐ道具になるべきだという強い感覚が押し寄せてきました。

私は五十ドル札の束をつかんでセントフランシス・ホテルを出ると、ホームレスの人たちに愛とお金を配り歩いて、誕生日の大半の時間を過ごしました。薄汚れた、歯のない男たちをギュッと抱きしめ、その話に熱心に耳を傾けました。ユニオン・スクエアで、ソーダの空き缶や空のペットボトルがないかとゴミ箱を漁っている小柄な女性たちにも話しかけました。不潔だとは思いませんでした。彼らの虚ろな目に神の姿しか見えなかったのです。私は触れ合う人たち全員に深い愛情を抱いていました。

五十ドル札を全部配り終えると、私はホテルの部屋に戻ってベッドの上ですすり泣きました。その日に体験できたことへの感謝でいっぱいだったのです。七十一年間の人生でもっとも印象深い誕生日になりました。

見えない縫合糸を抜いてから二十日が経ち、五月十八日になりました。瞑想用の椅子に腰かけていると、内なる声がありありと聞こえてきました。「今日は散歩に出てはいけない。もうヨガをしても大丈夫だ」。私はびっくり仰天しました。医師のアドバイスに従ってホットヨガをやめてから、もう一年ほどが経っていたからです。私はすぐさま家を出て、以前通っていたマウイのヨガスタジオまで車を走らせ、九十分のセッションを受けました。体は少しなまっていましたが、自分の好きなこと――九十分の激しい運動ができることに骨の髄まで快感を覚えていました。

私はまた快活に生き、神の愛のエネルギーに満たされていました。

今だからわかること

前章で『「言い訳」をやめるといいことがたくさん起こる！』の方法論の六つ目の質問「自分の弁解を振り払うために、宇宙の協力を求められるだろうか？」を簡単に考察しました。そしてジョン・オブ・ゴッドと彼を通して働くエンティティのヒーリングへと導いてくれた奇跡的な出来事の数々をもう一度よく考えてみると、そこに非常に大きな意味をもつ真実があったことに気がつきました。自身の本質に従って生きることにエネルギーをシフトさせ、老子の言う四つの美徳：（一）すべての生命への敬意（二）飾らない誠実さ（三）穏やかさ（四）協力する心を発揮するとき、私たちは一つなる存在の源と同調して、宇宙の協力を得られるのです。これら四つの美徳は上辺だけの教義ではありません――これらは、私たちの本質の一部なのです。

ジョン・オブ・ゴッドのヒーリングを体験したこと、それらの不思議な出来事に続いた奇跡的な結果はすべて、私が神のような考え方に近づくべくシフトしたから起こったのだと今になってわかりました。新約聖書にも同じようなメッセージがあります。「神と共にいれば、すべてが可能である」。そこに例外はありません――つまり、神と共にいれば、不治の病の治癒ですら可能なのです。

レイナ・ピスコヴァ医師が「あなたはジョン・オブ・ゴッドのヒーリングを受けるべきだ」と言い出したのは、まさしく天の介入でした。私が「言い訳をやめる」という視点で生きることにシフトしたタイミングで彼女から連絡があったのは、私が四つの美徳を守ろうとしたことと関係していました。今だからはっきりとわかります――白血病の存在は「言い訳をせずに、神の愛に従って生きる」方法を、自らの経験を通して人に教えるためのチャンスを与えてくれたのです。レイナが粘り強く私にヒーリングを受けさせようとしたのは、私たち二人の存在を遥かに超えるフォースが働いていたからです。私はそれが真実だとわかっています。なぜなら、私がエンティティによるヒーリングを体験すべきだというレイナの燃えるような願いは、振り払うことも、無視することさえも不可能だったと彼女自身が打ち明けてくれたからです。

遠隔ヒーリングを体験して、そのスピリチュアルな処置によってバイタリティを取り戻してから五か月が経ち、私はニューヨークのラインベックにあるオメガ・インスティテュートに招待されました。四日間にわたる集まりで、ジョン・オブ・ゴッドが来るとのことでした。毎日、千五百名あまりの人たちが全身真っ白な装いで彼の前に列をなし、エンティティがさまざまな種類のスピリチュアルな処置を行いました。

私も特別扱いなどは受けずに、ほかの人たちと一緒に並びました。このブラジルからやって来た神の御使いの前に立ったとき、私は長蛇の列に並ぶ一人の人間にすぎませんでした。彼は私を見上げてポルトガル語で言いました。「あなたは健康です」。この短い言葉に私は感謝の涙を流しながら、感情を強く揺さぶられました。その後、ジョン・オブ・ゴッドに招かれて「カレント部屋」と呼ばれる部屋に座り、施設全体に充満している愛のエネルギーに浸りました。

昔からの友人で同僚でもあるデビー・フォードが私の隣室に滞在していました。彼女は何年も前から消耗性の珍しいがんを患っていて、スピリチュアルな処置をしてもらうために来ていました。デビーは日に何度かエンティティによる処置を受け、私はそれが終わる度に彼女の部屋を訪れて、自分に起こった驚くべき癒しの体験について語りました。デビーは弱りきっていましたが、私は真に奇跡的な何かが起こっていることを彼女の瞳の中に認め、私たちがここに来ようと決めたことを喜ばしく思いました（結局、デビーは二〇一三年に病気に屈服しましたが、私は彼女の美しい魂は癒されていたのだと感じています）。

ジョン・オブ・ゴッドを通してエンティティからの言葉を聞いた翌日、私は巨大なテント内で大勢を前にして話をしてほしいと招かれました。白い服をまとった、おびただしい数の人たちを見渡しながら、私は自分が体験したこと、前日にエンティティから言われた言葉について語りました。そして再び、この贈りものを皆と分かち合い、人々が神のような考え方にシフトするのを手助けしました。神のような考え方で生きていると、一つなる宇宙意志を引き寄せて、宇宙の協力を呼びこむことができるのです。

私は、『奇跡のコース』（ナチュラルスピリット）の「感情には二種類しかない、それは恐れと愛である」という教えをずっと固く信じてきました。恐れを抱いているとき、愛を感じる余地がありません。愛を感じているとき、恐れを抱く余地がありません。あの抜糸をした翌朝に起こった出来事をふり返ってみると、私にヒーリングを施してくれた聖なるエンティティは私の意識下に美しい愛を注いでくれたのだと、はっきりわかります。そして、そのように愛を注ぐことで恐れが入る余地がなくなったのです。頭から爪先まで私の存在全体をどっぷり包み込んだ、万物への愛の感覚をあれほど強く感じたことはありませんでした。「白血病」という病気はその言葉自体があまりにも不吉な予感を抱かせるため、私はがん細胞が血液中に流れているというイメージから連想される不安を自分の中に取り込んでしまっていました。

抜糸の翌日、私は冷蔵庫にアルコールフリーのビールを取りに行きました。もう何年も前にアルコールは断っていましたが、ノンアルコールの味が好きだったので、毎日それを飲んでいました。ところがその日、これは私が飲むべきものではないという声が聞こえました。その瞬間から私は古い習慣をやめ、ノンアルコールを体に入れたいという誘惑も感じなくなりました。あの遠隔ヒーリングは、自分への愛情と慈しみをもって健全な生活をするよう導いてくれました。そして未だに理由はよくわからないのですが、ノンアルコールのビールも、健全な習慣として自分と共鳴しなくなったのです。一連の出来事は、私を遥かに凌ぐフォースによって仕組まれていたのだと、今では確信しています。

私はずっと、「自分は教師だ」と宣言してきました。そして今回の経験も、これまでの驚くべき出来事の数々と同様に、私が他者に仕え、他者を手助けするために自らの経験談として語ることができるよう与えられたものでした。私はもう、「白血病を患っている」とは言いません。この病気を診断された当初はよくそう言っていましたが、今ではエンティティがジョン・オブ・ゴッドを通して言ってくれたように、「私は健康だ（I am well)。実際に、申し分なく元気だ」と宣言して、毎日を始めるようにしています。

私はこの"I am"という言葉を敬虔な気持ちで口にするようになりました。これは、出エジプト記で神がモーゼに自身の名を明かしたときの言葉です。私は、自分を定義したり、自らの言動を説明するとき、第三者から見た言葉を使いません。検査結果が示す数値に基づいて自分の健康状態を決めたりもしません。ですからそういった診断書などを見るのも控えてきました。私は元気だし、健全な食生活をし、毎日運動も欠かしていません。それに瞑想を習慣にしていて、神と意識的に通じ合う状態を得られます。

今では自分が天からの助けを得ていることを疑わず、その助けは誰もが得ているものだと信じています。不安を払いのけることで、私は神の愛が内なる意識を満たすことを認めました。あの遠隔ヒーリングを体験した四月の日以来、身近に強く感じていたその神の愛こそが私の癒しになっています。

「私は健康だ。私は申し分なく元気だ」と宣言するとき、その言葉を確証してくれる何かを外側に探す必要がなくなりました。本当の自分を真に表し、私の健康状態を決定するのは「我在り」という意識（プレゼンス）なのだと、今になってはっきりと理解しました。私のすべきことは、この「我在り」というプレゼンスへの感謝を抱きながら毎日を過ごすことです。私がこの世にやって来たのは、耳を傾ける人たちに、彼らにもこの「我在り」という神の見えざるプレゼンスがあるのだと教えるためです——そのプレゼンスこそが彼らの本質であり、彼らはそれを信頼して、それへの感謝にあふれた至福の状態で毎日を過ごすべきなのです。

スーフィーの教えに「庭を歩いていて、棘を踏んでしまったときは、棘にありがとうと伝えることを忘れてはならない」というものがあります。白血病という棘は、私自身の「我在り」というプレゼンスを身近に引き寄せてくれました。私はこの棘にとても感謝しています。そして、神という一つなる全知全能の宇宙意志にも、心からの感謝を伝えたいと思います。本当に、本当に、本当にありがとうございます！

第五十六章
神は私たちの内側にいる

私はある小ぶりな本を読んでいました。その本は四十年前にアルバート・エリス博士の『論理療法——自己説得のサイコセラピイ』（絶版）を初めて読んだときと似たような啓示的な気づきをもたらしてくれました。その二十七章から成る本は、初めから最後まで私にこう訴えかけているようでした。「ここに、あなたにとって非常に大切なことが書かれている。注意を払って、メモを取りなさい」。たとえば最終章に書かれていた言葉は、とても気に入りました。「あらゆる創造物、あらゆる永遠なるもの、あなたという無限の存在のあらゆる次元において、もっとも妙なる事実は、本書の第一章にて強調している。すなわち、あなたは神であり、あなたこそが『我は我たるものなり』

なのだ」。

その本のタイトルは『想定の「超」法則　その思いはすでに実現している！』（ヒカルランド）です。著者のネヴィル・ゴダードは、ネヴィルというペンネームで十冊の本を著しています。その本はまるで磁石のように私を引き寄せました――私はそれを数節読んでは沈思黙考し、メモを取るという作業を繰り返していました。少し休憩しようと思っても、続けて読むようにと本が呼びかけてくるのです。そういったことは人生で何度も経験してきたので、何かが訴えかけてくるときは、それが私の人生プランの一部であることをフォースが伝えようとしているのだと理解するようになりました――フォースは無視することのできないダルマを教えてくれるのです。

二〇一〇年十一月になる頃にはネヴィルの講義をたくさん聞き終え、『想定の「超」法則　その思いはすでに実現している！』も四度完読していました。私はその本を子どもたちへのクリスマスプレゼントとして八冊購入し、この「想像が現実を創造する」という彼の斬新な考えを探求してみるよう一人ひとりに勧めました。読んだら感想を教えてほしいと伝え、ネヴィルのもっとも印象深い言葉の一つを引用して添えました。「あなたはすでに自分が求めているものだと信じてみよ。たとえそれが事実ではなくても、そう信じ続けていればそれが事実になる」。子どもたちは、似たような感想を寄こしてきました。「ありがとう、パパ。何度も読んでみようとしたんだけど、見失ってしまって……。深すぎて、よくわからなかった」。

私からしてみれば、ネヴィル・ゴダードの言葉は人を驚かせるようなパワーを今もなお失ってい

第五十六章

神は私たちの内側にいる

ませんでした。彼は、いとも簡単にこう断言しています。「私たちの思考が世界を創るのだ。文字通りの意味で、思考が世界を創っている」。私は彼の教えを現代の人たちにもっとわかりやすい形で伝えたいという思いに駆り立てられていました。そこで、"Wishes Fulfilled（願いは叶う）"（邦題『ダイアー博士の願いが実現する瞑想CDブック――本当の自分に目覚め、心満たされて生きる』〔ダイヤモンド社〕）というタイトルの本を書き、九つ目となるPBS特番を制作して、ネヴィルが私の中に火を灯してくれた力強いメッセージを世間に紹介しようと決意しました。それらの作品と番組は集合意識のシフトにつながるかもしれないし、願わくばシフトを起こすかもしれません。

私はそれまで他者の考えをわかりやすく世に紹介するという道を歩んできました。どこか抽象的で、ときには難解すぎる考えや思想を簡潔に、理解しやすい形で伝えることを我が道としてきたのです。私はそのやり方をマズロー博士から引き継いだと感じています――すなわち、私たち一人ひとりの内に眠っている自己実現という隠されたパワーを一般の人たちに伝えなさいと、博士からその意を受けたような気がしていたのです。

ネヴィルがこの世を去ったのは一九七二年十月一日でした。それは、私が執筆家としてのキャリアを始めた頃です。彼が他界しておよそ四十年が経った今、その講義や作品の数々が私の内に眠っていた尋問者を目覚めさせました。私はすでに四十冊の本を出していましたが、今度はネヴィルの考えが世に出たがっているつむじ風のように私の内で大暴れしていたのです。

私はまず、新約聖書を熟読し始め、特にイエスの言葉に注目しました。イエスは、「私たちは皆、神である」という聖なる叡智を説いています。私たちのハイエストセルフは神なのです。それが私たちの本質です。私たちは神から生まれ、神として存在しています――しかし、マインドのウイルスや宗教的教義は、そんな考えは愚かな上に神を冒涜していると私たちに信じ込ませようとします。私たちはただ、そうしたウイルスや宗教的教義を取り払うだけでいいのです。

私は次に、アセンデッドマスターのサン・ジェルマンによる"The 'I Am' Discourses"（未邦訳）を読むことに没頭しました。出エジプト記にあるように、"I Am"の二語が神の名であること、そしてこの二語"I Am（私は○○である）"を口にするたびに神の名を唱えているのだと気づきを得ると、高揚感が湧き上がってくるのを感じました。

その半年で、『想定の「超」法則　その思いはすでに実現している！』を五回読みました。私はネヴィルのパワーあふれる教えを自分の人生に活かしたくなり、マウイの神聖な書斎にこもって毎日その教えに浸りました。私は、自分に与えられた最大の贈りものは想像力だと考えています。この"I Am"という神を具現化する宣誓を、想像力の中にしっかり植え付ければ、私も、人類すべてもあらゆる目標を達成できるでしょう。そこに必要なのは「願いがすでに叶っているという感覚を想像してみる」ことだけです。私は次のように自分に宣誓しました。「私は（I Am）健康だ。申し分なく元気である」。すると、私の想像力に植え付けた"I Am"という宣誓に合致するエネルギーを宇宙が送ってくれました。

私は恍惚意識で生きていました。ペンを持った手が空白のページを走り、どこからどのようにしてやってくるのかわからないアイデアで埋め尽くしました。私は何者かの道具になっていたのです。章から章へと言葉が進み、私はこの自動書記のような感覚を楽しんでいました。ネヴィルの教えの中でも私が特に顕著だと考える五つの教えや、ユエル・スタンリー・アンダーセンの教え、そしてサン・ジェルマンがチャネリングした教えについて述べました。

その間、毎日のように奇跡が起こっていました。私のプロデューサー、ニッキ・ヴェッテルに連絡すると、PBSの上層部から三時間の特番への賛同を得て、制作許可をもらったとのことでした。番組は数年間にわたって全国で放映されるでしょう。そうすれば私が伝えたくてたまらない教えを何百万という人々に知ってもらえます。神に関して私とは異なる見解を持つ人たちからの批判もあるかもしれませんが、そうした批判を恐れてこの考えを世に伝えるのを控えようとは決して思いませんでした。私はイエスの言葉を研究し、彼の"I Am"という表明の数々を熟読しました。九つ目となるPBS特番の制作に全力を注ぎました。

二〇一二年三月に、PBS新特番「願いは叶う」が完成し、合衆国とカナダのほぼすべての放送局で放映されました。合衆国では公共放送のための寄付金が千八百万ドル以上も集まりました。私がPBSの資金調達週間におよそすべてのPBS放送局を訪ね歩き始めた一九九八年以来、合計二億ドル以上の寄付が寄せられたことになります。

『ダイアー博士の願いが実現する瞑想CDブック』はニューヨーク・タイムズのベストセラーリストの第一位に躍り出て、私は数えきれぬほどの手紙を受け取り、同書のスピリチュアルなメッセージを実践してみたところ人生にさまざまな奇跡が起こったという感想が届きました。

私はネヴィルの類まれなる才能に感謝の祈りを捧げました。彼は詩篇82編6節の「あなたがたは神である」という一節を、文字通りの真実として受け取りました。私はネヴィルの教えすべて——特に気づきがもたらすパワーに関する記述を熟読し、イエスの言葉や"The 'I Am' Discourses"を研究して、それらの聖なるメッセージすべてを簡潔にわかりやすく現代に活かせるよう心血を注いでまとめました。

これらのメッセージ——すなわち神は外側にいる概念ではなく、内的な意識であるという気づきの教えに対して人々から大きな反響があり、私はその肯定的な反応を誇らしい思いと喜びをもって受け取りました。私たちは神と同一の存在であり、エゴを超越しているのだと知っていると、願いは実現可能になるだけではなく、実現が保証されます。

私はこの明瞭でカリスマ性のある師の言葉を読み、研究し、実践するよう後押ししてくれた内なる衝動をありがたく思い、誇らしく感じています。ネヴィルはおそらく彼が生きた時代の誰よりも、この創造的マインドの本質の完全な論理をとらえていました。この二年間で彼の作品は私の元にやって来て、注意を払いなさい、この作品をじっくり研究しなさい、そしてできるだけ多くの人に広めなさいと訴えかけてきました。その願いは叶うという教えは、地上の天国を現実にするパワーを持っています。

今だからわかること

私はよく「学ぶ側の準備ができたとき、師が現れる」という仏教の格言を引用してきました。そのときに必ず気づくとは限りませんが、人生で経験することはたとえそれが辛いものであっても、すべて魂の旅路において必要な目的があって起こっているのです。今になって気づいたことですが、ネヴィルの教えが私にインパクトを与えたタイミングは、高次意識とスピリチュアリティの原則について学び教える私の準備レベルとちょうど合致していました。

先にも述べましたが、私が執筆家としてのキャリアを始めた頃は、神やスピリチュアリティ、高次意識という言葉は決して使っていませんでした。そのときの私の準備レベルに応じて書いていたからです。当時の私が必要としていた師たちは、「モチベーション」や「自己啓発」に関するメッセージを世に伝える手助けをしてくれました。そして私の準備レベルが向上するにつれ、現れる師たちのスピリチュアルな気づきレベルも上がっていたのです。

過去をふり返ってみると、私の生涯のキャリアがスタートしたのは施設で暮らしていた少年の頃だとわかります。そして高校時代、海軍時代、探究心旺盛だった大学生時代、若かりし教師時代、大学教授時代……さらに、数多くの作品を書いた執筆家、世界中の人々の前で話す講演家として過ごした四十年あまりにわたって数々のシフトが起こっていたことがわかります。過去を俯瞰してみると、幼少の頃から現在の七十代に至るまでに現れていた数々のパターンに気づきます。長い旅路を歩んできましたが、生涯のモチーフが今になって鮮やかに見えてきました。その時代その時代の立場では、一歩一歩のステップが、神のような生き方へとつながる階段のステップだとは気づいていませんでした。

神や高次意識、スピリチュアリティという言葉を決して使わなかった私が、少しずつですが自分の作品や講演でそれらを紹介するようにシフトしました。さらに、神との関係について書くことの重要性を認めるようになり、次なるステップは神に近づくことだという気づきを抵抗なく受け入れる心境に達しました。ネヴィル・ゴダードやサン・ジェルマンから、神の一部であるハイエストセルフとして生きるという無限の叡智を学んだのです。なんと壮大な旅路を歩んで来たことでしょう！

すべてを見渡せるようになった今、私は『ダイアー博士の願いが実現する瞑想CDブック』を書く十五年前に『「いいこと」が次々起こる心の魔法』（三笠書房）を書いたことに気づきました。その作品はあの頃の私の準備レベルを表しています。当時の私は心理学やモチベーションを土台にした執筆家から、スピリチュアリティや高次意識について学び教える執筆家へと移行する初期段階にありました。一九九六年頃の私はほしいものを手に入れることを重視し、実現の法則を学んで、実現プロセスにおける九つの重要なステップを踏めば物事（いいこと）を実現できるようになると強調していました。その実現のための九つのステップは、ほしいものをすべて引き寄せられる生き方において必要不可欠なものであり、今でもそれは変わっていません。しかし、あれから十五年経った今、私は「神の意識」という視点に少しずつシフトしていました。

第五十六章

神は私たちの内側にいる

『ダイアー博士の願いが実現する瞑想CDブック』で探求したような実現は、私が“The 'I Am' Discourses”やネヴィル・ゴダードの教えを追求した結果に基づいています。何か特定の原則を実践して欲しいものを得る、という意味の「実現」ではありません。今作では、「スピリチュアリティとはいいことや欲しいものを実現することではなく、本来の自分を実現することである」というメッセージをテーマにしています。

私は、自分の欲求はすべて「足りない」という意識から生じていることを今では理解しています。私はすでに完全であり、実現のプロセスは自分の意図してきた者になること——すなわち自らの神性を取り戻して、源とのつながりを復活させることだと今ならはっきりわかります。神のように生きることが真の実現なのです。

毎日、あらゆる生命に対して愛と平和の考えを向けて暮らすことが、大いなる平和へとつながる気づきの歩みになります。このメッセージを、私は十五年前に書いた実現の作品に加えようと思ったのです。創造的な源のように考え、行動することによって、私はもっとたくさんのモノを手に入れたがるエゴの欲求を超越し、実現とは自分のほしいものを手に入れることではないという理解に達しました。私は本来の自分を実現するのです。タオ（神、宇宙意志）と調和していれば、宇宙の創造的源のパワーを得られます。それこそが私のハイエストセルフ——すなわち神なのです。そのように生きているとき、私は“I am（神）”となります。

私がネヴィルや“The 'I Am' Discourses”の教えに夢中になったのは、フォースが私のために働いていたからだと、今でははっきり理解しています。そのフォースは、この地上を去った人たちからスピリチュアルなガイダンスを得たければ、神の意識と調和するしかないということを私に教えたかったのです。判断、批判、非難、そして害ある考えすべてを控えると、高次の気づきである天使たちが、純粋な愛としっかり結びついたその人の中に自身の姿を認めます。そして宇宙が、それまで固く閉ざされていた豊かさと最高の幸福に続く扉を開けてくれます。神の愛の生き方に近づけば近づくほど、姿形なき源からより多くのガイダンスが届くのです。

今では、ここで学ぶべきメッセージをはっきり理解しています。「目覚めの天使が、魂のもつ高次のヴィジョンの中で動き出す」――ですから、神の愛と完全に調和する形で、想像力を使いましょう。二〇一二年に『ダイアー博士の願いが実現する瞑想CDブック』を書く背景となったそれらのパワフルな教えを、十五年前の私が知らされていなかったというわけではありません。これは、私の準備ができているか否かという問題なのです。ずっとそこにあったスピリチュアルな教えを受け入れ、神は外側にいる概念ではなく、この世に生を受けたすべての人たちの深奥に内在しているという考えに心を開くようになったために、私はそれらの教えを学ぶことができたのでした。

創造主は、自らの一片を人類に吹き込みました――それは、「我在り」という本質の輝きです。その輝きは、「私の根底は"I am God（私は神である）"」という気づきの炎になって燃え盛ります。かつては極端な見解だと考えていたものを受け入れられる段階にまで私の準備レベルがシフトすると、そのレベルにふさわしい師たちがすぐさま現れるようになりました。人生の初期段階にあった私が「理解しがたい」と却下していた考えを、今では理解できるようになり、しかも強烈な高揚感を覚えるようになりました。その高揚感が燃料となって、『ダイアー博士の願いが実現する瞑想CDブック』という作品やPBSの特番へと実を結ぶことになりました。

私の九つ目のPBS特番を全国で放映するにあたって、私はアニータ・ムアジャーニを舞台上で紹介し、彼女の不思議な臨死体験とその後に起こった末期リンパ腫の驚くべき治癒について話してもらうことができました。アニータの話を知ったのは、私がネヴィルらの圧倒的な教えを受け入れる準備が整い始めた頃でした。アニータという師が私の人生に現れたとき、私は彼女の『喜びから人生を生きる!』(ナチュラルスピリット)を出版する手助けをすることができ、その作品のまえがきを書くという栄誉に恵まれました。

アニータは自分が神と分離した存在ではないということを身をもって発見し、余命あと数時間と言われるまでに悪化した消耗性がんの攻撃から救われたことを知りました。彼女のような末期がんの状態にあった人が、そこから生き延びたという例は他にありません。しかし、アニータは昏睡状態の臨死体験中に学んだことを人々に伝えるために生還しました。しかもがんは治癒していました。

彼女の話は大勢の人々の胸を打ち、その本もすぐさまニューヨーク・タイムズのベストセラーになりました。彼女は今、自分で学び、確信したことを世界中の人々に伝えています。私たちがすべきことは自身の偉大さを尊び、自分がいつも神と信頼関係にあるのだと心で知ることだけです。そして神と共にあればすべてが可能だということ——それを彼女は伝えているのです。

アニータの「あの世」での特異な体験を私が知るためには、あらゆる出来事が然るべきタイミングで起こる必要があったのだと、今ならはっきりわかります。私はアニータの居所を突き止めて彼女の話を世に伝える手伝いがしたいという、抑えられぬ思いを抱きました。そして彼女の本を出版できるよう取り計らい、私のPBS特番に出演してもらいたいと願いました。そうした強い思いはすべて高次のパワーが仕組んだことです。アニータの作品とPBS出演によって、大勢の人々が、自身の成長にシフトを起こすことができました。その人たちは、私たちすべてに内在するパワーを実際に体験した彼女の話を聞いて、誰もが神であるという考えを裏付けする必要があったのです。

私は続けざまに起こった絶妙なシンクロニシティに畏敬の念を抱いています。本当に、学ぶ側の準備ができたときに師と教えが魔法のようなタイミングで現れるのです。

第五十七章
聖地・アッシジの再訪

二〇一一年六月中旬、私はアッシジを再訪していました。その数か月前、私の専属出版社になって十二年になるヘイハウスのCEO、リード・トレイシーと一緒に、この「奇跡を体験する」と銘打ったツアーを取りまとめました。チャーター機でアッシジ、ルルド、メジュゴリエといった聖地を巡る旅です。これらの聖地では確かな裏付けのある数々の奇跡が起こっており、私は各地で二時間の講演を行うことになっていました。チャーター機の最大座席数である百六十二名が、この一生に一度の旅に申し込んでくれました。

過去二十年間にわたって私の精神的成長において重要な役割を果たしてきた聖人、フランチェスコの故郷を訪れるのは、これが三度目でした。今回のスピリチュアリティを探求する旅を企画していたとき、彼の故郷をぜひ再訪すべきだと思ったのです。聖フランチェスコの人生を形作った理想を実際に叶えて生きるのが私のヴィジョンでした。それほど、彼は私の過去数十年の人生において大きなフォースとなっていました。

ホテルにチェックインすると茶色いローブを渡されました。フランチェスコ修道会の修道士たちが着ていたものと同じデザインです（聖フランチェスコ自身も八百年前に修道会を設立したときにこれと同じものを着ていたそうです）。私はローブをまとって、中央イタリアにあるこの村のホテルの敷地内を散歩しました。前回、奇跡の癒しを経験したこの場所にまた戻って来られたことに半ば畏怖の念を感じながら、私は感慨深く自分の膝を撫でました。ツアー参加者のジョン・グレイベルを背負った私の前に現れ、立ち上がりなさいと示した聖フランチェスコ……私はその顔を思い出しながら感謝の祈りを捧げました。手術が必要になるかもしれないとまで言われていた膝を彼は癒してくれたのです。

翌日、私の子どもたち三人を含むツアー参加者一同は数々の巡礼地を訪れました。それらの場所は、一二二六年に亡くなった一人の人間が、八百年以上経った今日《こんにち》でも世界中の人々に大きな影響を与えうるという証拠です。聖フランチェスコの人生は、イエス・キリストと深くつながっていました。彼はキリスト意識が何をもたらすかを知っていました。キリスト意識で生きれば、赦しや愛、信仰、希望、光、喜びを世界にもたらすということ、その世界では人々が復讐心や憎しみ、不信、絶望、闇、悲しみを進んで手放すということを確信していたのです。

第五十七章

聖地・アッシジの再訪

私は翌日の夜に特別な場所で講演を行う許可をもらったことに深く感動していました。その場所とは十世紀に設立されたベネディクト会のサン・ピエトロ教会で、そこでこうしたイベントが行われるのは初めてとのことでした。講演を録画するために、一台だけカメラを持ち込む許可もおりました。私がここで講演し、それを録画する許可がおりたことに聖フランチェスコが一役買っているのは間違いありません。

講演日は六月二十一日の火曜日、ちょうど夏至の日でした。その夜、私たちはフランチェスコ修道会の修道士に迎えられ、静かに教会に入りました。私がそのすばらしい建築様式について話していると、修道士は微笑んで頷きながら聞いていました。聖フランチェスコとその仲間たちが、当時のカトリック聖職者たちにまではびこっていた腐敗に一石を投じようとしていた頃、この教会はすでに建てられていました。

教会は俗塵を避け、静まり返った環境にありながら、どこか張り詰めたような空気が漂っていました。十字架にかけられたイエスの像があり、私はこの古くからある像の下で話すことになっていました。祭壇のそでで控えていると、いつもの講演前とは違ってどこかピリピリした感覚がありました。

私の子どもたち、セレーナとサンズとセージによる温かい紹介を受けて、私はまず聖フランチェスコとの長い関わり合いから話し始めました。何か凄まじいエネルギーがみなぎるエネルギーフィールドにいるような感じがしました。聖フランチェスコがすぐそばにいるという気がしてなりません。

二時間の講演の締めくくりとして、私はニコス・カザンツァキによる感動的なフィクション作品“Saint Francis（聖フランチェスコ）”（邦題『アシジの貧者』［みすず書房］）を朗読しました。それは、聖フランチェスコが牢獄で死にかけた若き兵士から変貌をとげ、所有物をすべて手放した托鉢僧になるまでの物語です。彼は教会の修復に生涯を捧げ、イエスの教えを徹底的に守りました。物語は、聖フランチェスコにずっとつき従っていた兄弟レオの目を通して語られています。

私はこの作品を五、六度読んでいましたが、いつ読んでも深い感情がこみ上げてきます。講演では、聖フランチェスコが自身のもっとも恐れていたハンセン病患者と対面する場面を抜粋して朗読しました。彼は恐ろしいハンセン病を患った人たちへの恐怖心を拭い去るために、その口に接吻しなさいというイエスの声を聞いたのです。

本を朗読している途中、ふいに感情がこみ上げてきました。私は壇上で固まり、話を続けることができなくなりました。涙がとめどなくあふれてきます。自分を抑えることができませんでした。まるで何かの存在が自分に入ってきたような気がします。人前で話すようになって四十年が経っていましたが、自分が自分でないような感覚はそれが初めてでした。スピリチュアルな旅行記の一環として、収録中の講演を行っているウエイン・ダイアーが、そこにはいませんでした。私は、自分の人生に見え隠れしてきた存在――時には少し姿を現すだけで、また別の時には私の魂の深奥に宿る存在――と同化していました。私たちは一体になっていたのです。

第五十七章

聖地・アッシジの再訪

涙がはらはらと頬をつたい、まるで聖フランチェスコが私と同化したかのように感じました。この感覚はうまく言葉で説明できません。私が両腕を差し伸べると、聴衆たちも立ち上がって私の方へ両腕を差し伸べてくれました。彼らは私に寄り添い、私は彼らの愛情深い抱擁を感じました。実際に触れ合ったわけではなく、動くことすらしていないのにそう感じたのです。拍手はなく……静かに講演が終了しました。私は感情に押し潰されそうになりながら、その一方で神の一部であるという恍惚状態にありました。

教会から出ると人々が集まってきて、あんなにドキドキしたのは初めてだ、思わず息を飲んだと言われました。私自身も、目を見張るほどパワフルな何かが起こったことに気づいていました。私の個人的成長、精神的成長において重要な役割を果たしてきたスピリットが私の内なる自己と一体化したのです。

その後、参加者たちはレストランへ向かいましたが、私は食事のことを考えることすらできませんでした。タクシーでホテルの部屋に戻ると二時間ほど瞑想しました。食欲はありません。とてつもなくパワフルな解毒作用が起こったかのように疲れ切っていました。私は一晩中起きて、教会での出来事をふり返りながら、この私が——講演はお手のものだった私が臆面もなく泣き崩れるなんて、一体どういうことだったのだろうと考えていました。

今だからわかること

アッシジのサン・ピエトロ教会で、私は聖フランチェスコが自分の肉体に入って言葉や動きを失わせたように感じました。その体験につながる一連の状況や出来事がはっきりと起こっていました。あの夏至の日以前から、私はワンネスという考えや神のような生き方に達したときに起こる魂の一体化について、機会あるごとに書いたり話したりしてきました。二十年以上前に書いた『「最高の人生」を手に入れる人がやっていること』(三笠書房)(この作品では、ワンネスについて一章を割きました)に始まり、数々の作品でそういった深遠なテーマについて論理的に語ってきました。私が書き続けた数多くの作品は、この「私たちは皆、つながっている」という考えや、「スピリチュアルな面で共鳴する他者と完全に一体化することが起こりうる」という考えを深く探求しようとする試みだったのだと、今になってはっきりわかりました。

しかし、そうした過去をふり返ってみてもっとも鮮やかに浮かんでくるのは、あの美しい教会の祭壇にいる自分自身の姿です。私は、ワンネスについて書くことと、ワンネスを実際に体験することの違いを、身をもって経験できる場所へ連れて行かれたのでした。ほかの人たちが書いた書物を通して神を知ることと、神との意識的なコンタクトを通して神を知ることが違うように、書くことと実際に体験することは別ものなのです。

私は、心理学的観点から語る若き執筆家、講演家としてスタートし、スピリチュアリティを探求するいわゆる専門家となり、しまいには聖フランチェスコとの個人的な関わり合いを通して体験する者になりました。そうした人生の歩みの全体像に気づく時期が来ていたのだと思います。今回の体験は、そのような神聖な事象を司る見えざるフォースが采配した、天の取り決めでした。

そう考えるのは、私の幼少期の境遇が定められていたという確信と似ています。私は人生の最初の十年を施設や里親のところで過ごしましたが、そうした年月が与えられたのは、親元を離れて生活することが私にとって自立自助を体験するための唯一の方法だったからだと今でははっきり確信しているのです。あの幼少期の年月は私が乗り越えるべく導かれたコースであり、自分の意識に自立自助をしっかり植え付けるために歩まなければいけなかった最初のステップだったのだと考えています。スピリチュアルなレベルではすべての魂が内側でつながっているという考え、そしてワンネスという考えについて書きはじめた頃の作品は、そうした題材を身をもって経験できる究極の気づきへと向かうステップでした。

この世には秘密の花園があるのかもしれないと夢見ていた少年の頃から、スピリチュアルな影響力をもつ有名人となった現在に至るまで、私の人生の全体的なパターン（傾向）において、聖フランチェスコは抜きん出た存在でした。創造主の視点からすれば、私が聖フランチェスコについて知るだけではなく、彼と一体になることが必要だったのです。あの夏至の日、私たちが一瞬とはいえ一心同体となったことを、一点の曇りなく確信しました。

あの日あの教会にいた誰もが、私と同じく聖フランチェスコの存在を感じていました。あの瞬間にさまざまな角度から撮られた自分の写真を見てみると、大きなオーブがいくつも写っています。そのうちの一枚を、『ダイアー博士の願いが実現する瞑想CDブック』（ダイヤモンド社）にも載せています。

同書の最後の仕上げをしているときに、私はブレンダ・バビンスキーという女性から手紙を受け取りました。彼女は私が最近カナダで行った講演に来ていたそうで、講演の間、舞台上の私を包み込んでいた光について教えてくれました。

そして、さらに不思議なことが起こりました。あなたが聖フランチェスコの話をしていたとき、この私の目の前であなたの姿が変わったのです。あなたは長いローブをまとって、聖フ、ラ、ン、チ、ェ、ス、コ本人になっていました。それはほんの短い間でしたがとてもパワフルで、感動的で、とにかく現実味がありました。

ところが、さらに不思議なことが起こりました。あなたが老子の話を始めると、その姿も老子のものになったのです！　長く編んだ髪が背中にたれ、顔も老子のものに変わるのを確かに見ました。それも一瞬のことでしたが、私は自分の見たことを一生忘れないでしょう。

以前の私なら、そのような出来事は起こりえないし、幻覚だと考えたでしょう。しかし、今ではより広い視野で物事を見られるようになりました。私自身も、この聖人フランチェスコの姿を一度見ているからです——それはほんの数秒でしたが、彼は私の前に現れ、「立ち上がりなさい」と身振りで示しました。しかも、医療の言い分に逆らうかのように、私の損傷した膝が治ってしまったのです。その前にも彼は私と妻の心に入り、彼がかつて生活し、死の床についた礼拝堂で瞑想する私たちの魂に触れました。そして二〇一一年の夏至の日、ビデオカメラと一六二名のスピリチュアリティ求道者の目の前で、私はその聖なる存在と一体となって貴重な瞬間を分かち合いました。

聖フランチェスコは、その晩年に聖痕を受けました。自身がイエスと一体になるほど、彼はキリスト意識に身を捧げていたのです。純粋な無償の愛に生きることの本質とは、存在の源と一体となって、神のように揺るぎない態度で考え、行動することであると今でははっきり理解しています。私が三度目にアッシジを訪れたときに経験したように、純粋な愛で自分の存在が満たされると、神の愛が働きかけてきます。あのとき私は、聖フランチェスコが私に与えた大きな影響について語っていました。イエスがハンセン病患者の姿で現れたことに気づいた聖フランチェスコは、その口に接吻することで自分の恐怖心に打ち勝ちました。ちょうどその話をしていたときに、神の愛が私とフランチェスコを重ね、私たちは一体となったのです。

マザー・テレサの言葉で、とても好きなものがあります。彼女は貧民街から文字通り連れ出してきた人たちの目を見て、こう言いました。「あなた方一人ひとりが、姿を変えたイエスなのです」。私は、すべての人がつながっていることを知っています——私たちは一つなのです。

無償の聖なる愛は、キリストの受けた傷を人に聖痕として与えるほど大きなパワーを発揮することがあります。そうして、すべての人の中に神の顕れを見せてくれるのです。私はアッシジで起こったあの魔法のような瞬間（その瞬間は、「奇跡の体験」と題したＤＶＤにも収められています）、聖なる愛が二つの別々のように思われる魂をワンネスへと融合させることができるのだと知りました。

あの日以来、私はいつも身近に聖フランチェスコの存在を感じています。たとえ一瞬にしろ、彼のような聖なる存在と融合できたと考えるだけでも謙虚な気持ちになります……しかしひょっとすると、彼は永遠にそばにいてくれているのかもしれません……。

第五十八章
愛が私の本質である

私はセレブリティクルーズの十七階建て豪華客船〈イクノス〉に乗って、地中海を巡るツアーに出ていました。ツアー参加者の三五〇名を前にして、私は乗船中に二時間の講演を計五回行う予定になっていると伝えました。ツアーはローマ、サントリーニ、イスタンブール、アテネ、ミコノス、ナポリを回ります。それに加えて、トルコのエフェソスにある聖母マリアの家の敷地で、一時間の講演を行うことになっていました。その講演のテーマは「スピリチュアルな先人の後に続く」で、これは今回のツアーのテーマにもなっていました。

ツアーに出る前の二週間にスコットランドとイングランドで二回講演を行ったのですが、両地では二〇一二年九月三十日という特別な日の準備をしました。その日に、聖母マリアが余生を送ったと考えられている石造りの家で、講演を予定していたのです。イエス磔刑後、聖母マリアは聖ヨハネに連れられて、晩年をその家で過ごしたと言われています。その家はトルコのエフェソス近くのコレソスの丘にあり、現在はカトリック教徒とイスラム教徒の聖堂になっています。私の講演は、何百という人々が行き来するであろうこの古い家の外で行うことになっていました。ツアーに組んだ歴史ある各聖地での訪問や講演はすべて撮影班が収録していて、聖母マリアの家での講演も撮影予定でした。

私は、トルコのその家からあまり離れていない場所で暮らしていたあるスピリチュアルな聖人のことを考えていました。その聖人、ジャラール・ウッディーン・ルーミーは詩人、法学者、神学者であり、なによりも、スーフィーの神秘主義者でした。彼の生涯はアッシジの聖フランチェスコの生涯とおよそ十九年ほど重なっています（ルーミーが生まれたのは一二〇七年で、その十九年後の一二二六年に聖フランチェスコが亡くなりました）。ルーミーがその生涯を過ごしたのは十三世紀ですが、彼は二〇〇七年に、「アメリカでもっとも人気のある詩人」と称されました。

ルーミーの作品を読み、講演で彼の言葉を引用するようになってから、およそ三十年が経ちます。ルーミーは、本書で言及したほかのスピリチュアルな師たちと同じく、私の人生で欠かせない重要な存在です。実際のところ、イスラム教世界とキリスト教世界の両方で聖人と見なされているこの男性の生涯に、私は憑かれたように夢中になっていました——その意義深い存在は国境を超え、民族的境界をも超えていると考えられています。

第五十八章

愛が私の本質である

一九八〇年代初期、イラン革命から間もない頃、私はテヘランに住むマリアンという女性から手紙を受け取りました。マリアンは母国語のペルシア語で当時翻訳出版された『自分のための人生』(三笠書房)を読んだとのことで、私の関心をルーミーの作品に向けてくれました。それ以来、彼女はいつもイランから手紙をくれ、私と連絡を取り合うようになりました。

私の初期の作品のメッセージをとても気に入ってくれたマリアンが最初に手紙をくれてから三十年ほど経ちます。彼女はアメリカ人との関わり合いを厳しく制限している国に住んでいながら、私と私の作品に対する変わらぬ愛情を寄せてくれています。

マリアンは子どもの頃にポリオを患い、二歳から六歳まで立つことも歩くこともできなかったそうです。ところが、夢の中で女性の姿をしたスピリチュアルな存在が現れ、彼女に立って歩くよう身振りで示しました。マリアンは言われたとおりに立って歩いてみました——最初は夢の中で……そして、目覚めてからこの物理的次元で。

マリアンは私にルーミーの詩集を送ってくれ、彼女が「私のシャムス」と呼ぶ人物といつの日か会えることを夢見ていました。ルーミーは、偉大なスピリチュアルの師であるタブリーズのシャムスとの間に絆を築いていました。どうやらマリアンは、その絆と同じような結びつきを私に対して感じてくれていたようです。シャムスは、ルーミーの数々の詩に多大なインスピレーションを与えました。ルーミーがマスター・シャムスと知り合ったのは一二四四年、三十七歳のときでしたが、その出会いがルーミーの人生を変えたと言われています。二人が交流した四年間に育まれた愛情は、神聖なものだったと考えられています。シャムスへのルーミーの愛、そしてマスターの死による二人の別れ（一説によると、シャムスの死は、ルーミーの息子が原因だとされています）は圧倒的な数の愛の詩を生むインスピレーションとなり、それらは多くの言語に翻訳され、今日《こんにち》もなお読み継がれています。

マリアンは数十年にわたって手紙や贈りものを送ってくれ、たまに電話もかけてきてくれました。そうした彼女の思いやり深い行為は私たちの間にある清らかな親愛の証であり、私たちを隔てる文化的・距離的な分断を超えていました。マリアンはいつの日か私たちが会えることを熱望していましたが、彼女の国の法律では北アメリカを訪れるために必要なビザがおりないため、私たちが会うのは不可能に思われました。

二〇一二年九月二十八日の朝、私たちツアー客一向は、イスタンブールの魅惑的な古都の観光に出かけようとしていました。私がイスタンブールを訪れるのは、一九七四年にカラミュルセルに住んでいたとき以来です。あのときトルコはキプロス侵攻をめぐって今にも紛争が勃発するという状態で、私はトルコから出国するために賄賂を渡さなければなりませんでした。あれから時が流れ、今、観光バスに乗り込もうとしている私の前に、頭に布を被った女性が歩み寄ってきました。手書きで「信じていれば、それが現実になる」と書いた目印を手にしています。彼女は言いました。「私が誰だかわかりますか？」。

彼女がマリアンだと気づいたときの私たちの喜びようは、言葉では言い尽せません。なんとマリ

第五十八章

愛が私の本質である

アンはトルコへの訪問ビザを取得できたので、人であふれかえるこの港で一晩中、私を待っていたそうです。

ちょうどツアー客の一人が具合が悪くてバスツアーに参加できなかったため、空席が一つありました。マリアンは私と娘のセレーナと丸一日を過ごし、美しいブルーモスクを一緒に見学しました。別れのときが来ると、私たちは涙を浮かべてさよならを告げました。

船に戻った私は、聖母マリアの家で予定している講演の準備を続けました。その頃の私はルーミーとシャムスの作品に夢中になっていたので、その詩や物語の中から講演で使いたいものを選びました。ルーミーとシャムスの存在が身近に感じられます。そして、長年やり取りを続けて、とうとう会うことができたマリアンの存在も近くに感じていました。私とマリアンのやり取りは、スピリチュアル界の鬼才である二人の教えに関することが主でしたが、その教えは宗教を超え、神の愛の本質を表現していました（そして今では私も、その神の愛の視点で見るようになっていました）。師弟間の愛――それは決して消えることなく、変わることもない愛でした。その愛は、神が全人類に注ぐ愛と同じ種類のものです。

私たちは海に浮かぶ都市のような豪華客船に乗ってエフェソスに到着し、再びバスに乗り込むことになっていました。丸一日、その古都で過ごす予定です。エフェソスは、紀元前六千年まで遡る新石器時代の遺跡を残していて、地中海の東側では、世界最大級のローマ遺跡も見られます。そのような土地を観光するのは楽しく、しかもまだおよそ15％しか発掘されていないのだと考えると、不思議な気持ちになりました。

バスに向かって歩いていると、またマリアンに会いました。テヘランに戻るフライトを予定変更して、飛行機、列車、バスを乗り継ぎ、エフェソスを訪ねる私たちに合流することにしたのだと言いました。ルーミーとシャムスについて話す私の講演をやっぱり聞いておきたいと思ったそうです。二人に関する私の知識はこの三十年間で彼女が送ってくれた資料から得たものですから、無理もありません。この予定変更をするためにマリアンが費やした時間、手続き、費用を考えながら、私は彼女を見つめました。そこには私に会うという生涯の夢をやっと叶えた純粋な喜びが輝いていました。

マリアンに再会して、私は驚くと同時に興奮していました。私たち父娘がマリアンと一緒にエフェソスの遺跡を巡ることができると考えるだけでも夢のようなのに、私は彼女が見ている前でルーミーに関する講演を行うことになったのです。胸が躍る一方で、身の引き締まる思いでした。この女性は六巻まである『マスナヴィ』（未邦訳）を含む、ルーミーの作品をすべて読破しているのです。『マスナヴィ』は神と真に同調して生きるというゴールにたどり着くための方法を、スーフィーに向けて説いているスピリチュアルな書物です。

私たちはバスに乗ってナイチンゲール山の頂上まで行きました。そこの自然公園の中に聖母マリアの家があります。ツアー客三五〇名は、その石造りの家に隣接した場所にめいめい腰かけました。家の土台は西暦一世紀に遡ります。伝説によると、聖母マリアは十二使徒の一人、ヨハネに連れられてこの家にたどり着き、その死を迎えるまでここで過ごしたそうです。

私は、聴衆にマリアンを紹介しました。ツアー客に加えて、何百人という旅行者が私の話を聞こうと立ち止まったり、講演を収録している撮影班を見に来たりしていました。私はルーミーとシャムスの詩の数々を朗読し、この二人の尊い聖者たちの間に育まれた類まれなる愛について語りました。さらに、マリアンと私の関係、彼女がここに来るためにどれだけ苦労したかについて話しました。彼女がポリオを患っていたこと、聖なる存在が夢に現れて、四年以上、立つことも歩くこともできなかった彼女に立って歩くよう告げたことを思い出します。

アッシジで見た聖フランチェスコのヴィジョンのことも思い出されました。ほんの数秒出現し、私に立ち上がるよう身振りで示して、痛む右膝をその場で治してくれた聖フランチェスコ。左側に目をやると、実際に聖母マリアが住んでいた家が見えました。聖母マリアについてはルーミーの詩だけではなく、コーランでも言及されています。

カメラ収録も兼ねた七十分の講演「スピリチュアルな先人の後に続く」が終わりました。講演の主な話題は、宗教を超える癒しの愛について語ったシャムスとルーミーでした。二〇一二年九月三〇日は、私の人生で聖なるフォースとなったこのルーミーという男性の八〇五回目の誕生日でした。彼が私にとって聖なるフォースとなったのは、イランのマリアンが私に向けてくれた愛のおかげです。私たちは皆でルーミーの誕生を祝い、聖マリアの家に入ってキャンドルに火を灯しました。その日に集まった人たちを包み込む愛のエネルギーを感じました。

この数か月でアッシジ、ルルド、メジュゴリエ、エフェソスという、聖母マリアの出現が認められた聖地でたくさんの時間を過ごしました。そして今、私はルーミーの誕生日に、大勢を前にして彼の話をしたのです。文化的信条や宗教的信念に関係なく、世界中の人たちにインスピレーションを与えてきた聖なる愛について説いたルーミー。そばにはマリアンがいました。少女の頃、聖なる存在のヴィジョンによってポリオが治ったその人です。その場にいた誰もが、旅の思い出や数々の不思議について思いを馳せていました。

聖母マリアの家での深い感動を覚える経験を後にして、私たちはバスに戻りました。港に着き、私はマリアンとの別れに涙しながら、彼女の言葉を聞きました。「これからはずっと、私の胸にあなたがいます」。マリアンは、私の子どもたちにと言ってたくさんの贈りものをくれ、私が彼女を抱きしめて別れを告げると、私の腕の中で泣き崩れそうになっていました。

今だからわかること

彼方に神を探す者よ
汝が探しているのは　汝自身
愛する神に焦がれる者は
鏡を磨いて　覗いてみるがよい

第五十八章

愛が私の本質である

これはルーミーが敬愛する師、タブリーズのシャムスに贈った言葉です。ちょうど聖母マリアの家で講演を行う前にもこの言葉を読んだのですが、あの印象深い日のことを思い返してみると、この言葉はそれまでに私が導かれてきた出来事や経験を象徴していることに気づきます——今回の地中海クルーズや、マリアンとの出会いだけではなく、私の人生で触れてきたあらゆる物事を象徴しているのです。大事なのは、神が自分たちから離れた存在ではないと気づくことです。鏡を磨いて覗いてみれば、そこに映る人に神が内在していることを知るでしょう。

あの聖地で講演を行う前の三週間は、ルーミーとシャムスの人生、そして彼らの教えにどっぷり浸っていました。エリスやマズロー、聖フランチェスコ、老子らが私の人生の初期に現れたように、ルーミーとシャムスもまた、私のハートと魂に現れた訪問者でした。

この二人を私に紹介してくれたマリアンが予期せず現れ、私がルーミーについて語り、その詩を朗読するのを横で見ていてくれたことは、私にとって天の采配に思われました。しかもその講演が聖母マリアの終の住処で行われたということも何か特別な意味があるように感じられました。というのは、マリアンのポリオが治癒した背景には、聖母マリアが重要な役割を果たしていたのではないかと彼女は思っているからです。

ルーミーの誕生日に、エフェソスで数々の偶然の一致が重なったのは、ルーミーが敬愛する師に贈った言葉の意味を私に教えるためだったのだと、今でははっきり理解しています。ルーミーにとって、愛とはスピリット（神性）と再び交わりたいという切実な思いであり、万物が目指すゴールでもありました。私たちが聖なる源と分離しているというのは、錯覚にすぎません。ルーミーに言わせると、私たちが愛にたどり着こうとする取り組みはすべて、私たちの本質にもっと近づこうとする行為なのです。これは聖フランチェスコや老子の教えの本質でもあります。神とのワンネスに溶け込むこと。エゴの欲求を捨て去ること。神の愛の視点――決して消えず、変わらず、揺らがず、減ることもない聖なる愛の視点で生きること……イエスやブッダ、すべての聖人が示していた愛に生きることを、彼らは教えているのです。

私は誰もが神の一片であることを知るよう導かれていただけでなく、それを実感したときにたどり着く内なる輝きを経験するべく導かれていました。マリアンと出会い、ルーミーという宗教や文化を超えた偉大な神秘家について講演をするまでに、私は何週間もかけてその作品を研究し、そこから新しいレベルの洞察を得ました。その要となるメッセージは、宇宙の森羅万象は神の愛の法則に従っているということです。神の愛とは進化の動きであり、神の愛それ自体から現れた神性との統合を求める動きなのです。

ここに引用するのは、ルーミーの教えを表す詩です。そして、神の愛への私の呼びかけを表現しています。

第五十八章

愛が私の本質である

キリスト教世界を　果てまで彷徨った
隅から隅まで探したが　彼は十字架上にいなかった

インド人らが　偶像崇拝する寺院も訪れた
火を囲み　祈りを唱える魔術師らの元へも
だが　彼の姿はなかった

馬を走らせ　カーバ神殿を隈なく探した
しかし　老いも若きも集うその聖地にも
彼はいなかった

ふと　我がハートを覗いてみた
するとそこに　彼がいた……
他でもない我がハートに　彼はいたのだ

ルーミーが見つけたこの「彼」とは、彼自身のハイエストセルフ——すなわち内在神のことを指しています。この自身の聖なる存在への気づきを超えたところに、その愛の道具になりたいという思いがあり、その愛を神の創造物すべてに向けて輝かせたいという願いがあるのです。ルーミーは、あらゆる条件や制限を超えて愛するという課題をシャムスから与えられました。私もまたルーミーと同じ課題を与えられました。マリアンが会ったこともない私を三十年以上も愛してくれたように、あらゆる条件や制限を乗り越えてすべてを愛するという課題です。私たちとトルコで別れてから、マリアンが書いてくれた言葉をここに引用します。

あなたと別れてからずっと、まだ涙が止まりません。家路でも、職場でも、朝から晩まで泣いています。どこに行っても、何をしていても涙があふれてくるのです。家に戻ってからの私がどのような思いでいるのか、誰にも――あなたでさえも、わからないでしょう。この思いをわかっているのは私と神と我が師ルーミーだけです。

あなたは私に感謝を捧げてくれましたが、感謝すべきは私のほうです。あなたは私を舞台に呼んで、あなたが我が師ルーミーについて語るのを傍で聞くという栄誉を与えてくれました。

私は死に　息を吹き返した
私は涙を浮かべ　笑いとなった
愛の王国が来て　私は永遠なる王国となった
（我が師ルーミー）

第五十八章

愛が私の本質である

ウエイン、私たちの間にルーミーがいるような気がするのです。「間に」と言いましたが、それは私とあなたの内にルーミーがいるという意味です。そしてルーミーは、私たちの間柄をかつてないほど親密に感じさせてくれます。これは、単なる偶然ではありません。愛が、私たちの運命だったのです。

あの日に起こった驚くべき出来事の数々をふり返ると、三十年以上もの間、マリアンが私に愛情を寄せてくれたことが思い返されます。私の子どもたちの誕生日にも、彼女のご両親が亡くなられたときも、彼女自身が病から回復するときも……政治上の過激主義、戦争、強制的別離に直面しているときも、彼女は絶対に揺るぎませんでした。

マリアンは私にルーミーとシャムスを紹介し、新しい種類の愛に心を開かせてくれた神の御使いです。その新しい種類の愛とは、ときには消えたり変わったりする人間の愛ではなく、多彩ではあるものの決して変わらぬスピリチュアルな愛でもありません。それは神の愛――決して消えず、決して変わらぬ愛なのです。

エフェソスでの講演のために膨大な時間を費やして準備をしていたとき、港の人混みからマリアンが現れるとは夢にも思っていませんでした。講演の場所が聖母マリアの家になることも知らなかったのです。しかも講演の日が、神の愛を説いた世界でもっとも愛される師の誕生日にあたることにも気づいていませんでした。
あの日に起こったことをぼんやりと思い起こしながら、私はこうして今これを書いています。すべては、ルーミーの言葉を私に教えるためだったのだと思いながら。

愛が訪れた
それは私の体を流れる血のようだ
愛は私を消滅させ　最愛の神で満たしてくれた
神は私の細胞すべてに拡がり
私のものは名前だけになった
名前以外は神となったのだ

これが、今になって私がはっきりと気づいたことです。私の名前は残ります。愛が私の本質です。そして私の運命は、神の愛を実践し、教えることでした。

あとがき

自分の人生をもっとよく見てみること――今！

視野を広げて、これまでに起こったことすべてを理解する意図をもって、自分の来し方を心を開いて一つひとつ調べてみると、数多くの恩恵を得られます。本書で述べている、私自身の人生で大きな転機となった状況をそれぞれ思い返してみると、そこにはいくつかの真実があることに気づきました。その真実をご紹介することで、読者の皆さんがそれぞれの人生を省みたときにさまざまな恩恵を得られることを願っています。曇りのない目で過去を、そして今この瞬間を見つめてみましょう。

一つ、私が得た重要な洞察は、「私たちは皆、生命の奥で叡智が宿る宇宙に住んでいる」ということです。そして、その叡智は万物が本来備えているものです。この宇宙意志は完全無欠なものとして私たち一人ひとりに内在し、私たちはそのパワーと完全性が自らのものであることに気づくだけでいいのです。

これまでに起こった出来事、出会った人々すべてを、どうか心の目で見てみてください。あなたは、森羅万象の母体である創造的フォースの一片です。人生に現れる出来事や人々はたまたまや偶然ではありません。

意志ある叡智が司るこの宇宙では、「偶然」など起こりえません。また、あなたは森羅万象の母体の一部なので、人生で起こる物事すべては何らかの目的があって起こっています。その認識があると、あなたも私が本書でお話しした視点を通して人生をふり返ることができるでしょう。あらゆる出来事、あらゆる状況に注意を払い、特に飛躍的なシフトを起こすことになった出来事や状況を、万事を取り計らっている聖なる叡智からのガイダンスとして眺めてみてください。

美、愛、真実にたどり着くよう人類にインスピレーションを与えるこのフォースは、歴史を通してさまざまな名前で呼ばれてきました。この見えざる叡智はあなたから永遠に離れることなく、あらゆる瞬間に何かを教えようとしています——あらゆる出会い、あらゆる状況、あらゆる環境を通して何かを伝えようとしているのです。あなたの目の前に何者かが存在し、あなたの顔を見つめながらこう言っています。新しい道にのり出すのも、あるいはその道を単なる可能性の一つとして無視してしまうのもあなた次第なのですよ、と。「今だからはっきりとわかる」という視点で考えてみると、人生のあらゆる側面を今までとは違う目で見始めるでしょう。

自分の人生をもっとよく見てみること――今！

過去を見渡せるようになった今、私は起こっていた重大なシフトの数々を理解し、こうしてお伝えできるようになりました。そうしたシフトがどれだけ広範囲に影響を及ぼすのか、その時々ではわかっていませんでしたが、今では一つひとつの出来事が個々で完結していたのではなく、一続きのデザインとして人生のタペストリーを織りなしていたことを理解し、その全体像を見ることができます。この見えざるフォースは、私の人生の目的に向かうためのフリーパスを与えてくれていました。あなたも、持ちうる限りの積極性と素直さをもって人生をふり返り、「たまたま現れた」行きずりの人や重要な出来事がいかに人生の目的と同調するようあなたを促し、励ましてくれていたのか気づいてください。

あなたにはいつも選択肢があり、時にはリスクを伴うような、見慣れぬ道に注意を払って進むことができます。それと同時に、そうした道には注意を払わず、歩き慣れた人生の道に留まるという選択肢もあります。歩き慣れた人生の道とは、家族や文化などの影響力のある存在があなたの限界や願望はこうあるべきだと決めつけて、あなたにそう教え込んだ道です。人生の重大な出来事すべてをふり返って、いかに神の見えざる手があなたに力を貸していたのか理解してください。それを理解すべき真の理由は、隠された意味を探して過去全体を蒸し返すことではなく、人生の今この瞬間に意識を開いた自分に目覚めることにあります。

今私が確信していることは、あらゆる場所に師がいて、学ぶべき教えがあるということです。私たちに歩み寄ってくる人が単なる他人ではなく、適切な場所に適切なタイミングで現れた人であることを理解するために、注意深く観察するという機会を人生のあらゆる瞬間がもたらしてくれます。不運な出来事を、「自分の運が悪いからだ」と考えるのではなく、「今この瞬間この場で何を学べるだろう？」と自問してみましょう。残念に思われる状況と自分が同調してしまった理由を考えて延々と悩むのではなく、その場で「これは何を意味しているのか」と考える機会が人生のあらゆる瞬間に存在しているのです。

自分の人生をふり返ってみると、そこにはある種のプランがいつも進行していたという結論に至ります。たとえその進行中はプランの大半がよくわからないものだったとしても、そう結論づけるのは私にとって難しいことではありません。見えざるフォースは惑星の数々を配置し、花々の蕾を咲かせ、宇宙のあらゆる場所に存在するあらゆる種類の創造物に生命を与えています。それと同じフォースがこのプランを導いているのだと、私にはわかるのです。今では自分の前に現れるものに以前より注意を払い、心の声に耳を傾けて、それに喜んで従おうとしています。たとえその心の声が未知のテリトリーへ誘っていてもです。あなたにもそうすることをお勧めします。

人生の大きな転機をふり返り、あなたが方向転換するために起こらざるを得なかったいわゆる「偶然」をすべて注意深く調べてみてください。あなたが「単なる偶然だ」と考えたその瞬間、あなたは自由意志をもって選択しました。その同じ瞬間に、あなたより遥かに大きく、あなたといつも結びついている何者かがその力を発揮していたのです。その「何者」かが段取りを細かに手配して、あなたがスピリットとして存在したどこでもない場所から形ある存在として今ここに躍進したときに取り決めた目的を、ちゃんと果たせるよう取り計らってくれていたのです。

師はいつも身近にいます。自分のハイエストセルフに注意を払って耳を傾ける心の準備がどの程度できているか、そして自分の直感が告げることに基づいて行動する心の準備がどの程度できているか、あなたのその準備レベルが、師の存在を気づかせてくれるのです。勘を研ぎ澄ませ、内なる感覚があなたに取るべき行動を教えているのだと信頼してください。たとえ周囲の人や状況が反対のことを言っていても、直感や内なる感覚を信頼しましょう。それこそが「今だからはっきりとわかる」という視点で物事を見ることの醍醐味です。

神聖なる叡智が、あなたの自由意志をもって選択する能力と調和しながら、あなたの人生の一コマ一コマを動かしている可能性に心を開けば、さまざまな発見ができます。まず、あなたの人生のダルマが実際に計画されていて、あらかじめ定められた現実舞台の上で、自由に選択できるということに気づくでしょう。そして、この聖なるフォース（タオ）が、ほかならぬ純粋な無償の愛であると気づくはずです。私がもっとも敬愛する師の一人、カール・ユングはこのパラドックスを次のように表現しています。「あなたは自分の人生の主人公としてさまざまな選択をくだしている。しかし舞台を広げて見てみれば、あなたは脇役でもある。あなたは選択する運命にあるのだ」。

ここで述べた純粋な無償の愛は、広大無辺です。この聖なる愛と同調するように考え、行動していると、あなたはその王国からガイダンスを引き寄せられるようになり、神のようなやり方で人生を進める手助けをしてもらえるでしょう。奇跡のような出来事を経験できるのは、まさにこの純粋な愛の瞬間なのです。その瞬間、スピリットの聖なる王国に住む天使たちがあなたの元へやって来ることができ、あなたはその存在に気づきます。

そうして無条件に与えるとき、すなわち「私にどんな得があるだろう？」と考えるエゴの自分勝手な欲求ではなく、「私はどのようにして人に手を差し伸べ、奉仕できるだろう？」という考えだけに意識を向けているときに、純粋な愛のガイドたちがあなたの中に彼ら自身の姿を認めます。そして、あなたの存在の源（神）と、あなたを守るガイドたちと共に再び目覚める道へと導いてくれるのです。

奇跡が起こったり、人生の道でシフトを起こそうという思いに駆られたりしたのは、私が自分のエゴを保留にしてそれを手なずけたときでした。あなたも、自身の人生に起こった出来事すべてをふり返ってみてください。子どもの頃にまで遡り、現在に至るまでを省みて、新しい方向に突き動かされたときに内面で起こっていたことを調べてみてください。そして何よりもまず、自分自身を含む、神の子どもすべてに対して、判断、批判、非難の思いがあるならば、その一つ一つに気づいてください。たとえ相手があなたの敵と見なされている人であっても、心の中の考えを無償の愛へとシフトすることができれば、あなたは自己実現と神の顕現に続く道へと促すガイダンスに心を開くことができるでしょう。これこそが視野をクリアにして物事を見ることの利点です――そうすることであなたは今この瞬間に、自滅的な道からシフトするための手助けを得られます。

自分の人生をもっとよく見てみること——今！

聖なる愛の中に留まることを目的にして物事を見る目を変えていくと、あなたが見る物事も同様に変わり始めます。なぜなら無償の愛という高次の波動の中では、私たちが神と呼ぶようになった万物の源と調和して振動することになるからです。本書でも何度か繰り返したように、神（愛）と共にあればすべてが可能なのです。本当に、ありとあらゆることが可能になります——今この瞬間、愛の天使を引き寄せて導いてもらうことすら可能になるのです。

クリアな視野で人生を見るためには、あなたの内面で高揚感を引き起こす物事すべてを鋭敏に感じ取ることが必要です。その対象があなたをワクワクさせてくれるのなら、その内なる高揚感の存在こそが自分へのサインです。自身の本質と同調しているかどうかに気づくためには、このサインさえあれば充分です。自分の喜びに従っているとき、あなたはスピリチュアルな世界からもっともガイダンスを受けやすくなっています。その現象がシンクロニシティと呼ばれるものです——すなわち、運命と協力しているような感覚になる状態のことです。

本書では、私の人生における重要な瞬間や場面を述べてきました。内なるサインに注意深く耳を澄ませていると、その声はこう言っているように思われます。「だから今あなたはここにいるのですよ。今あなたは自身のハイエストセルフと同調しています。恐れるべきものは何もありません。あなたの高揚感が指し示すことをすればいいだけです」。その声に従った結果が、本書になりました。現在に至るまでの人生のタペストリーを織り成している、それぞれ無関係に見える出来事の数々を回想するという形で、私は心の声に従ったのです。

あなたは内なる情熱に従うことに対して慎重に構えながら、人生の大半を過ごしてきたのではないでしょうか。それは他人が考える「あなたがすべきこと」に従うよう、子どもの頃からプログラミングされてきたからです。家族、文化、友人知人、身近な環境……そういった人や物事すべてがあなたの人生の道を決めようとします。そうしたプログラミングのことを気にせず、内面の高揚感が指し示すことに従ってきたならば、あなたはより満足のいく形で前進してきたはずです——自分勝手だと判断批判されたときでさえも、自分自身は満たされていたのではないでしょうか。

私を思いがけぬ道に連れていくことになった決断の数々をふり返ってみると、そのときの自分が「これこそ正しい」と感じることだけに基づいて決断を下していたのだと気づきます。自分が情熱情熱や熱意を感じるもの、たとえそれが失敗や失意の可能性を秘めていても、自分が「これだ」と思うことを基準にして決定していたのです。

今この瞬間、視野をクリアにして自身の人生を見つめてください——あなたの内で情熱や高揚感を湧き上がらせるものから目をそらさず、見つめてみるのです。あなたは自分で奏でたい音楽を携えてこの世にやって来ました。ですから、あなたの心の世界であなただけに聞こえるものと調和し始めたら、どうか静かに耳を傾けて、動きを止め、シンクロニシティの呼びかける方向へ最初の一歩を踏み出してください。その呼びかけは、あなたのハイエストセルフからの呼びかけなのです！

それが、あなたの存在の源と共に再び目覚めるということです。

自分の人生をもっとよく見てみること――今！

周囲の人たちには理解されないかもしれません。もしかすると、あなた自身にも意味不明だと思われるかもしれません。しかし、最後には満たされるということだけは知っておいてください。本当に、予期できぬ天の完全性の中であなたの必要とする人や物事が現れます。何もかも上手くいっていないように思えるとき、すべてが暗く憂鬱に見えるときでさえも、あなたに高揚感をもたらすものを忘れないでください。信念と信頼の中にいることを自分に宣言し、自分のヴィジョンを描いて瞑想しましょう。すると、やがてサポートが向こうからやってきます。そのサポートがあなたの内なる高揚感を満たしてくれる理由は、その瞬間、あなただけにわかる形であなたが真我と同調しているからです。

私の人生と同じように、あなたの人生にも特別な師があなたに気づいてもらおうと何度も現れていたはずです。本書で述べたように、聖フランチェスコや老子、ルーミー、マズロー、ミルドレッド博士、アルバート・エリス、そのほかにも数々の師が私の前に繰り返し現れては、もっとも必要なタイミングで教えをもたらしてくれました。そのタイミングとは、私が神からの贈りもののような彼らのガイダンスを受け入れ実践する心の準備がようやく整ったときでした。

あなたも愛情深い目で過去を調べようという気があれば、人生にわたって現れていた多くの師たちの存在に気づくはずです。その師が現れたとき、あなたは喜んで耳を傾けよう、彼らの示すことに従って行動しようとしたこともあれば、その師の登場・再登場の絶妙なタイミングに気づきさえしなかったこともあるでしょう。その師に気づくかどうかは、あなたの準備レベル次第なのです。あなたの日常で繰り返しその姿を現しているサポートに気づき、それを受け入れてください。

私はこの一年の大部分を、自分の人生の道筋に影響を与えてきた数々の師や教えを回想しながら過ごしました。そうしてわかったのは、自分が一九四〇年五月にこの世に到着して以来、ずっと見えざるアセンデッドマスター・トレーニングのようなものを受けていたということです。それはあなたも同様です。私たちは皆、神の愛という同じ源から生まれています。肉体的、精神的に成長する過程で、誰もが自由意志で選べる二つの選択肢を与えられます。一つはその源とつながった状態に留まること。もう一つは"edge God out（神を押しのけること）"、つまり「エゴ」という偽りの自分から出た欲求や願望に従って生きることです。

エマーソンは、私が十代の頃から……もしかするとそれ以前から、私の内なる意識のドアをノックし続けてくれたアセンデッドマスターの一人ですが、彼は次のような言葉を残しています。

人の内には全体の魂がある
それは聡明な沈黙――不変の美
すべての部分　すべての分子が　その魂に等しくつながっている
それが永遠の一なのだ

あとがき

自分の人生をもっとよく見てみること――今！

そうです、確かにエマーソンはそれが私たちの内にあると言っています。ということは、あなたの内にもあるのです。それは、あなた自身の起源でもある源から受け継いだものです。そしてこの「永遠の二」が、あなたに絶えることなく使者を送っているのです。彼らは、聡明な沈黙と不変の美だけで成り立っています。彼らの精力的な指示に従うか、そのような助言に従う準備ができていないという理由で彼らの誘いを無視するかは、あなた次第です。

この光と愛の存在はあなたの周囲のいたるところに控えていて、あなたが「自分自身だ」と強く信じているその肉体がこの世に到着した頃からずっとそばにいます。その存在たちはヒントや前兆を残します。彼らのガイダンスは捉えにくかったり、難解だったりすることもありますが、確かにそれは存在し、あなたは自分の直感的な感覚に注意を払って、彼らが伝えていると思われることに従って行動するだけでいいのです。この直感を信頼すればするほど、あなたは自分のダルマと純粋に同調している物事に気づき始めるでしょう。

内なる感覚に従ってください――あなたの魂の高鳴りがあなたの高揚感を刺激し、光に続く人生の梯子を登るよう次の一歩を促しているのです。ルーミーは言いました。「あなたがこの世に生まれる最初の一歩を踏み出した瞬間に、あなたの前に梯子が置かれます。その梯子は、あなたがこの存在世界から逃れるのを助けるためのものなのです」。

あなたにはたくさんの援助の手が差し伸べられています。その手は「この手をつかんで、存在世界の幻想から逃れて上昇しなさい」と招いています。アセンデットマスター、あなたのハイヤーセルフの天使たち、善意の師たち、家族、他人、数々の出来事、風変わりに思える状況……それらすべてが、通常の意識世界に立てられた梯子をあなたが登るのを懸命に助けようと働いています。そして、あなたが壮大な人生を送り、高次意識で生きられる最高の世界へと上昇するのを助けようとしているのです。ガイドたちに注意を払い、恐れることなく一段一段を登りなさいという彼らの声に自らを任せてください。

　この地球という惑星に肉体を持って転生した私たちの究極の使命は、存在の源、エマーソンの言う「永遠の一」と共に再び目覚めて、自分が愛と光の存在であると気づくことです――いうなれば、神のひとかけらであると気づき、神と同じように考え行動する練習をすることなのです。

　私はあらゆる転機や気づきの瞬間に助けられて、誕生時に目の前に設置された梯子を登ってこられました。そうした転機や気づきの瞬間は、エゴとその絶えざる思考「私に何の得があるだろう？」に向ける注意を減らすべきだという直感的な確信の結果訪れたものでした。私は、神のように考え、神のように行動する生き方にシフトしたい、シフトすべきだということを学んだのです。

　神（存在の源、偉大なるタオ、宇宙意志）の唯一最高の目的は仕えることであり、より多くのもの、人望、承認、名誉、勝利、権利を求めるエゴの勝手な欲求をなだめ、エゴを手なずけることです。

　私が物質的な利益からシフトして、希望と親切と喜び、そして何よりも愛のメッセージをより多くの人に届けるにはどうすればいいだろうと考えていたとき、内面で高揚感が湧き起こりました。

すると、まるで私には見えないスケジュールに従うかのように、共時的な助けがどんどん届くようになったのです。

　視野をクリアにして見ようとする自分の動向を観察し、岐路に立ったとき、あるいは道が二手に分かれているときは助けを求めてください。道を選ぶ決め手として、エゴの要素がより少ない方向に進めるようアドバイスを求めてください。そして、まず他者に仕えることで魂の目的を実現する方法を自問してみてください。

　批評家は私のライフワークについて「金儲けすることが目的だ、注目を浴びて、人気を得たいがために名前を売っているのだ」と言うかもしれません。しかし私は、自分の内面でこだまする考えで埋め尽くされるのを待っている白紙の山を前にして、一人机に向かって座り、それこそ何千時間と過ごしてきました。心から正直に言いますが、私は四十一冊の本を独りで書き上げるという作業をしながら、どれだけの収入になるだろう、この努力の見返りとしてどれだけの名声を得られるだろうなどと考えていたことは一度もありません。

　ルーミーの言う梯子を一段一段登ったのは、たくさんの深遠なる師や教えに導かれ、促されたからです。それだけ多くの師や教えの存在があったのですから、梯子を登らないという選択肢、自らの肉体を押し上げて、崇高な高次意識に昇らないという選択肢をとるのは私にはほぼ不可能でした。梯子を登ることができたのは、他者に手を差し伸べて奉仕しよう、あらゆる娯楽から離れて一人孤独に時間とエネルギーを費やそうという意欲と心構えがあったからです。そして必ずしも私が理解する必要のない形で、他者の向上のために表現されたがっている考えを、目の前の紙の山に書いていこうという思いがあったからです。

私の人生にもたらされた名声や富は、自分でそれを追いかけたから得られたのではありません。結果のすべては、私が積極的に自分の高揚感に従い、その道中で現れたガイダンスを信頼し、私の内にある何かが、この仕事をしてみるよう実際に押してきたからです。今夜こうして居心地のいい我が家と家族から離れて、一人でこの原稿を書くよう押してきたのも、その何かでした。

レドル博士がよく言っていたように、自己実現する人間は可能な限り最高の自分にならなければいけません。彼らは、ありのままの形で表現されるべき内面の強い願望を抑圧する方法を知りません。ソローの言葉を借りれば、外的世界での報酬は「自分の夢に向かって確信を持って進み、自分が描いた人生に挑戦する」ときに与えられるボーナスにすぎないのです。先にも述べましたが、ソローは私が高校で「市民的不服従」のかどで罰が下されるのを待っていた十五歳のときに現れました。それ以来、私は彼を師の一人に数えています。

ある種の至高体験をしたときや、新しい方向に引き寄せられたときなど、あなたの人生で鍵となった転機の瞬間をふり返ってみましょう。自分の魂に聞いてみてください。そして、人から与えられる外的指標を人生の案内役にするのではなく、あなた自身の思いによってやる気が起こるとはどういうことか考えてみてください。昇進したら嬉しいものだし、もちろん給料が上がるのも大歓迎です。長寿のお祝いに金時計をもらうと、理想の人生のシンボルのように思えるでしょう。よい成績、トロフィー、そのほかさまざまなものが外的指標となります。しかし、そうした物事はあなたの魂を慰めたり満足させたりしません。あなたの魂は無限です——形もなく、広大無辺なのです。そして魂は拡大し、成長しなければいけません——レッテルを貼られたり、区別されたりするのを嫌がるのです。

私が人生で起こした行動はすべて、より多くの自由に向かうためのものでした——毎日どこに行き、何を着て、何を話し、執筆をどのように進めるか……そうしたことを自分で決められる自由を求めて起こした行動ばかりです。これらの行動は魂から促されて取ったものです——制限がなく、それ故にいつも拡大を求めている自分の内面にある見えない部分から促されて取った行動です。

あなたの内奥で感じる呼びかけに耳を澄ませ、それを尊重してください。その呼びかけを無視していると、自分自身の肉体に拘束されたような感覚、あなたの個の世界に閉じ込められた囚人のような感覚のまま取り残されてしまいます。あなたの魂は閉じ込められたり、レッテルを貼られたり、何ができて何ができないのか決めつけられたりすると、とても惨めな気分になります。魂のテーマソングがこう叫ぶでしょう、「私を束縛しないで！」。

なぜ自分の人生が紆余曲折を経てきたのか、そして今ここから人生がどちらに向かっているのかをよりクリアな視野で見始めると、魂は決してあなたを迷わせないということに気づくでしょう。なぜなら魂こそがあなたの真我だからです——あなたの偉業や所有物ではなく、拡大と成長を求める内面の目的意識こそが本当のあなたなのです。

魂があなたを特定の方向へ誘っているとき、師を送ってくれたとき、共時的な出来事を続けざまに起こしたときは耳を澄ませてください。そのようなときは、拡大を求める魂の欲求と外の世界がようやく一致するため、不思議なくらいに高揚感が湧いてきます。魂はいつも必ずあなたを拡大の方向へ駆り立てますが、それは魂が無限だからです。無限なる魂は、ひたすら成長せざるを得ないからです。無限であるものにレッテルを貼ったり、それを箱に入れて保管したりすることなどできません。そんなことをすれば魂の本質そのものを否定することになり、無限とは別方向、つまり有限に押しやってしまうことになります。

人生で起こった重要なシフトの数々を調べてみると、私に梯子を登るよう駆り立てたものの多くは、私自身の想像力だったと今でははっきりと理解しています。想像の中で新たな試みに集中している自分の姿を鮮明に描ければ、そしてその想像上の自分がまるで現実であるかのように行動できれば、それを実現させるための残りの仕事はごく簡単に進んでいくように思われました。

海軍にいた頃、私は自分にこう宣言しました。「私は大学に通っている」。トルコで紛争地域から逃れようとしたときは、まだそのチャンスを得る前から、トルコを出国している自分を見ました。最初の出版社が宣伝広報に積極的でなかったときは、私と私の本に対する批評家たちの意見とはまったく違う結果を想像で描いていました。そのようにして、私は大抵いつも先に想像で描いてきたのです。

自分の人生をもっとよく見てみること——今！

あなたが絶対に実現させようと意図していることを叶えるために、想像力を内なる設計図として活用しましょう。そして、その夢が現実であるかのように行動するのです。これが私の意図した人生を実現させるための秘訣でした。この手順については『ダイアー博士の願いが実現する瞑想CDブック』（ダイヤモンド社）で詳しく述べていますので、ぜひそれを活用してください。

これまでの人生で、特定の方向に進むよう駆り立てられたと感じた瞬間の一つひとつをふり返り、その時々にどれだけ自分が想像力を信頼できていたのか考えてみてください。あなたの人生とこの物質世界全体に今この瞬間あるものはすべて、まず想像されなければ存在しませんでした。ですから、もし何かを想像することができず、また、それがすでに達成されたかのように行動できないのであれば、おそらくあなたはそれを現実化できないでしょう。

私は“I am（私は○○である）”というフレーズを、事実の宣言として使っています。身近な人が何を言おうと関係ありません。それどころか私自身の目と耳が真実だと言っていることに、その宣言が反していたとしても関係ありません。“I am”（私は在る）というフレーズは、神がモーゼと未来の人たちに自身を明かすために使ったものです。あなたがこの物質界で見よう、実現させようと意図するものを、想像の中でこのフレーズを使って描いてみることをお勧めします。私は毎日こう宣言しています。“I am well（私は元気だ）”、“I am perfect health（私は完全に健康だ）”、“I am content（私は満ち足りている）”、“I am love（私は愛だ）”、“I am God（私は神である）”。私は診断書の数値を見る必要もなければ、自分の健康状態について他人の意見も必要としません。

この偉大で神秘的なパワーはあなたにも活用できます。自分の願う人生を創造するためのアファメーション、自分の意図する人間になるためのアファメーションとして、神の名を活用してください。あなたの“I am presence（私は臨在である）”を想像世界の真ん中にしっかり固定し、それ以外のどんな可能性も招かずに絶対なる確信を持って宣言すれば、あなたが単に想像しただけだと思っていたことを達成できるでしょう。自分の願いがすでに叶っているかのような感覚を味わっていると、やがてあなたの願いはこの物質界に形を成していくのです。

今日からは、実現させようと意図するものすべてに対して、この“I am presence”を使ってください。疑念や不信を認めぬ確信と誠実さをもって、この“I am presence”を宣言すれば、あなたのその手で人生の手綱を握る方法が見えてくるでしょう。存在の源と再びつながって、神の共創者として、インスピレーションに満ちた神聖な人生を送ってください。

私はオスカー・ワイルドの次の言葉がとても好きです。「あなた自身の人生の目撃者になるということは、人生の苦難から逃れることである」。この言葉は、すべての苦難に終止符を打つ鍵です。あなたは自分自身の人生の目撃者になればいいだけなのです。

私はこれを「目撃者の育成」と呼んでいます――あらゆる不快さから逃れる道は、それをしているのは誰なのか、あるいはそれをしていないのは誰なのか、ただ気づくだけでいいのです。たとえば悲しんでいるとき、その悲しみを経験しているのは誰なのか気づくだけでいいということです。

悲しさに気づいている本人は、すでに悲しみから自由になっています。よく注意してみれば、悲しみイコールあなたではないのだと気づくでしょう。悲しみは人間の本質の一部でしかありません。一方、目撃者であるあなたは、自分が気づいている対象すべてを意識している内なる存在です。

私は毎日、観察している対象と同一化してしまっている自分自身をそっと横において、その空いた場所に優しく愛あふれる目撃者を育て、招いています。本当の私は、偉大な宇宙意志（タオ、神）の目に見えぬ形なきひとかけらです。私が思い描くものすべてを観察するとき——その対象にこだわっている自分としてではなく、愛情深く好奇心旺盛な目撃者として観察しているのですが——私はそこに起こりうる苦しみを抹消します。結果に対するこだわりも消えていきます。自分には価値がないという信念もすべて消えていきます。そして私は、マイケル・シンガーがその刺激的な著書『いま、目覚めゆくあなたへ』（風雲舎）で明快に自問していたように、「私は誰か？」という問いにこう答えるのです。「私は、見ている者。私は少し離れたところから眺め、目の前を過ぎゆく出来事、思考、感情に気づいています」。

これこそが、私たちの生きる視点なのです。まさしくこの視点によって、あなたはかつてないほどクリアに自分の人生を理解するでしょう。気づくだけでいいのです。そして気づいている者に気づき、それこそが自分なのだと、自分の本質なのだと思い起こしてください。

本書を執筆しながら、私に梯子を登るよう促した顕著な出来事の数々を思い返していて、気づいたことがあります。それは、自分の達成したい目標と同一化しなくなればなるほど、その目標を実現させる自由度が増すということです。関心を持ちながらも執着を捨てた目撃者として、くつろいで観察するだけで、自分の気づいていることをさらに超えるほどのことが往々にして可能になるのです。望みに対するこだわりを捨てれば捨てるほど、そしてこの目撃者という考えを深めれば深めるほど、新しく軽やかなヴィジョンで人生の次のステージを見通すことができました。私は自分の前に置かれた物事が気に入りましたが、その結果についてはこだわっていませんでした。

現在に至るまでの自分の人生をふり返るのもそろそろ終わりです。この自己発見という旅路にいる私をガイドするために起こった出来事、状況、現れた師たち——それらの登場の理由や仕組みがよりクリアに見えてくるようになったことをとてもありがたく思っています。私はずっと、この世界で変化を起こす人間になるという高揚感を経験したいと望んでいました。その道中の一歩一歩を導いてくれる見えざるガイドの存在がありましたが、あなたにもそのガイドはついているのです。

そのガイドにアクセスするためには、ほかでもないあなたの内面に存在する者に完全に忠実であると誓うことを強くお勧めします。これが、視界をよりクリアにして、情熱と目的意識を持って人生を生きる秘訣です。

愛をこめて——私はウエイン。

訳者あとがき

本書の原書“I Can See Clearly Now”は、ウエイン・ダイアー博士が亡くなる約一年半前に発行されたもので、まさしく晩年に書かれた回想録となりました。著者はまもなく源に還る予感がしていたのでしょうか。本書執筆後も講演を収録されているので、まだまだ精力的な活動を予定していたのかもしれませんが、著者がよく話していたように「この世で鳴り響かせたい音楽を奏でてから」去って行かれたような気がします。

本国アメリカでは「モチベーションの父」「ミスター・ポジティブ」などの愛称で親しまれていた著者は、執筆家としてはもちろんのこと講演家としても有名で、セミナーや対談などのメディア出演を通しても活躍されていました。

イギリスの書店ワトキンスが毎年発表しているリスト「世界のスピリチュアルリーダー100人」では、第三位に選ばれたこともあります。著者はそのリスト選出を時おりネタにして、「そんなリストは無意味だ。私が人よりも偉いわけじゃない」と諭すハイヤーセルフと「ちょっと、三位ってどういうことだ？　一位と二位は誰なんだろう」と評価を気にするエゴのものまねをしていました。

ハイヤーセルフとエゴの間を右往左往する自分を引き合いにして聴衆を笑わせながら、自己の神性に気づくことの大切さについて本題を展開させていく話術は、本書にもあるように「屈折した芸人気質」によるものなのでしょう。著者のウェブサイトなどで動画も紹介されていますが、そのユーモラスな語り口はスピリチュアルリーダーというよりもスピリチュアル・エンターテイナーと呼びたくなるほど笑いを誘うものでした。


そんな陽気な著者ですが、「底辺から出発した」という幼少期には言うに言われぬ苦労をしたようです。それでも、「人々を励まし、人生を楽しむ方法を教えたい」という願いは幼い頃から一貫していました。本書でも“I'm a teacher.”という宣言を繰り返し、自己実現を実践して人々に教えることを生涯の目的としていました。しかし一口に自己実現と言っても、その年齢その時代によって著者の視点が少しずつ変化しているのが、本書を読んでいるとわかります。

世界的ベストセラー『自分のための人生』（三笠書房）をはじめとする初期の作品では、他人や社会が定めた枠内におさまらずに生きる「自己」の実現を説いていました。その教えは、父親に棄てられたがゆえに芽生えた「人生は自分で切り拓く」という不屈の精神を起源とし、そこにマズロー博士たちから受けた影響が織り込まれたもののように思います。

そうしたパワフルな教えが、時代を追うごとに穏やかなトーンに変化していき、スピリチュアルな原則を活用して夢を実現する「自己」の視点にシフトしはじめます。そして後期の作品になると、“God realization（神の顕現）”、すなわち神の意識で生きる「自己」の実現を唱えるようになります。ＰＢＳの特番で“God-realized life”という言葉の意味を訊かれた著者は、「神のように考えて行動する生き方のことです」と答えていました。

自己実現の意味合いがこのようにシフトしていったのは、「学ぶ側の準備レベルに合わせて、師（教え）のスピリチュアルレベルが上がっていった」からだと著者は述べています。自身の準備レベルに応じて師や教えを受け入れ、その学びを人々に伝えていた著者の人生を知ると、その根底にある「自分はどのように奉仕できるだろう？」という精神が見えてきます。

著者の奉仕の一つは、自分の師や先人たちの教えをわかりやすく世に紹介することでした。本書でも「どこか抽象的で、ときには難解すぎる考えや思想を簡潔に、理解しやすい形で伝えることを我が道としてきた」と述べています。

さらに、人々にパワーを与えるメッセージを持つ人を見つけては、表舞台に押し上げるというのも著者特有の奉仕だったのかもしれません。そうした人たちの中には、本書にも登場するブルース・リプトン、イマキュレー・イリバギザ、アニータ・ムアジャーニも含まれますが、もしルーミーや老子、聖フランシスコらが現代に生きていたら、著者は迷うことなく舞台に引っ張り上げていたでしょう。そこには、誰の口を通して語られてもかまわない、とにかく人々にパワーや勇気を与えたいのだという著者の強い願いが感じられます。

本書執筆後の講演で、著者は人生のもっとも大きなシフトを促した出来事を二つ挙げています。一つ目は、自立自助を学ぶしかなかった貧しい幼少時代、言わばネガティブな環境の原因となった父親を許したこと。憎しみのエネルギーから自由になった結果、魂が求めていることに全身全霊で向き合えるようになったそうです。二つ目は、老師の教えに従ってすべてを手放したこと。すべてを手放す（失う）ということは、物質的な観点で見ればネガティブな決断ですが、それによって手放した以上のものを手に入れたと回想しています。

このように「今だからわかる」という視点で過去をふり返ると、ポジティブな出来事でもネガティブな出来事でも、一つ一つが学びにつながるギフトだったことに気づく……この著者のメッセージは、それ自体がインスピレーションを与えてくれる教えではないでしょうか。すべてが完璧に定められていた……そんな声が天国から聴こえてくるようです。

終わりに、本書を日本の皆さまにお届けするプロセスで師の役割を引き受けてくださったナチュラルスピリットの今井社長、編集の西島恵さん、本の制作に携わってくださった方々に深く感謝いたします。そして読者の皆さま、最後まで読んでいただきありがとうございました。

采尾英理

〔著者〕
ウエイン・W・ダイアー（DR. WAYNE W. DYER）
1940年5月10日、ミシガン州デトロイトに生まれ、孤児院で育つ。デンビー高校（Denby High School）卒業後、軍人として4年間務めた後、ウェイン州立大学に入学、博士号を取得。心理学博士。ニューヨークのセント・ジョーンズ大学准教授を経て執筆・講演活動に入る。全米のラジオ・テレビなどにも出演・講演を行なう。主に自己啓発、スピリチュアルな本を刊行している。スピリチュアルな交友関係も広く、多くの人を世に紹介してきた。
著書は40冊を超え、邦訳も多数ある。
2015年8月29日夜から30日未明に心臓発作で他界。
ホームページ　www.DrWayneDyer.com

〔訳者〕
采尾英理（Eri Uneo）
同志社大学文学部卒業。訳書に『なぜ私は病気なのか？』『体が伝える秘密の言葉』『魂が伝えるウェルネスの秘密』『オルハイ・ヒーリング』『クリエイティング・マネー』DVD『イエスの解放』DVDブック『マインドとの同一化から目覚め、プレゼンスに生きる』（いずれもナチュラルスピリット刊）がある。

今だからわかること

●

2018年11月7日　初版発行

著者／ウエイン・W・ダイアー
訳者／采尾英理
装幀／斉藤よしのぶ
編集／西島 恵
DTP／山中 央

発行者／今井博揮
発行所／株式会社ナチュラルスピリット
〒101-0051 東京都千代田区神田神保町3-2　高橋ビル2階
TEL 03-6450-5938 FAX 03-6450-5978
E-mail info@naturalspirit.co.jp
ホームページ　http://www.naturalspirit.co.jp/
印刷所／創栄図書印刷株式会社

ISBN978-4-86451-282-4　C0011
落丁・乱丁の場合はお取り替えいたします。
定価はカバーに表示してあります。